Stephan Grohs

Modernisierung kommunaler Sozialpolitik

**Stadtforschung aktuell
Band 114**

Herausgegeben von
Hellmut Wollmann

Stephan Grohs

Modernisierung kommunaler Sozialpolitik

Anpassungsstrategien im Wohlfahrtskorporatismus

VS VERLAG FÜR SOZIALWISSENSCHAFTEN

Bibliografische Information der Deutschen Nationalbibliothek
Die Deutsche Nationalbibliothek verzeichnet diese Publikation in der
Deutschen Nationalbibliografie; detaillierte bibliografische Daten sind im Internet über
<http://dnb.d-nb.de> abrufbar.

Zugl. Dissertation Ruhr-Universität Bochum, 2009

1. Auflage 2010

Alle Rechte vorbehalten
© VS Verlag für Sozialwissenschaften | GWV Fachverlage GmbH, Wiesbaden 2010

Lektorat: Katrin Emmerich / Sabine Schöller

VS Verlag für Sozialwissenschaften ist Teil der Fachverlagsgruppe
Springer Science+Business Media.
www.vs-verlag.de

Das Werk einschließlich aller seiner Teile ist urheberrechtlich geschützt. Jede Verwertung außerhalb der engen Grenzen des Urheberrechtsgesetzes ist ohne Zustimmung des Verlags unzulässig und strafbar. Das gilt insbesondere für Vervielfältigungen, Übersetzungen, Mikroverfilmungen und die Einspeicherung und Verarbeitung in elektronischen Systemen.

Die Wiedergabe von Gebrauchsnamen, Handelsnamen, Warenbezeichnungen usw. in diesem Werk berechtigt auch ohne besondere Kennzeichnung nicht zu der Annahme, dass solche Namen im Sinne der Warenzeichen- und Markenschutz-Gesetzgebung als frei zu betrachten wären und daher von jedermann benutzt werden dürften.

Umschlaggestaltung: KünkelLopka Medienentwicklung, Heidelberg
Druck und buchbinderische Verarbeitung: Ten Brink, Meppel
Gedruckt auf säurefreiem und chlorfrei gebleichtem Papier
Printed in the Netherlands

ISBN 978-3-531-17098-5

Inhaltsverzeichnis

Vorwort 9
1 Einleitung 11
   1.1 Fragestellung 11
   1.2 Methodisches Vorgehen 15
   1.3 Gliederung der Arbeit 17
2 Modernisierung kommunaler Sozialpolitik als Politikfeld 18
   2.1 Genese von Wohlfahrtsarrangements 18
      2.1.1 Lokale Sozialpolitik als Armenpolitik (bis ca. 1900) 19
      2.1.2 Ausdifferenzierung lokaler Sozialpolitik (Entwicklung bis
            zur Weimarer Republik) 22
      2.1.3 Institutionalisierung und Expansion in der Weimarer
            Republik 23
      2.1.4 Entwicklung der lokalen Sozialverwaltung in der
            Nachkriegszeit 25
      2.1.5 Die Transformation der ostdeutschen
            Kommunalverwaltungen 30
   2.2 Aufgabenspektrum und Ausgestaltung kommunaler
       Sozialpolitik 33
      2.2.1 Aufgaben der Kinder und Jugendhilfe 42
      2.2.2 Organisation und Trägerschaft 44
   2.3 Leistungserbringer in der Kinder- und Jugendhilfe 47
      2.3.1 Die Wohlfahrtsverbände 48
      2.3.2 Jugendverbände 55
      2.3.3 Selbsthilfegruppen, Initiativgruppen und Bürgerinitiativen .. 57
      2.3.4 Privatgewerbliche Anbieter 59
   2.4 Wandlungsimpulse: Modernisierung kommunaler
       Sozialverwaltung 60
      2.4.1 Managerialisierung I: Das Neue Steuerungsmodell der
            Kommunen 61

2.4.2 Managerialisierung II: Sozialmanagement bei freien
Trägern 64
2.4.3 Kontraktmanagement als Schnittstellenmanagement 70
2.4.4 Ökonomisierung (Privatisierung, Marktwettbewerb) 73
2.4.5 Aktivierung 77
2.4.6 Professionalisierung 79

2.5 Zusammenfassung: Mögliche Auswirkungen auf lokale
Wohlfahrtsarrangements 81

3 Stand der Forschung 85

3.1 Implementation von Elementen der
Verwaltungsmodernisierung 85
3.2 Wandel von Trägerstrukturen 89
3.3 Implementation von Leistungsvereinbarungen und
Kontraktmanagement 90
3.4 Internationaler Vergleich 94
3.5 Zusammenfassung 97

4 Konzeptioneller und theoretischer Rahmen 99

4.1 Institutionen und Regelsysteme 101

4.2 Institutionenpolitik als Policy 102

4.3 Lokale Wohlfahrtsarrangements: Stand der theoretischen
Debatte 108
4.3.1 Basale Koordinationsmechanismen und „Governance" 108
4.3.2 Netzwerkansätze 113
4.3.3 Die neokorporatistische Perspektive 114
4.3.4 Die Beiträge der Dritte-Sektor-Forschung 120
4.3.5 Zusammenfassung 123

4.4 Formelle und informelle Regeln lokaler Wohlfahrtsproduktion 124

4.5 Kommunale Entscheidungsstrukturen und Entscheidungsregeln 126

4.6 Institutionenpolitik zwischen Pfadabhängigkeit und
„Institutional Choice" 133

4.7 Hypothesen zum Wandel lokaler Wohlfahrtsarrangements 136

5 Wandel lokaler Wohlfahrtsarrangements 141

5.1 Wandel von Trägerstrukturen 142
5.1.1 Zur Operationalisierung der Trägerstrukturen 142
5.1.2 Quantitative Entwicklung der Jugendhilfe 144

Inhaltsverzeichnis 7

5.1.3 Wandel der Trägerstrukturen 146
5.1.4 Rechtsformen 153
5.1.5 Zusammenfassung: Sektor- und ebenenspezifische
Differenzierungen 156

5.2 Implementation von Modernisierungselementen 158
5.2.1 Zum Stand der Verwaltungsmodernisierung in deutschen
Kommunen 158
5.2.2 Der Stellenwert des Kontraktmanagement in deutschen
Jugendämtern 182
5.2.3 Implementation von Leistungsvereinbarungen 187

5.3 Zwischenergebnis: Halbierte Kontraktualisierung 194

6 **Fallstudien zu Implementationsstrategien 197**

6.1 Fallstudiendesign 197

6.2 Städteprofile im Vergleich 201
6.2.1 Strukturdaten 201
6.2.2 Politische Konstellationen 203
6.2.3 Trägerstrukturen 205

6.3 Modernisierungsprofile 210
6.3.1 NSM-Modernisierung 211
6.3.2 Fachliche Modernisierung 212

6.4 Implementation von Leistungsvereinbarungen und Kontrakten 215
6.4.1 Anwendungsfelder und Ausgestaltung 216
6.4.2 Implementations- und Aushandlungsprozess 225

6.5 Zusammenfassung 233

7 **Schluss 236**

7.1 Zentrale Befunde 236

7.2 Ausblick 243

Literaturverzeichnis 250

Abbildungsverzeichnis 277

Tabellenverzeichnis 279

Vorwort

Bei vorliegender Arbeit handelt es sich um eine leicht überarbeitete Fassung meiner Dissertation, die im Sommer 2009 von der Fakultät für Sozialwissenschaft der Ruhr-Universität Bochum angenommen wurde. Dank gilt zunächst den beiden Gutachtern, Jörg Bogumil und Rolf G. Heinze, die meine Arbeit stets mit Wohlwollen begleitet haben. Hellmut Wollmann sei für seine schnelle und unkomplizierte Bereitschaft gedankt, die Arbeit in der Reihe „Stadtforschung aktuell" zu veröffentlichen.

Dank gebührt außerdem Kolleginnen und Kollegen, die das Entstehen der Arbeit begleitet haben. Sabine Kuhlmann und Lars Holtkamp haben mit hartnäckigem Nachfragen und wichtigen Hinweisen geholfen, meine Argumente zu präzisieren. Meine Kolleginnen aus Konstanzer und Bochumer Zeiten haben nicht nur gelegentlich mit mir über Inhalte diskutiert, sondern auch meine Launen ertragen und für notwendige Ablenkung gesorgt. Daher sei Anna K. Ohm, Bernhard Payk, Falk Ebinger, Sascha Gerber, Maren Kohrsmeyer und Claudia Ruddat besonders gedankt. Katrin Schneiders konnte durch ihre „Parallelaktion" in der Endphase wohl am besten nachvollziehen, wie viel Schweiß letztendlich doch in dem recht trockenen Endprodukt steckt und war dadurch eine riesige Hilfe im Schlussspurt.

Das Thema dieser Arbeit erwuchs letztlich – über mehrere Umwege – aus nicht immer erfreulichen frühen Versuchen, der Berliner Wohlfahrtspflege etwas „Modernisierung" angedeihen zu lassen. Christian Galonska und Mark Weider sei für die ersten gemeinsamen Gehversuche auf diesem verminten Terrain gedankt. Bei diesen wurde mir schnell klar, dass schöne Konzepte und eigensinnige Akteure meist schlecht zusammenpassen - und dass in der Regel immer etwas anderes herauskommt als geplant. Dass dies nicht nur für Berliner Verhältnisse gilt, ist auf den weiteren Seiten nachgelesen – und kann hoffentlich danach auch etwas besser verstanden werden.

Stephan Grohs   Bochum, im September 2009

1 Einleitung

1.1 Fragestellung

In der empirischen Verwaltungsforschung stand für die kommunale Ebene in den letzten 15 Jahren die Binnenmodernisierung der Verwaltungen im Mittelpunkt der Aufmerksamkeit (vgl. Jann et al. 2004; Bogumil et al. 2006; 2007). Die Außendimension, also die Beziehungen zu Bürgern einerseits, externen Leistungserbringern andererseits wurde eher spärlich bearbeitet. Ein Bereich mit hoher Verflechtung der kommunalen Verwaltungen nach außen ist traditionell der Bereich der kommunalen Sozialpolitik. Die Mehrzahl der von den kommunalen Verwaltungen zu verantwortenden Dienstleistungen im Bereich Jugend und Soziales wird nicht von den kommunalen Verwaltungen selbst erbracht, sondern ist in der Bundesrepublik nach dem bis Anfang der 1990er Jahre rechtlich fixierten Subsidiaritätsprinzip größtenteils auf freie Träger übertragen. Diese gehören in der Regel den großen Verbänden der freien Wohlfahrtspflege an. Die lokalen Wohlfahrtsarrangements gerieten seit den 1990er Jahren zunehmend unter Druck. Auslöser waren die Anstrengungen der zunächst binnenorientierten Verwaltungsreform unter dem Leitbild des Neuen Steuerungsmodells sowie der Einfluss bundespolitischer Interventionen mit dem Ziel der Aufhebung des bedingten Vorrangs freier Träger sowie die Einführung neuer Finanzierungsformen.

Die vorliegende Arbeit beschäftigt sich am Beispiel der Jugendhilfe empirisch mit dem Einfluss der Modernisierungs- und Ökonomisierungsimpulse auf die Ausgestaltung und den Wandel lokaler Wohlfahrtsarrangements. Unter Wohlfahrtsarrangements werden hier die von Franz-Xaver Kaufmann als „Arrangements der Wohlfahrtsproduktion" bezeichneten „Konfiguration(en) zwischen staatlichen, marktlichen, verbandlichen und privaten Formen der Wohlfahrtsproduktion" (Kaufmann 2003: 42) verstanden. Im Mittelpunkt stehen zwei zentrale Fragestellungen:

1. Welchen Einfluss haben Modernisierungsanstrengungen der kommunalen Sozialverwaltung und Ökonomisierungsimpulse auf die institutionelle Ausprägung lokaler Wohlfahrtsproduktion, d.h. die Trägerstrukturen sozialer Dienstleistungen?

2. Wie werden die Leistungsbeziehungen und Koordinationsstrukturen zwischen Sozialverwaltung und externen Wohlfahrtsproduzenten im Zuge der Modernisierung verändert? Konkreter: Kommt es tatsächlich zu Änderungen hinsichtlich der Steuerung und Kontrolle sozialer Dienste?

Zum Hintergrund: Verwaltungsmodernisierung war eines der zentralen Themen der praktischen wie wissenschaftlichen Diskussionen über lokale Politik und Verwaltung der 1990er Jahre. Unter dem Paradigma des Neuen Steuerungsmodells (NSM) machten sich zahlreiche Kommunen auf den Weg, ihre Verwaltungen umzubauen, mit dem Ziel, sie effizienter, effektiver und bürgerfreundlicher zu gestalten. Auf das binnenorientierte Paradigma des NSM sattelten Ende der 1990er Jahre weitere Modernisierungskonzepte unter den Stichworten „Aktivierender Staat", „Bürgerkommune" oder „Governance" auf, die insbesondere die Außenbeziehungen der Verwaltungen thematisierten. Zudem nahmen Ökonomisierungstendenzen zu, die ihren Ursprung sowohl in bundesrechtlichen Vorgaben als auch in kommunalen Haushaltskonsolidierungsprozessen hatten. Binnen- wie außenzentrierte Modernisierungsansätze strahlten auch auf die kommunale Sozial- und Jugendverwaltung aus – die Jugendämter wurden gar zum Fokus von Pilotprojekten, was sich in der intensiven Begleitung insbesondere dieses Bereiches durch die Kommunale Gemeinschaftsstelle (KGSt) als Initiatorin des NSM niederschlug. Die Trägerstrukturen der Wohlfahrtsproduktion – im weiteren Wohlfahrtsarrangements genannt – gerieten neben der Ausstrahlung der Binnenreformen durch den Einfluss bundespolitischer Interventionen mit dem Ziel der Aufhebung des bedingten Vorrangs freier Träger sowie die Einführung neuer Finanzierungsformen unter Druck. Zielsetzung der bundesrechtlichen Änderungen war eine Pluralisierung des Anbieterspektrums und eine Intensivierung des Wettbewerbs zwischen ihnen („Fachlich regulierter Qualitätswettbewerb" (BMFSFJ 2002)), wovon man sich in erster Linie die Aktivierung von Effizienzreserven, aber auch die Stärkung fachlicher Qualität erhoffte. Kontraktmanagement und die Möglichkeit neuer Finanzierungsformen über Leistungsvereinbarungen stellten zudem gewissermaßen eine Übertragung der binnenorientierten Modernisierungslogik auf die Steuerung freier Träger dar.

Über die Auswirkungen der binnen- wie der außenbezogenen Modernisierungsbestrebungen auf lokale Wohlfahrtsarrangements liegen außer Praktikerberichten und Arbeiten eher normativer Provenienz nur wenige systematische Erkenntnisse vor. Vielmehr lag der bisherige Fokus der empirischen Forschung erstens auf der Umsetzung binnenorganisatorischer Reformen in den kommunalen Sozialadministrationen (vgl. Bußmann et al. 2003; Liebig 2001; Mamier et al. 2002; van Santen 1998; Seckinger et al. 1998; Pluto 2005; Grohs 2007; Bogumil et al. 2007: 34-35). Zweitens wurden die Auswirkungen von Verwal-

Fragestellung 13

tungsmodernisierung und Ökonomisierungstendenzen auf die leistungserbringenden Träger (vgl. Dahme et al. 2005; Liebig 2005; Messmer 2007) oder die Auswirkungen auf das individuelle Handeln der Professionellen in der Sozialen Arbeit untersucht (vgl. Dahme et al. 2005). Die Mesoebene der lokalen Vermittlungsstrukturen und das „Gesamtsystem" der lokalen Trägerlandschaft, das Kernstück lokaler Sozial*politik*, blieben demgegenüber weitgehend vernachlässigt. Die spärliche und oft an Einzelbeispielen orientierte wissenschaftliche Literatur zu den Mesostrukturen formuliert im Kern zwei konkurrierende Thesen: Auf der einen Seite wird der Wandel betont. Im Speziellen ist von einer Pluralisierung, Diversifizierung oder Ökonomisierung lokaler Wohlfahrtsarrangements und einem Niedergang traditionell-korporatistischer Verflechtungsstrukturen die Rede. Als Beispiele für diese Argumentationsrichtung können folgende Diagnosen gelten:

- eine „Pluralisierung des Anbieterspektrums" (Backhaus-Maul/Olk 1994; 1996)
- eine „Pluralisierung *und* Kontraktualisierung" der Sozialen Dienste: „Thus, a „pluralisation" and „contractualisation" in the provision of social services has taken place through which, not least, the unduly close ties between local government staffs and welfare organisations are broken up and the „outsourcing" of services is made more transparent" (Wollmann 2004: 17; vgl. auch Bönker/Wollmann 1996; 2000; 2006)
- eine „schleichende Privatisierung" (Evers et al. 2002: 11) oder „Ökonomisierung" (Boeßenecker et al. 2000; 2001)
- eine Ablösung des Korporatismus durch den Markt (vgl. Münder 1998: 11)
- die Entwicklung neuer Muster eines „Postkorporatismus" (Pabst 1998)

Diese Liste ließe sich fortsetzen. Den *Wandlungsthesen* in ihren verschiedenen Spielarten wird eine *Beharrungsthese* entgegengesetzt: So konstatieren Heinze und Strünck: „On a local level, however, the status quo remains and new projects are even forced to join the traditional umbrella associations" (Heinze/Strünck 2000; 1996). Allerdings kontrastieren auch sie einen „Übergang vom ‚Status' zum ‚Kontrakt'" (Heinze et al. 1997), der über „betriebswirtschaftliche Reorganisation und neue Vertragsbeziehungen (…) auf Systemebene zu einer Stabilisierung und Zentralisierung führt, die verbandliche Steuerungsprinzipien stärkt" (Heinze et al. 1997: 249). Diese Kontinuität wird in der Regel mit den Beharrungskräften der in „neokorporatistischen" (Heinze 1981) Arrangements und „verhandlungsdemokratischen" kommunalpolitischen Strukturen (Bogumil/Holtkamp 2006) eingebettete Verflechtung der Wohlfahrtsverbände mit den lokalen Verwaltungen und der lokalen Politik begründet. Nach dieser These ändern sich zwar die Spielregeln, die Spieler bleiben jedoch dieselben. Gerade neuere Beiträge betonen diese beharrende Tendenz gegenüber den oben zitierten (frühen) Wandlungsdiagnosen (vgl. Olk et al. 2003: XLVIII; Meyer 2008; Möhring-Hesse 2008).

Die vorliegende Arbeit soll sich empirisch mit dem Zusammenhang kommunaler Verwaltungsmodernisierung, gesetzgeberischer Ökonomisierungsimpulse und dem Wandel lokaler Wohlfahrtsarrangements beschäftigen. Die Arbeit versucht eine Verbindung zwischen den meist getrennten Diskussionssträngen der lokalen Politikforschung sowie der Forschung zur kommunalen Verwaltungsmodernisierung einerseits und der Sozialpolitik- und Verbändeforschung andererseits herzustellen. Damit verbunden ist eine politikwissenschaftliche Perspektive, die Verwaltungsmodernisierung und die Ausgestaltung lokaler Wohlfahrtsproduktion als Policies interpretiert. Im Zentrum dieses Ansatzes steht ein Koordinationsproblem: die Koordinierung lokaler Politikfelder, nämlich einerseits der Arena der Verwaltungsmodernisierung, andererseits der Arena lokaler Wohlfahrtsproduktion. Um meine Vorannahmen klar zu machen: Ich gehe als Arbeitshypothese bei Frage 1 davon aus, dass sich – entgegen einiger Annahmen aus der Literatur – für die westdeutschen Bundesländer kein signifikanter Einfluss der Verwaltungsmodernisierung auf die institutionelle Ausprägung der Strukturen lokaler Wohlfahrtsproduktion nachweisen lässt. Ein zweifelsohne vorliegender Wandel ist durch externe Bedingungen (finanzielle Restriktionen, Wertewandel, demographischer Wandel etc.) einerseits, bundespolitische Entscheidungen und Vorgaben (z.B. Pflegeversicherung, Hartz IV) andererseits bedingt. Die Beantwortung dieser ersten Forschungsfrage soll mittels einer quantitativen Analyse lokaler Wohlfahrtsstrukturen erfolgen, bei der ich sowohl auf Daten der amtlichen Kinder- und Jugendhilfestatistik als auch auf Daten aus dem Forschungsprojekt „10 Jahre NSM – Evaluation kommunaler Verwaltungsmodernisierung"[1] zurückgreifen werde.

Diese Diagnose führt jedoch zu der zweiten Annahme, dass in der Ausgestaltung der Kooperationsbeziehungen zwischen Sozialverwaltung und externen Anbietern und Trägern ein deutlicher Einfluss der Modernisierungsbestrebungen zu verzeichnen ist. Die offensichtlichste Entwicklung werde ich als „Kontraktualisierung" charakterisieren und besteht aus der Übertragung von Bausteinen der hier als Managerialisierung bezeichneten Binnenreform der Verwaltung auf das

---

[1] Das Forschungsprojekt „10 Jahre Neues Steuerungsmodell - Evaluation kommunaler Verwaltungsmodernisierung" wurde von der Hans-Böckler-Stiftung gefördert und von der Kommunalen Gemeinschaftsstelle (KGSt) unterstützt (Laufzeit 2004-2006). Es war als Kooperationsvorhaben der Universitäten Konstanz bzw. Bochum (Jörg Bogumil (Projektleitung), Sabine Kuhlmann, Stephan Grohs, Anna K. Ohm), Potsdam (Werner Jann, Christoph Reichard), Marburg (Leo Kißler) und Berlin (Hellmut Wollmann) angelegt. Zu den Ergebnissen vgl. Bogumil et al. 2006 und Bogumil et al. 2007.

Außenverhältnis. Hierzu gehören Instrumente wie Leistungs- und Produktkataloge, Zielvereinbarungen und Finanzierung von Einrichtungen durch Leistungsvereinbarungen und -verträge. In einer Verbindung mit genuin professionellen Konzepten sozialer Arbeit gehört auch die Entwicklung von sozialraumorientierten Ansätzen des Kontraktmanagements (Sozialraumbudgetierung) in diesen Zusammenhang. Diese Entwicklung der Kontraktualisierung soll denn auch im Zentrum von lokalen Fallstudien stehen. Da diese Instrumente nicht ohne Kooperation der betroffenen Anbieter und Träger implementiert werden können, stehen Konflikte, Strategien und Lösungen dieses Kooperationsproblems im Zentrum des zweiten Teils der Arbeit.

Hier stellt sich insbesondere die Frage nach den Gründen für die Einführung von Kontrakten. Entgegen der vom Gesetzgeber beabsichtigten Wirkungen von mehr Wettbewerb und Pluralität unter den Anbietern werden, so meine zentrale dritte These, Kontrakte als Instrumente der Verwaltungsmodernisierung und fachpolitische „professionelle" Modernisierungsansätze häufig genutzt, um – in durchaus „subversiver" Manier – auf einer neuen Basis bestehende Kooperationsbeziehungen zu stabilisieren und zu „schließen". Zur Stabilisierung können diese neuen Formen beitragen, indem sie im Gegensatz zur an die jährliche Verabschiedung des Haushalts gebundenen Zuwendungsfinanzierung mehrjährige Laufzeiten ermöglichen, die beiden Seiten Planungssicherheit geben. Die Einführung standardisierter Qualitätsmanagementsysteme bevorzugt in großen Verbänden organisierte Träger, die von verbandsinternen Qualitätsmanagementsystemen profitieren. Häufig wird Qualitätssicherung auch auf rein formaler Ebene eingeführt und in der Praxis durch Vertrauen substituiert. Die neuen sozialräumlichen Finanzierungsformen stärken in den praktizierten Formen korporatistische Strukturen, indem ganze Sozialräume trägergebunden vergeben werden. Welche Auswirkungen diese „Gegenimplementation von unten" (Wollmann 1983) auf die Zielerreichung der Modernisierungsanstrengungen hat, soll abschließend diskutiert werden.

1.2 Methodisches Vorgehen

Auf Grund der besonderen Bedeutung in finanzieller, personeller, aber auch in strategisch-kommunalpolitischer Hinsicht sowie der besseren Vergleichbarkeit wird die Kinder- und Jugendhilfe als Untersuchungsfeld sozialer Dienste ausgewählt. Den Untersuchungszeitraum dieser Arbeit bildet die Periode von Anfang der 1990er Jahre bis 2008. Als Ausgangspunkt wurde der Beginn der Modernisierungswelle des Neuen Steuerungsmodells ab 1991 gewählt; die Ökonomisierungs- und Wettbewerbsimpulse setzten einige Jahre später ein und hatten ihren

Höhepunkt Ende der 1990er Jahre. Damit liegen mittlerweile hinreichende Erfahrungen mit den neuen Kontraktformen vor, um deren tatsächliche Effekte empirisch zu evaluieren. In einem ersten empirischen Schritt werden mit Hilfe quantitativer Daten sowohl die Modernisierungsaktivitäten deutscher Kommunen[2], insbesondere der Jugendämter sowie die Entwicklung der lokalen Trägerstrukturen im Bereich der Kinder- und Jugendhilfe[3] analysiert und nach dem Zusammenhang beider Entwicklungen sowie möglichen Erklärungsfaktoren für die Varianz zwischen den Kommunen gefragt. Die Betrachtung der freiwilligen Aufgaben in anderen Bereichen (insb. im BSHG-Bereich) muss mangels vergleichbarer Daten in diesem Untersuchungsabschnitt ausbleiben. Die Daten werden allerdings mit der Entwicklung im weitgehend entkommunalisierten Bereich der Pflege kontrastiert. Dieser Analyseschritt kann allerdings die eigentliche Frage, was in der „Black Box" des politischen Entscheidungsprozesses passiert, nicht hinreichend erklären. Sie können zwar die Relevanz verschiedener externer und interner unabhängiger Variablen benennen, jedoch keine Aussagen darüber treffen, über welche Wahrnehmungs-, Vermittlungs- und Wirkungsprozesse sich die unabhängigen Variablen auf den Policy-Output niederschlagen (vgl. z.B. Sabatier 1999a; Schmidt 1995).

Diese Fragen sollen in einem zweiten Schritt anhand lokaler Fallstudien vorgenommen werden. Hier ist für die Fallauswahl nicht die Repräsentativität ausschlaggebend, da diese durch die quantitative Einordnung der Fälle kontrolliert wird, sondern das Vorliegen für die Forschungsfrage relevanter Konstellationen. Zur Fallauswahl werden dabei hervorstechende Merkmalskonstellationen aus der quantitativen Untersuchung herausgegriffen und so über ein „theoretisches Sampling" (Glaser/Strauss 1967) Untersuchungskommunen bestimmt. Für die Fallauswahl wird zunächst leitend, dass bereits Erfahrungen mit der Umstellung auf kontraktförmige Beziehungsformen vorliegen, da diese unabhängige Variable konstant gehalten werden soll, um Varianzen in der Umsetzung und den Auswirkungen dieser Maßnahmen enger ins Blickfeld nehmen zu können. Um die These des Einflusses neokorporatistischer Strukturen auf die Kontinuität der Trägerstrukturen zu untersuchen, werden dabei zwei west- mit zwei ostdeutschen Kommunen verglichen, da plausibel davon auszugehen ist, dass die Trägerstrukturen durch den Neuaufbau nach der Wende (vgl. Angerhausen et al. 1998; Olk 1996) in den neuen Bundesländern weniger etablierte und verfestigte Gefüge

---

[2] Datengrundlage hierfür sind Daten zur lokalen Verwaltungsmodernisierung, die im Rahmen des von der Hans-Böckler-Stiftung geförderten Forschungsprojekts „10 Jahre Neues Steuerungsmodell – Evaluation kommunaler Verwaltungsmodernisierung" erhoben wurden. Der Autor war verantwortlich für die Erhebung dieser Daten.
[3] Datengrundlage sind die Daten der amtlichen Kinder- und Jugendhilfestatistik aus dem Zeitraum 1994 bis 2006.

aufweisen. Des Weiteren wird die Frage auswahlleitend, ob ein Wandel der Trägerstrukturen vorliegt oder nicht. Damit werden Fälle kontrastiert, die in zwei Fällen die skizzierten Erwartungen erfüllen, andererseits zwei abweichende Fälle darstellen (vgl. ausführlicher Abschnitt 6.1). Dieses Forschungsdesign stellt klassische Lehrbuchbeschreibungen des sozialwissenschaftlichen Forschungsprozesses (vgl. Schnell et al. 1999) quasi auf den Kopf und geht von einem gleichberechtigten Status quantitativer und qualitativer Verfahren (vgl. auch Glaser/Strauss 1967: 91) aus. Induktiven Fallstudien wird also nicht eine bloße Hilfsfunktion der quantitativen „Königsdisziplin" zugewiesen. Vielmehr soll durch das theoretische Sampling die breite Informationsbasis der quantitativen Daten genutzt werden, um für die Fragestellung möglichst sinnvolle Fallkommunen auszuwählen und diese im Gesamtkontext verorten zu können. Ziel der Fallstudien ist also die induktive Entwicklung gegenstandsbezogener Theorien zur Erklärung der im quantitativen Teil entwickelten „Puzzles". Dabei folge ich nicht dem zu Recht als unrealistisch eingestuften „naiven" Vorgehen Glasers und Strauss' (vgl. Lamnek 2005: 115), sondern greife auf bestehende gegenstandsbezogene Theoriebausteine zurück.

1.3 Gliederung der Arbeit

Zunächst soll der Gegenstand eingegrenzt und in zentrale Begrifflichkeiten eingeführt werden. Damit verbunden wird ein kurzer historischer Abriss der Geschichte kommunaler Sozial- und Jugendverwaltung sowie der Entwicklung der Wohlfahrtsarrangements (Kap. 2). Danach folgt ein kurzer Überblick zum Stand der Forschung zu den zentralen Fragen der Implementation von Kontrakten und Leistungsvereinbarungen (Kap. 3.). In einem nächsten Schritt wird der konzeptionelle Rahmen der Arbeit dargelegt. Hier werden zentrale theoretische Konzepte vorgestellt und in einem neoinstitutionalistischen Rahmen eingeordnet. Zentrale Hypothesen schließen diesen Abschnitt ab (Kap. 4). In einem ersten empirischen Abschnitt werden die quantitativen Analysen präsentiert, die Aufschluss über den tatsächlichen Wandel der lokalen Wohlfahrtsarrangements, den Implementationsstand von Maßnahmen der Verwaltungsmodernisierung, Kontraktmanagement und Leistungsvereinbarungen geben. Abschließend soll der Zusammenhang zwischen der Implementation und dem aufzufindenden Wandel der Leistungsbeziehungen thematisiert werden (Kap. 5). An diesen zentralen quantitativen Abschnitt schließen qualitative Fallstudien in vier Fallkommunen an, die die vorzufindenden Interaktionsstrukturen und Implementationsweisen zu rekonstruieren suchen (Kap. 6). Eine zusammenfassende Interpretation der erarbeiteten Ergebnisse schließt die Arbeit ab (Kap. 7).

2 Modernisierung kommunaler Sozialpolitik als Politikfeld

Bevor auf den konzeptuellen und theoretischen Rahmen dieser Arbeit eingegangen wird, soll zunächst in das untersuchte Politikfeld – die kommunale Sozialpolitik und insbesondere das hier vertiefte Teilgebiet der Kinder- und Jugendhilfe – eingeführt werden. Ohne dem konzeptionellen Teil vorzugreifen wird hier unter Politikfeld ein spezifischer „Problemverarbeitungszusammenhang" (Schneider/Janning 2006: 64ff) verstanden, der auf inhaltliche Regelungsbereiche (policies) bezogen ist. Politikfelder unterscheiden sich danach durch unterschiedliche historisch gewachsene Rahmenbedingungen, Inhalte, Institutionen und rechtliche Regulierungen sowie durch wesentliche Akteure und Akteurskonstellationen. Im Folgenden wird daher zunächst (2.1) ein kurzer Abriss der historischen Entwicklung lokaler Sozialstaatlichkeit gegeben, der zum Ziel hat, wesentliche *legacies* der gegenwärtigen institutionellen Arrangements zu identifizieren. Diese werden insbesondere in der theoretischen Diskussion der Argumente des historischen Institutionalismus bzw. der Pfadabhängigkeitsdiskussion von Bedeutung und begründen auch die Beschränkung auf die Kinder- und Jugendhilfe als untersuchtes Politikfeld. Dieses wird im Folgenden in seinen wesentlichen Inhalten, rechtlichen Regelungen, institutionellen Arrangements und Akteurskonstellationen skizziert (2.2). Abschließend werden die wesentlichen Modernisierungsimpulse seit den 1990er Jahren als grundlegende unabhängige Variablen dieser Untersuchung eingeführt (2.3).

2.1 Genese von Wohlfahrtsarrangements

Die Institutionalisierung lokaler Sozialpolitik und das Verhältnis öffentlicher, privater und freigemeinnütziger Wohlfahrtspflege sind ein altes Thema. Historische Konfliktlinien und ein spezifisches Policy-Erbe mit bestimmten Institutionen und Leitideen prägen die heutigen Auseinandersetzungen weiterhin. Die Strukturen kommunaler Sozialpolitik werden in diesem Abschnitt in ihrer historischen Entstehung nachgezeichnet. Eine kurze historische Einordnung ist aus zwei Gründen von Bedeutung. Die im Folgenden durchgeführte Analyse des

Wandels der Strukturen lokaler Wohlfahrtsproduktion muss erstens berücksichtigen, dass institutionelle Arrangements historisch gewachsen sind und in ihrer jeweiligen Ausgestaltung sowohl die Interessen und Ressourcen der beteiligten Akteure prägen, als auch deren Weltbilder, also ihre Vorstellungen über die „richtige" Ausgestaltung und Erbringung sozialer Dienstleistungen maßgeblich beeinflussen (vgl. Nullmeier/Rüb 1993). Dadurch werden durch vergangene Entscheidungen die Verwirklichungschancen zukünftiger Optionen restringiert und auf einen engeren Handlungskorridor geführt. Dieser in der Tradition des historischen Institutionalismus (vgl. Hall/Taylor 1996; Immergut 1998; Thelen 1999) als „Pfadabhängigkeit" beschriebene Sachverhalt wird theoretisch in Abschnitt 4.6 eingehender behandelt. Zweitens ermöglicht der historische Blick, das Ausmaß des tatsächlich zu beobachtbaren Wandels abzuschätzen und überzogene zeitdiagnostische Entwicklungsthesen in einen realistischen Referenzrahmen zu setzen. Im Weiteren soll daher ein besonderer Fokus auf die Fragen der Institutionalisierung sozialer Dienste hinsichtlich der etablierten Leistungen, deren institutioneller Zuordnung (zentral–dezentral; öffentlich–privat) sowie den beteiligten Akteuren und deren grundlegenden Interessen und kognitiven Orientierungen (Stichwort Professionalisierung) gelegt werden.

2.1.1 Lokale Sozialpolitik als Armenpolitik (bis ca. 1900)

Erste Vorläufer der heutigen kommunalen Sozialverwaltungen können bis auf die *Armenpflege* seit dem Mittelalter zurückgeführt werden.[4] Lag diese im Mittelalter fest in den Händen von Klöstern und Kirchen, konnten zunächst berufsständische Vereinigungen wie Gilden und Zünfte ebenfalls die Rolle von Agenturen der Armenpflege übernehmen. Erst nach der Reformation wurde Armenpflege teilweise von den Städten übernommen. Primäre Ziele waren die Aufrechterhaltung öffentlicher Ordnung und Sicherheit, zu welchem Zwecke sog. Armensteuern erhoben und Bettelverbote erlassen wurden. So kam es schon im 17. Jahrhundert zu einer engen Kooperation zwischen städtischen Verwaltungen und den Kirchen. Grundlage der nun einsetzenden städtischen Armenpolitik wurde ein individualisierender Zugriff, der auf der Unterscheidung von „würdigen" und „unwürdigen" Armen sowie auf der Ausgrenzung „fremder Armer" aus den Städten beruhte.[5]

---

[4] Die nachfolgenden Darstellungen beruhen auf den historischen Studien von Kühn 1994; Sachße 1986; Sachße/Tennstedt 1998, 1988; Tennstedt 1981.
[5] Von der sich herausbildenden Staatlichkeit wurde versucht, diese städtische „beggar my neighbour"- policy durch die Etablierung der Niederlassungsfreiheit zu konterkarieren, deren Ziel eine höhere Arbeitskräftemobilität war.

Parallel zu und zunächst unabhängig von der Entstehung der städtischen Armenpolitik verlief die Entwicklung privater und religiös motivierter Hilfsinitiativen im 18. und 19. Jahrhundert, die sich auf die Linderung sozialer Not konzentrierten. Diese „freie Liebestätigkeit" kann als Geburt der „zweiten Arena" lokaler Sozialpolitik, die in die Rechtsform des bürgerlichen Vereins gegossene Entwicklung des „dritten Sektors", gesehen werden (vgl. Conze 1960). Hierzu zählten Rettungs- und Armenkinderanstalten und Jünglingsvereine sowie die christliche Missionierung („Innere Mission") von durch die Amtskirche kaum erreichbaren Gruppen wie die der Seeleute, Wanderarbeiter und Landfahrer. Primäres Ziel dieser Initiativen war nicht wie in der städtischen Armenpolitik die Aufrechterhaltung von öffentlicher Ordnung oder die Linderung sozialer Not, sondern die „Erneuerung" des geistlich-sittlichen Lebens unter christlichem Dogma sowie die Wiederherstellung einer patriarchalisch-ständestaatlichen Gesellschaftsordnung. Diese „Privatwohltätigkeit" war jedoch noch kaum mit der kommunalen Armenpolitik verwoben, sondern betätigte sich in eigenen Nischen (vgl. Sachße/Tennstedt 1998: 222). Eine Verbandlichung und Koordinierung dieser zahlreichen lokalen Initiativen, denen die Amtskirchen mit großem Vorbehalt gegenüberstanden, gelang erst im Zuge der 1848er Revolution auf die Initiative Wicherns mit der Gründung des „Centralverbandes der Inneren Mission", des späteren Diakonischen Werkes, als Sammlungsbewegung aller der evangelischen Kirche nahe stehenden Kräfte (vgl. Heinze/Olk 1981b).

Im 19. Jahrhundert setzte sich im Gebiet des damaligen Deutschen Reiches das sog. *„Elberfelder System"* durch, das erstmals 1853 in der Stadt Elberfeld – heute ein Stadtteil Wuppertals – eingeführt wurde und in der Folge durch zahlreiche, insbesondere preußische Städte übernommen wurde (vgl. Sachße/Tennstedt 1998: 214-243). Zum Teil bis in die 1920er Jahre bestimmte dieses System die Organisation kommunaler Sozialverwaltung in den deutschen Städten. Rechtlich eingebettet wurde das Elberfelder System durch das 1870 erlassene reichseinheitliche „Unterstützungswohnsitzgesetz", das die Kommunen als „Armenverbände" zu Trägern öffentlicher Fürsorge bestimmte. Das Elberfelder System setzte auf einen individualisierenden Zugriff auf das Armutsproblem und die Tradition ehrenamtlicher Armenpflege: Im Zentrum stand die eingehende Prüfung der Lebensverhältnisse der Armen und deren Betreuung durch ehrenamtliche (männliche) Armenhelfer. Zentral ist die Trennung von Bedürftigen und Arbeitsfähigen; letztere wurden durch den Zwang zur Aufnahme von Arbeit gemaßregelt. Die Armenhelfer wurden nach Vorschlag der Kirchen durch die Stadtverordnetenversammlung gewählt und hatten weitgehende Entscheidungskompetenz. Ihnen wurden jeweils Quartiere zugeteilt. Die vier wesentlichen Kennzeichen dieses Systems waren *Individualisierung, dezentralisierte Entscheidungskompetenz, Ehrenamtlichkeit und Zuständigkeitsbestimmung nach* *räumlichen Kriterien*. Die milieugebundene Rekrutierung der Armenhelfer und die Überschaubarkeit der lokalen Quartiere waren gleichzeitig die Sollbruchstellen des Systems, die sein Scheitern bedingten: mit den Folgen der zunehmenden Industrialisierung (zunehmende Mobilität der Arbeiter und Auflösung der traditionellen Quartiere), der abnehmenden Bereitschaft zu ehrenamtlicher Armenhilfe sowie die einsetzende Professionalisierung sozialer Arbeit erodierten seine Grundlagen. Zudem wurde die Ausgabefreudigkeit der Ehrenamtlichen zum fiskalischen Problem (vgl. Sachße 1994: 36-47).

Industrialisierung, aufkommende arbeitsmarktregulierende und wehrpolitische Ziele sowie der Versuch der Zurückdrängung der erstarkenden Sozialdemokratie sorgten Mitte bis Ende des 19. Jahrhunderts für einen grundsätzlichen Wandel des sozialpolitischen Rahmens lokaler Sozialpolitik. Durch die Einführung der Bismarckschen Sozialversicherungen in den 1880er Jahren wurde die Trennung in staatliche Sozialversicherungs-Sozialpolitik und kommunale Sozialfürsorge-Sozialpolitik als „Lückenbüßer" (Achinger 1958) institutionalisiert, die bis heute weiterwirkt. Mit der Gründung des „Centralverbandes der Inneren Mission" begann ebenfalls in der zweiten Hälfte des 19. Jahrhunderts die zunehmende Bürokratisierung und Professionalisierung der freien Wohlfahrtspflege. Die kleinen, einfach strukturierten und auf lokale Initiativen begründeten Hilfsvereine wurden in von oben implementierte Verbandsstrukturen einbezogen, die sich durch ein oberhalb der lokalen Ebene angesiedelten Verbandsapparat mit Funktionären im Hauptberuf auszeichnen, der zunehmend Planungs-, Verwaltungs- und Repräsentationsfunktionen übernimmt (vgl. Heinze/Olk 1981b: 100-102). In dieser Phase entwickelten sich erstmals Kompetenzüberschneidungen zwischen öffentlicher Sozialadministration und privaten Fürsorgeorganisationen. Gemeinsames Ziel war der Kampf gegen die erstarkende politische Arbeiterbewegung, zu welchem Zweck 1891 die „Centralstelle für Arbeiterwohlfahrtseinrichtungen" gegründet wurde, die als Vorläuferin der späteren Dachverbände der freien Wohlfahrtspflege betrachtet werden kann. 1880 wurde zudem als gemeinsamer Fachverband öffentlicher und verbandlicher Träger der damalige „Deutsche Verein für Armenpflege und Fürsorge", der spätere „Deutsche Verein für öffentliche und private Fürsorge" – kurz „Deutscher Verein" gegründet.

Neues Leitbild auf lokaler Ebene wurde zu Anfang des 20. Jahrhundert (ab 1907) das *„Straßburger System"*, dessen Kern in der Unterscheidung von Innen- und Außendienst beruhte. Die Entscheidungsbefugnisse wurden nun auf einen Beamten im Innendienst übertragen und die Armenpfleger im Außendienst wurden zunehmend durch ausgebildete Frauen ersetzt. *Rollendifferenzierung, Feminisierung der Hilfe („Mütterlichkeit als Beruf" (Sachße 1994)) und zunehmende Professionalisierung* können als Kennzeichen dieser Phase betrachtet werden.

2.1.2 Ausdifferenzierung lokaler Sozialpolitik (Entwicklung bis zur Weimarer Republik)

War bis dahin das Armenproblem zentraler Fokus lokaler Sozialpolitik, setzte zu Beginn des 20. Jahrhunderts eine zunehmende Differenzierung der sozialpolitischen Aufgabenfelder und der thematisierten Problemlagen ein: Neben die Armenhilfe traten Jugendfürsorge und die Vorläufer der Gesundheitsämter (vgl. Sachße 1994). Schon im 19. Jahrhundert hatte sich außerhalb des staatlichen und städtischen Fokus' eine Art „Jugendfürsorgebewegung" gebildet. Mit zunehmender Professionalisierung und Institutionalisierung führte dies zur Etablierung des eigenständigen Feldes der Kinder- und Jugendhilfepolitik, die sich auf lokaler Ebene in der Etablierung der „Zentralen für Jugendfürsorge", den Vorläufern der heutigen Jugendämter, niederschlug (vgl. Hasenclever 1978). Die ersten beiden Jahrzehnte des 20. Jahrhunderts waren geprägt durch die Versuche einer Vereinheitlichung und Integration verschiedener Einrichtungen und Einzelinitiativen in eine neue spezialisierte kommunale Verwaltungseinheit (vgl. Olk 1986: 72-79). Zu nennen sind hier die Kinderarmenpflege, das Pflegekinderwesen, das Vormundschaftswesen und die Fürsorgeerziehung (vgl. Kühn 1994: 8f.; Sachße 1994: 68-75). Die ersten Jugendfürsorgeämter entstanden 1909 in Mainz und Dresden, 1910 folgten Hamburg und Magdeburg.

Auch die kommunale Gesundheitspolitik hatte vor ihrer Institutionalisierung „Bewegungscharakter", der sich insbesondere um die Seuchenproblematik herum mobilisierte. Die Choleraepidemien des 19. Jhds. beförderte die Entwicklung einer Bewegung, die sich um den 1873 gegründeten „Deutschen Verein für öffentliche Gesundheitspflege" scharte (vgl. Tennstedt 1981: 207-211). Die Gesundheitsfürsorge wurde zunächst in einigen Großstädten als Ausfallsfunktion für Personengruppen eingerichtet, die nicht durch die in den 1880er Jahren etablierte gesetzliche Krankenversicherung der Arbeiter abgedeckt waren: Dies betraf in erster Linie Säuglinge, Kleinkinder, Schüler, Schwangere und Wöchnerinnen. Zudem wurde bestimmten Krankheitsbildern besondere Aufmerksamkeit gewidmet, die eng mit der Aufrechterhaltung öffentlicher Ordnung in Verbindung gebracht wurden: Tuberkulose, Körperbehinderungen, psychische Leiden, Alkoholismus und Geschlechtskrankheiten (vgl. Sachße 1994: 61-67). Mit den nun in kommunale Ämter eintretenden Ärzten ist auch in diesem Politikfeld eine deutliche Professionalisierungstendenz zu beobachten. Auf der institutionellen Seite verbindet sich dies mit dem Aufbau und Betrieb der kommunalen Krankenhäuser. Die Institutionalisierung verlief uneinheitlich und sorgte vor allem um die Jahrhundertwende zur Einrichtung von Ämtern unterschiedlichen Zuschnitts. Eine einheitliche Gestaltung kommunaler Gesundheitsämter blieb jedoch zunächst aus. Parallel mit der Ausdifferenzierung der lokalen Sozialadministration lassen sich auf Seiten der freien Träger und Verbände Entwicklungen einer Pluralisierung der Verbandszwecke und eine weitere bürokratische Zentralisierung beobachten (vgl. Heinze/Olk 1981a: 100-101).

Der *Erste Weltkrieg* war entscheidend für die Expansion und Institutionalisierung lokaler Sozialadministration und die Entwicklung der freien Wohlfahrtspflege. Grundlegend dafür war zunächst die Einrichtung der Kriegsfürsorge und Kriegswohlfahrtspflege (vgl. Sachße 1994: 143-148). Kriegsfürsorge sollte versorgungsähnlich die Familien der Kriegsteilnehmer unterstützen. Kriegswohlfahrtspflege war eine freiwillige Fürsorgeleistung der Kommunen für Kriegsbetroffene, die nicht zu den Familien der Kriegsteilnehmer zählten. Von Bedeutung war einerseits eine damit einhergehende *stärkere Koordinierung öffentlicher und privater Hilfeformen,* die grundlegend für die Korporatisierung und Konzertierung lokaler Sozialpolitik werden sollte. Die Vielzahl von Spendensammlungen und Hilfsaktionen der freien Wohlfahrtspflege und privater Vereine führte zu einem zentralen „Mahnruf gegen die planlose Wohlfahrtspflege" durch die Zentralstelle für Volkswohlfahrt, die Zentrale für private Fürsorge und das Bureau für Sozialpolitik. In der Folge wurden die Kooperationsstrukturen zwischen Kommunen und Verbänden enger verwoben (vgl. Kühn 1994: 14-15). Verbunden mit der Kritik an dem Dilettantismus der Hilfeleistungen wurde ein weiterer Professionalisierungsschub eingeläutet. Dies betraf insbesondere die Frauen. Durch die Einrichtung eines „Nationalen Frauendienstes" im Jahr 1914 erhielten zahlreiche Frauen erstmals eine fürsorgerische Ausbildung, was die *Feminisierung* und *Professionalisierung* der lokalen Hilfe weiter beförderte (vgl. Sachße 1994). Ebenfalls in die Kriegszeit fiel die Einrichtung und Institutionalisierung der lokalen „Wohlfahrtsämter", die verschiedene Fürsorgetätigkeiten bündeln sollten und die seit dem „Straßburger System" etablierte Trennung von Außen- und Innendienst weiter verstärkten.

2.1.3 Institutionalisierung und Expansion in der Weimarer Republik

Nach Ende des ersten Weltkriegs begann die für die Ausgestaltung lokaler Sozialadministration bedeutendste Phase. Die Nachwehen des Krieges und der Währungsverfall stellten die Fürsorgeträger vor große Herausforderungen. Das drängende Problem der Erwerbslosenfürsorge führte zur Schaffung eines eigenen staatlichen Versicherungszweiges im „Gesetz über die Arbeitsvermittlung und die Arbeitslosenversicherung" (AVAVG) von 1927. Hiermit wurde mit der Arbeitslosigkeit ein weiteres „Standardrisiko" entkommunalisiert und in eine Sozialversicherung überführt, wie es schon zuvor in den Bismarckschen Reformen zwischen 1883 und 1889 mit den Risiken Alter, Unfall und Gesundheit geschehen war. Gleichzeitig wurden aber neue Adressatengruppen für die kommunale Fürsorge eingeführt, beispielsweise „Kleinrentner". Auf Grund des bestehenden Problemdrucks wurden das öffentliche Gesundheitswesen und die kommunale Wohnungsfürsorge ausgebaut. Im hier besonders interessierenden Fall der Jugendfürsorge führte das Reichsjugendwohlfahrtsgesetz (RJWG) von 1922 das bis heute bestehende Prinzip der „Einheit der Jugendhilfe" durch die Vorgabe einer reichsweit einheitlichen Organisation („Jugendamt") ein. Bis heute wirksame Strukturmerkmale wie das Jugendamt als „Kollegialbehörde" (§ 9 RJWG) mit einem Stimmrecht von Vertretern der freien Wohlfahrtspflege im Jugendwohlfahrtsausschuss sowie das Subsidiaritätsprinzip (§ 4 RJWG) wurden in diesem Gesetz fixiert. Auch inhaltliche Strukturmerkmale wie die Kodifizierung eines Rechtsanspruchs auf Erziehung (§1 RJWG), die bis heute weiterwirken, wurden damals festgeschrieben (vgl. Kühn 1994). Mit der Reichsfürsorgepflichtverordnung von 1924 wurde schließlich ein einheitlicher Rechtsrahmen bezüglich der Armenfürsorge geschaffen.

Hinsichtlich der freien Wohlfahrtspflege fällt in diesen Zeitraum die feste Institutionalisierung und Instrumentalisierung der freien Wohlfahrtspflege durch die öffentliche Hand. Dies war ein äußerst konfliktreicher Prozess, da die Sozialdemokratie eigentlich eine weitgehende Kommunalisierung und Entkonfessionalisierung der lokalen Sozialstaatlichkeit einschließlich der Kindergärten anstrebte .Gleichzeitig war das Reichsarbeitsministerium aber durch eine starke Gruppe von Vertretern der katholischen Zentrumspartei geprägt, die als Advokaten der kirchlichen Verbände und des Subsidiaritätsprinzips wirkten (vgl. Tennstedt 1992). Letztendlich setzte sich letztere Fraktion durch. Auf staatlicher Seite war die Schaffung des Reichsarbeitsministeriums zentraler Ankerpunkt der sich nun anbahnenden korporatistischen Strukturen: Dieser Prozess war damals bereits politisch gesteuert und maßgeblich durch das Reichsarbeitsministerium gefördert und koordiniert. Die beabsichtigte Umsteuerung der Fürsorgepolitik von einer repressiven Armenpolitik zu einer gestaltenden präventiven Sozialpolitik bei gleichzeitiger Finanzkrise ließ die Indienstnahme der organisierten Wohlfahrtspflege als geeigneten Weg erscheinen, die politischen Ziele zumindest teilweise zu realisieren. Die Träger der freien Wohlfahrtspflege erhielten den Status als „Reichsspitzenverbände" (1926), das Subsidiaritätsprinzip wurde im Reichsjugendwohlfahrtsgesetz (1922) sowie der „Reichsverordnung für die Fürsorgepflicht" (1924) eingeführt und die Spitzenverbände vom Staat mit Privilegien (Mitsprache- und Anhörungsrechte, Finanzierung) beliehen (vgl. Heinze 1981: 98; Sachße 1994: 230-232). Hier setzten sich vor allem die katholischen Zentrumspolitiker gegen die widerstrebende Sozialdemokratie durch. Ein Teil der Wohlfahrtsverbände wurde erst durch diese staatliche Subventionspraktiken geschaffen (AWO; DPWV). Durch die Bildung der Deutschen Liga der freien

Wohlfahrtspflege im Jahr 1924 (Liga) wurde die bis heute dominante Dachverbandsstruktur gebildet.

Während des Nationalsozialismus kam es zur Zwangsinkorporierung verbandlicher Wohlfahrtspflege in das NS-Regime und damit zur faktischen Aushebelung des Instituts der freien Trägerschaft. Die Arbeiterwohlfahrt wurde 1933 ob ihrer Nähe zur Sozialdemokratie vollständig aufgelöst und die Zentralwohlfahrtsstelle der deutschen Juden wurde im Zuge der antisemitischen Verfolgung 1939 zwangsaufgelöst. Die konfessionellen Wohlfahrtsverbände sowie das Rote Kreuz und der DPWV wurden der Kontrolle der Nationalsozialistischen Volkswohlfahrt (NSV) unterstellt. Dieses System der Zwangsinkorporierung der Fürsorge zeichnete sich durch strikte „Verstaatlichung" (durch Übertragung des Führerprinzips auf das Gebiet der Jugendfürsorge und –hilfe) und gleichzeitig „Vergesellschaftung" durch die NSDAP aus (vgl. Heinze /Olk 1981a: 105).

2.1.4 Entwicklung der lokalen Sozialverwaltung in der Nachkriegszeit

Der historische Rückblick zeigte die Entstehung einer Reihe von Basisinstitutionen lokaler Sozialstaatlichkeit, die im Weiteren prägend auf die Konfliktmuster und die Entwicklung in der Bundesrepublik wirkten und bis heute wirken. Dazu zählen insbesondere:

- Die institutionelle Trennung der residualen kommunalen Ebene von der Absicherung von Standardrisiken in den staatlichen Sozialversicherungen. Diese Entwicklung setzte sich in der Nachkriegszeit insbesondere im Ausbau der Sozialversicherungssysteme und schließlich der Anerkennung der Pflegebedürftigkeit als Standardrisiko mit entsprechender Überführung der kommunalen Verantwortung in eine zentralisierte staatliche Sozialversicherung fort. Auch der nur teilweise erfolgte Versuch einer Überführung eines Teilsegments der Sozialhilfe in die Zuständigkeit der Bundesagentur für Arbeit im Zuge der Hartzreformen (vgl. Jann/Schmid 2004) ist als eine Fortsetzung dieser Tendenz zu sehen, als „allgemein" anerkannte Lebensrisiken in zentralstaatliche Verantwortung zu überführen.
- Eine zunehmende Spezialisierung, Professionalisierung und Ausdifferenzierung der lokalen Sozialpolitik, die zunehmend auch Probleme der intersektoralen Koordination mit sich bringt. Diese Koordination unterschiedlicher Aufgabenfelder wie Jugend, Soziales, Wohnen, Gesundheit, Schule, Stadtentwicklung wird ab den 1960er Jahren in zahlreichen Reformprojekten verfolgt und ist im vergangenen Jahrzehnt unter dem Topos „nationaler

Stadtpolitik" (vgl. Bogumil/Grohs/Reiter 2008) auch von zentralstaatlicher Seite verstärkt problematisiert worden.
- Die Institutionalisierung des von der katholischen Soziallehre abgeleiteten Subsidiaritätsprinzips im Verhältnis von öffentlichen und freien Trägern. Dabei etablieren sich seit der Weimarer Republik eine zunehmende Subventionierung der freien Wohlfahrtspflege durch die öffentliche Hand und bis heute bestehende Parallelstrukturen zwischen Staat und Verbandsstrukturen der freien Wohlfahrtspflege in korporatistischen, staatsnahen Strukturen.

Die Ausbildung der lokalen Wohlfahrtsarrangements in der Nachkriegszeit baute konsequent auf diesen Basisinstitutionen auf und stellte bis Anfang der 1990er Jahre eher eine Vertiefung als einen grundlegenden Wandel der ihnen zu Grunde liegenden Policyprinzipien dar. Die Modernisierung der lokalen Sozialverwaltung und -politik war einerseits von den allgemeinen Entwicklungen deutscher Verwaltungspolitik geprägt, andererseits unterlag sie politikfeldspezifischen Entwicklungen, die vor allem durch bundespolitische sozialpolitische Interventionen geprägt waren. Die allgemeine Verwaltungspolitik der Nachkriegszeit wird allgemein in fünf Phasen eingeteilt (vgl. Seibel 1997a; Jann 2002; Bogumil/Jann 2008: 211f.): Die Phase der Rekonstruktion und Demokratisierung der unmittelbaren Nachkriegszeit, die Phase der „Aktiven Politik" und kommunalen Gebietsreform Ende der 1960er und Anfang der 1970er Jahre; das Bemühen um Entbürokratisierung, Entstaatlichung und mehr Bürgernähe in den 1970er und 1980er Jahren; die Ära des „Schlanken Staates" und betriebswirtschaftlich inspirierten Verwaltungsmodernisierung der 1990er Jahre und schließlich die Phase des aktivierenden Staates seit Ende der 1990er Jahre.

Neben der Bewältigung unmittelbar anstehender Aufgaben (insbesondere Beseitigung der Kriegsschäden und die Integration von Flüchtlingen, Kriegsopfern und so genannten „displaced persons") war die unmittelbare Nachkriegszeit aus der Sicht institutioneller Reformen geprägt von Überlegungen im alliierten Kontrollrat, die institutionell gegliederten Sozialversicherungen durch eine einheitliche Volksversicherung[6] zu ersetzen. Vorbild war der britische Beveridge-Plan (Hockerts 1980: 21ff.). Dieser Vorschlag wurde von den deutschen Interessengruppen einschließlich der Gewerkschaften[7] abgelehnt. Mit der Zuspitzung des Ost-West-Konfliktes verloren die Siegermächte das Interesse an einer so weitgehenden Umgestaltung (Hockerts 1980: 79ff.). Folge war eine Restauration des traditionellen Sozialversicherungswesens, was durch personelle Kontinuitä-

---

[6] Dieser Entwurf sah nicht nur die Zusammenlegung von Kranken-, Renten- und Unfallversicherung bei einem einzigen Träger, sondern auch die Einbeziehung fast aller Erwerbstätigen vor.
[7] Obwohl die Gewerkschaften eine Einheitsversicherung befürworteten, lehnten sie die vorgesehen Einschränkungen im Leistungsrecht ab.

ten sowohl bei den Versicherungsträgern als auch im Bundesarbeitsministerium unterstützt wurde. Für die lokale Sozialpolitik bedeutete das in der unmittelbaren Nachkriegszeit vor allem eine Rückkehr zum status quo ante der Weimarer Zeit, was sich in den Regelungen zur Sozialhilfe und Jugendwohlfahrt von 1953 widerspiegelte, die sich weitgehend auf eine Rücknahme der nationalsozialistischen Änderungen beschränkten.

Die Zwangsinkorporierung während des Nationalsozialismus schwebte als drohende Gefahr über dem Neuaufbau lokaler Sozialverwaltung. Dies führte zur frühzeitigen rechtlichen Absicherung der Autonomie der Wohlfahrtsverbände und wurde durch das BSHG und Jugendwohlfahrtsgesetz (JWG), die beide 1961 verabschiedet wurden, nochmals gestärkt. Zentral war hier neben der substantiellen Ausweitung der Rechtsansprüche die Festschreibung des Subsidiaritätsprinzips, also der Vorrangigkeit der freien Träger und die Verpflichtung der Unterstützung der freien Träger durch die öffentliche Hand.[8] Der Terminus „Freier Träger" wurde rechtlich kodifiziert und gilt in dieser Phase nur für die in den sechs Spitzenverbänden organisierten Trägerorganisationen. Eine Invektive gegen diese rechtlich fixierten subsidiären Strukturen wurde von einzelnen Bundesländern und Kommunen durch Verfassungsbeschwerden unternommen. Dieser sog. „Subsidiaritätsstreit" wurde jedoch vom Bundesverfassungsgericht 1967 zurückgewiesen. Das BVerfG begründete sein Urteil mit der sog. „Zusammenarbeitsformel", die die Vorrangstellung der Verbände bei Letztverantwortlichkeit der staatlichen Sozialpolitik bestätigte (vgl. BVerGE 22, 180; Backhaus-Maul/Olk 1994: 105-108).

War der Wiederaufbau nach dem Krieg geprägt von einer Rückkehr zu alten Strukturen, standen die 1960er und 1970er Jahre für einen Wandel lokaler Wohlfahrtsarrangements aus mehreren Quellen: Von bundespolitischer Seite waren insbesondere der Ausbau von Leistungsansprüchen und der verwaltungspolitische Anspruch der „aktiven Politik" (vgl. Seibel 1997; Jann 2002) bedeutsam, auf Landesebene änderten Territorial- und Funktionalreformen zumindest teilweise die Struktur und das Aufgabenspektrum der örtlichen Träger. Drittens wurden schließlich auf lokaler Ebene bedeutende Versuche des Umbaus lokaler Verwaltungsstrukturen unternommen, die als „Ära der Modellprojekte" auf loka-

---

[8] Diese geht über die Regelungen der Weimarer Republik hinaus. Insbesondere die „Funktionssperre" ist hier bedeutsam: §93 BSHG in der Fassung von 1961 bestimmt: „Die Träger der Sozialhilfe sollen darauf hinwirken, dass die zur Gewährung der Sozialhilfe geeigneten Einrichtungen ausreichend zur Verfügung stehen. Sie sollen eigene Einrichtungen nicht neu schaffen, soweit geeignete Einrichtungen der in §10 Abs. 2 genannten Träger der Freien Wohlfahrtspflege vorhanden sind, ausgebaut und geschaffen werden können". Für den Bereich der Kinder- und Jugendhilfe lautet der entsprechende Abschnitt in §5 JWG: „Soweit geeignete Einrichtungen und Veranstaltungen der Träger der Freien Jugendhilfe vorhanden sind, erweitert oder geschaffen werden, ist von eigenen Einrichtungen und Veranstaltungen des Jugendamtes abzusehen."

ler Ebene gelten und sich mit dem Bemühen um mehr Bürgernähe verbinden. Die 1960er und 1970er Jahre waren die Hauptexpansionsphase des westdeutschen Wohlfahrtsstaats. Dies betraf die lokale Ebene insbesondere durch die Reform der Sozialhilfegesetzgebung. Verschiedene Änderungsgesetze zwischen 1965 und 1974 erweiterten die Ansprüche und lockerten die Zugangskriterien. Die Leistungen wurden u.a. durch die Neuberechnung des so genannten Warenkorbes seit 1970 ausgeweitet. Zudem wurden im 1975 neu geschaffenen Sozialgesetzbuch erweiterte Informations- und Beratungsrechte geschaffen, die die Klientenrechte stärken sollten. Durch Landesgesetze wurde weiterhin die Ausbildung der Professionellen in der Sozialen Arbeit neu strukturiert: Mit dem „Erzieher" wurde 1967 ein neuer Berufszweig geschaffen (vgl. Bönker/Wollmann 1996: 448), zudem wurden die Curricula in Pflegeberufen neu strukturiert und der separate Beruf des Altenpflegers eingeführt. Im Weiteren kam es dann zur Etablierung von Fachhochschulstudiengängen für Sozialarbeiter und Sozialpädagogen, was unter den Aspekten der Professionalisierung einen beträchtlichen Modernisierungsschub bedeutete.

Die kommunalen Gebietsreformen der 1960er und 1970er Jahre zielten auf die Schaffung leistungsfähiger Verwaltungseinheiten. Durch den Neuzuschnitt der kommunalen Verwaltungseinheiten sollte eine organisatorische und wirtschaftliche Dezentralisierung von Aufgaben in funktionalen Einheiten gewährleistet werden. 1968 hatten noch 80 Prozent der Gemeinden Einwohnerzahlen von unter 2000 Personen (Bogumil/Jann 2005: 195). Als funktionale Untergrenze galt jedoch ein Minimum von 5000 bis 8000 Einwohnern (vgl. insb. Wagener 1969: 470). Durch die Bildung von Verwaltungsgemeinschaften, zweistufiger Gemeindeorganisation oder Neuschaffung großflächiger Gemeinden durch Zusammenschluss sollten leistungsfähigere Gemeindestrukturen geschaffen werden. Wurde die Bildung von Verwaltungsgemeinschaften vor allem in Bayern, Niedersachsen, Schleswig-Holstein, Rheinland-Pfalz und in geringerem Maße in Baden-Württemberg verfolgt, war die Gebietsreform in Nordrhein-Westfalen durch den dritten Weg der Zusammenlegung zu leistungsfähigen Großgemeinden geprägt. Für die kommunale Sozialadministration hatten diese Reformen zur Folge, dass es in NRW eine Kommunalisierung von Jugend- und Sozialämtern von den Kreisen in die neufusionierten Städte über 25.000 Einwohner gab; in den anderen Bundesländern hielt sich die Kommunalisierung in Grenzen (vgl. Seckinger et al. 2000). Hier blieben die Kreise und kreisfreien Städte in der Regel ausschließliche Träger der Aufgaben der Sozial- und Jugendhilfe.

Eine von den Kommunen selbst in Angriff genommene Modernisierungswelle erfolgte seit den siebziger Jahren im Bereich der Jugend- und Sozialverwaltung (vgl. Kühn 1994). Es handelte sich um Versuche der Modernisierung, die sich mit den Stichworten Dezentralisierung der sozialen Dienste, Neuordnung der Arbeitsteilung, Enthierarchisierung der Arbeitsvollzüge, Umstellung von Konditional- auf Final-Programmierung und Aufwertung der professionellen Handlungskompetenz umreißen lassen (vgl. z.B. Pitschas 1979, 1981, Kühn 1994; Flösser 1996). Als Hauptproblem wurde das prekäre Verhältnis zwischen professioneller sozialpädagogischer Arbeit und der bürokratischen Organisation gesehen (vgl. Kühn 1994). Dabei ging es vor allem um die Behebung wahrgenommener Defizite:

- *Problemfragmentierung*: Während die zu bearbeitenden sozialen Probleme ganzheitlicher Natur sind, sind die zuständigen Ämterstrukturen dagegen fragmentiert: die Zuständigkeit für Sozialhilfe liegt beim Sozialamt, für Jugendhilfe beim Jugendamt, für Mietbeihilfen beim Wohnungsamt. Diese unterschiedlichen Ämter sind häufig noch bei verschiedenen Verwaltungsebenen angesiedelt (Sozial- und Jugendhilfe beim Kreis, Wohngeld bei der Gemeinde). Folge ist eine *Selektivität der Hilfe*, die an den jeweiligen vom Gesetzgeber bestimmten Zuständigkeiten orientiert ist.
- *Zentralisierung*: Die Konzentration der Zuständigkeiten bei jeweils einem Amt führt zu erheblichen Zugangsproblemen von Seiten der Betroffenen und einer mangelnden Durchdringung in der Fläche, was besonders in ländlichen Gebieten zu beobachten ist, in denen je ein beim Kreis angesiedeltes Amt Ansprechpartner ist. Insbesondere nicht-mobile Personen (insb. ältere Menschen) sind hier betroffen.
- *Aufgabentrennung*: Die traditionelle Trennung in Innen- und Außendienst mit teilweise unterschiedlichen Organisationsformen (Buchstaben- vs. Bezirkszuständigkeiten) führt zu einer Dominanz des in der Regel weisungsberechtigten Innendienstes, was den Außendienst häufig auf eine reine Ermittlungstätigkeit reduziert und anderseits die Spielräume präventiver Arbeit erheblich einschränkt.

Von dieser Problemdiagnose ausgehend waren Aufgabenintegration (institutionell sowie durch ganzheitliche Sachbearbeitung), Dekonzentration bzw. Dezentralisierung sowie Zielgruppenorientierung Gegenstand von Organisationsreformen. Ziel war die „Neugliederung der überkommenen Ämterstruktur in der Sozialverwaltung, die sich an realen Problemlagen statt an parzellierten Ämtern/Kompetenzbereichen orientiert" (Pitschas 1979: 413). In diesem Zusammenhang stehen Versuche der Einführung von Matrixorganisation (vgl. Pitschas 1979). Dies führte insbesondere in Großstädten zu Modellversuchen, so z.B. in Trier, Hanau, Karlsruhe („Durlacher Modell"), Freiburg, Mannheim, Berlin, Duisburg und Bremen (vgl. Pitschas 1976). Hier sind zielgruppen- oder stadtteilorientierte Teams, dezentrale Anlaufstellen mit Aufgabenbündelung aus Sozial-,

Jugend- und anderen Aufgabenfeldern zu nennen (insb. die so genannte „Neuordnung Sozialer Dienste" (NOSD) z.B. in Bremen oder Wiesbaden). In den „Modellprojekten" zeigten sich schnell Probleme der neuen Organisationsformen, die häufig in der Folgezeit zur Rücknahme von Reformschritten führten. Wesentliche Probleme waren eine Überforderung der Mitarbeiter durch zu große Aufgabenfelder (Spezialisten vs. Generalisten). Durch Dezentralisierung (Außenstellen) wurden Abkoppelungs- und Verselbständigungsprobleme virulent (vgl. Pitschas 1979: 420). Bemerkenswert ist, dass in diesen Modellversuchen nicht-kommunale Institutionen und freie Träger kaum eine Rolle zu spielen scheinen. Kreft et al. (1990) zeigten Ende der 1980 Jahre auf, dass Ende der 1980er Jahre zwei Drittel der deutschen Jugendämter Organisationsreformen durchgeführt hatten. Nach dieser Reformära auf kommunaler Ebene waren die späten 1970er und 1980er Jahre eher reformabstinent und die Konsolidierung bestehender Strukturen stand auf der Tagesordnung (vgl. Jaedicke et al. 1991). Nach der Ölkrise fielen die tendenziell auf Leistungsexpansion ausgerichteten Reformvorhaben dem Einsparungsdruck zum Opfer. Zwei Ausnahmen bildeten die Expansion von Sozialstationen (vgl. Grunow 1991) und die Ausweitung der Förderung von Selbsthilfeinitiativen. Beiden lag nicht zuletzt die Hoffnung auf Einsparungspotentiale zu Grunde. Dies war auch Beweggrund der in den 1980er Jahren einsetzenden Einführung von Informations- und Kommunikationstechnologie, insbesondere in der Bearbeitung von Sozialhilfeverwaltung (z.B. PROSOZ).

2.1.5 Die Transformation der ostdeutschen Kommunalverwaltungen

Die ostdeutschen Kommunen standen nach der Wiedervereinigung vor einem grundlegenden Systemwechsel. Ostdeutschland war nach der Wende geprägt durch ein Vakuum organisierter Interessen. Neben dem allgemeinen „Institutionentransfer" (Lehmbruch 1993), also der weitgehenden Übertragung des formalen westdeutschen Institutionensystems und dem Aufbau einer funktionsfähigen und demokratischen kommunalen Selbstverwaltung stand die lokale Sozialpolitik vor besonderen Herausforderungen. Durch die zentralistische Kaderverwaltung existierte keine lokale Ebene der Sozialpolitik, die eigenständige lokale Ausgestaltung des Leistungsspektrums, eigenständige Leitbilder oder institutionelle Diversität erlaubte (vgl. Angerhausen et al. 1995: 384). Das Herrschaftsmonopol des SED-Staats mit seinen zahlreichen Vorfeldorganisationen verhinderte auch die Entstehung eines eigenständigen Dritten Sektors jenseits der Einflussnahme von Staat und Partei. Auch formal unabhängige Verbände und Vereine – im betrachteten Bereich der Wohlfahrtspflege beispielsweise das Deutsche

Rote Kreuz der DDR – konnten keine eigenständige, der politischen Kontrolle entzogene gesellschaftliche Position erlangen (vgl. Seibel 1997b: 127).

Die Nachwendephase stellte einen deutlichen Pfadbruch hinsichtlich der Akteure, Institutionen und Leitbilder lokaler Sozialstaatlichkeit dar: Nach der Wende stand in den ostdeutschen Kommunen die Übertragung der größtenteils öffentlich getragenen Einrichtungen an freie Träger und deren weitere Förderung im Mittelpunkt der Bemühungen. Zahlreiche Bereiche des KJHG wurden auf Grund von Übergangsregelungen im Einigungsvertrag erst ab Ende 1994 zu pflichtigen Selbstverwaltungsaufgaben. Von Seiten der Verbände wurden diese Bestrebungen begrüßt und sogar teilweise mit Bezug auf Art. 32 Einigungsvertrag als Verpflichtung der Kommunen begriffen (vgl. Angerhausen et al. 1995: 387). Mitte der 1990er Jahre wurden dabei für die ostdeutschen Kommunen erhebliche interkommunale Unterschiede diagnostiziert (vgl. Olk 1996: 206). Olk berichtet einerseits von dem Versuch, einen möglichst hohen Anteil an Aufgaben in öffentlicher Hand zu belassen, während in anderen Kommunen versucht wurde, möglichst hohe Anteile auf freie und private Träger zu übertragen. Olk und Backhaus-Maul erklären diese unterschiedlichen Strategien primär mit der Besetzung entscheidender Positionen („Pioniere" bzw. „politische Unternehmer"), insbesondere der Sozialdezernenten und Amtsleiter, deren Erfahrungen mit freier Wohlfahrtspflege von entscheidender Bedeutung gewesen seien (Olk 1996: 206; Backhaus-Maul/Olk 1995: 272-280). Dementsprechend habe sich in Kommunen, in denen das Führungspersonal nach der Wende nicht ausgetauscht wurde, eine Kontinuität öffentlicher Trägerschaft herausgebildet, während in Kommunen, „wo die Führungs- und Leitungspositionen mit ostdeutschem Personal aus dem Kontext der ehemaligen Bürgerbewegungen, Personen, die bereits vor 1989 bei einem konfessionellen Träger der Wohlfahrtspflege tätig waren und/oder mit westdeutschem Personal besetzt wurden" (Olk 1996: 206) eine forcierte Übertragung zu beobachten sei.

Im Dritten Sektor fanden sich erstens zahlreiche Nachfolgeorganisationen der in den SED-Staat inkorporierten Vorwendeorganisationen, zweitens organisatorisch schwache – häufig aus der Bürgerrechtsbewegung stammende – Initiativen und zum dritten die mit beträchtlichen Ressourcen und durch den westdeutschen „Institutionentransfer" (Lehmbruch 1993)[9] begünstigten westdeutschen

---

[9] Dies umfasst im hier interessierenden Bereich insbesondere die Übertragung der westdeutschen Institutionen sozialer Sicherung, die das Subsidiaritätsprinzip des BSHG und das gerade neu verabschiedeten KJHG auf die neuen Länder übertrug. Im Einigungsvertrag wird explizit der Aufbau der Strukturen freier Wohlfahrtspflege angestrebt: „Die Verbände der Freien Wohlfahrtspflege und die Träger der Freien Jugendhilfe leisten mit ihren Einrichtungen und Diensten einen unverzichtbaren Beitrag zur Sozialstaatlichkeit des Grundgesetzes. Der Auf- und Ausbau einer Freien Wohlfahrtspflege und einer Freien Jugendhilfe in dem in Artikel 3 genannten Gebiet wird im Rahmen der grundgesetzlichen Zuständigkeiten gefördert." (Art. 32 Einigungsvertrag vom 31.08.1990).

Interessenorganisationen, insbesondere Gewerkschaften und Wohlfahrtsverbände. Als Hindernis zur Entfaltung eigenständiger Strukturen wurden insbesondere das weitgehende Fehlen zivilgesellschaftlicher Traditionen ausgemacht, die sich lediglich im Bereich der Kirchen in Nischen entfalten konnten (vgl. Olk 1996: 207). Seibel diagnostizierte Mitte der 1990er Jahre „ein hohes Maß an Kontinuität im Bereich intermediärer Leistungsträger", das „geradezu ein Gegengewicht zu der krassen Diskontinuität im Bereich der politischen Institutionen [bilde]" (Seibel 1997b: 128).

In der freien Wohlfahrtspflege waren rudimentäre Strukturen vorzufinden, die die Übernahme der westdeutschen Verbandslandschaft beeinflussten: So bestand das schon erwähnte Rote Kreuz und auch im Bereich der Kirchen existierten das „Hilfswerk der evangelischen Kirche" und die Caritas, wenn auch nur als Randerscheinungen, die in die ostdeutschen Landeskirchen bzw. Diözesen eingegliedert waren. Hinzu kam als ostdeutsche Vorwendeorganisation die insbesondere im Bereich der Altenhilfe aktive „Volkssolidarität" mit immerhin 2,1 Millionen Mitgliedern und 200.000 ehrenamtlichen Helfern zur Wendezeit, die wie das Rote Kreuz als Massenorganisation der DDR gelten kann (vgl. Anheier/Priller 1991: 81). Originäre Nachwendeorganisationen spielen in der freien Wohlfahrtspflege dagegen nur lokal eine Bedeutung. Der im Einigungsvertrag angestrebte „Auf- und Ausbau" der freien Wohlfahrtspflege wurde in der ersten Hälfte massiv aus Bundesmitteln gefördert.[10] Die Zielsetzung des zuständigen Bundesministeriums für Familie und Senioren (BMFuS) war, das „bewährte System" der westdeutschen Wohlfahrtspflege möglichst „detailgetreu" (zit. nach Olk 1996: 195) auf die ostdeutschen Länder zu übertragen. Darüber gab es in der Ministerialbürokratie und auch zwischen Ministerialbürokratie und den Spitzenverbänden der freien Wohlfahrtspflege offensichtlich einen breiten Konsens (vgl. Backhaus-Maul/Olk 1994: 119; Olk 1996: 197). Dabei war die Nicht-Berücksichtigung nichtorganisierter oder privatwirtschaftlicher Anbieter explizit Teil der Programmatik dieser geschlossenen Koalition zwischen Ministerialbürokratie und Spitzenverbänden. In zahlreichen Kommunen wurden ganze Liegenschaften an die Wohlfahrtsverbände als neue Träger übertragen.

Trotz dieser Förderung bleiben persistente Unterschiede zwischen West und Ost: Dies zeigt sich zum einen an einem höheren Anteil der öffentlichen Trägerschaft, zum anderen an einer geringeren Rolle der konfessionellen Verbände,

---

[10] Zwischen 1990 und 1995 stellte der Bund den Spitzenverbänden der freien Wohlfahrtspflege im Rahmen von Sonderprogrammen 47 Mio. DM als allgemeine Aufbauhilfe zur Verfügung, zusätzlich wurde der „Revolvingfond" für Darlehen an die Spitzenverbände um 100 Mio. DM aufgestockt, 32 Mio. DM wurden zum Aufbau von Sozialstationen, 152 Mio. DM zur Behebung von Versorgungsmängeln in bestehenden sozialen Einrichtungen aufgewandt (vgl. Seibel 1997b: 136). Die Bereitstellung dieser Mittel wurde in aller Regel an die Bedingung geknüpft, dass die Einrichtungen in frei-gemeinnütziger Trägerschaft sein sollten (vgl. Olk 1996: 196).

denen entsprechende soziokulturelle Milieus fehlen. Hier wird aus neoinstitutionalistischer Perspektive die Bedeutung struktureller und normativer *legacies* deutlich, die eine Angleichung der Institutionensysteme unwahrscheinlich machen (vgl. Olk 1996: 183). Unter den „Altorganisationen" konnten sich die Volkssolidarität und das DRK stabilisieren. Die Volkssolidarität fand ihre organisatorische Heimstatt schließlich unter dem Dach des DVPW. Sie kann als Altorganisation auf zahlreiche eingespielte Kooperationsbeziehungen zu lokalpolitischen Akteuren und Institutionen zurückgreifen und knüpft als einziger Verband direkt an die soziokulturellen Traditionen der DDR-Gesellschaft an. Die dabei häufig unterstellte personelle und politische Nähe zur PDS bzw. Linkspartei variiert lokal. Während Wolpert (Wolpert 1996) für den Berliner Raum zahlreiche Verbindungen aufzeigt, kann Angerhausen (2003: 225) in den von ihr untersuchten Regionen keine solchen stabilen Kooperationen feststellen. Zumindest im Vorstand des Bundesverbandes finden sich jedoch Vertreterinnen aus der PDS. Unter den westdeutschen „Importverbänden" konnten sich die konfessionellen Verbände in den schon existierenden Nischen andocken und stabile, wenn auch im Umfang nicht mit westdeutschen Verhältnissen vergleichbar Strukturen etablieren. Der DPWV konnte durch die Aufnahme der Volkssolidarität zahlreiche lokale Vernetzungen übernehmen und hat aus dieser Warte eine institutionelle Basis geerbt, von deren Grundlage auch andere Mitgliedsinitiativen profitieren. Die größten Schwierigkeiten beim Organisationstransfer zeigte die Arbeiterwohlfahrt (vgl. Olk 1996: 203), die kaum an ihren westdeutschen Milieus vergleichbaren soziokulturellen Wurzeln anknüpfen konnte. Insgesamt lässt sich nach Sichtung der einschlägigen Literatur konstatieren, dass bislang keine Herausbildung neokorporatistischer Muster wie in Westdeutschland zu beobachten ist: „diese bereichskorporatistischen Politiknetzwerke sind [...] bislang allenfalls schwach entwickelt" (Olk 1996: 209).

2.2 Aufgabenspektrum und Ausgestaltung kommunaler Sozialpolitik

Die in den bisherigen Abschnitten geschilderte Ausbildung der Basisinstitutionen der lokalen Sozialpolitik sowie deren Übertragung auf die neuen Bundesländer prägt die aktuelle Ausgestaltung der Wohlfahrtsarrangements. Die deutschen Kommunen mit ihrem starken Selbstverwaltungsprofil sind heute Träger einer Vielzahl kommunaler Aufgaben, die der kommunalen Sozialpolitik zugerechnet werden können (vgl. Bogumil/Holtkamp 2006; Burgi 2007; Wollmann/Roth 1998). Lokale Sozialpolitik zeichnet sich gegenüber den staatlichen Transfersystemen der Sozialversicherungen durch ihren Dienstleistungscharakter und den direkten persönlichen Bürgerkontakt aus. Neben „Geld" und „Recht" als Kommunikationsmedien treten auf lokaler Ebene gleichberechtigt eine sozialökologische Interventionsform (z.b. Stadtentwicklungs- und Städtebaupolitik) und eine „pädagogische Interventionsform" (Kaufmann 1982), insbesondere in Gestalt der Jugendhilfe. Der deutsche Wohlfahrtsstaat ist durch eine im internationalen Vergleich schwach ausgeprägte soziale Dienstleistungsstruktur und eine Betonung von Einkommensersatz- und anderen Transferzahlungen gekennzeichnet (vgl. Alber 1995; Anttonen/Sipilä 1996; Bahle 2007; Esping-Andersen 1990; 1999; Schmid 1996; 2002).[11]

Dennoch nahm die Bedeutung der kommunalen Sozialpolitik mit den zwei tragenden Säulen – der Sozialhilfe als Transfersystem und den sozialen Diensten als personenbezogene Dienstleistungen – im Zeitverlauf deutlich zu. Durch die zunehmenden Probleme der Sozialversicherungssysteme seit den 1970er Jahren gewannen auch diese nachrangigen Hilfesysteme an Bedeutung. Als Auslöser seien an dieser Stelle nur die Stichworte der strukturellen Arbeitslosigkeit, der Auflösung des „Normalarbeitsverhältnisses" als Grundlage des Sozialversicherungsgedankens, der demographische und sozialstrukturelle Wandel, insbesondere der Wandel von Familienstrukturen und die Pluralisierung von Lebensformen sowie schließlich die Problemlagen in Folge der deutschen Einheit genannt (vgl. u.a. Kaufmann 1997; Heinze et al. 1999: 27-38; Leibfried/Obinger 2003).

Während die großen staatlichen Transfersysteme (Renten-, Arbeitslosen-, Unfall-, Kranken- und Pflegeversicherung) als Sozialversicherungen – also als Selbstverwaltungskörperschaften der funktionalen Selbstverwaltung (vgl. Klenk 2008) – organisiert sind und in erster Linie überindividuelle Lebensrisiken absichern, befasst sich die lokale Sozialverwaltung in erster Linie mit als nachgelagerten Aufgaben betrachteten individuellen Not- und Bedarfssituationen sowie pädagogischen Interventionsformen. Die kommunale Sozialverwaltung umfasst im hier verwendeten Begriff diejenigen Felder der Sozialpolitik, die von den Kommunen entweder freiwillig, als pflichtige Selbstverwaltungsaufgaben oder als übertragene Aufgaben wahrgenommen werden.[12] Dies sind in erster Linie

---

[11] Die vergleichende Wohlfahrtsstaatsforschung ordnet Deutschland als paradigmatischen Fall eines konservativ-christdemokratischen Wohlfahrtsstaatsmodells ein, dessen prägende Faktoren eine Dominanz christdemokratischer Parteien und der katholischen Soziallehre waren (vgl. Esping-Andersen 1990; 1999; van Kersbergen 1995; Castles/Mitchell 1993). In Abgrenzung von liberalen und sozialdemokratischen „Wohlfahrtsstaatsregimes" ist dieser Regimetyp gekennzeichnet durch hohe Erwerbsarbeitszentrierung, die Betonung des Sozialversicherungsprinzips, welches über das Erwerbsleben hinaus statuserhaltend wirkt, und das Subsidiaritätsprinzip in der Erbringung sozialer Dienstleistungen (vgl. Esping-Andersen 1990).

[12] Zur Unterscheidung von Auftragsangelegenheiten, Selbstverwaltungspflichtaufgaben und freiwilligen Selbstverwaltungsaufgaben vgl. Burgi 2006: 53-58, 81-93; Maurer 2006: 591ff. Generell werden unter Auftragsangelegenheiten staatliche Aufgaben verstanden, die nach Art. 83ff GG durch die Kommunen als untere Verwaltungsinstanz wahrgenommen werden und die in der Regel nicht in die Zuständigkeit der Gemeindevertretungen, sondern in die Verantwortung der Verwaltungsführung

nachrangige Hilfesysteme, die eingreifen, wenn die „großen" Systeme der Sozialversicherungen nicht mehr einer ausreichenden und „würdigen" (§1 SGB XII) Sicherung der Lebensführung nachkommen können. Entgegen der Orientierung an Geldleistungen der Sozialversicherungen sind diese Systeme (insb. Sozialhilfe und Jugendhilfe) mit der gleichwohl wichtigen Ausnahme der Geldleistungen innerhalb der Sozialhilfe an personenbezogenen Hilfeleistungen orientiert und haben somit Dienstleistungscharakter. Im Wesentlichen sind dies die Aufgabenbereiche der Sozialhilfe und der Kinder- und Jugendhilfe als pflichtige Selbstverwaltungsaufgaben, sowie eine Reihe freiwilliger Aufgaben beispielsweise im Bereich der Altenhilfe und sozialarbeiterischen Aufgabenbereichen. Da in der Diskussion immer wieder auf die Altenpflege Bezug genommen wird (vgl. Kuhlmann 2008), sei hier angemerkt, dass diese spätestens seit der Einführung der Pflegeversicherung in ihren Entscheidungsstrukturen weitgehend entkommunalisiert ist und Kommunen nur noch als ein Anbieter unter Anderen auftreten (z.B. mit städtischen Altenheimen). Standards und Vergütungen werden hier auf Landesebene verhandelt (vgl. Roth 1997). Als zentrale öffentliche Akteure auf Auftraggeberseite treten Pflegekassen und die zuständigen Ministerien auf. Insgesamt wird dies als „Prozess der Zentralisierung und Uniformierung" (Evers et al. 2002: 219) betrachtet und hat zur Folge, dass Altenhilfe kein genuin kommunales Politikfeld mehr darstellt. Diese Tatsache führte in dieser Untersuchung zu einer Beschränkung auf die Kinder- und Jugendhilfe als verbleibendes Segment kommunaler Sozialpolitik mit substantiellen Anteilen Dritter in der Leistungserbringung.

Gemessen an den finanziellen Volumina nahmen bis zu den Hartzreformen die Sozialhilfeleistungen den bedeutendsten Anteil der kommunalen Aufgaben im Bereich Soziales und Jugend ein. Die Geldleistungen nach dem BSHG sind allerdings wie oben geschildert von der Landesebene festgelegt und weitgehend Vollzugsaufgaben mit nur geringen Gestaltungsspielräumen (etwa in der Höhe der Mietzuschüsse und der einmaligen Sachleistungen). Einige Beobachter zählten die Sozialhilfe schon in der Vergangenheit nicht mehr zum engeren Bereich „der eigentlichen kommunalen Sozialpolitik" (Windhoff-Héritier 1986: 227). Dagegen sprechen allerdings die über das BSHG abgedeckten sozialen Dienste wie die Altenhilfe nach §75 BSHG, die allerdings als „offene Altenhilfe" nicht mit der mit dem Begriff Altenhilfe assoziierten Altenpflege zu verwechseln ist (vgl. Gitschmann/Bullmann 1998).

---

fallen. Demgegenüber sind bei pflichtigen (durch Bundes- oder Landesrecht vorgeschriebenen) oder freiwilligen Selbstverwaltungsaufgaben die Gemeindevertretungen höchste Entscheidungsinstanz und fallen unter die institutionelle Garantie kommunaler Selbstverwaltung nach §28 Abs. 1 GG.

Die „alte"[13] Sozialhilfe nach dem BSHG gliederte sich seit ihrer Einführung im Jahr 1961 in zwei wesentliche Leistungsbereiche: Einerseits die „Hilfe zum Lebensunterhalt" (HzL), andererseits die „Hilfe in besonderen Lebenslagen" (HbL). Die HzL sollte die Existenz von Menschen in materiellen Notlagen sichern und stand in direkter Nachfolge der alten Armenfürsorge. Sie setzte nachrangig ein, wenn andere Sozialversicherungs- und andere Transfersysteme ausfallen und eigenes[14] Vermögen und Einkommen nicht zum Lebensunterhalt ausreichen. Sie ist geprägt durch die Prinzipien der Nachrangigkeit (d.h. alle anderen Hilfen und Transfersysteme müssen ausgeschöpft sein), der Bedarfsdeckung und der Individualisierung. Dieses System wurde von den Kreisen und kreisfreien Städten als örtlichen Trägern getragen (in Ausnahmefällen auch von kreisangehörigen Städten und Gemeinden). Die Finanzierung oblag in der Regel den Kommunen, wobei hier länderspezifische Regelungen mit unterschiedlicher Beteiligung der Länder an den Sozialhilfelasten vorlagen. Die sog. „Regelsätze", d.h. die garantierte Mindesthöhe der Leistungen, wurden ebenfalls durch die Landesebene festgelegt. Es existierte ein hoher Anteil dirigistischer und repressiver Maßnahmen, z.B. im Rahmen der „Hilfe zur Arbeit" (§§18ff BSHG), die Sozialhilfeempfänger zur „Pflichtarbeit" gegen minimales Entgelt verpflichtet. Das zweite große Hilfesystem, die HbL, dient weniger der Beseitigung materieller Armut, sondern der Bewältigung besonders schwieriger Lebenssituationen. Gemeint sind hier insbesondere Pflegebedürftigkeit bei Alter und Behinderungen. Bis zur Einführung der Pflegeversicherungen war hier die Hilfe zur Pflege von Bedeutung, seit 1996 steht die Eingliederungshilfe für Behinderte im Mittelpunkt der HbL. Die HbL, insbesondere die Eingliederungshilfe, ist in der Regel bei den überörtlichen Trägern der Sozialhilfe angesiedelt, die je nach Bundesland unterschiedlichen administrativen Ebenen zugeordnet sind.[15]

Mit der Gesetzgebung zu Hartz IV zum 1.01.2005 traten grundlegende Änderungen im kommunalen Sozialhilfearrangement ein. Nach dem neuen Gesetz tragen die Bundesagentur für Arbeit (bislang allein zuständig für den Bereich des Arbeitslosengeldes und der Arbeitslosenhilfe) und die Kommunen (bzw. die bisher für Sozialhilfe zuständigen Kreise und kreisfreien Städte sowie größeren kreisangehörige Städte) im Regelfall gemeinsam die Verantwortung für die Wiedereingliederung für Arbeitssuchende, die länger als die Bezugsdauer des ALG I

---

[13] „Alt" bezieht sich hier auf die Systematik vor der SGB II Reform („Hartz IV"). Zu den Änderungen vgl. Jann/Schmid 2004).
[14] Teilweise werden bis zu einem gewissen Grad auch Vermögen und Einkommen von Verwandten herangezogen.
[15] Direkt beim Land: Brandenburg, Sachsen Anhalt, SH, NS, RP, SL; bei den Bezirksregierungen: Bayern; bei höheren Kommunalverbänden: NRW, HE, BY, MV, Sachsen, Thüringen, (bis 2005) BW; seit 2005 sind in BW die Kreise und kreisfreien Städte Träger der Eingliederungshilfe, die Fach- und Rechtsaufsicht bleibt beim KVJS als höherem Kommunalverband (BAGüS 2006).

Aufgabenspektrum und Ausgestaltung kommunaler Sozialpolitik 37

arbeitslos sind, ob diese zuvor Arbeitslosenhilfeanspruch hatten oder nicht. Verwaltungsträger sind die sog. „Arbeitsgemeinschaften", in denen die Arbeitsverwaltung die Zahlung des Arbeitslosengeldes II bzw. des „Sozialgeldes" für Angehörige der Bedarfsgemeinschaften sowie die Maßnahmen der Arbeitsförderung übernimmt, den Kommunen als bisherigen Sozialhilfeträgern die Erbringung ergänzender Leistungen sowie die Kosten für Unterkunft und Heizung und weitere wohnbezogene Leistungen zufällt. Alternativ dazu eröffnet das Gesetz in §6a SGBII die Möglichkeit, dass die Kommunen im Rahmen einer Experimentierklausel für zunächst sechs Jahre auch alle Aufgaben eigenständig übernehmen (sog. Optionsmodell), was derzeit von 69 Kommunen wahrgenommen wird. Zum Zeitpunkt der Niederschrift befindet sich das Argen-Modell auf dem gesetzgeberischen Prüfstand, da die bisherige Mischverwaltung vom Bundesverfassungsgericht als verfassungswidrig eingestuft wurde. Die verbleibenden rein kommunalen Leistungen der Sozialhilfe werden seit der Eingliederung ins Sozialgesetzbuch als SGB XII neu in sieben Kategorien eingeordnet: Hilfe zum Lebensunterhalt (§§ 27 bis 40), Grundsicherung im Alter und bei Erwerbsminderung (§§ 41 bis 46), Hilfen zur Gesundheit (§§ 47 bis 52), Eingliederungshilfe für behinderte Menschen (§§ 53 bis 60), Hilfe zur Pflege (§§ 61 bis 66), Hilfe zur Überwindung besonderer sozialer Schwierigkeiten (§§ 67 bis 69), Hilfe in anderen Lebenslagen (§§ 70 bis 74).

Neben diesen im Umbruch befindlichen Transfersystemen machen soziale Dienstleistungen den Kern der kommunalen Sozialpolitik aus. Soziale Dienstleistungen zeichnen sich durch besondere Eigenschaften aus, die die Behandlung im Rahmen der Verwaltungsmodernisierung sowie das Management und die Ökonomisierung sozialer Dienste herausfordern (vgl. Gross/Badura 1976: 66-70; Finis Siegler 1997: 35-38): Zentrale Kennzeichen sind die Immaterialität der Dienstleistungen sowie ihr Personenbezug: ohne Interaktion und kommunikativen Einbezug der Klienten ist eine Zielerreichung im Sinne von personalen Änderungsprozessen bei den Klienten (vgl. Hasenfeld 1992) nicht denkbar. Wesentliche Kennzeichen sind daher die Bedingungen der Koproduktion (uno-actu-Prinzip), was Standortgebundenheit und Gleichzeitigkeit der Dienstleistungsproduktion und -nachfrage impliziert. Der Technisierbarkeit sind hier enge Grenzen gesetzt und sie wird nur in Back-Officebereichen relevant (elektronische Akten etc.). Des Weiteren setzen sie ein Mindestmaß an Kooperationsbereitschaft der Klienten voraus, was im Falle der kommunalen Sozialaufgaben nicht immer gegeben ist (z.B. Drogenproblematik, Kindesentzug) und auch das Umschlagen von der Leistungs- zur Ordnungsverwaltung markiert. Die Konsumentensouveränität ist in vielen Feldern gering ausgeprägt.[16]

---

[16] Nach Hansmann (1980) lassen sich hierfür drei wesentliche Gründe anführen: 1. Käufer und Konsumenten sind in der Regel nicht identisch, da in der Regel der öffentliche Träger als Kosträ-

Neben ihrem Dienstleistungscharakter umfasst die kommunale Sozialverwaltung Elemente der Ordnungs- und Eingriffsverwaltung, wie sich insbesondere in den Aufgaben des Gesundheitsamtes, aber auch im „Wächteramt" des Jugendamtes zeigt, das gefährdete Kinder aus ihren Familien in öffentliche Obhut stellen kann. Ein weiteres besonderes Kennzeichen lokaler Sozialpolitik ist ferner das „duale System der Wohlfahrtspflege" (vgl. Heinze/Olk 1981a; Backhaus-Maul/Olk 1994: 101). Darunter wird das nach dem Subsidiaritätsprinzip (vgl. Sachße 1994) geregelte Zusammenwirken öffentlicher und freier Wohlfahrtspflege verstanden, das dazu führt, dass ein Großteil der von der Kommune zu verantwortenden sozialen Dienste nicht durch die Kommune selbst, sondern durch Dritte erbracht wird.

Abbildung 1: Überblick über diese Aufgabenfelder kommunaler Sozialverwaltung

Eigener Wirkungskreis		Übertragener Wirkungskreis
Freiwillige Aufgaben	Selbstverwaltungspflichtaufgaben	Pflichtaufgaben zur Erfüllung nach Weisung bzw. Auftragsangelegenheiten
Allg. Staatl. Rechtsaufsicht	Staatl. Rechtsaufsicht	Staatl. Rechts- und Fachaufsicht
Finanzierung aus Haushaltsmitteln der Kommune	Primäre Finanzierung aus Haushaltsmitteln der Kommune	Finanzierung aus Bundes-/Landesmitteln
Beispiele: - Förderung von Seniorentreffs und Freizeiteinrichtungen - Einrichtung kommunaler Pflegeeinrichtungen - Unterstützung lokaler Selbsthilfegruppen und Beratungsstellen o.ä. - kommunale Arbeitsmarktförderung, Beschäftigungsgesellschaften - Sozialer Wohnungsbau	- Sozialhilfe - Jugendhilfe - Allgemeiner Sozialer Dienst	- Bewilligung und Auszahlung von Wohngeld - Gesundheitsaufsicht, Seuchenbekämpfung

◄───►

\+   Lokale Autonomie   -
(Ob und wie)   (Wie)   (Weder ob noch wie)

---

ger fungiert. 2. die Konsumenten sind in der Regel nicht in der Lage, die Qualität oder Leistung eines Produkts zu bestimmen (z.B. Kinder, Drogenabhängige, Demenzkranke). 3. die Konsumenten sind abhängig von der Leistung und haben keine Exit-Option (z.B. ärztliche Hilfeleistung).

Aufgabenspektrum und Ausgestaltung kommunaler Sozialpolitik 39

Der kommunale Handlungsspielraum[17] unterscheidet nach Aufgabenart: während in den freiwilligen Aufgaben Freiheit über das Ob und Wie der Leistungserstellung gegeben ist, besteht bei den Selbstverwaltungspflichtaufgaben nur Handlungsspielraum über die Art und Weise der Leistungserstellung (das Wie). Im übertragenen Wirkungskreis sind die kommunalen Handlungsspielräume weitgehend eingeschränkt, da sowohl Fach- wie Rechtsaufsicht bei den staatlichen Ebenen liegen.

Von kommunaler Sozialpolitik im Sinne politischer Gestaltung kann folglich nur im Bereich der freiwilligen Aufgaben und der Selbstverwaltungspflichtaufgaben gesprochen werden. Dies ist zugleich die erste Eingrenzung der in der Arbeit betrachteten Aufgabenfelder: Im Folgenden soll der übertragene Wirkungskreis, insb. die Aufgaben des Gesundheitsamtes, aus der Betrachtung ausgeschlossen werden und eine Beschränkung auf die Leistungsverwaltung erfolgen. Im Mittelpunkt soll dabei auf Grund der finanziellen, personellen und kommunalpolitischen Bedeutung der Bereich der Kinder- und Jugendhilfe stehen.

Abbildung 2: Struktur kommunaler Ausgaben 2006

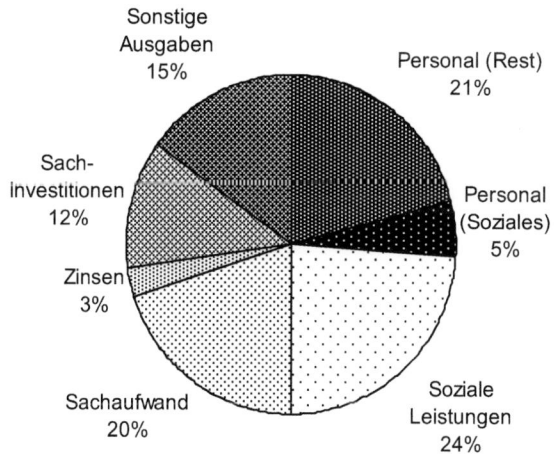

Quelle: Karrenberg/Münstermann 2006: 15-16; ergänzt nach Stat. Bundesamt 2007a, Personalausgaben geschätzt nach Durchschnittsausgaben pro Vollzeitäquivalent.

---

[17] Zum kommunalen Handlungsspielraum vgl. grundlegend Mayntz 1981; für den Bereich kommunaler Sozialpolitik Backhaus-Maul 1998; zur Entwicklung lokaler Handlungsspielräume Vetter/Holtkamp 2008.

Die Bedeutung lokaler Sozialpolitik im kommunalen Gesamtgefüge lässt sich an den durch sie gebundenen Ressourcen in den Kommunen ablesen. Gemäß dem Gemeindefinanzbericht für 2006 (vgl. Karrenberg/Münstermann 2006) werden rund ein Viertel der kommunalen Ausgaben direkt für soziale Leistungen aufgewandt. Dabei sind die Aufwendungen für kommunales Personal und Sachmittel im Bereich der Sozialverwaltung und der sozialen Dienste noch nicht enthalten. Insofern liegt die Bedeutung der kommunalen Sozialpolitik noch höher als die auf Grund der reinen Sozialausgaben gemachte Einordnung an anderer Stelle (vgl. etwa Bogumil/Holtkamp 2006: 53).

Abbildung 3: Zusammensetzung der finanziellen Aufwendungen für kommunale Sozialleistungen 2007

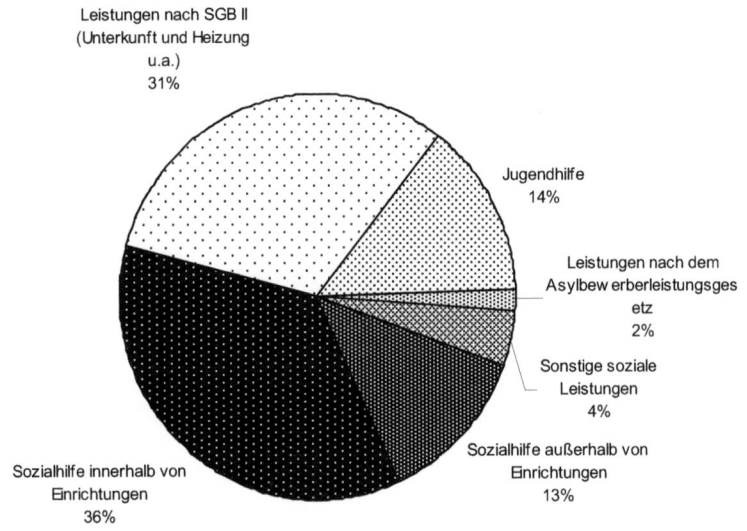

Quelle: Deutscher Städtetag (Gemeindefinanzbericht) 2008: 18.

Geht man von der Personalstatistik des Statistischen Bundesamtes aus (vgl. Statistisches Bundesamt 2007a: 90) sind rund 20% (Vollzeitäquivalente) des kommunalen Personals im Bereich 4 „Soziale Sicherung" tätig. Würden diese in die

Aufgabenspektrum und Ausgestaltung kommunaler Sozialpolitik 41

Gesamtbilanz mit eingerechnet, würde der Anteil kommunaler Ausgaben im Bereich Soziales auf mindestens 30% steigen (vgl. Abb. 2).[18]
Von den 35,5 Mrd. Euro, die die Kommunen laut Gemeindefinanzbericht 2006 im Jahr 2005 für „Soziale Leistungen" aufwendeten, entfallen 26,8 Mrd. auf reine Transferleistungen (Sozialhilfe und Leistungen nach Hartz IV (Unterkunfts- und Heizungskosten)) (vgl. Abb. 3):

Abbildung 4: Kommunales Personal im Aufgabenbereich Soziale Sicherung (2006, Vollzeitäquivalente)

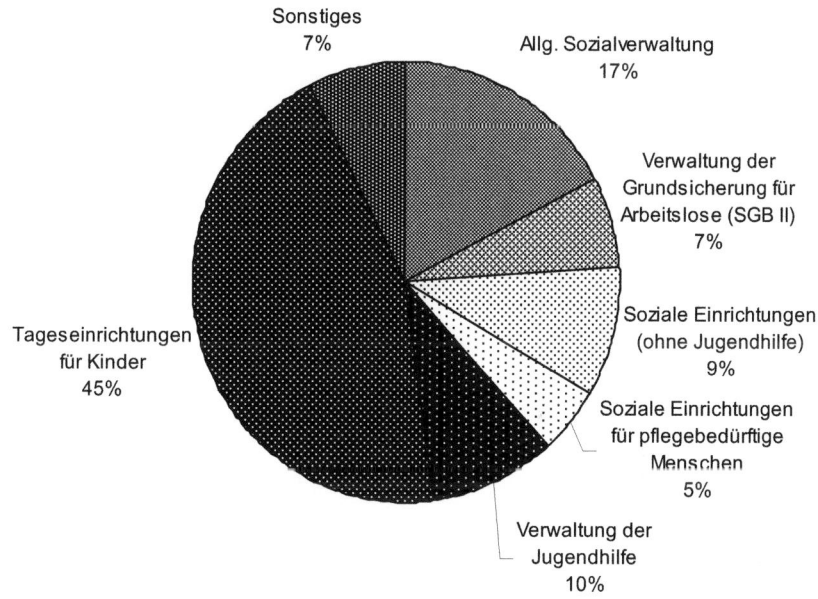

Quelle: Stat. Bundesamt 2007a: 89.

---

[18] Bei diesen Berechnungen sind unterschiedliche Gehaltseinstufungen im Verleich mit anderen kommunalen Aufgabenfeldern noch nicht berücksichtigt. Durch die tendenziell höheren Ausbildungsanforderungen in den sozialen Berufen kann davon ausgegangen werden, dass der tatsächliche Anteil an den Personalausgaben höher liegt als in dieser Schätzung. Für Sachmittel und Investitionen liegen leider entsprechende Zahlen nicht vor. Man kann zusammenfassend davon ausgehen, dass die kommunalen Gesamtaufwendungen im Sozialbereich die im Gemeindefinanzbericht auf kameralistischer Grundlage ausgewiesenen Zahlen deutlich übersteigen. Hier ist abzuwarten, ob die gegenwärtige Reformbewegung der kommunalen Haushalte hin zur Doppik genauere Zahlen aufweisen wird.

Von den verbleibenden 8,7 Mrd. nehmen die Leistungen der Kinder- und Jugendhilfe einen Anteil von knapp 60 % ein (vgl. Karrenberg/Münstermann 2007: 23). Sie stellen damit das Gros der von den Kommunen finanzierten sozialen Dienstleistungen (in Abgrenzung zu reinen Transferzahlungen) dar. Wiederum nicht eingerechnet in diese Statistik ist hier das Personal. Gliedert man dieses nach Aufgabenbereichen (vgl. Abb. 4) sieht man, dass über die Hälfte des kommunalen Personals im Bereich der Sozialen Sicherheit im Aufgabenfeld der Kinder- und Jugendhilfe, insbesondere in der Kindertagesbetreuung eingesetzt ist – ein weiterer Beleg für die Dominanz der Kinder- und Jugendhilfe im Bereich der sozialen Dienste. Dies gilt speziell angesichts der Tatsache, dass nur ein rundes Viertel der Leistungen in diesem Bereich von kommunalem Personal erbracht wird (s.u.).

2.2.1 Aufgaben der Kinder und Jugendhilfe

Die Kinder- und Jugendhilfe umfasst ein relativ breites Spektrum meist pflichtiger Selbstverwaltungsaufgaben, das von den beiden bedeutendsten Posten der Kindertagesbetreuung und den Hilfen zur Erziehung (HzE) bis hin zur offenen Jugendarbeit und verschiedenen Beratungsangeboten sowie dem Bereich der eingreifenden Aufgaben (Wächterfunktion) reicht (vgl. Münder et al. 2006). Generelle Aufgabe der Kinder- und Jugendhilfe ist die Übernahme der kinder- und jugendbezogenen Obliegenheiten, die die Systeme der Familie und des Bildungssystems nicht zu leisten vermögen. Ziel ist die Verwirklichung des Rechtsanspruchs jedes jungen Menschen „auf Förderung seiner Entwicklung und auf Erziehung zu einer eigenverantwortlichen und gemeinschaftsfähigen Persönlichkeit" (§1 SGB VIII).

> „Jugendhilfe hat in Ergänzung zur Familie und neben Schule und Ausbildung junge Menschen in ihrer Entwicklung allgemeinerzieherisch zu fördern, durch Beratung und Unterstützung sozialen Benachteiligungen und Entwicklungskrisen entgegenzuwirken, Hilfen zur Erziehung zu leisten, wenn das Wohl des Kindes oder Jugendlichen nicht gewährleistet ist, und an gerichtlichen Verfahren mitzuwirken" (Jordan/Sengling 1992: 14).

Den rechtlichen Rahmen bildet das Kinder- und Jugendhilfegesetz (KJHG) von 1990 (eingegliedert in das SGB als SGB VIII). Mit dem KJHG, das das Jugendwohlfahrtsgesetz (JWG) ersetzt, trat an die Stelle obrigkeitlicher Fürsorge durch das Jugendamt eine Orientierung am Bild des Jugendamtes als Dienstleistungsträger, dem gegenüber in großem Umfang Rechtsansprüche geltend gemac werden können (vgl. Münder et al. 2006).[19] Das neue Gesetz brachte als wesentliche Veränderungen eine Konzentration der Zuständigkeiten der Jugendhilfe bei den örtlichen Jugendämtern, einen Abbau von Maßnahmen mit eingreifendem Charakter und einer umfassenden Benennung allgemeiner Fördermaßnahmen und präventiver Leistungen sowie Elemente der Partizipation und Wahlfreiheit der Klienten (vgl. Schulz 1995). Als wesentliche Aufgaben der Kinder- und Jugendhilfe nennt das KJHG einerseits die Leistungen der Jugendhilfe (§ 11-41 SGB VIII), die weitgehend als pflichtige Selbstverwaltungsaufgaben zu fassen sind, und die so genannten „anderen Aufgaben" (§ 42-60), die keine inhaltliche Systematik aufweisen (vgl. Münder et al. 2006), jedoch durchweg den Charakter uneingeschränkter Pflichtaufgaben haben, von denen die gesetzliche Inobhutnahme und die Herausnahme des Kindes oder Jugendlichen aus der Familie ohne Zustimmung des Erziehungsberechtigten Aufgaben der Ordnungsverwaltung beinhalten. Die wesentlichen Aufgabenbereiche der Kinder- und Jugendhilfe im Bereich der „Leistungen der Jugendhilfe" (§§ 11-41 SGB VIII) sind:

A. *Jugendarbeit, -sozialarbeit, erzieherischer Kinder und Jugendschutz (§§ 11-15 SGB VIII).*
Jugendarbeit umfasst dabei die Jugendbildung im weitesten Sinne, arbeits-, schul- und familienbezogene Bildungsarbeit, die Kinder- und Jugenderholung, die Jugendberatung sowie die Förderung von Jugendverbänden. Jugendsozialarbeit umfasst sozialpädagogische Hilfen. Erzieherischer Kinder- und Jugendschutz soll junge Menschen befähigen, sich selbst vor Gefährdungen zu schützen.

B. *Förderung der Erziehung in der Familie (§§ 16-21 SGB VIII).*
Diese umfasst die Beratung in allgemeinen Fragen der Erziehung und Entwicklung junger Menschen (§ 16), die Beratung in Fragen der Partnerschaft, Trennung und Scheidung (§ 17), die Beratung und Unterstützung bei der Ausübung der Personensorge (§ 18), die Unterstützung gemeinsamer Wohnformen für Eltern und Kinder (§ 19), die Betreuung von Kindern in Notsituationen (§20) sowie die Unterstützung bei notwendiger Unterbringung zur Erfüllung der Schulpflicht (§ 21).

C. *Förderung von Kindern in Tageseinrichtungen und in der Tagespflege (§§22-26 SGB VIII).*

D. *Hilfe zur Erziehung, Eingliederungshilfe für seelisch behinderte Kinder- und Jugendliche, Hilfe für Junge Volljährige (§§ 27-35 SGB VIII).*

---

[19] Am bedeutendsten ist hier der 1996 eingeführte und ab 1.01.1999 uneingeschränkt umzusetzende Rechtsanspruch auf einen Kindergartenplatz, der dazu führt, dass „Kinder- und Jugendhilfepolitik [...] vielerorts in Deutschland zur Kindergartenplatzpolitik in öffentlicher Regie zu werden [droht]." (Backhaus-Maul 1998: 695).

Die Hilfen zur Erziehung umfassen die Beratung von Kindern, Jugendlichen und Erziehungsberechtigten bei der Bewältigung von Problemen sowie die Bereitstellung von Erziehungshilfen wie der sozialpädagogischen Familienhilfe, die Erziehung in einer Tagesgruppe oder die Vollzeitpflege und stationäre Heimerziehung.

Die so genannten „Anderen Aufgaben" nach §§ 42-60 SGB VIII umfassen u.a.:

A. Vorläufige Maßnahmen zum Schutz von Kindern und Jugendlichen (§ 42), worunter die Inobhutnahme von Kindern und Jugendlichen und die Herausnahme eines Kindes aus der Familie fallen.
B. den Schutz von Kindern und Jugendlichen in Familienpflege und in Einrichtungen (§§ 44-49).
C. die Mitwirkung in gerichtlichen Verfahren (§§ 50-52).
D. Die Beistandschaft, Pflegschaft und Vormundschaft für Kinder und Jugendliche (§§ 52a-58a).
E. Beurkundungen und Beglaubigungen.

2.2.2 Organisation und Trägerschaft

Träger der Kinder- und Jugendhilfe sind die Kreise und kreisfreien Städte als örtliche Träger (§ 69 Abs.1 SGB VIII), allerdings können auch kreisangehörige Städte auf Antrag zu örtlichen Trägern bestimmt werden, „wenn ihre Leistungsfähigkeit zur Erfüllung der Aufgaben nach diesem Buch gewährleistet ist" (§69 Abs.2 SGB VIII). Die hier eröffnete „Regionalisierung" (Seckinger et al. 2000) bzw. Dezentralisierung ist durch Landesrecht geregelt (Landesausführungsgesetze in 8 Bundesländern). In größerem Umfang wird von dieser Möglichkeit vor allem in NRW Gebrauch gemacht, wo Städte über 25.000 Einwohner eigene Jugendämter einrichten können. In Hessen dürfen ehemals kreisfreie Städte, die „eingekreist" wurden, Jugendämter behalten. Hier wird von einigen Autoren die Bildung von „Zwergjugendämtern" befürchtet, „die nicht die fachlichen Mindeststandards für eine gesetzeskonforme Aufgabenbewältigung garantieren können" (Münder et al. 1998: 534) und auch nicht die nötige finanzielle Ausstattung hätten, die Aufgaben der Jugendhilfe angemessen zu erfüllen (vgl. Wiesner 2000:7). Die Landesjugendämter als übergeordnete Instanz haben durch konsequente Kommunalisierung der Aufgaben im KJHG in ihrer Rolle deutlich an Gewicht verloren: Ihre wesentliche Funktion bleiben Serviceleistungen im Bereich Beratung und Fortbildung sowie dem Abschluss von Rahmenverträgen nach §§78a-g ff SGB VIII. Die Finanzierung erfolgt zu ihrem Großteil aus den kommunalen Haushalten. Zu einem kleineren Teil werden – in der Regel projektbezogen – Mittel vom Bund (z.b. für die Kooperation Schule-Jugendhilfe) oder der EU (z.B. Jugendberufshilfe) bereitgestellt. Die Länder sind zusätzlich im Rahmen ihrer Unterstützungsfunktion für den gleichmäßigen Ausbau örtlicher Einrichtungen und Angebote (§82 SGB VIII) verpflichtet, zusätzlich fördernd tätig zu werden.

Die Jugendämter[20] nehmen insofern eine Sonderstellung in der kommunalen Verwaltung ein, als ihre Organisationsstruktur bundesrechtlich reguliert ist (vgl. Wiesner 1997). Das Bundesrecht schreibt bislang[21] zwingend die „Zweigliedrigkeit" des Jugendamtes und die „Einheit der Jugendhilfe" vor. Dies stellt insofern eine Besonderheit in der deutschen verwaltungsrechtlichen Tradition dar, da das Jugendamt die einzige kommunale Behörde ist, deren Organisation durch Bundesrecht vorgegeben ist und somit der Organisationshoheit der Kommunen entzogen ist. Unter „Einheit der Jugendhilfe" wird hierbei die Wahrnehmung aller Aufgaben nach SGB VIII in einer organisatorischen Einheit verstanden. Das „Prinzip der Zweigliedrigkeit" bestimmt nach §70 SGB VIII, dass die Aufgaben des Jugendamtes durch den Jugendhilfeausschuss und durch die Verwaltung des Jugendamtes in gemeinsamer Verantwortung wahrgenommen werden („Kollegialverfassung"): Die Jugendamtsverwaltung führt die laufenden Geschäfte, der Jugendhilfeausschuss befasst sich „mit allen Angelegenheiten der Jugendhilfe" (§71 Abs. 2 SGB VIII).

Der Jugendhilfeausschuss stellt unter demokratietheoretischem Aspekt eine Besonderheit der Jugendhilfe dar, da in ihm neben den gewählten Vertretern der Gebietskörperschaft zwei Fünftel der stimmberechtigten Mitglieder aus dem Bereich der anerkannten freien Träger und der Jugendverbände treten (vgl. Münder/Ottenberg 1999).[22] Durch diese besonderen Regelungen kommt es zur Situation, dass es im JHA möglich ist, Mehrheiten zu finden, die sich von der Mehrheitssituation im Rat unterscheiden. Insofern kommt den Verbänden bei knappen politischen Mehrheiten de facto eine Vetoposition zu (vgl. Bogumil/Holtkamp 2006: 167). Zudem entsteht so die Situation, dass „die freien Verbände unmittelbar über die Verausgabung und Verteilung öffentlicher Haushaltsmittel (und somit über einen Teil ihrer Einnahmen) mit [entscheiden]" (Ronge 1993: 339;

---

[20] Im Folgenden wird die Bezeichnung „Jugendamt" für die mit den Aufgaben der Kinder- und Jugendhilfe betraute Verwaltungseinheit verwendet – unabhängig von der letztlichen lokalen Bezeichnung. Trotz der bundesrechtlichen Vorgaben werden einzelne Aufgaben der Kinder- und Jugendhilfe von anderen Verwaltungseinheiten (z.B. dem Allgemeinen Sozialen Dienst oder dem Schulträger im Bereich der Kindertagesstätten) wahrgenommen. Vgl. hierzu Abschnitt 5.2.1.1.
[21] Die Föderalismusreform 1 von 2006 (vgl. Bogumil/Jann 2008: 77-81) eröffnet hier mittelfristig die Möglichkeit einer landesrechtlichen Änderung (vgl. Schmid/Wiesner 2006a, b).
[22] Hierzu können auch Vertreter von Einrichtungen, Vereinen o.ä. berufen werden, die keinem der Spitzenverbände angehören.

vgl. auch Merchel/Reismann 2004: 205; Bogumil/Holtkamp 2006: 167). In der Realität der Jugendhilfeausschüsse dominieren nach allen empirischen Untersuchungen die etablierten Spitzenverbände der freien Wohlfahrtsverbände (vgl. Bogumil/Holtkamp 2006: 164; Merchel/Reismann 2004: 164). Dies führt in der Regel zum Ausschluss kleinerer Initiativen und Vereine. Münder und Ottenberg (1999: 78) nennen dies eine „Geschlossene Gesellschaft". Zudem kommen zu den offiziellen Verbandsvertretern versteckte Verbandsvertreter, d.h. kommunalpolitisch aktive Vertreter von Wohlfahrtsverbänden, die qua Ratsmandat in den Ausschüssen sitzen (vgl. Seckinger et al. 1998: 163). Nach den Erhebungen des DJI dominieren in den Jugendhilfeausschüssen recht konstant die Vertreter der organisierten Wohlfahrtsverbände vor Vertretern der Jugendverbände. Andere Organisationen spielen kaum eine Rolle (vgl. Tab. 1).

Tabelle 1: Anteile einzelner Trägergruppen in Kinder- und Jugendhilfeausschüssen (nach Erhebungen des DJI)

	2000		2004	
	Ost	West	Ost	West
Wohlfahrtsverbände	61 %	52 %	53 %	50 %
Jugendringe- und Verbände	22 %	40 %	29 %	39 %
Andere freie Träger	16 %	7 %	13 %	10 %
Kirchen	1 %	1 %	2 %	2 %

Quelle: Pluto et al. 2007: 323 (Tab. 8.1) leicht verändert.

Bogumil und Holtkamp (2006) sehen in der stimmberechtigten Repräsentation von Verbandsvertretern in den Jugendhilfeausschüssen (40% der stimmberechtigten Personen) und der bei knappen Mehrheiten faktischen Vetoposition der Verbände einen Hauptgrund für die korporatistische Schließung durch verhandlungsdemokratische Zwänge. Allerdings kann dagegen eingewendet werden, dass gerade bei den „teuren" Entscheidungen die Verwaltungsseite die Entscheidungen häufig dominiert (vgl. Münder 1999) und dem JHA nur eine nachgeordnete Rolle zukommt.[23] Einen Testfall wird die durch die Föderalismusreform

---

[23] Vgl. auch die Studie von Dahme et al. 2005, die in den von ihnen betrachteten Entscheidungsstrukturen im Rahmen lokalen Kontraktmanagements den Schluss ziehen: „in keinem der Fälle war oder ist die lokale Politik als Gestalter und Vorreiter des lokalen sozialpolitischen Geschehens auszumachen" (Dahme et al. 2005: 111), vielmehr liege die Kompetenz beim Jugendamt (ebd.). „Die Sozialverwaltung nimmt durch das Kontraktmanagement (noch stärker als bisher) eine Schlüsselstellung in der lokalen Sozialpolitik ein; die Verwaltung trifft häufig bindende Entscheidungen mit sozialpolitischer Wirkung, ohne selbst durch politische Kontrakte dazu legitimiert zu sein." (ebd.: 115). Weitere Indikatoren sind fehlende politische Kontrakte (vgl. Grohs 2007; Dahme et al. 2005:

eröffnete Möglichkeit für die Landesgesetzgeber darstellen, die Jugendhilfeausschüsse in ihrer bisherigen Form aufzulösen. Die Jugendämter sind bis heute weitgehend an das Subsidiaritätsprinzip gebunden, das bestimmt, dass der öffentliche Träger von eigenen Maßnahmen absehen soll, „soweit geeignete Einrichtungen, Dienste und Veranstaltungen von anerkannten Trägern der freien Jugendhilfe betrieben oder rechtzeitig geschaffen werden können" (§ 4 Abs. 2 SGB VIII). Der öffentlichen Jugendhilfe verbleibt allerdings die Gesamtverantwortung dafür, dass die Aufgaben des SGB VIII erfüllt werden (§79 Abs. 1 SGB VIII). Dabei müssen die öffentlichen Träger der Jugendhilfe im Rahmen der rechtlichen Regelungen bestimmen, in welchem Umfang und mit welchen Standards Aufgaben der Jugendhilfe örtlich wahrgenommen werden sollen. „Es sollte ein kontinuierlicher Prozess aus Planung, Umsetzung und Kontrolle sein, in dem Verwaltungsführung, Jugendhilfeausschuß, Verwaltung des Jugendamtes und ggf. die Querschnittsämter partnerschaftlich und vertrauensvoll zusammenarbeiten" (KGSt 1993b: 9).

2.3 Leistungserbringer in der Kinder- und Jugendhilfe

Die Akteurskonstellationen in der Kinder- und Jugendhilfe auf der lokalen Ebene zeichnen sich einerseits durch eine Dominanz freier Träger in der Leistungserbringung, andererseits durch eine enge Verwobenheit der Entscheidungs-, der Implementations- und Durchführungsstrukturen aus. Die dominante Stellung der freien Träger liegt rechtlich im Wesentlichen in drei Punkten begründet: Der Hervorhebung unterschiedlicher Wertorientierungen und Arbeitsansätze in § 3 Abs. 1 SGB VIII, der Aufforderung zur partnerschaftlichen Zusammenarbeit zwischen öffentlichen und freien Trägern in § 4 Abs. 1 SGB VIII und dem bedingten Vorrang freier Träger in § 4 Abs. 2 SGB VIII. Über die besonderen Entscheidungskonstellationen in den Jugendhilfeausschüssen sind die wesentlichen Leistungserbringer – die freien Träger aus der freien Wohlfahrtspflege – an den Entscheidungen über die Ausgestaltung der Jugendhilfe beteiligt. Gleichzeitig werden die Kommunalverwaltungen nicht nur als Gewährleister, sondern auch als eigenständige Leistungserbringer neben freien Trägern, Vereinen, und privatgewerblichen Anbietern tätig. Trotz dieser grundsätzlichen Verwobenheit ist es sinnvoll, die Akteure auf der „Input-Seite", also den kommunalen Entscheidungsstrukturen, von den letztendlichen Leistungserbringern zu trennen. Domi-

---

115). Ähnlich auch van Santen et al.: „Ebenfalls zu vermuten ist, dass die Verwaltungsmodernisierung und die stärkere Verbreitung von Budgetierungskonzepten zu einer Verlagerung konkreter Förderentscheidungen von der politischen Ebene oder die Amtsebene in die einzelnen Fachabteilungen hineinführt" (van Santen et al. 2003: 137).

nante Akteure auf der Entscheidungsseite bleiben die Kommunalverwaltungen und die kommunalen Vertretungskörperschaften. Hier ist insbesondere auf das Verhältnis zwischen Verwaltungsspitze und den Fachverwaltungen zu achten. Auf der Seite der Leistungserbringer sind insbesondere die Träger der freien Wohlfahrtspflege, aber auch sonstige Initiativen, Vereine und andere Akteure des „Dritten Sektors" sowie privatwirtschaftliche Akteure von Bedeutung.

2.3.1 Die Wohlfahrtsverbände

Die Wohlfahrtsverbände bzw. die ihnen angeschlossenen Einrichtungen und Dienste sind nach wie vor die wichtigsten Leistungserbringer in der lokalen Sozialpolitik. Die meisten stationären Einrichtungen der Jugendhilfe, der Altenhilfe und der Behindertenhilfe werden von ihnen oder ihren Mitgliedsorganisationen getragen. Von den anderen lokal aktiven Vereinen, Selbsthilfegruppen oder kommerziellen Anbietern unterscheiden sie sich durch ihre Organisation auf nationaler und regionaler Ebene. Neben der Bedeutung als Leistungserbringer zeichnen sie sich durch ihren expliziten Interessenvertretungsanspruch, den hohen Grad an Einbindung in staatliche Politiken und ihre Gebundenheit an die verbandsspezifischen Werte und Weltanschauungen aus. Die sechs in der Bundesarbeitsgemeinschaft der freien Wohlfahrtspflege (BAGFW) organisierten Spitzenverbände der freien Wohlfahrtspflege – Arbeiterwohlfahrt (AWO), Deutscher Caritas Verband (DCV), Diakonisches Werk (DW), Deutscher Paritätischer Wohlfahrtsverband (DPWV[24]), Deutsches Rotes Kreuz (DRK) und die Zentralwohlfahrtsstelle der Juden (ZWSt) – unterscheiden sich dabei sowohl hinsichtlich ihres Leistungsportfolios, der internen Organisation wie ihrer weltanschaulichen Bindung.

Die Gesamtstatistik der BAGFW (BAGFW 2006) weist für 2004 bundesweit 98.837 Einrichtungen mit 3.619.799 Betten bzw. Plätzen aus, die den sechs Verbänden angeschlossen sind. Die Bedeutung als Arbeitgeber unterstreicht die Zahl von 1.414.937 hauptamtlichen Mitarbeitern (davon 47 Prozent in Teilzeit), was rund 4 Prozent aller Erwerbstätigen in der Bundesrepublik ausmacht. Die Zahl der zusätzlich ehrenamtlich tätigen Personen wird von der BAGFW auf 2,5 bis 3 Millionen geschätzt (vgl. BAGFW 2006: 11). Größter Arbeitsbereich ist hierbei die Jugendhilfe mit etwas mehr als einem Drittel (35%; 36.406) aller Einrichtungen. Den größten Anteil nimmt dabei die Kindertagesbetreuung ein. Die Jugendhilfe stellt trotz des demographischen Wandels mit einem Wachstum

---

[24] Der Paritätische Wohlfahrtsverband verzichtet inzwischen auf das Kürzel DPWV und nennt sich schlicht „Der Paritätische". Auf Grund der Kürze und der Etablierung als gängiges Kürzel verwende ich dennoch die Abkürzung DPWV.

von ca. 7% der Einrichtungen und 4% der verfügbaren Plätze bzw. Betten zwischen 2000 und 2004 einen großen Wachstumsbereich dar (ebd.: 12; 18). Die Tätigkeitsbereiche der Wohlfahrtsverbände gliedern sich in neun Kernbereiche[25]:

1. *Kinder und Jugendhilfe*: Angebote für Kinder und Jugendliche, Erziehungsberatung und Freizeitangebote, Hilfen für Familien und Alleinerziehende wie Ehe- und Schwangerschaftsberatung, Lebensberatung, Familienpflege, Müttergenesung;
2. *Altenhilfe*: Hilfe für ältere Menschen (z.B. Seniorentreffs, Mahlzeiten- und Besuchsdienste, Alten- und Pflegeheime);
3. *Behindertenhilfe*: Dienste für Menschen mit Behinderungen (Frühförderung, Kindergärten und Schulen, Berufsförderungs- und Berufsbildungswerke, Tagesstätten und Wohnheime);
4. *Gesundheitsdienstleistungen*: Pflege von Kranken in Krankenhäusern, Tageskliniken, Tagespflegeeinrichtungen, Hilfe durch Kurheime und Beratungsstellen;
5. *Integrationshilfe*: Angebote für Migrantinnen und Migranten (Ausländersozialberatung, Aussiedlerberatung, psychosoziale Zentren für Flüchtlinge, Integrationsprojekte);
6. *Allgemeine Sozialberatung*: Sozialberatungsstellen und ambulante Dienste, Nachbarschaftszentren;
7. *Hilfe in sozialen Notlagen:* Obdachlosenunterkünfte, Schuldnerberatung, Bahnhofsmission, Telefonseelsorge;
8. *Engagementförderung:* Kontakt-, Informations-, Beratungsstellen für Selbsthilfegruppen und Gruppen bürgerschaftlichen Engagements;
9. *Aus-, Fort- und Weiterbildung* in sozialen und pflegerischen Berufen.

Historisch aus den sozialen Vereinen des 18. Jahrhunderts entstanden (Sachße/Tennstedt 1988), wurde das zentralisierte und staatsnahe System der freien Wohlfahrtspflege erst durch staatliche Subventionspraktiken im ersten Weltkrieg und der Weimarer Republik geschaffen. In dieser Zeit ruhen die Wurzeln der gegenwärtigen Verbandsstruktur (vgl. 2.1.3). Durch den Einbezug weltanschaulich gebundener Organisationen in die zwar nichtstaatliche, aber doch staatsnahe sozialstaatliche Wohlfahrtsproduktion konnten die dominanten weltanschaulichen Lager, insbesondere die Sozialdemokratie und der organisierte Katholizismus, eingebunden werden und latente Konflikte in der vorpolitischen Arena

---

[25] In dieser Untergliederung folge ich der Kategorisierung der BAGFW (vgl. BAGFW 2006). Die kursiven Kurzbezeichnungen stammen von mir und folgen der einheitlichen Terminologie dieser Arbeit.

gehalten werden. Die in den 1920er Jahren entstandene Verbandsstruktur und auch die rechtliche Privilegierung wurde im Grundsatz in der Nachkriegszeit wiederhergestellt und die entsprechende Gesetzgebung im Jugendwohlfahrtsgesetz (JWG) und Bundessozialhilfegesetz (BSHG) übernommen. Im so genannten Subsidiaritätsstreit der sechziger Jahre wurde im Subsidiaritätsurteil des Bundesverfassungsgerichts 1967 die Planungs- und Finanzhoheit den öffentlichen Trägern zugestanden, jedoch weiterhin ein „Handlungsvorrang" der freien Trägern konstatiert (vgl. Backhaus-Maul/Olk 1994: 105-108).

Die Wohlfahrtsverbände stellen keinen monolithischen Block dar, wie er in der Verbändeforschung häufig mit einer Fixierung auf die BAGFW dargestellt wird, sondern weisen eine Reihe struktureller und ideologischer Unterschiede auf.[26] Im Folgenden sollen die einzelnen Verbände knapp skizziert werden:[27]

Die *Arbeiterwohlfahrt (AWO)* ist ein sozialdemokratisch geprägter Verband, der 1919 als Unterabteilung der SPD gegründet und erst 1946 formell von der SPD unabhängig wurde. Die AWO ist damit der am eindeutigsten politisch orientierte und gebundene Wohlfahrtsverband. Dieser gesellschaftspolitische Charakter grenzt die AWO deutlich von der karitativen Orientierung der anderen Verbände ab. Ganz in der Tradition ihrer Entstehung vor dem Hintergrund des Kommunalisierungsstreits der Weimarer Republik, vertritt die AWO als einziger Wohlfahrtsverband programmatisch den „Vorrang der kommunalen und staatlichen Verantwortung für die Erfüllung des Anspruchs auf soziale Hilfen, Erziehung und Bildung" (Richtlinien der AWO von 1974; zit. nach Flierl 1992: 181) und zeigt so eine gewisse Distanz zum Subsidiaritätsprinzip, ohne allerdings wie in der Weimarer Zeit die Existenzberechtigung der freien Wohlfahrtspflege als solche in Frage zu stellen. Die Nähe zur SPD findet sich noch heute in zahlreichen personellen Verflechtungen auf Bundes-, Landes- und kommunaler Ebene.[28] Auch der organisatorische Aufbau orientiert sich an der Struktur der SPD: AWO-Untergliederungen sind in der Regel deckungsgleich mit SPD-Ortsvereinen (vgl. Merchel 2003: 91-92). Die AWO gliedert sich heute in 29 Bezirks- und Landesverbände, 480 Kreisverbände und ca. 3800 Ortsvereine. Arbeitsschwerpunkte liegen insbesondere in der Altenhilfe mit ca. 50% der Verbandstätigkeit. Die Mitgliedschaft – auch darin unterscheidet sich die AWO von den anderen Wohlfahrtsverbänden – beruht zu großem Teil auf Einzelmitgliedern und nur einer relativ kleinen Zahl korporativer Mitglieder.

---

[26] Zur Kritik dieser „Blockperspektive" vgl. Merchel 2003: 65.
[27] Detailliertere aktuelle Darstellungen finden sich u.a. bei Merchel 2003; Boeßenecker 2005; Klug 1999; Schmid/Mansour 2007; ältere Übersichten: Bauer 1978; Flierl 1992.
[28] Der Bundesvorstand setzte sich beispielsweise im Jahr 2007 ausschließlich aus SPD-Mitgliedern mit einem hohen Anteil aktiver oder ehemaliger Mandatsträger auf Landes- und Bundesebene zusammen (vgl. www.awo.de; eigene Recherche).

Leistungserbringer in der Kinder- und Jugendhilfe

Der *Deutscher Caritas Verband (DCV)* mit Sitz in Freiburg wurde 1897 als Wohlfahrtsverband der katholischen Kirche mit dem Gründungsideal der „tätigen Nächstenliebe" gegründet. Die Gründung bedeutete den Zusammenschluss einer Vielzahl örtlicher caritativer Vereinigungen und katholischer Fachverbände. Die Caritas war von Beginn an als unabhängige Organisation gegründet, stand aber schon immer in enger – auch personeller – Verflechtung zur katholischen Kirche und wurde 1916 von der Deutschen Bischofskonferenz offiziell als „institutionelle Zusammenfassung und Vertretung der katholischen Caritas" (zit. nach Flierl 1992: 218) anerkannt. In Folge dieser Anerkennung wurde der Caritasverband in das gesamtkirchliche Gefüge inkorporiert. Dies spiegelt sich sowohl im organisatorischen Aufbau (Untergliederungen nach Diözesen und Dekanaten) als auch in den Arbeitsbeziehungen[29] wider. Der katholische Caritasverband macht den Eindruck eines „Konzerns mit vielen Zweigstellen und Dependancen" (Boeßenecker 2005: 117). Er ist in 28 Diözesanverbände mit rd. 500 Dekanats-, Kreis- und Ortsverbänden gegliedert. Gleichzeitig existiert eine Reihe von Fachverbänden, die häufig zu innerorganisatorischen Differenzen und Spannungen beitragen. Hinzu kommen 19 Fachverbände und 260 Ordensgemeinschaften (vgl. DCV 2005). In den Leitungsfunktionen dominiert die Amtskirche. Die Richt- und Leitlinien des DCV haben einen hohen Verbindlichkeitsgrad für die Untergliederungen, angeschlossenen Einrichtungen und Mitarbeiter, die die Caritas zu einem vergleichsweise hierarchisch strukturierten und von der Amtskirche dominierten Verband machen (vgl. Boeßenecker 2005: 117). Der DCV beschäftigte 2006 520.186 hauptamtliche Mitarbeiter in 24.939 Einrichtungen und ist in beinahe allen Feldern der Wohlfahrtspflege tätig.

Als Vorläuferorganisation des *Diakonischen Werks (DW)* der evangelischen Kirche wurde 1848 die „Innere Mission" gegründet. Der Ursprung lag also in der kirchlichen Missionsbewegung mit den Schwerpunkten auf Verpflegungsstationen und „Rettungshäusern" für Kinder. Die Verbindungen zur evangelischen Kirche waren zunächst gespannt, da die Innere Mission als „Erneuerungsbewegung" ausdrücklich gegen die Amtskirche agierte. Nach dem Zweiten Weltkrieg wurde neben der Inneren Mission das „Hilfswerk der evangelischen Kirche Deutschlands" als Hilfsorganisation im Wiederaufbau und zur Betreuung von Flüchtlingen gegründet. Dieses stand von Anfang an in direkter Anbindung zur Amtskirche und betätigte sich später auch in der Auslandshilfe. In einem langwierigen Fusionsprozess erfolgte schließlich 1975 die endgültige Fusion zum „Diakonischen Werk der evangelischen Kirche". Das DW hat zwar den unabhängigen Status als eingetragener Verein, unterliegt jedoch als „Werk der Kir-

---

[29] Kurz und knapp drückt dies das Leitbild des DCV aus: „Caritasarbeit ist kirchlicher Dienst" (Deutscher Caritasverband 1997: 352). Zu den speziellen kirchlichen Arbeitsbeziehungen und deren Wandel vgl. Liebig 2005: 343-432.

che" dem Kirchenrecht. Wie im Falle der Caritas spiegelt sich das in dem organisatorischen Aufbau und dem kirchlichen Arbeitsrecht wider. Das DW ist in der inneren Organisation sowohl territorial (Landesverbände) als auch funktional (Fachverbände) gegliedert. Die zentralistischen Entscheidungsbefugnisse sind jedoch – insbesondere im Vergleich mit dem DCV – eher schwach ausgeprägt. Die Gliederungen arbeiten und entscheiden weitgehend eigenständig: „Da weder eine theologische Zentralinstanz besteht noch eine Geschäftspolitik top-down beschlossen und in den sehr unterschiedlichen Mitgliedseinrichtungen implementiert werden kann, haben Beschlüsse einen „weichen" Verbindlichkeitsgrad." (Boeßenecker 2005: 153). Das DW besteht heute aus 22 Diakonischen Werken in den Landeskirchen mit 81 Fachverbänden und 20.000 korporativen Mitgliedern als selbständigen Trägern. In diesen sind ca. 420.000 hauptamtliche Mitarbeiter in 26.800 Einrichtungen tätig (Stand 2004). Auch das DW deckt alle Felder der Wohlfahrtspflege ab.

Der *Paritätische Wohlfahrtsverband (DPWV)* stellt eine Besonderheit unter den Wohlfahrtsverbänden dar, da er keine eigenständigen Untergliederungen und Einrichtungen unterhält, sondern als Dachverband ein Sammelbecken eigenständiger Organisationen und Initiativen darstellt, deren gemeinsame Interessen er nach Außen vertritt (vgl. ausführlich Merchel 1989). Gegründet wurde er 1919 als „Vereinigung der freien und gemeinnützigen Krankenanstalten Deutschlands" in Reaktion auf die Folgen des Ersten Weltkriegs. Ziel war es, ein Dach für freie Träger als „Zweckverband der Übriggebliebenen" (Merchel 2003: 121) zu schaffen, der als Vertretung der gemeinsamen Interessen insbesondere in Pflegesatzverhandlungen und in der Abwehr der sozialdemokratischen Kommunalisierungsbestrebungen fungieren sollte (vgl. Merchel 2003: 116). Durch die Öffnung auch für andere im Wohlfahrtsbereich tätige Einrichtungen erfolgte 1924 die Umbenennung in „Fünfter Wohlfahrtsverband", die Bezeichnung „paritätisch" wurde 1932 eingeführt. Im Gegensatz zu den anderen Wohlfahrtsverbänden fehlt dem DVPW also eine einigende weltanschauliche Grundlage. Als (negativ bestimmte) Wertmaßstäbe gelten entsprechend diesem Verbandsprinzip Pluralität, Toleranz, Offenheit und weltanschauliche Neutralität. Er wurde seit den 1970er Jahren zum Sammelbecken von Initiativen aus der Selbsthilfebewegung und ist mittlerweile Heimstatt von Selbsthilfegruppen und Bürgerinitiativen mit zahlreichen Querverbindungen zum alternativen Milieu. Dies führt zu einem breiteren Interessenspektrum als in den anderen Verbänden mit entsprechenden Spannungen. In der Verbandsorganisation unterscheidet sich der DVPW von den anderen Verbänden durch weniger hierarchische Strukturen, den weitgehenden Verzicht auf eigene Einrichtungen und seine Einschränkung auf korporative Mitglieder. Seine Verbandsfunktion beschränkt sich mit wenigen Ausnahmen auf Information und Beratung seiner Mitglieder, das Angebot von Service- und

Unterstützungsdienstleistungen (EDV, Buchhaltung, Gehaltsabrechnungen) und schließlich die Interessenvertretung und Repräsentanz nach außen. Er gliedert sich in 16 Landesverbände und hat 8.452 regionale korporative Mitglieder sowie 153 überregionale korporative Mitglieder.

Das *Deutsche Rote Kreuz (DRK)* wurde 1921 als Ableger des internationalen Roten Kreuzes gegründet (schon 1908 bildete sich das „Centralkomitee der Deutschen Vereine vom Roten Kreuz") und orientiert sich an den Grundsätzen der internationalen Rotkreuzbewegung (u.a. Menschlichkeit und Neutralität). Eine Besonderheit im Vergleich mit den anderen Wohlfahrtsverbänden ist seine Doppelfunktion, die das DRK neben einem Wohlfahrtsverband auch zu einer „nationalen Hilfsgesellschaft" macht. In dieser Rolle nimmt das DRK nationale und internationale Hilfsaufgaben wahr, eine für die Außenwirkung konstitutive Funktion. Das DRK zeichnet sich gegenüber den anderen Wohlfahrtsverbänden durch seine ausgeprägte Staatsnähe aus, was sich auch in der Besetzung seiner Leitungsgremien durch „Notabeln der Gesellschaft" (Nährlich 1998: 81) zeigt und den eher konservativen Charakter des Verbandes prägt. In der DDR war das Rote Kreuz als staatliche Massenorganisation in das Staatssystem integriert. Das DRK gliedert sich in 19 Landesverbände mit 539 Kreis- und 5181 Ortsverbänden. Hinzu kommen 35 Schwesternschaften und 5313 Jugendrotkreuzgruppen. Er hat einen Schwerpunkt im Bereich medizinischer Hilfsleistungen sowie der Altenhilfe und den Hilfen für Aussiedler. Im Bereich der Jugendhilfe verfügt das DRK nur über wenige Einrichtungen.

Die *Zentralwohlfahrtsstelle der Juden (ZWSt)* wurde 1917 als Dachverband jüdischer Organisationen und Wohlfahrtseinrichtungen gegründet. Nach der Verfolgung im Nationalsozialismus wurde die ZWSt 1952 wieder gegründet und bildet den bei weitem kleinsten eigenständigen Verband mit deutlichen lokalen Konzentrationen. Sie steht in der Tradition jüdischer Selbsthilfe (vgl. Merchel 2003: 107f) und strebt daher auch keine Ausweitung ihres Aktionsspektrums über die primäre Zielgruppe hinaus an.

Die politik- und sozialwissenschaftliche Forschung zu Wohlfahrtsverbänden[30] betrachtet diese als komplexe Organisationen mit verschiedenen – teils widersprüchlichen – Funktionen, Zielsetzungen und Handlungslogiken. Dabei ist die Möglichkeit von Zielkonflikten der Verbände als kollektiven Akteuren zu beachten (vgl. Wiesenthal 1993). Die Verbände folgen gleichzeitig einer Dienst-

---

[30] Eine sozialwissenschaftliche Beschäftigung mit den Wohlfahrtsverbänden gibt es erst seit Ende der 1970er Jahre. Trotz einer verbreiteten Klage über mangelnde Auseinandersetzung mit den Verbänden sind seither nicht unbeträchtliche Forschungserträge zu verzeichnen. Aus der Vielzahl der Veröffentlichungen seien an dieser Stelle erwähnt: Bauer 1978; Boeßenecker 2005; Goll 1991; Seibel 1992; Schmid 1996; Schmid/Mansour 2007; Klug 1997; Rauschenbach u.a. 1995. Überblicke über den Forschungsstand bieten Schmid 1996: 14-103; Ebertz/Schmid 1987.

leistungslogik, einer Mitgliedschafts- wie einer Einflusslogik (vgl. Schmid/ Mansour 2007 in Anlehnung an Streeck 1987 und Wiesenthal 1993). Wohlfahrtsverbände zeichnen sich dadurch aus, dass sie zugleich Vollzugsinstanzen öffentlicher Aufgaben wie privatrechtliche Vereinigungen mit Interessenvertretungsanspruch sind (vgl. Heinze/Olk 1981a: 95). Als Vollzugsinstanzen sind sie in erster Linie als Anbieter sozialer Dienstleistungen tätig, was ihnen die Klassifizierung als „Sozialleistungsverbände" (Alemann 1987: 71) einbrachte. Als von staatlicher Seite privilegierte Akteure haben sie einen quasi-öffentlichen Status inne (vgl. Heinze 1981; Offe 1981). Andererseits treten sie als advokatorische Interessenvertretungen für als benachteiligt wahrgenommene Gruppen mit explizitem Gemeinwohlanspruch auf. Im Kontext dieser Arbeit am wichtigsten ist jedoch die Funktion der Wohlfahrtsverbände als „Sozialleistungsverbände" (Alemann 1987). In dieser Funktion stellen die Verbände professionell agierende „Dienstleistungsorganisationen in einem politisch regulierten Markt" (Heinze et al. 1997: 244) dar.

Unter dem Gesichtspunkt als Leistungserbinger und Arbeitgeber sind sie einer betriebswirtschaftlichen Logik unterworfen und müssen ihre finanziellen Ressourcen sichern. Über die BAGFW werden in einzelnen Bereichen auch staatliche Mittel unter den Mitgliedsverbänden verwaltet und verteilt. Die Verbände finanzieren sich neben den staatlichen Mitteln über Spenden, den Erlös aus dem Verkauf der Wohlfahrtsbriefmarken sowie Lotterien (vgl. insb. Goll 1991).[31] Die öffentlichen Finanzierungen setzen sich zusammen aus einmaligen Zuschüssen zur Anschubfinanzierung größerer Einrichtungen; in der Regel durch die zuständigen Länderministerien oder die Kommunen, zum anderen durch laufende Zuschüsse und Einnahmen durch die Leistungserbringung. Vergütungen machen ca. 80% der Einnahmen der Verbände aus. Davon sind nur ein geringer Teil direkte Beiträge der Nutzer, sondern die Vergütungen werden zum Großteil aus Mitteln der Sozial- und Pflegekassen getragen. Die Wohlfahrtsverbände sind als eingetragene Vereine organisiert.[32] Damit entsprechen die internen Organisationsstrukturen dem deutschen Vereinsrecht. Das Verhältnis zwischen ehrenamtlichen Vorständen und den hauptamtlichen Geschäftsführungen stellt ein wesentliches Strukturproblem der Verbände dar. Die Tendenz der Ausgliederung von Aufgabenbereichen unter private Rechtsformen (i.d.R. GmbHs) ist unter diesem Gesichtspunkt der Abkoppelung von der ehrenamtlichen Steuerung zu betrachten. Die sechs Spitzenverbände organisieren sich auf Bundesebene, weisen Gliederungen auf Landesebene und meist auch auf Orts-, Kreis- oder Bezirksebene auf. Zentralisierung und Bürokratisierung der Spitzenverbände

---

[31] Auch hier schwanken die Angaben erheblich. Geben die Verbände ihre Eigenfinanzierung mit rund einem Drittel an, kommen kritische Beobachter gerade einmal auf rund zehn Prozent.
[32] Eine Ausnahme bildet das Bayerische Rote Kreuz als Körperschaft des öffentlichen Rechts.

bauen Parallelstrukturen zum Staatsaufbau auf. Die Verbände unterhalten dabei Verflechtungen zu anderen gesellschaftlichen Großorganisationen wie Parteien, Kirchen und anderen Verbänden (z.b. die SPD im Falle der AWO, die Kirchen bei DW und Caritas (vgl. Heinze 2000: 35)). In der vertikalen Gliederung nehmen die Spitzenverbände auf Bundesebene in erster Linie systemische Funktionen, also koordinierende, politische und beratende Aufgaben wahr. Auf Landesebene kommen rahmensetzende Aufgaben im Bereich der Entgeltvereinbarungen hinzu, während die lokalen Gliederungen in erster Linie als Leistungserbringer und Beteiligte an kommunalen Entscheidungs- und Planungsprozessen (z.b. Jugendhilfeplanung) tätig sind. Gleichzeitig finden sich horizontal verbandsübergreifende Gliederungen in den sog. Arbeitsgemeinschaften, die jeweils fachliche Themenbereiche (Straffälligenhilfe, Drogenhilfe etc.) zusammenfassen und die sechs Verbände fachlich auf den verschiedenen Ebenen (Bund, Land, Region) integrieren (ähnlich einer Matrixorganisation). Als weitere Koordinationsgremien fungieren überörtliche Fachgremien wie die Arbeitsgemeinschaft für Jugendhilfe (AGJ) und insbesondere der Deutsche Verein für öffentliche und private Fürsorge (DV).

2.3.2 Jugendverbände

Die Jugendverbände sind in der Regel auf das Teilgebiet der verbandlichen und offenen Jugendarbeit spezialisiert und treten in den hier betrachteten Aufgabengebieten nur am Rand in Erscheinung, sind aber als stimmberechtigte Mitglieder in zahlreichen Jugendhilfeausschüssen vertreten.[33] Sie entstanden ab Mitte des 19. Jahrhunderts im konfessionellen Bereich, um die Jahrhundertwende kamen Vereinigungen der bürgerlichen Jugendbewegung („Wandervogel") und Sportvereine hinzu. Anfang des 20. Jahrhunderts trat zusätzlich noch die Arbeiterjugendbewegung aufs Feld (vgl. Gängler 1995). In der Bundesrepublik fand in der Nachkriegszeit eine Integration der zahlreichen neu entstandenen Jugendverbände statt. Als Dach fungieren als „Jugendringe" bezeichnete Dachverbände aus Stadt-, Kreis- und häufig Landesebene.

---

[33] Die Definition des §12 SGB VIII kann als angemessene Umschreibung des Verbandsbegriffes angesehen werden: „In Jugendverbänden und Jugendgruppen wird Jugendarbeit von jungen Menschen selbst organisiert, gemeinschaftlich gestaltet und mitverantwortet. Ihre Arbeit ist auf Dauer angelegt und in der Regel auf die eigenen Mitglieder ausgerichtet, sie kann sich aber auch an junge Menschen wenden, die nicht Mitglieder sind. Durch Jugendverbände und ihre Zusammenschlüsse werden Anliegen und Interessen junger Menschen zum Ausdruck gebracht und vertreten."

Tabelle 2: Übersicht über die Wohlfahrtsverbände

	Caritasverband (DCV)	Arbeiterwohlfahrt (AWO)	Deutscher Paritätischer Wohlfahrtsverband (DPWV)	Rotes Kreuz (DRK)	Diakonisches Werk (DW)	Zentralwohlfahrtsstelle der Juden in Deutschland (ZWSt)
Gründungsjahr	1897	1919	1920	1921	1848	1917
Gründungsideal	Tätige Nächstenliebe als Ausdruck katholischen Glaubens	Demokratischer Sozialismus; Ideale der Arbeiterbewegung	Pluralität, Toleranz, Offenheit, weltanschauliche Neutralität	Grundsätze der internationalen Rotkreuzbewegung (u.a. Menschlichkeit und Neutralität)	Erweckungsbewegung („Innere Mission"), Wesensäußerung der evangelischen Kirche	Jüdische Selbsthilfe
Gliederungen	27 Diözesanverbände mit über 500 Dekanats-, Kreis-, Ortsverbände und Arbeitsgemeinschaften 276 Ordensgemeinschaften	29 Bezirks- und Landesverbände; 36 Unterbezirke; 65 Stadtverbände 450 Kreisverbände Ca. 3800 Ortsvereine	16 Landesverbände 8452 regionale korporative Mitglieder 153 überregionale korporative Mitglieder	19 Landesverbände 529 Kreisverbände Ca 4300 Ortsverbände 34 Schwesternschaften 13400 Rotkreuzgemeinschaften	24 Diakonische Werke in den Landeskirchen 100 Fachverbände 20000 korporative Mitglieder	
Einrichtungen	24.939 (31.12.2006)	15.952 (3.7.2001)	28891 (3.7.2001)	24774 (3.7.2001)	27301 (1.1.2002)	440 (3.7.2001)
Mitarbeiter	520186 (Stand 31.12.2006)	112246 Beschäftigte + 101431 Ehrenamtliche	141922 (Stand 3.7.2001)	58297 Beschäftigte + 408991 Ehrenamtliche	452244 (Stand 1.1.2002)	756 (Stand 3.7.2001)

Quellen: Boeßenecker 2005; BAGFW 2006; eigene Recherchen; Fragezeichen bezeichnen unbekannte Werte.

Diese richteten sich zunehmend an öffentlichen Strukturen aus und gleichzeitig wurden sie von den öffentlichen Jugendhilfeträgern zunehmend integriert (vgl. Münchmeier 1995). Sie zeichnen sich gegenüber den Wohlfahrtsverbänden durch ihre altersmäßig klar eingegrenzte Zielgruppe, den Charakter der Selbstorganisation und eine Orientierung an Freizeitgestaltung statt Problembearbeitung aus (vgl. Merchel 2003: 146f.). Das Feld der Jugendverbände ist sehr heterogen und vielfältig. Die meisten sind regional beschränkt. Dennoch führt das Handbuch für Jugendverbände im Jahr 1991 255 überregionale Jugendorganisationen auf (vgl. Böhnisch et al. 1991). Unter ihnen sind konfessionell orientierte Verbände (z.B. Arbeitsgemeinschaft der evangelischen Jugend; Bund der katholischen Jugend), politisch orientierte Verbände (SJD – Die Falken, Bund Demokratischer Jugend, Naturfreundejugend), beruflich bzw. gewerkschaftlich orientierte Organisationen (z.B. Gewerkschaftsjugend, Deutsche Landjugend), fachlich (Jugendfeuerwehr, Jugendrotkreuz etc.) und schließlich freizeitorientierte Verbände (Wanderjugend, Schreberjugend, Sportjugend etc.).

Trotz dieser Vielfalt ist die reale Bedeutung der Jugendverbände für die Jugendlichen eher als gering einzustufen. Realistische Schätzungen gehen von 15 bis 25% der Jugendlichen aus, die durch einen der Verbände erreicht werden (vgl. Merchel 2003: 149). Ihre Bedeutung hinsichtlich personeller und finanzieller Ressourcen ist ebenfalls eher gering einzuschätzen, gerade im Vergleich mit den Wohlfahrtsverbänden (vgl. Rauschenbach/Schilling 1995). Für die kommunalen Entscheidungsprozesse wichtig sind jedoch die lokalen Zusammenschlüsse der lokalen Jugendverbände in den sog. „Jugendringen", die meist die Vertreter der Jugendverbände im Jugendhilfeausschuss stellen (nach § 71 Abs. 1 SGB VIII sind „Vorschläge der Jugendverbände und der Wohlfahrtsverbände angemessen zu berücksichtigen."). Deren reale Beteiligung an den kommunalen Entscheidungsprozessen wird allerdings als gering eingeschätzt (vgl. Merchel 2003: 152). Aus diesem Grund werden die Jugendverbände als Akteure im Weiteren vernachlässigt.

2.3.3 Selbsthilfegruppen, Initiativgruppen und Bürgerinitiativen

Selbsthilfegruppen, Bürgerinitiativen und andere „von unten" initiierte Organisationen entstanden seit den 1960er Jahren - mit einem deutlichen Höhepunkt in den 1970er und 1980er Jahren. Vor dem Hintergrund des Wertewandels und der aufkommenden neuen sozialen Bewegungen wurden diese zunehmend in Feldern lokaler Sozialpolitik aktiv und standen zunächst außerhalb der etablierten Wohlfahrtsverbände und der eingespielten Entscheidungsstrukturen. Die Selbsthilfebewegung entdeckte solidarische und gemeinschaftliche Steuerungsformen wieder. Theoetisch untermauert wurde dies durch eine stärker werdende Kritik an einer durch Staat und Wirtschaft betriebenen „Kolonialisierung der Lebenswelt" (Habermas), wozu auch eine Kritik der etablierten „Wohlfahrtskartelle" (Heinze 1986) gehörte. Neben der genuinen Selbsthilfe entstanden auch zahlreiche Initiativen, in denen Sozialarbeiter und andere in sozialen Dienste tätige Personen alternative Formen von Sozialpädagogik jenseits der etablierten Träger zu realisieren versuchten. Neben neuen Steuerungsformen und professionellen Konzepten wurden auch Lücken im bestehenden Angebot sowohl in quantitativer als auch qualitativer Hinsicht als Auslöser der Bewegung gesehen. Vielfach ging es auch darum, bestimmten Problemlagen öffentliche Anerkennung als Problem erst zu verschaffen und das Bewusstmachen von Handlungsbedarf zu fördern (vgl. Merchel 2003: 156f). Mit der Selbsthilfebewegung ist auch eine breite bewegungsnahe sozialwissenschaftliche Literatur entstanden, die die demokratischen Potentiale und ein normativ begründetes Autonomiestreben gegenüber den als „Kartell" wahrgenommenen Wohlfahrtsverbänden abhob und unter dem Stichwort „Neue Subsidiarität" diskutierte (vgl. Heinze 1986; Olk/Otto 1989). Gegenüber der von den etablierten Wohlfahrtsverbänden als selbstverständlich reklamierten advokatorischen Interessenvertretung forderten die konkurrierenden Initiativen und Selbsthilfegruppen selbstorganisierte Interessenvertretungen der Betroffenen und Benachteiligten ein.

Erfolgreich etablieren konnten sich solche Initiativen in vielen Bereichen des Sozial-, Gesundheits- und Jugendhilfesektors vor allem im Bereich der Kindertagesbetreuung - insbesondere in großstädtischen Kontexten (Kinderladenbewegung) - sowie selbst organisierter Jugendbetreuung (selbst verwaltete Jugendzentren). Über die Ausbreitung von Selbsthilfegruppen liegen bislang nur unsichere Zahlen vor. Teichert (1993) führt rund 25.000 Selbsthilfegruppen mit 375.000 Mitgliedern an. Braun und Opielka (1992: XV) nennen für das Jahr 1992 dagegen 50.000 Gruppen. Kettler/v. Ferber (1997: 227) gehen für 1997 von ca. 70.000 Gruppen mit 2,65 Mio. Engagierten aus. Um einen realistischen Blick auf die Verbreitung zu geben, seien Befunde angeführt, wonach die Zahl der Selbsthilfegruppen in den vergangenen 15 bis 20 Jahren stagniert und nur ca. 1 bis 3 % der Bevölkerung tatsächlich erreicht werden (vgl. Wohlfahrt 1997). Auch die neueren Zahlen des Freiwilligensurveys von 2004 weisen lediglich 1 % der Befragten als in Selbsthilfegruppen und 4 % in Initiativen engagiert aus (vgl. Gensicke 2006: 108).

Seit Beginn der 1980er Jahre verfolgen zahlreiche Kommunen eine Strategie der Selbsthilfeförderung und -unterstützung (vgl. Braun/Opielka 1992; Kettler/v. Ferber 1997; Treutner 1995: 282-285). Unterstützung kann hier finanzieller aber auch beratender Natur sein, z.B. Hilfe bei der Abfassung von Förderanträgen, der Einrichtung von Selbsthilfekontaktstellen oder der Bereitstellung von

Leistungserbringer in der Kinder- und Jugendhilfe 59

Räumlichkeiten. Auch von Seiten der Landespolitik wurde eine Politik der politischen Anerkennung und faktischen Gleichstellung mit den etablierten Verbänden verfolgt (vgl. Kreft 1987). Diese Anerkennungspolitik stiess zunächst auf den Widerstand der etablierten Wohlfahrtsverbände: „Häufig [ist sie...] von der lokalen Sozialpolitik und -verwaltung, die die Bedeutung von Selbsthilfegruppen erkannten, gegen anfangs z.t. erheblichen Widerstand von Wohlfahrtsverbänden, die eine Konkurrenz um Finanzmittel fürchteten, etabliert worden" (Treutner 1995: 291). Letzteres wurde durch die „Umarmungsstrategie" des DPWV erleichtert, der zahlreiche Initiativen unter seinem Dach aufnahm (vgl. Merchel 1989). Dies schlug sich z.b. in den Regelungen des KJHG von 1990 nieder, das den Begriff der „Freien Träger" (im Gegensatz zum JWG) explizit um unabhängige Vereine, Initiativen und Projekte erweiterte (vgl. Münder et al 2006: 811-813). Hintergrund ist die Anerkennung der kostengünstigen Erstellung von Leistungen, die die Kommunen in ihrem Handlungsspielraum stärken, ohne große Ressourcen in Anspruch nehmen zu müssen. Ein eingängiges Beispiel ist die verbreitete Anerkennungspolitik vieler Kommunen gegenüber freien Kindergarteninitiativen im Anschluss an die 1994 eingeführte Pflicht zur Bereitstellung von Kindergartenplätzen (vgl. am Beispiel Dortmunds Treutner 1995: 285-86). Für eine dauerhafte Förderung als Freier Träger ist allerdings die Anerkennung als freier Träger nach §75 SGB VIII Voraussetzung. §75 SGB VIII fordert neben der Verfolgung gemeinnütziger Ziele und der Grundgesetzkonformität sowie der Erfüllung fachlicher und personeller Voraussetzungen zur Erfüllung der Aufgaben der Jugendhilfe eine mindestens dreijährige Aktivität auf dem Gebiet der Jugendhilfe. Mittlerweile ist über den DPWV eine weitgehende Integration der Selbsthilfegruppen in den Bereich der verbandlichen Wohlfahrtspflege zu beobachten (vgl. Merchel 2003: 14).

2.3.4 Privatgewerbliche Anbieter

Gewerbliche Träger traten erst in den letzten Jahren verstärkt auf den Wohlfahrtsmärkten auf. Primär durch die Gesetzgebung zur Pflegeversicherung initiiert, trat insbesondere im Bereich der privaten Pflegedienste eine große Zahl von freigewerblichen Anbietern auf den Markt. In den hier betrachteten genuin kommunalen Aufgabenbereichen bleibt ihre Rolle jedoch mit wenigen Ausnahmen unbedeutend. Es werden nur privatwirtschaftliche Träger bwrücksichtigt, die Angebote im Bereich der betrachteten Aufgabenbereiche für öffentliche Träger anbieten. Freigewerbliche Anbieter zeichnen sich gegenüber anderen Trägern sozialer Arbeit zunächst durch ihr Gewinninteresse aus. Sie verfügen über unternehmerische Dispositionsfreiheit, wirtschaften mit eigenem Kapital und auf eigenes Risiko (vgl. Freier 1997: 457). Bei den Unternehmern steht jedoch häufig die Präferenz für Eigenständigkeit vor dem eigentlichen Gewinninteresse. Es handelt sich in der Regel nicht um primär gewinnorientierte Unternehmer, die ein Geschäft wittern, sondern häufig um ehemalige Angestellte aus dem Sozialsektor und aus Wohlfahrtsverbänden, „die mangelnde Flexibilität und innovationsfeindliches Klima in diesen Institutionen zum Anlass nehmen, selbst eine Firma zu gründen, um ihre Vorstellungen von geeigneten und wirksamen Hilfeangeboten zu verwirklichen" (Tippelt 2000: 218).

Freigewerbliche Anbieter sind im KJHG trotz der Öffnung durch die §§ 77 und 78a-g gegenüber den anerkannten freien Trägern dahingehend benachteiligt, da sie auf Grund fehlender Gemeinnützigkeit den Status als „anerkannter freier Träger der Jugendhilfe" nicht erhalten (§74 Abs. 1). Damit sind sie zwar nicht als Vertragspartner und Leistungserbringer per se benachteiligt, es finden sich aber eine Reihe von Privilegien der „anerkannten freien Träger", so z. B. als Teil der jugendhilfepolitischen Entscheidungs- und Planungsinstanzen in Form der „partnerschaftlichen Zusammenarbeit" (§4 SHB VIII) und der Mitwirkung im Jugendhilfeausschuss (§71 SGB VIII) und der Jugendhilfeplanung (§80 SGB VIII). Im Bereich der Kinder- und Jugendhilfe sind die privatgewerblichen Anbieter verbandlich im VPK, dem Bundesverband privater Träger der freien Kinder-, Jugend- und Sozialhilfe e.V. organisiert, der sich insbesondere um die rechtliche Gleichstellung aller Anbieter im Bereich der Kinder- und Jugendhilfe bemüht (vgl. VPK 2007).

2.4 Wandlungsimpulse: Modernisierung kommunaler Sozialverwaltung

Die im letzten Abschnitt skizzierten Aufgaben, Organisations- und Akteursgefüge waren seit den 1990er Jahren einer Reihe von Veränderungsimpulsen unterworfen, die die zentrale unabhängige Variable dieser Untersuchung bilden. Seit den 1990er Jahren ist die Debatte um kommunale Verwaltungsstrukturen im Allgemeinen und die kommunale Sozial- und Jugendverwaltung durch vier dominante Diskurse bestimmt. Neben den bekannten Diskursen zur Managerialisierung unter dem Banner des Neuen Steuerungsmodells (NSM) (2.4.1), das sein Pendant bei den freien Trägern in den Diskussionen um Sozialmanagement (2.4.2) sowie Kontraktmanagement findet, und zur Wettbewerbsöffnung (Ökonomisierung) (2.4.4) sowie zu Aktivierung und Bürgerbeteiligung (2.4.5) waren dies fachspezifische Diskurse über die „richtige" Organisation und Praxis sozialer Arbeit, kurz „Professionalisierung" (2.4.6).

2.4.1 Managerialisierung I: Das Neue Steuerungsmodell der Kommunen

Die deutschen Kommunen standen zu Beginn der 1990er Jahre vor neuen Herausforderungen: Auch in Folge der deutschen Wiedervereinigung traten auf kommunaler Ebene eklatante Haushaltsprobleme auf. Mit weniger Mitteln sollten mehr und neuartige Aufgaben erfüllt werden. Vor dem Hintergrund des Wertewandels trafen die Verwaltungen auf zunehmend anspruchsvollere Bürgerinteressen. Hinzu kam die Diagnose von Ineffizienzen und Steuerungsmängeln der bestehenden Verwaltungsstrukturen: Die Trennung der Fachverantwortung in den Fachämtern von der Ressourcenverantwortung bei den zentralen Querschnittsämtern wurde als Ursache fehlender Anreize zum sparsamen Umgang mit Ressourcen und mangelnder Ergebnisverantwortung ausgemacht. Die auf input-seitige Indikatoren gestützten kameralistischen Haushaltsregeln verhinderten Kostentransparenz und „Outputorientierung". Gerhard Banner brachte dies auf das Stichwort der „Organisierten Unverantwortlichkeit" (Banner 1991). Weiterhin wurde die mangelnde Orientierung der Verwaltung an den Anliegen der Bürger beklagt: Bürgerkontakte erfolgten in „bürokratischer" Manier mit langen Wegen, Ämter-Hopping und mitunter ausufernden Wartezeiten. Gleichzeitig wurden Strukturmängel für Motivationsprobleme unter den Mitarbeitern verantwortlich gemacht, die sich auf die Arbeitsergebnisse auswirkten und den öffentlichen Dienst unattraktiv für qualifizierte Bewerber machten.

Als Alternative zum klassischen „weberianischen" Verwaltungsaufbau wurde von der Kommunalen Gemeinschaftsstelle (KGSt), einem kommunalen Fachverband zur Verwaltungsorganisation, ein „Neues Steuerungsmodell" (vgl. KGSt 1993) präsentiert. Das NSM knüpfte an den internationalen New Public Management-Diskurs sowie an internationale Vorbilder – insbesondere an die niederländische Stadt Tilburg – an. Es versprach mehr Effizienz, Effektivität und Kundenorientierung und konzentrierte sich dabei insbesondere auf die Binnenmodernisierung der Verwaltungen. Der weitgehende Verzicht auf die Diskussion der Neubestimmung öffentlicher Aufgaben erhöhte deutlich die politische Konsensfähigkeit (vgl. Jann 2005: 76).

Wesentliche Elemente dieses Neuen Steuerungsmodells sind (vgl. Bogumil et al. 2007: 23-36):

1. Der Aufbau dezentraler, teilautonomer Verwaltungseinheiten mit dezentraler Fach- und Ressourcenverantwortung („Fachbereiche") und eigenen Budgets, die durch Kontraktmanagement, Controlling und Berichtswesen wieder an die zentrale Steuerung rückgekoppelt werden sollten.
2. Der Übergang von der Input- zur Outputsteuerung, die sich an den Leistungen („Produkten") der Verwaltung orientieren sollte. Letzteres sollte über

Zielbildung, Kennzahlen sowie ein Berichtwesen an strategische und operative Zielvorgaben gekoppelt werden.
3. Eine Steuerung der Verwaltung auf Abstand mit einem Rückzug der politischen Mandatsträger aus den Alltagsabläufen der Verwaltung und ihre Beschränkung auf strategische Zielvorgaben. Diese sollten in ein Kontraktmanagement zwischen Rat und Verwaltung eingebettet sein.
4. Eine verstärkte Mitarbeiterorientierung mit dem Ziel, das Engagement und die Motivation der Mitarbeiter durch Beteiligung, Qualifizierung und ein flexibleres Personalmanagement sowie Anreizsysteme zu fördern.
5. Eine Orientierung am Bürger als „Kunden" durch Organisationsumbau (insbesondere Aufgabenintegration in sog. Bürgerämtern), Prozessinnovationen (z.B. Verkürzung von Bearbeitungszeiten) sowie die Stärkung einer aktiven Kundenrolle durch Servicegarantien und ein aktives Beschwerdemanagement.
6. Schließlich die Stärkung der Wettbewerbsorientierung der Kommunen in inter- und intrakommunalen sowie marktlichen Wettbewerbsformen (z.B. interkommunale Vergleichsringe bzw. Ausschreibungswettbewerbe).

Die KGSt propagierte das NSM als Lösung für alle lokalen Politikfelder und Aufgabenbereiche, die Besonderheiten des Jugendamtes blieben dabei zunächst außen vor, obwohl gerade das Jugendamt als exemplarisches Beispiel für Instrumente der Neuen Steuerung herhalten musste.[34] Zunächst wurde von Seite der KGSt auch kein grundsätzlicher Unterschied zwischen unterschiedlichen kommunalen Aufgabenbereichen gesehen:

> „Das Neue Steuerungsmodell sieht in der Steuerung des Fachbereichs Jugend und Soziales keinen Unterschied zur Steuerung der kommunalen Verkehrsgesellschaft" (KGSt 1995b: 28f.).

Diese ‚universalistische' Sichtweise wurde zu Recht kritisiert und es wurde auf die Spezifika der Kinder- und Jugendhilfe (Stichworte: strukturelles Technologiedefizit; Grundbedingung der Koproduktion, uno-actu-Prinzip) hingewiesen (vgl. Merchel 1996: 213-214). Die Neukonzeption kommunaler Jugendverwaltung unter dem Leitbild des NSM sorgte in der fachlichen Diskussion für erhebliche Unruhe und wurde vielfach als der fachlichen Orientierung diametral entgegengesetzt wahrgenommen (vgl. z.B. die Sammelbände von Flösser/Otto

---

[34] Vgl. die Kritik am KGSt-Bericht 9/1994 zur „Outputorientierten Steuerung der Jugendhilfe" bei Merchel (1996: 214). Erst in späteren KGSt-Berichten wurden die besonderen Anforderungen der Jugendhilfe und die fachlichen Debatten der Kinder- und Jugendhilfe angemessener berücksichtigt, so insb. in 6/1996, 12/1998 und 11/2000. Vgl. zusammenfassend zu den jugendhilfebezogenen Berichten der KGSt Schilling 2000.

1996; Merchel/Schrapper 1996; Boeßenecker et al. 2001; Otto/Peters 2003, die allesamt sozialarbeiterisch/sozialpädagogischer Provenienz sind). Die zahlreichen Einwände lassen sich im Wesentlichen in sechs holzschnittartigen Thesen zusammenfassen:

(1) Es wurde befürchtet, die primär an ökonomischen Effizienzkriterien ausgerichteten Instrumente höhlten den in der Folge des KJHGs und des Achten Jugendberichtes gerade neu erworbenen Anspruch auf Fachlichkeit und professionelles Handeln aus und stellten soziale Arbeit unter einseitigen Sparzwang und eine rein ökonomische Rationalität (Ökonomisierungsthese). Insbesondere die Koppelung mit der Haushaltskonsolidierung trage zu dieser Entwicklung bei. Eng damit verbunden war ein Vorbehalt gegen die aus der Managementliteratur übernommenen Begrifflichkeiten des NSM, so z.B. den Kundenbegriff und die Betrachtung des Jugendamtes als „Dienstleistungsunternehmen" (vgl. u.a. Flösser/Otto 1996; Schmidt-Grunert 1996; Schmidt 1996).

(2) Produktkataloge, Controlling und Kontraktmanagement fixierten gegebene Standards, führten zu einer neuen „Versäulung" entlang der Produktlinien (insbesondere im Bereich der Hilfen zur Erziehung) und widersprächen so der fachlich geforderten Flexibilität und dem Präventionsgedanken (Rebürokratisierungsthese) (vgl. zur Kritik am Produktkonzept insb. Reichard 1998). In vielen Fällen beschränke sich „Neue Steuerung" auf das Katalogisieren von Leistungen, ohne tatsächliche Steuerungsimpulse zu setzen (vgl. Heiner 1996: 217).

(3) Änderungen der Aufbauorganisation sowie die Ausgliederung von Einrichtungen aus der Kernverwaltung gefährdeten die Einheit des Jugendamtes als zweigliedrige Fachbehörde mit den negativen Folgen der Fragmentierung der Jugendhilfe sowie der Aushöhlung der Gesamtverantwortung des öffentlichen Trägers (Fragmentierungsthese) (vgl. Wiesner 2000; Greese 1997).

(4) Schließlich bedeute die Übertragung des NSM auf die Jugendhilfe die Vernachlässigung fachlicher Verbesserungsstrategien, wie besonders am Beispiel der Qualitätsentwicklung deutlich werde (Deprofessionalisierungsthese) (vgl. z.B. Thiersch 1995).

(5) Andererseits wurde das neue Autonomieversprechen als Chance begriffen. Es wurde argumentiert, die mit dem NSM verbundene Dezentralisierung und die Stärkung von Entscheidungsbefugnissen auf dezentraler Ebene seien eine entscheidende Voraussetzung für eine Stärkung der Professionalität und die Schaffung von neuen Gestaltungsräumen. Das Instrumentarium des NSM stellt aus dieser Sichtweise eine Hilfe bei der Realisierung fachlicher Ziele dar (Autonomisierungsthese). Dies spiegle sich in mehr Flexibilität, Prävention sowie Beteiligungsmöglichkeiten wider.

(6) Gleichzeitig zeigten sich einige blinde Flecken, bei der sich die Binnenperspektive der Jugendhilfediskussion als rein fachinterne Professionsdiskussion

erweist. Während sich z.B. die politikwissenschaftliche Kritik am NSM (z.B. Bogumil 2002) stark auf die mangelnde Beachtung des Verhältnisses zwischen Gemeindevertretung und Verwaltung und die damit verbundenen Steuerungsdefizite stützte, blieb der Aspekt demokratischer Legitimation des Verwaltungshandelns in der Jugendhilfe stark vernachlässigt.[35] Die Jugendhilfe wurde so als relativ politikfreier Raum betrachtet (Entpolitisierungsthese).

Nach Außen hat die managerialistische Verwaltungsmodernisierung zahlreiche Folgen für die Außenbeziehungen im Allgemeinen und das Verhältnis zwischen öffentlichem Träger und freien Trägern im Besonderen. Hier ist insbesondere die Übertragung der Outputorientierung auf die freien Träger zu nennen. Nur wenn die extern erbrachten Leistungen ebenfalls dem binnenorganisierten Steuerungssystem unterworfen werden mache Outputsteuerung im Bereich Jugend/Soziales Sinn. Dies mache es erforderlich, gemeinsame Output- und insbesondere Qualitätsstandards zu diskutieren. Durch die Nutzung der neuen Möglichkeit zu Leistungsverträgen verändert sich so zumindest potentiell das Verhältnis von Anbietern und von Leistungen untereinander. Dem öffentlichen Träger kommt damit eine verstärkte Koordinations- und Controllingfunktion zu.

2.4.2 Managerialisierung II: Sozialmanagement bei freien Trägern

Auch die freien Träger und insbesondere die Wohlfahrtsverbände standen seit den frühen 1990er Jahren unter Veränderungsdruck, der sie zur Beschäftigung mit ganz ähnlich gelagerten Konzepten führte (Nährlich/Zimmer 1997). Neben der defizitären Lage der öffentlichen Haushalte und dem daraus resultierenden Effizienzdruck können als zusätzliche Problemlagen genannt werden:

- Zunehmend wurden Legitimationsprobleme der bestehenden Strukturen der Wohlfahrtsproduktion diskutiert. Insbesondere war der Vorwurf eines Quasimonopols der etablierten Wohlfahrtsverbände verbreitet, das innovationsförderlichen Wettbewerb hemme (z.B. Ottnad et al. 2000) oder dem sozialpolitisch wünschenswerten „Wohlfahrtspluralismus" (Evers/Olk 1996) entgegenstehe.
- Neben dieser ordnungspolitischen Kritik erwächst weiterer Anpassungsdruck aus offenkundigen Steuerungsproblemen, die sich in einer Reihe von Skandalen, die bis hin zu Korruption reichen, sowie anderen Fällen offenkundigen Missmanagements manifestierten. Diese Kritik an Management-

---

[35] Ausnahmen bilden neuerdings Bußmann et al. 2003.

defiziten freier Träger und Einrichtungen wurde in Seibels These vom Organisationsversagen und „Dilettantismus" zugespitzt (vgl. Seibel 1992).
- Zudem setzte professionsinterne fachliche Kritik an den bestehenden Arbeitsweisen sozialer Arbeit an. Sie diagnostizierte u.a. mangelnde Adressatenbeteiligung, mangelnde Lebensweltorientierung und Flexibilität, fehlende Transparenz und Qualitätskultur. Die sozialen Dienste entsprächen in ihrer Spezialisierung nicht dem fachlichen Anspruch auf ganzheitliche integrierte Hilfen. Insbesondere angesichts neuer und sich verschärfender Problemlagen zeigten die sozialen Dienste zudem mangelnde Problemwahrnehmung und Problembearbeitungskompetenz (vgl. Merchel 2006a: 65-68).
- Auf Seiten der freien Träger zeigen sich verstärkt Mobilisierungsprobleme hinsichtlich ehrenamtlichen Engagements. Ehrenamtliche Arbeit in den Verbänden wird angesichts von Säkularisierung und Wertewandel zunehmend zur knappen Ressource (vgl. Bäcker u.a. 1995). Gleichzeitig zeigen sich zunehmende Spannungen und Konflikte zwischen ehrenamtlichen Vorständen und hauptamtlichen Einrichtungsleitungen.

Schlagwort der Veränderungsbestrebungen ist das sog. „Sozialmanagement", das weniger eindeutig bestimmt ist als das NSM. Nach einigen Vorreitern Mitte der 1980er Jahre (z.B. Müller-Schöll/Priepke 1983)[36] erschienen seit den 1990er Jahren eine Vielzahl an praxisorientierten Handreichungen (z.B. Gehrmann/Müller 2005), die jedoch nicht den quasidogmatischen Status des Neuen Steuerungsmodells erreichten und in zahlreichen Schattierungen und trägerspezifischen Varianten auftraten (vgl. Kühn 1994; Otto 2002; Merchel 2006a). Zudem institutionalisierte sich Sozialmanagement in Weiterbildungsangeboten sowie einigen entsprechenden (Aufbau-) Studiengängen an Universitäten, Fachhochschulen und Berufsakademien. Der Begriff des Sozialmanagements umfasst eine Reihe von Erkenntnissen aus Management- und Betriebswirtschaftslehre, Verwaltungs- sowie Organisationssoziologie, die in vielen Spielarten eklektizistisch auf den Bereich sozialer Dienste – insbesondere im Bereich der Freien Träger – angewandt werden.

Trotz der Vielfalt der präsentierten Ansätze lässt sich als gemeinsamer Kern festhalten, dass Sozialmanagement – durchaus analog zum NSM – eine an privatwirtschaftlichen Managementpraktiken orientierte, stärker an ökonomischen Kriterien und ergebnisorientierten Führungs- und Steuerungsformen ausgerichte-

---

[36] Diese ersten Entwürfe eines Sozialmanagements stellten in erster Linie Personalführung in sozialen Einrichtungen in den Mittelpunkt und orientierten sich an gruppendynamischen und rollentheoretischen Ansätzen. Sie folgten also eher einer „institutionellen" als einer „funktionalen" Perspektive des Managements (vgl. zur Unterscheidung Steinmann/Schreyögg 2005). Betriebswirtschaftliche Konzepte wurden erst später in das Portfolio aufgenommen.

te Umgestaltung der freien Trägerorganisationen anstrebt. Als wesentliche Elemente sind auch hier Organisationsveränderungen mit dem Ziel der dezentralen Ressourcenautonomie und dem Aufbau von „Profit Centern" zu sehen, häufig unterstützt durch die formale Ausgliederung „marktfähiger Dienstleistungen" in eigenständigen Einrichtungen unter privatrechtlicher Rechtsform. Ziele dieser Ausgliederungen sind die Eindämmung der ehrenamtlichen Vorstandssteuerung, höhere wirtschaftliche Flexibilität und eine Verschiebung der Haftungsverpflichtung weg vom Gesamtverband (vgl. Strünck 1996).

Auch diese Organisationsreformen sollten durch die Einführung betriebswirtschaftlicher Steuerungselemente unterstützt werden, so dass Themen wie Controlling, Kostenrechnung und Benchmarking bei freien Trägern zunehmend an Relevanz gewannen. Bedeutend ist hier die Beschäftigung mit Qualitätsaspekten und Qualitätsmanagement. Weiterhin zeigen sich teilweise Parallelen hinsichtlich der Bedeutung von Personalmanagement und -entwicklung. Ein besonderes Problem für die freien Träger stellt hier das Verhältnis zwischen hauptamtlichen Beschäftigten, denen der ideelle Hintergrund der Trägerorganisation häufig fremd ist, und den ehrenamtlichen Helfern dar. Hier kommt es zu Spannungen zwischen Experten- und Laientum einerseits, Professionalität und weltanschaulicher Bindung andererseits, die Personalpolitik und Arbeitsorganisation in freien Trägereinrichtungen zu einer besonderen Herausforderung machen.

Die Unterschiede zum NSM zeigen sich zum einen in der Steuerung der Organisationen: An Stelle der Vertretungskörperschaften treten bei den freien Trägern die ehrenamtlichen Vorstände. Auch hier wird bei den freien Trägern über eine stärkere operative Autonomie für die meist hauptamtlichen Einrichtungsleitungen nachgedacht. Wichtig sind hier die formale Ausgliederung von Einrichtungen und die Überführung in eigenständige Organisationen mit privaten Rechtsformen. Ein zweites Spezifikum der freien Trägerorganisationen zeigt sich hinsichtlich der Ressourcenbeschaffung. Marketing und Sozialsponsoring werden für die freien Träger zur Erschließung neuer finanzieller Ressourcen zunehmend wichtig. Schließlich spielt die Leitbildentwicklung bei freien Trägern eine wesentlich größere Rolle. Leitbilder stellen einen Teil des sog. „normativen Managements" (vgl. z.B. Heinz 2000) dar und sollen die „Unternehmensphilosophie" oder „Corporate Identity" der Organisationen formulieren. Insbesondere im Bereich der freien Trägerorganisationen stellen Leitbildprozesse den Beginn der Beschäftigung mit Managementprozessen dar. Analog zu Unternehmensleitbildern wird dem normativen Management durch Leitbilder die dreifache Funktion der Orientierung, der Koordinierung und der Motivation nach innen sowie eine Marketingfunktion nach außen zugesprochen. Dies ist insbesondere bei den weltanschaulich geprägten Wohlfahrtsverbänden als Versuch einer Neuorientierung angesichts wegbrechender fester Milieus und Identifikationsmöglichkeiten interpretiert worden (vgl. Merchel 1995: 308). Während für die öffentlichen Träger mittlerweile einige Informationen über die Umsetzung managerieller Instrumente existieren, bleibt das diffusere Feld der freien Träger noch unterbeleuchtet. Zwar wird mittlerweile postuliert, dass „Strategien und Konzepte des Sozialmanagements (...) flächendeckend implementiert (werden)" (Dahme et al. 2005: 93). Dahme et al. (2005: 214) zeigen auch eine hohe Akzeptanz und „Veralltäglichung" des Sozialmanagements" unter Beschäftigten der sozialen Arbeit auf. Über die tatsächliche Implementation und Nutzung jenseits einer Verlautbarungsebene liegen jedoch keine Informationen für die Breite der Einrichtungen vor. Einerseits haben mittlerweile fast alle großen Träger eigene Leitbilder verabschiedet, andererseits ist anzunehmen, dass sich hinsichtlich der Umsetzung „harter" Mangementinstrumente ähnliche Diskrepanzen wie im Bereich der öffentlichen Träger aufzeigen lassen.

Allenfalls über die Umgestaltung der Verbandsstrukturen der Wohlfahrtsverbände liegen breitere empirische Untersuchungen vor (vgl. Dahme et al. 2005; Liebig 2005). Auf Verbandsebene steht eine Neujustierung des Verhältnisses von Einrichtungen und dem Gesamtverband zugunsten der Einrichtungen auf der Tagesordnung. In diesem Kontext ist auf der Seite der freien Träger und insbesondere der Wohlfahrtsverbände eine zunehmende organisatorische Spaltung in einen „marktfähigen" Dienstleistungsbereich und einen weiter an Gemeinwohl- und Wertorientierungen ausgerichteten Zweig zu beobachten. Letzterer nimmt die sozialanwaltschaftliche Funktion der Verbände wahr und vertritt allgemeine sozialpolitische Positionen. Während erster sich zunehmend professionalisiert, lebt in letzterem der Gedanke der Ehrenamtlichkeit weiter – allerdings abgekoppelt von der Dienstleistungsfunktion. Dies ist in allen großen Verbänden zu beobachten, die Umstrukturierungsprozesse sind allerdings noch bei Weitem nicht abgeschlossen. Hinzu kommt die Gründung eigener Arbeitgeberverbände und neuer Tarifgemeinschaften; tarifrechtlich ist eine Abkehr von der bisherigen Orientierung am BAT zu beobachten (vgl. Dahme et al. 2005: 64-83; Liebig 2005). Beispielhaft ist dies in der innerverbandlichen Diskussion zur Modernisierung und Neuorganisation der *AWO* zu verfolgen (vgl. Schmidt/Pott 2008): Im Zentrum steht die Debatte um eine Trennung der Funktionen als Mitgliederverein einerseits, als Dienstleistungsunternehmen andererseits und damit auch der Verantwortung der ehrenamtlichen Leitungsfunktionen auf der einen und des professionalisierten Managements auf der anderen Seite (vgl. Dahme et al. 2005: 65-69). Hinzu kommen Versuche einer stärkeren Konzentration durch Zusammenschluss bestimmter Dienstleistungssegmente (vgl. Schmidt 2006: 5). Während auf Bundesebene der einschlägige Diskussionsprozess (vgl. AWO 2006; Schmidt 2006) erst 2007 erste Beschlüsse lieferte, sind die Bezirksverbände bereits weiter fortgeschritten. Die operative Verantwortung für die betrieblich strukturierten Einrichtungen soll zukünftig klar von der (ehrenamtlichen) Vereinsleitung abgegrenzt sein (vgl. Schmidt/Pott 2008: 205). Ein wesentliches Hindernis stellt in diesem Reformprozess neben der allgemeinen Problematik der Sicherstellung der „Wertbindung" der betrieblichen Einheiten der nach AWO-Statut zwingende „Gebietsschutz" dar, der betriebswirtschaftlich motivierte Fusionen von Einrichtungen über Ortsvereinsgrenzen hinweg erschwert. Hinsichtlich einer Modernisierung der *Caritas*-Strukturen zeichnet sich eine Tendenz betriebswirtschaftlicher Rationalisierungs- und Steuerungskonzepte ab, die teilweise mit Ausgründungen einhergehen. Auch bei der Caritas wurde ein Leitbildprozess durchgeführt und 1997 ein Leitbild verabschiedet (vgl. Manderscheid 2006). Modernisierungsansätze im DW laufen ebenfalls in Richtung betriebswirtschaftlich inspirierte Umstrukturierungen[37], die den Verband in ein neues Spannungsfeld zentral „verordneter" Modernisierungskonzepte und den traditionell dezentralen Entscheidungskompetenzen stellten (vgl. Boeßenecker 2005: 154). Nach einem Leitbildprozess Mitte der 1990er Jahre steht hier gegenwärtig eine stärkere Zentralisierung der Arbeitsstrukturen im Mittelpunkt, die eine Zusammenführung von fachlichen Kapazitäten (z.B. im Bereich Betriebswirtschaft und Sozialrecht) in sog. Zentren vorsieht.

Auf der Einrichtungsebene ist eine grundsätzlich mit dem Sozialmanagement verknüpfte Entwicklung einer Neuordnung der Geschäftsfeldpolitik zu verzeichnen, die von den Trägern als ‚Gemischtwarenläden' hin zu spezialisierten Einrichtungen in einem ‚Unternehmensverbund' geht. ‚Marktfähige' Einrichtungen wie Krankenhäuser und Altenheime werden in eigenständige, rechtlich selbstständige Gesellschaften überführt. Neben den angenommenen Effizienzgewinnen durch institutionelle Autonomie spielen tarifpolitische Flexibilisierungsmöglichkeiten eine bedeutende Rolle für diesen Prozess der Ausgliederung. Gleichzeitig kommt es vermehrt zu Fusionen, um gegenüber den Kostenträgern in einer besseren Verhandlungsposition zu stehen und Skalenerträge zu nutzen. Dieser Prozess der Ausgliederung der professionalisierten Bereiche in privatrechtliche Rechtsformen und damit der Abschied vom Institut des eingetragenen Vereins ist gleichzeitig ein Abschied von den bisherigen ehrenamtlichen Führungsstrukturen. Somit kann man von einer Dezentralisierung und Professionalisierung der Verantwortungsstrukturen auf die Geschäftsführungen und einer zunehmenden Trennung der Gemeinwohl- von der Dienstleistungsfunktion der Träger sprechen.

---

[37] „Die Diakonie ist derzeit auf allen Ebenen selbst dabei, ihre Strukturen zu überprüfen. Kooperationen und Fusionen zielen auf eine bessere Wirtschaftlichkeit und eine größere Wirksamkeit ihrer Angebote." (Wort der Diakonischen Konferenz von 2004).

Um eine Fragmentierung der Einrichtungslandschaft zu verhindern, wird innerverbandlich versucht, diesen Ausgliederungsprozess durch die Einführung betriebswirtschaftlicher Steuerungsinstrumente an den Gesamtverband rückzukoppeln. Einen wesentlichen Kern der managerialistischen Entwicklung der freien Träger stellte das Qualitätsmanagement dar, das auch in der innerverbandlichen Steuerung zunehmend an Relevanz gewinnt. In den Verbänden spielen verbandsinterne Qualitätsmanagementsysteme neben dem Aspekt der Qualitätssicherung und –entwicklung auch die Rolle der Operationalisierung der spezifischen Verbandsleitbilder durch die Integration wertebezogener Komponenten. Qualitätsmanagement, so die gemeinsame „Qualitätsmanagementstrategie der Freien Wohlfahrtspflege", solle dabei neben der Kontrolle die Verantwortung der Trägereinrichtungen stärken; gleichzeitig soll mit der Entwicklung eines eigenen systematischen Qualitätsmanagements eine externe Setzung von Qualitätsstandards durch den öffentlichen Kostenträger verhindert werden (vgl. Dahme et al. 2005: 84). In der Binnensteuerung spielen Controlling und andere Steuerungsinstrumente eine Rolle, ohne dass über deren Implementation und Nutzung genaue Informationen vorliegen. Offensichtlich zeigen sich in den Verbänden mittlerweile Steuerungsprobleme und zentrifugale Tendenzen (vgl. Dahme et al. 2005: 101), die den Dezentralisierungseffekten des NSM nicht unähnlich sind.

Zusammenfassend zeigen vorliegende Untersuchungen, dass das Bild von entstehenden „Sozialkonzernen" durch „Sozialmanagement" weniger der Realität entspricht als das einer partiellen Anpassung der Träger und Einrichtungen an den von Außen herangetragenen Kostendruck. Zentral ist die Senkung der Selbstkosten primär zum Erhalt der Einrichtungen (auch unter dem selbst gesteckten Anspruch eines sozialpolitischen Auftrags als Organisation), Gewinnmotive spielen kaum eine Rolle. Als negativer Effekt wird insbesondere die Fragmentierung innerhalb der Verbände durch die Autonomisierung zunehmend selbständiger Einheiten gesehen. Dies hat nicht nur die Erosion der inneren Einheit und einen gewissen Verlust der Gemeinwohlorientierung des Gesamtverbandes zur Folge, sondern vor allem auch den Wegfall der Möglichkeit der Quersubventionierung nicht kostendeckend arbeitender Einheiten. Allgemein werden durch diese Tendenz eine Stärkung der professionellen Dienstleistungsfunktion einerseits und andererseits eine Schwächung der Bündelungsfunktion ehrenamtlichen Engagements und der advokatorischen Interessenvertretung gesehen (vgl. Rauschenbach u.a. 1995).

2.4.3 Kontraktmanagement als Schnittstellenmanagement

Gewissermaßen die Schnittstellen zwischen freien und öffentlichen Trägern bilden das sog. „Kontraktmanagement" und Ansätze von Vernetzungsstrategien. Unter Kontraktmanagement wird allgemein die Steuerung über Ziele in vertragsähnliche Vereinbarungen (daher auch „Zielvereinbarungen" oder „Leistungsvereinbarungen") verstanden. Dieses Konzept kann sowohl zwischen verwaltungsinternen Organisationseinheiten wie gegenüber verwaltungsexternen Organisationen angewandt werden. Entgegen einer inputseitigen Finanzierung sieht das Kontraktmanagement in Reinform eine finanzielle Steuerung über Globalbudgets vor. Gemäß den Steuerungskaskaden im NSM sollen Kontrakte übergeordnete strategische Ziele konkretisieren und zu erbringende Leistungen mit Zielvorgaben sowie mit den zu Verfügung gestellten Mitteln (Budgets) verknüpfen. Kritische Stellgrößen in der Ausgestaltung von Kontrakten sind stets die Spezifikation der wesentlichen Ziele und Zieldimensionen, der erforderlichen Mindeststandards und die Möglichkeit hinreichender Anreize bzw. Sanktionen für gelingende bzw. nicht gelingende Zielerreichung.

Kontraktmanagement zwischen öffentlichen und freien Trägern in der sozialen Arbeit und Jugendhilfe stellt einen Spezialfall des Kontraktmanagements dar. Die Beziehungen zwischen öffentlichen Kostenträgern und den freien Trägern waren bis Anfang der 1990er Jahre nach dem Subsidiaritätsprinzip durch klassische Zuwendungsfinanzierung nach dem Selbstkostendeckungsprinzip, den weitgehenden Ausschluss von Wettbewerb zwischen Trägern und „partnerschaftliche Zusammenarbeit" in kommunalpolitischen Gremien gekennzeichnet. Rechenschaftspflichtigkeit und Leistungskontrolle waren durch generalisiertes Vertrauen ersetzt. Dies änderte sich zumindest formal in den 1990er Jahren und machte Schnittstellenmanagement zu einer zusätzlichen Managementaufgabe. Mit der Einführung des Pflegeversicherungsgesetzes sowie den Neuregelungen im KJHG/SGB VIII (§§ 78a-g) und BSHG (§93) wurden in allen maßgeblichen Gesetzeswerken mit der Einführung prospektiver Leistungsvereinbarungen bzw. Leistungsentgelten sowie der Einführung von Qualitätssicherungs- und Leistungsstandards die rechtlichen Voraussetzungen für eine Kontraktualisierung der kommunalen Leistungsbeziehungen geschaffen. Neben diesen gesetzgeberischen Impulsen für neue Kontraktbeziehungen bleibt das Neue Steuerungsmodell Inspiration für ein freiwilliges „Kontraktmanagement zwischen öffentlichen und freien Trägern" (vgl. KGSt 1998). In beiden Fällen soll ein leistungsbezogenes Auftraggeber-Auftragnehmerverhältnis geschaffen werden. Das Konzept dieses externen Kontraktmanagements geht von der Vorstellung aus, dass der „Auftraggeber" – im Regelfall die kommunale Vertretungskörperschaft und die entsprechenden Verwaltungsorgane – Leistungsziele definiert, die Träger mit der

Umsetzung beauftragt und mit einem entsprechenden Budget ausstattet. Ziel sind vertragliche Vereinbarungen über die Finanzierung und Bereitstellung von Leistungen. Diese Vereinbarungen sollen differenzierte Beschreibungen der zu erbringenden Leistungen, Qualitätskriterien, der Art und Weise der Leistungskontrolle und der entsprechenden Entgeltregelungen enthalten. Es kommt zu einer teilweisen Risikoverlagerung auf die Trägereinrichtungen, die nicht mehr für die bloße Bereithaltung von Angebotsstrukturen, sondern nur noch für konkrete Leistungserbringung entgolten werden. Häufig ist mit der Einführung von Kontraktmanagement eine Kürzung der Budgets verbunden (vgl. Dahme et al. 2005: 51). Mit Qualitäts- und Leistungsvereinbarungen sollen die Träger rechenschaftspflichtig über ihre Leistungserbringung gemacht werden und können zur Übernahme standardisierter Qualitätsmanagementsysteme verpflichtet werden.

Dieser Diskursstrang ist eng mit Konzepten der Ökonomisierung verknüpft, wenn auch nicht deckungsgleich, da Kontraktmanagement nicht zwangsläufig eine Ökonomisierung im Sinne von Vermarktlichung mit sich bringen muss, sondern auch als reines Führungsinstrument in durchaus hierarchiegeleiteter Art und Weise verwendet werden kann. Als wesentlicher Vorteil von Kontraktmanagement wird gesehen, dass es flexiblere Finanzierungsstrukturen erlaubt, die für beide Seiten höhere Planungssicherheit ermöglichen (insbesondere über mehrjährige Vertragslaufzeiten). Für die freien Träger bedeutet dies die Möglichkeit der Deckung von Vorlaufkosten, eine bedarfsgerechte Anpassung des Leistungsspektrums sowie die Möglichkeit der Bildung von Rücklagen.

Eine Sonderform des Kontraktmanagements stellen die so genannten „Sozialraumbudgets" dar, die von der KGSt im Bericht 12/1998 (KGSt 1998) vorgestellt wurden. Die professionellen Konzepte der Sozialraumorientierung finden in diesem Konzept eine Ausformung, die die Brücke zu Kontraktualisierung und Neuem Steuerungsmodell schließen soll und von der KGSt propagiert wurde (vgl. KGSt 1998). Diese Ansätze sind kommunalpolitisch und rechtlich umstrittenen (vgl. Bogumil/Holtkamp 2001; ISA 2001). Mit der Verlagerung der Budgetverantwortung und Steuerungskompetenz an basisnähere Organisationseinheiten wurde die Hoffnung auf eine sparsamere und zielgerichtete Umgangsweise mit den Budgets verbunden. Zunächst für die Hilfen zur Erziehung entwickelt, sieht die Konzeption folgendermaßen aus: Für einen bestimmten begrenzten Sozialraum soll ein bestimmtes Budget an einen freien Träger bzw. einen bestimmten Trägerverbund gegeben werden, der die Verantwortung für die Leistungen nach den HzE voll übernimmt. Das Gesamtbudget soll dabei einerseits aus einem festen Sockelbetrag (vorgeschlagen werden ca. 70%; vgl. KGSt 1998: 38) für fallbezogene Arbeit im Bereich der HzE bestehen. Grundlage der fallbezogenen Arbeit bleiben Hilfeplanverfahren nach §36 SGB VIII. Weitere ca. 10% des Budgets soll auf fallunspezifische Tätigkeiten ausgelegt werden. Die restlichen 20% sollen erst nach Nachweis „qualitativ befriedigender Arbeit" (KGSt 1998: 38) ausgezahlt werden. Andernfalls sollen sie anderen (!) Trägern im Sozialraum zur Verfügung gestellt werden.

Das Hilfeplanverfahren soll durch die Träger dominiert werden. Damit kommt es zu einer Funktionsdifferenzierung zwischen öffentlichen und freien Trägern: Der öffentliche Träger zieht sich aus seiner Verantwortung zurück und überlässt dem freien Träger die Wahl zwischen unterschiedlichen Hilfearten, die Definition von Problemlagen und die Verwendung der Jugendhilfemittel.[38] Das klassische Gewährleistungsmodell (vgl. Schuppert 2001) wird in dieser Konstruktion ausgehöhlt, indem Teile der Gewährleistungsverantwortung sozialraumbezogen auf freie Träger übertragen werden. Hier geht es insbesondere um die Einleitung von Hilfen, wobei die entscheidende Frage lautet, ob die Entscheidung über die Einleitung einer Hilfe beim Träger liegen soll, dieser sich also selbst Fälle beschaffen können soll. Gegen letzteres spricht die gegenwärtige Rechtssprechung. Durch die territoriale Aufteilung erhält ein oder wenige freie Träger ein Quasimonopol für den Sozialraum. Die freien Träger sollen sowohl fallspezifische, fallübergreifende wie fallunspezifische Arbeit auf Basis eines zugewiesnen Budgets übernehmen. Das bedeutet auch einen zumindest teilweisen Übergang der Finanzierungsmodalitäten vom „Fall zum Feld" (Hinte et al. 1999), also von der klassischen Einzelfallförderung über Fachleistungsstunden hin zu fallübergreifenden Budgets. Diese sollen den Trägern Anreize zu präventiver Arbeit geben, also „Fälle" schon im Vorfeld verhindern.

Dies führte in den realisierten Fällen erwartungsgemäß zum Widerstand der ausgeschlossenen freien Träger, die den Rechtsweg antraten. In den Jahren 2004 und 2005 wurden dann auch von mehreren Verwaltungsgerichten (vgl. Schnurr 2006: 130-132 m.w.N.) sozialraumorientierte Budget- und Leistungsverträge verworfen. In allen diesen Fällen ging es um den unzulässigen Ausschluss einzelner freier Träger der Jugendhilfe aus den Budget- und Leistungsvereinbarungen. Nach Ansicht der Gerichte gebe es keine gesetzliche Grundlage, anerkannte Leistungsanbieter vom Jugendhilfemarkt im Bereich der subjektfinanzierten HzE nach §27 SGB VIII auszuschließen. Da ein Rechtsanspruch auf die Leistungen vorliege, werde durch den Ausschluss anerkannter Träger und die letztliche Entscheidungskompetenz über Hilfegewährung beim erfolgreichen Träger dieser individuelle Rechtsanspruch geschwächt. Nur der öffentliche Träger ist nach Rechtssprechung also legitimer Adressat für die Ansprüche der Bürger.

---

[38] Diese „Befriedungsstrategie" wird in einem Zitat einer Sozialdezenentin deutlich, das Dahme et al 2005 anführen: „ihr [die freien Träger, SG] kriegt jetzt so und so viel Geld und befriedet mir diesen Stadtteil" (zit. nache Dahme et al. 2005: 53).

2.4.4 Ökonomisierung (Privatisierung, Marktwettbewerb)

Unter Ökonomisierung wird hier eine verstärkte Monetarisierung und Wettbewerbsorientierung der Verwaltung verstanden (vgl. Heinze et al 1997: 256). Ich unterscheide den Ökonomisierungsbegriff von dem der Managerialisierung – hier als intraorganisatorische Steuerung verstanden –, da sich innerorganisatorische und marktliche bzw. marktähnliche Steuerung unterscheiden (vgl. Heinze 2000: 39). Betriebswirtschaftliche Instrumente und Prinzipien führen nicht zwangsläufig zu einer stärkeren Orientierung an wettbewerblichen oder monetären Kriterien, sondern reagieren in erster Linie auf Kontrollprobleme der Organisationen (vgl. Thompson 1967).[39] Grundlage der Diskussion ist die Forderung nach einer Neubestimmung öffentlicher Aufgaben. Wesentliche Elemente der Ökonomisierung des öffentlichen Sektors sind Vertraglichung, Privatisierung und Öffnung für Marktwettbewerb (vgl. Harms/Reichard 2003a; Bogumil 2004).

Auch die sozialen Dienste sind von der Tendenz zur Schaffung von „Wohlfahrtsmärkten" (Boeßenecker et al. 2000; Taylor-Gooby 1999, Nullmeier 2002; Rüb 2003; 2007) betroffen. Einerseits kommt es von kommunaler Seite zu einer Neuordnung der sozialen Dienste im „Unternehmen" oder gar „Konzern" Stadt. Allerdings ist auch hier einschränkend zu sagen, dass auch die Bewegung zu formellen Privatisierungen (im Unterschied zu materiellen Privatisierungen; vgl. Sack 2006) noch nicht zwangsweise eine Marktöffnung bedeutet, sondern häufig lediglich aus Gründen eines größeren Handlungsspielraums hinsichtlich des Personalrechts (Abkehr vom öffentlichen Tarifrecht und haushaltsrechtlichen Einschränkungen erfolgt. Das Ausmaß der beobachtbaren Privatisierungen im Sozialbereich des „Konzerns Stadt" bleibt – auch auf Grund der geringen Eigenerbringung von Dienstleistungen – allerdings in bescheidenem Rahmen. Das DJI hat in seinen Untersuchungen zur organisatorischen Veränderungen in der Jugendhilfe bei lediglich 14% der untersuchten Jugendämter formale Ausgliederungen in GmbHs oder Eigenbetriebe festgestellt (vgl. Pluto et al. 2007: 57).

Andererseits finden sich vor allem extern induzierte Tendenzen zur Marktöffnung durch die Einführung der Pflegeversicherung, die weitgehende rechtliche Gleichstellung freier und anderer Träger im KJHG von 1990, die Einführung von Leistungsentgelten in das KJHG (§78a-g) sowie durch die Novellierung des BSHG 1996. All diese Maßnahmen zielten auf eine Gleichstellung verbandlicher und anderer Anbieter und die Umstellung von Selbstkostendeckung auf Leis-

---

[39] Diese Unterscheidung setzt sich vom Ökononomisierungsbegriff von Reichard (2003) und Bogumil (2004) ab, die jede „Übertragung wirtschaftlicher Begriffe und Prinzipien" (Reichard 2003) als Ökonomisierung fassen. Dies ist m.E. nicht sinnvoll, da damit auch Scheinökonomisierung i. S. eines mimetischen Isomorphismus und das Umlabeln bisher gängiger bürokratischer Verfahren unter Ökonomisierung gefasst werden müssten.

tungsentgelte. Der ausgeprägteste Markt findet in der (Alten-)Pflege statt (nach 1995), allerdings ist hier von einer gefürchteten „Verdrängung" kommunaler und wohlfahrtsverbandlicher Anbieter wenig zu spüren. Privat-gewerbliche Anbieter haben vielmehr einen zusätzlichen Markt insbesondere in der ambulanten Pflege erschlossen. Ein „Unterbietungswettbewerb" zu Lasten der Qualität findet durch die faktische Einbindung der Privat-gewerblichen in das Netz einheitlicher Verhandlungen kaum statt.

Generell finden sich verschiedene Modelle der Vermarktlichung im Wohlfahrtssektor:

1. Klientenzentrierte Ansätze setzen auf die Stärkung der Konsumentensouveränität: Zur Schaffung von mehr Wettbewerb sollen die Klienten in ihrer Wahlfreiheit gestärkt werden: Wege sind hier die vorrangige Einführung von Geldleistungen (etwa im Rahmen eines persönlichen Budgets, dass den selbständigen „Einkauf" von Dienstleistungen nach Bedarf erlaubt (z.B. in der Behindertenhilfe)) oder von Gutscheinen (Vouchern), z.B. in der Kinderbetreuung („Hamburger Modell"; vgl. Bieker 2006:120) oder der privaten Arbeitsvermittlung. Dieses Modell stößt an die Grenzen von einerseits intransparenten Märkten,[40] andererseits der beschränkten Fähigkeit der Klienten, das richtige Angebot auszuwählen (Klassische Beispiele aus dem Bereich sozialer Arbeit sind Drogenabhängige, Kleinkinder und geistig Behinderte).

2. Der Weg einer marktorientierten Wohlfahrtsökonomie innerhalb des klassischen Leistungsdreiecks zwischen Anbieter, Klient und Kostenträger: Die Erstellung sozialer Dienste folgt einem „Einkaufsmodell" (Wohlfahrt 1997: 8), das durch Preise und Qualität reguliert wird. Zentral hierfür sind Ausschreibungen.

3. Ein Ausbau des Gewährleistungsmodells (vgl. Reichard 2007, Schuppert 2001) mit einem Rückzug des öffentlichen Trägers auf eine reine Steuerungsfunktion und der Inszenierung eines „fachlich regulierten Qualitätswettbewerbs", wie ihn der Elfte Kinder- und Jugendbericht von 2002 vorschlägt (vgl. BMFSFJ 2002)[41]. Dies hat für die Ämter eine Umstrukturierung ihrer bisherigen Arbeitsstrukturen zur Folge. Insbesondere der ASD fällt in die Rolle des Case-Managements und des Controllings. Dies hängt

---

[40] Einen flankierenden Reformweg zur Abmilderung dieses Problems stellt eben die Herstellung von Markttransparenz durch Maßnahmen der Verbraucherinformation (z.B. Lotsendienste, Qualitätssiegel) und Verbraucherschutz (Transparente Evaluationen und Qualitäts- und Beschwerdemanagement) dar.
[41] Zur kritischen Diskussion des 11. Kinder und Jugendberichts vgl. Merchel 2002; Prölß 2002; Böllert 2003.

eng mit einer Kontraktualisierung sozialer Dienste nach dem Modell einer outputgesteuerten Vertragsgestaltung nach Leistungsmengen, -inhalten und -qualität zusammen (s.u.).

Wichtigster Ökonomisierungsimpuls in der Kinder- und Jugendhilfe ist die Kontraktualisierung über Leistungs-, Entgelt- und Qualitätsentwicklungsvereinbarungen. Mit der Einführung von Leistungsvereinbarungen - zunächst im Pflegeversicherungsgesetz (1995), daran anschließend im Bundessozialhilfegesetz (1996) und im Kinder- und Jugendhilfegesetz (1998) - sollten die Leistungsbeziehungen zwischen öffentlichen und freien Trägern im Bereich der sozialen Dienste auf eine neue Grundlage gestellt werden. Dominierte bis dahin für Einrichtungen der freien Träger die Zuwendungsfinanzierung nach dem Selbstkostendeckungsprinzip, sollten mit den neuen kontraktförmigen Instrumenten „leistungsgerechte Entgelte" mit einer an der tatsächlichen Leistungserbringung orientierten Vertragsgestaltung eingeführt werden. In allen drei Gesetzesnovellierungen wurden Leistungsvereinbarungen zudem verbindlich um Qualitätsvereinbarungen – in der Jugendhilfe nach langer Diskussion abweichend Qualitätsentwicklungsvereinbarungen[42] genannt – ergänzt. Schließlich wurde in allen drei Gesetzgebungsverfahren der bislang durch das sog. Subsidiaritätsprinzip geschützte „bedingte Vorrang" der freien Wohlfahrtspflege aufgehoben und somit die „Wohlfahrtsmärkte" (Nullmeier 2002, Rüb 2007) für privatgewerbliche Leistungsanbieter sowie nicht in den traditionellen Verbandsstrukturen organisierte Nonprofit-Organisationen geöffnet. Zu betonen ist allerdings dass diese Leistungsvereinbarungen noch keine Kontrakte oder Leistungsverträge im engeren Sinne darstellen – ein Missverständnis das häufig durch die vor allem sozialwissenschaftliche Literatur geistert – sondern dass es sich zunächst juristisch korrekter um Kostensatzrahmenvereinbarungen für Entgelte handelt (vgl. Mehls/Salas-Gómez 1999:6). Die Kommune „kauft" keine konkrete Leistung, sondern sichert sich dadurch lediglich die Leistungsbereitstellung zu bestimmten Kostensätzen unter Wahrung gewisser Qualitätsstandards. Ein konkretes Leistungsverhältnis tritt erst fallbezogen nach dem Hilfeplanverfahren in Kraft.

In der Jugendhilfe stehen insbesondere die Leistungsvereinbarungen nach §§78a-g in der Diskussion, die zunehmend an die Stelle der klassischen Zuwendungsfinanzierung treten. Zuwendungen oder Subventionen können nach §23 und §44 BHO und den LHOen (z.B. §23 §44 LHO NRW) an außerhalb der Kernverwaltung angesiedelte Stellen vergeben werden, wenn an der Erfüllung durch solche Stellen ein erhebliches Interesse vorliegt, das ohne die Zuwendungen nicht oder nicht im notwendigen Umfang befriedigt werden könnte (vgl.

---

[42] Im Bereich des SGB XI (PflVG) ist dagegen von Qualitätssicherung (§ 80 SGB XI), im Bereich der Sozialhilfe von Prüfung von Qualität (§75 SGB XII) die Rede.

Halfar 1999). Üblich sind hier Projektförderungen und teilweise institutionelle Förderungen. Zuwendungen sind in der Regel zweckgebunden und setzen meist den Einsatz eigener Mittel („Eigenleistungen") von Seiten des Trägers voraus (z.B. §74 Abs. 1 SGB VIII), was vor allem mit deren steuerlichen Privilegien begründet wird. Bewilligt werden Zuwendungen durch Verwaltungsakt (Bewilligungsbescheid) oder vertragliche Vereinbarung über die Zuwendung (Zuwendungsvertrag). Eine Kontrolle der Leistungserbringer findet über einen Verwendungsnachweis statt, der Angaben über Einnahmen und Ausgaben sowie einen Sachbericht über den Projektverlauf, jedoch keine Leistungsdaten enthält. Leistungsverträge stellen demgegenüber nach § 55 BHO (ausschreibungspflichtige) öffentliche Aufträge dar, die konkrete Leistungen – auch ihrem Umfang nach – spezifizieren. Die gesetzlichen Neuregelungen stellen also einen möglichen Rahmen, nicht jedoch die einzig mögliche Konkretisierung von Leistungsverträgen dar.[43]

Bei der Entgeltfinanzierung kommt es zu einem direkten Austausch von Leistungen und Gegenleistungen, unabhängig von der Gemeinnützigkeit des Trägers. Über Entgelte finanzierte Leistungen umfassen Einzelleistungen und Fachleistungsstunden, die über sog. „Pflegesätze" abgerechnet werden, die richtiger nutzerbezogene Tages- oder Stundensätze heißen sollten, da diese für eine große Zahl unterschiedlicher ambulanter oder stationärer Einrichtungen verwandt werden. Den Unterschied zu reinen Entgeltvereinbarungen markiert bei Leistungsverträgen die vertragliche Fixierung der Leistungen nach Umfang und Qualitätsmerkmalen. Nicht mehr der Verwendungsnachweis, sondern explizite Output-Kontrollen sollen Grundlage des Vertrages werden. Die Verträge unterliegen auch zunehmend Ausschreibungsverfahren. Der Konzeption nach sollen Leistungsverträge mit denjenigen Anbietern abgeschlossen werden, die in einem Ausschreibungsverfahren das qualitativ beste und wirtschaftlichste Gebot abgegeben haben.

Was versprach sich der Gesetzgeber davon? Unmittelbares Anliegen war die Dämpfung der Kostenentwicklung (vgl. BT-Drucks. 13/10330: 16). Dies wurde insbesondere im Bereich der Kinder- und Jugendhilfe – speziell an den stationären und teilstationären Hilfen zur Erziehung (HzE) – deutlich. Das zuständige BMFSFJ nennt als Ziele „eine Dämpfung der Kostenentwicklung, die Schaffung einer stärkeren Transparenz von Kosten und Leistungen, die Verbesserung der Effizienz und Effektivität der eingesetzten Mittel sowie die Abkehr von der Pauschalfinanzierung" (BMFSFJ 2002: 84). Vorausgegangen war eine zweijährige Deckelung der HzE-Leistungen und breite Diskussionsprozesse, bei denen schließlich eine beim Deutschen Verein für öffentliche und private Für-

---

[43] So wurden Leistungsverträge unabhängig von den §§ 78a ff. beispielsweise in den Berliner Kita-Gesetzen (§24 KitaG-B; §16 KitaG-MV) eingeführt.

sorge eingerichtete Arbeitsgruppe, in der Vertreter des Bundes, der kommunalen Spitzenverbände und der Freien Wohlfahrtspflege beteiligt waren, die maßgeblichen Formulierungsvorschläge erarbeitete (vgl. BT-Drucks. 13/10330: 16).

Neben diesem primären Ziel herrscht jedoch eine gewisse Uneinigkeit hinsichtlich der angestrebten Auswirkungen, so dass z.T. konträre Erwartungen vorherrschten. Genannt werden:

- die Gewährleistung einer höheren Verbindlichkeit und Transparenz hinsichtlich der fachlichen Qualität der Leistungen.
- eine bessere Differenzierung und Diversifizierung des Leistungsangebots.
- Anreize zum wirtschaftlicheren Umgang mit öffentlichen Mitteln und die Förderung betriebswirtschaftlich-managerieller Orientierungen bei den Leistungserbringern.
- Flexibilisierung im Mitteleinsatz, die im bisherigen Zuwendungsregime durch Zweckbindung eingeschränkt ist.
- Bessere Planungssicherheit über die Vertragslaufzeit, gerade bei schlechter Haushaltslage: „Während die bisherige Zuschussgewährung immer von der Berücksichtigung und Freigabe entsprechender Haushaltsansätze durch den Kämmerer, der Beschlussfassung der Ausschüsse und des Rates und ggf. der Kommunalaufsicht abhängig und somit risikobelastet war, sind Verträge immer, auch ohne Haushaltsplan und ggf. sogar trotz einer Haushaltssperre zu erfüllen." (Schmitz 2003: 19).[44]

Uneinigkeit herrschte allerdings hinsichtlich der angestrebten Kostendämpfung. Einerseits wurde erhöhter Verwaltungsaufwand und damit verbundene Kosten befürchtet – andererseits wurde von den Vertretern der Freien Träger auch offensiv propagiert, dass mit der stärkeren Anbindung der Entgelte an verbindliche Leistungsbeschreibungen und Qualitätsstandards sogar höhere Entgelte zu erwarten seien (vgl. z.B. EREV 2001: 11).

2.4.5 Aktivierung

Der „aktivierende Staat" ist zunächst als Leitbild für ein neues Staats- und Verwaltungsverständnis von sozialdemokratisch geführten Landesregierungen (insb. NRW und Niedersachsen) propagiert worden (vgl. Behrens u.a. 1995). Dieses Leitbild wurde nach dem Regierungswechsel 1998 dann auch zum Leitbild der Modernisierungsanstrengungen auf Bundesebene (vgl. Jann 2002; 2004; Dahme

---

[44] Zur Bedeutung der Leistungsvereinbarungen zur Planungssicherheit vgl. auch Bellstedt 1999

et al. 2005). Ein lokales und kommunalpolitisches Pendant findet diese Diskussion im Konzept der „Bürgerkommune" (vgl. Bogumil et al. 2003) und den entsprechenden Diskussionszusammenhängen im „Netzwerk Kommunen der Zukunft", das von der Hans-Böckler-Stiftung gemeinsam mit der KGSt und der Bertelsmannstiftung initiiert wurde.

Ziel des „aktivierenden Staates" ist es, den Staat in seiner Gewährleistungsverantwortung zu stärken, die Vollzugsverantwortung aber zu delegieren. Die Diskussion erfährt durchaus unterschiedliche Akzentuierungen, die insbesondere an Delegationsseite ansetzen: In einer eher liberalen Spielart wird Verantwortungsdelegation zumindest auch unter dem Aspekt einer Stärkung von Wettbewerb und Pluralität der Leistungsanbieter diskutiert, in einer eher „kommunitaristischen Spielart" wird insbesondere die Rolle der Verantwortungsübernahme der Bürger für ihr Gemeinwesen akzentuiert. Hier ist nicht der Raum die normativen Diskussionen im Detail nachzuzeichnen. Im Weiteren wird der Aktivierungszweig aus pragmatischen Gründen in der Spielart der „Bürgeraktivierung" verwendet, dies nicht um ein normatives Konzept zu etablieren, sondern aus der pragmatischen Abgrenzung vom Ökonomisierungsdiskurs heraus (vgl. Abschnitt 2.4.4). Im Diskurs über Aktivierung, Bürgerschaftliches Engagement und Bürgerkommune wird der „Bürger" neben seiner traditionellen Wählerrolle („Auftraggeber") und seiner Rolle als „Kunde" als sog. „Mitgestalter" (vgl. Bogumil et al. 2003: 22ff.) und damit auch als Leistungserbringer gesehen. In dieser Reformdiskussion geht es also um das Freilegen und Aktivieren von Selbstregelungsmechanismen in der Bürgerschaft. Der Staat soll durch Anreize die Bürger ermuntern, Aufgaben – darunter auch sozialstaatliche – die bisher vom Staat wahrgenommen wurden, zu übernehmen und in Eigenregie zu produzieren. Eng damit verbunden war der „Partizipationsboom" (Holtkamp 2006: 185) der 1990er Jahre, der mit der Einführung der Direktwahl des Bürgermeisters und der Einführung von Bürgerbegehren und Elementen kooperativer Demokratie ausgelöst wurde.

Kommunale Bemühungen sind hier weniger Einsicht in die Notwendigkeit der gemeinschaftlichen Aufgabenerledigung (normative Begründung), sondern vielfach ein Akt der Not angesichts der prekären Haushaltslage. Die Beteiligung der Bürger an der Dienstleistungsproduktion wird so zur Kompensation für Ausfallerscheinungen des Staates. In vielfacher Hinsicht sind die Debatten um Bürgerbeteiligung auch ein Aufgreifen der Debatten um Selbsthilfe und „neue Subsidiarität" (z.B. Heinze 1986) aus dem alternativen Spektrum der achtziger Jahre, die damit ein Aufbrechen der verkrusteten Strukturen des traditionellen „Wohlfahrtskorporatismus" anstrebten. Die in dieser Ära in vielen Kommunen verfolgte Strategie der Selbsthilfeförderung (vgl. 2.3.3) kann als Vorläuferbewegung zur „aktivierenden Politik" gesehen werden.

2.4.6 Professionalisierung

Explizite Fachdiskurse setzten professionelle Impulse zur Gestaltung der Organisation, Durchführung und Bewertung sozialer Arbeit im Bereich der öffentlichen Jugendhilfe. Nicht berücksichtigt werden genuin pädagogische Konzepte. In diesem verkürzten Sinne kann unter Professionspolitik im institutionellen Kontext der öffentlichen Träger das Bemühen verstanden werden, im Sinne von Institutionenpolitik (Benz 2004; Wollmann 2004) die Strukturen der öffentlichen Verwaltung an die professionellen Standards und das professionelle Selbstverständnis sozialer Arbeit anzupassen. Träger einer solchen sektoralen Professionspolitik sind auf der Mikroebene die Vertreter der Berufsdomänen Soziale Arbeit und Sozialpädagogik in den Verwaltungen und den freien Trägern sowie auf der Mesoebene deren Berufsverbände und benachbarte Verbände (z.B. die Arbeitsgemeinschaft Jugendhilfe (AGJ), der Deutsche Verein für öffentliche und private Fürsorge und die Wohlfahrtsverbände), die gewisse Kernüberzeugungen teilen, welche teils in einem Spannungsverhältnis zu den Steuerungs- und Effizienzorientierungen der exekutiven Führungsebene in den Kommunalverwaltungen liegen.

Ausgangspunkt der professionspolitischen Diskussion über die Ausgestaltung der öffentlichen Jugendhilfe in den 1990er Jahren waren die Einführung des Kinder- und Jugendhilfegesetzes (KJHG) im Jahr 1990 und der im selben Jahr erschienene Achte Jugendbericht (vgl. BMJFFG 1990), die die fachliche Entwicklung seit den siebziger Jahren auf einen weitgehend anerkannten allgemeinen Nenner bringen. Mit dem KJHG trat an die Stelle obrigkeitlicher Fürsorge mit Eingriffscharakter eine Orientierung am Bild des Jugendamtes als Leistungsverwaltung, gegenüber der in großem Umfang Rechtsansprüche geltend gemacht werden können (vgl. Münder et al. 1998). Das neue Gesetz brachte als wesentliche Veränderungen eine Konzentration der Zuständigkeiten der Jugendhilfe bei den örtlichen Jugendämtern, einen Abbau von Maßnahmen mit eingreifendem Charakter und eine umfassende Benennung allgemeiner Fördermaßnahmen und präventiver Leistungen sowie Elemente der Partizipation der Klienten (vgl. Münder 1996; Schulz 1995). Es kann mit Fug und Recht als Ergebnis professionspolitischer Anstrengungen einer um die Prinzipien der Fachlichkeit organisierten Befürworterkoalition betrachtet werden, die sich gegen andere gesellschaftliche Interessen (z.B. die Forderung nach Ordnung und Sicherheit) zumindest teilweise durchsetzen konnte, wenngleich vielfach der fehlende innovatorische Charakter bemängelt wurde (vgl. z.B. Merchel 1990). Der im gleichen Jahr erschienene Achte Jugendbericht mit seinem Fokus auf „lebensweltorientierte Jugendhilfe" expliziert eine Reihe von „Strukturmaximen" der Jugendhilfe, die sich in weiten Teilen mit den Zielvorgaben des KJHG decken (vgl. BMJFFG

1990: 85-90): Prävention, Dezentralisierung/Regionalisierung, Alltagsorientierung (gemeint sind: Zugänglichkeit, Situationsbezogenheit, Ganzheitlichkeit), Partizipation und Integration als Leitbegriffe stießen in der Fachdiskussion auf weitgehende Anerkennung (vgl. z.B. Schröer 1994).

Diese beiden Wendepunkte der Jugendhilfediskussion setzten nach jahrelanger professionspolitischer Diskussion eine Kodifizierung der Ansprüche sozialer Arbeit durch, von der aus die weitere Fachdiskussion ausgehen konnte. Professionelle Konzepte knüpften an diese Vorgaben an und setzten deren Realisierung in der Praxis der Träger der öffentlichen Jugendhilfe auf die Agenda. Stichwortartig seien hier fünf wesentliche Diskussionsstränge genannt:

(1) Die Gemeinwesen- und Sozialraumorientierung als Konkretisierung des Anspruchs auf Lebensweltorientierung sozialer Arbeit (vgl. Hinte et al. 1999; 2003, insb. S. 23-41). An die Stelle einer Orientierung der Aufbau- und Ablauforganisation an abstrakten Kriterien (Buchstabenprinzip o.ä.) sollte eine Orientierung an Sozialräumen und eine ganzheitliche Bearbeitung von Problemlagen im Feld treten. Dem liegt die Einsicht zu Grunde, dass Jugendhilfe nicht nur an den Defiziten des Einzelfalls ansetzen solle, sondern in der konkreten Lebenswelt der Jugendlichen präventiv eingreifen solle und daher eine Bündelung der Ressourcen „vor Ort" zu verfolgen sei. Der Begriff „Sozialraumorientierung" geriet in der Diskussion mittlerweile zu einem „Catch-All-Begriff", in dem unterschiedlichste Vorstellungen ein Dach finden, die vom Aufgreifen alter Ansätze der Gemeinwesenarbeit bis zur KGSt-konzipierten Sozialraumbudgetierung (vgl. KGSt 1998c) reichen.

(2) Die „Qualitätsdebatte" (vgl. Merchel 1999, 2005), die zwar zunächst aus der Managementdiskussion entsprang, aber zunehmend unter fachlichen Gesichtspunkten „reformuliert" (Merchel 2005: 29) wurde und das Ziel einer qualitativen Ausgestaltung sozialer Dienstleistungen verfolgt.

(3) Die Stärkung von Selbsthilfepotentialen und Betroffenenpartizipation, die auch an die Diskussion um den aktivierenden Staat anknüpfen konnte, waren hierbei wesentlicher Bestandteil.

(4) Die Schaffung integrierter Angebote, flexibler Hilfen und fallspezifischer Koordination von Angeboten (Case-Management und Vernetzung): Die versäulte Finanzierungs- und Organisationsstruktur der Kinder- und Jugendhilfe wird als Hindernis zur Bewältigung komplexer Problembereiche gesehen. Ebenso wird die Trennung von Sozial- und Jugendverwaltung einerseits, Jugend- und Schulverwaltung andererseits problematisiert. Angestrebt wird die gegenseitige Deckungsfähigkeit im Rahmen von Budgetierung oder eine sozialräumliche Finanzierung als NSM-inspirierte Lösung. Ein Casemanagement soll die Schnittstellen der unterschiedlichen Hilfearten und -anbieter koordinieren. In diesem Kontext spielen auch neue netzwerkartige Kooperationsstrukturen zwischen

verschiedenen (öffentlichen und freien) Trägern eine Rolle (vgl. die Beiträge in Dahme/Wohlfahrt 2000; insb. Merchel 2000). Hierzu werden entweder territoriale („sozialräumlich") oder fallbezogene („Casemanagement") Vernetzungsebenen thematisiert, die in verschiedenen Spielarten vorzufinden sind.

(5) Niedrigschwellige Angebote und Prävention sollen bereits im Vorfeld Problemlagen entschärfen, noch bevor der eigentliche Fall eintritt.

Zusammenfassend setzen fachlich motivierte Ansätze darauf, zentrale Strukturmaximen der Sozialen Arbeit, wie sie im 8. Jugendbericht skizziert sind, durch die Anpassung der Verwaltungs- und Kooperationsstrukturen zu fördern. Folglich sind es weniger Effizienz-, sondern Effektivitätskriterien, die an Verwaltungsstrukturen angelegt werden. Zentral ist das Streben nach verbesserter Aufgabenintegration bzw. -koordination sowie gemeinwesenorientiertes und präventives Handeln. Konflikte mit anderen Modernisierungssträngen treten vor allem hinsichtlich der Wirtschaftlichkeit auf, auch wenn von den Protagonisten zu genüge Kostenneutralität bzw. sogar langfristige Einsparpotentiale betont werden. Generell werden von fachlicher Seite häufig die Möglichkeiten integrativer Arbeit – die häufig auf Kosten notwendiger Arbeitsteilung und Spezialisierung geht – überschätzt, was mittlerweile auch oftmals zur Einstellung von solchen Projekten führt (vgl. zur Einstellung des NOSD-Projektes in „Nauenstein" Bogumil et al. 2007).

2.5 Mögliche Auswirkungen auf lokale Wohlfahrtsarrangements

Wie gesehen sehen sind die historisch gewachsenen Strukturen kommunaler Sozial- und Jugendverwaltung und die eng damit verbundenen Wohlfahrtsarrangements zahlreichen Herausforderungen (Ökonomische und demographische Entwicklung, Europäische Integration, Einfluss neuer Konzepte und Leitbilder) ausgesetzt, die zu unterschiedlichen, sich teilweise überlappenden Modernisierungsanstrengungen führen. Die im letzten Abschnitt skizzierten Modernisierungsansätze können auf verschiedenen Ebenen Auswirkungen auf lokale Wohlfahrtsarrangements haben, die nicht allesamt Gegenstand dieser Arbeit sein können. In der Literatur (vgl. z.B. Merchel 1996; Grunwald 2001: 80ff.) wird u.a. auf Auswirkungen auf die Beziehungen zwischen öffentlichen und freien Trägern, auf die (sozial)politische Artikulationsfähigkeit der Wohlfahrtsverbände, auf die interne Strukturierung der freien Wohlfahrtspflege sowie das Personal (vgl. Dahme et al. 2005) verwiesen. Weitergehend könnte nach den Auswirkungen auf die soziale Leistungserbringung selbst und deren Auswirkungen auf die Klienten und deren Umfeld gefragt werden. Im Zentrum dieser Arbeit stehen jedoch die Auswirkungen auf die Beziehungen zwischen öffentlichen und freien

Trägern. Hierzu lassen sich für die verschiedenen Modernisierungsstränge durchaus unterschiedliche Szenarien entwickeln. Diese führen im Managerialisierungsdiskurs (2.4.1-2.4.3) zunächst zu einer klareren Rollentrennung zwischen Auftraggeber und Auftragnehmer. Ob damit auch eine Pluralisierung und Vermarktlichung im Sinne des Ökonomisierungsdiskurses einhergeht, hängt dagegen sehr von der Implementationsweise ab. In deutlicher Konkurrenz zu Managerialisierung und Ökonomisierung stehen der Aktivierungs- und der Professionalisierungsdiskurs, wie in der skizzierten fachlichen Kritik am NSM (2.4.1) umrissen wurde.

Das Verhältnis der Ansätze ist aber nicht eindeutig von Konkurrenz geprägt. Teilweise wurde das neue Autonomieversprechen auch als fachliche Chance begriffen. Das Instrumentarium des NSM stellt aus dieser Sicht eine Hilfe bei der Realisierung fachlicher Ziele dar (vgl. Tab. 3). So wurde argumentiert, die mit dem NSM verbundene dezentrale Ressourcenverantwortung sei entscheidende Voraussetzung für eine Stärkung der Professionalität und die Schaffung von neuen Gestaltungsräumen (vgl. z.B. Bußmann et al. 2003: 25). Erweiterte Entscheidungsspielräume ermöglichten ein Mehr an Flexibilität, Prävention sowie Beteiligungsmöglichkeiten der Betroffenen. Budgetierung könne bei entsprechender Ausgestaltung die Flexibilität des Ressourceneinsatzes erhöhen und so die oft bemängelte Versäulung entlang einzelner Hilfearten überwinden. Produktorientierte Steuerung durch Controlling und Berichtswesen schaffe Transparenz und erhöhe die Möglichkeiten fachlicher Steuerung insbesondere in der Jugendhilfeplanung. Die Reform der Aufbauorganisation mit dezentralen Anlaufstellen und der Zusammenlegung inhaltlich benachbarter Aufgabenbereiche (z.B. Jugendhilfe, Sozialhilfe und Schulverwaltung) erhöhe die Ganzheitlichkeit der Aufgabenwahrnehmung, ermögliche die vermehrte Orientierung an Sozialräumen und erleichtere die Vernetzung von Angeboten.

Die postulierte Kunden- und Nachfrageorientierung könne – trotz aller Kritik an den Begrifflichkeiten – fachliche Orientierungen wie z.B. Alltagsorientierung und Betroffenenpartizipation aufgreifen und an die Forderungen des KJHG anknüpfen (vgl. Merchel 1996). Die forcierte Personalentwicklung könne zudem zu einer weiteren Stärkung von fachlicher Kompetenz genutzt werden und durch ganzheitliche Sachbearbeitung bzw. Teamarbeit könne ebenfalls die Idee integrierter Hilfen und eines passgenauen Case-Managements unterstützt werden.

Als Fazit kann gezogen werden, dass es zwischen den Modernisierungssträngen „zwar Spannungen und Widersprüche, aber auch wechselseitige Ergänzungen und Korrektive" (Wollmann 1999: 12) gibt. Es ist davon auszugehen, dass die Akteure auf lokaler Ebene bei ihren Modernisierungsanstrengungen verschiedene Strategien im Umgang mit den konkurrierenden Ansprüchen einsetzen, die letztendlich Machtspiele darstellen.

Tabelle 3: Mögliche Komplementaritäten zwischen NSM und fachlicher Modernisierung

	Instrumente des NSM	Ansatzpunkte fachlicher Modernisierung
Prozess-innovationen	• Dezentrale Ressourcenverantwortung und Budgetierung	• Erweiterte Entscheidungsautonomie schafft Voraussetzung für Dezentralisierung, Sozialraumorientierung, Prävention etc. • Flexibilisierung des Ressourceneinsatzes ermöglicht integrierte Hilfen und Prävention • Koppelung von fachlicher und finanzieller Steuerung
	• Produktorientierte Steuerung (Produkte, Controlling, Berichtswesen)	• Transparenz in der Ausschussarbeit und Steuerungsinformationen für Jugendhilfeplanung
	• Qualitätsmanagement	• Einbeziehung fachlicher Qualitätskriterien und Standards
Aufbau-organisation	• Integration inhaltlich nahe liegender Aufgabenbereiche zu Fachbereichen	• Ganzheitliche Bearbeitung von Problemlagen, • erleichtertes Case-Management • Abbau von Schnittstellenproblemen z.B. mit Schul- oder Sozialverwaltung
	• Dezentralisierung des Jugendamtes	• Verbesserung der Sozialraum-/ Lebensweltorientierung, • Möglichkeit niedrigschwelliger Angebote
Personalent-wicklung	• Fort- und Weiterbildung	• Professionalisierung
	• Ganzheitliche Sachbearbeitung • Teambildung	• Ganzheitliche Bearbeitung von Problemlagen, • erleichtertes Case-Management
Adressaten-/ Kundenori-entierung	• Dezentralisierung • Gemeinsame Anlaufstellen • Erweiterung von Sprechzeiten • Beschwerdemanagement	• Sozialraum-/ Lebensweltorientierung, • Niedrigschwelligkeit • Erweiterte Partizipationsmöglichkeiten

Zentral sind hier die beiden wesentlichen Lager der „zentralen Steuerungspolitiker" als Promotoren des NSM und der „Fachpolitiker" als Verfechter professioneller Orientierungen, die in der Sprache der Policy-Analyse zwei „Advocacy Coalitions" mit konkurrierenden „Belief Systems" darstellen (vgl. Sabatier 1993). Bevor dieses Argument theoretisch begründet wird, soll zunächst in gebotener Kürze der Stand der Forschung zu wesentlichen Fragen dieser Arbeit skizziert werden.

3 Stand der Forschung

Lokale Sozialpolitik steht im Schatten der politikwissenschaftlichen Sozialpolitikforschung, die sich weitgehend um die „großen" Sozialversicherungssysteme, ihre Entstehung, Reform und Verteilungswirkungen dreht. Daher ist ein Rückgriff auf benachbarte Disziplinen, die sich des Themas annehmen, denen aber häufig die politikwissenschaftliche „Brille" fehlt, unverzichtbar. Für die skizzierte Fragestellung ist die Bezugnahme auf vier wesentliche Forschungsstränge relevant, die selten in Beziehung zueinander gebracht werden und auch in unterschiedlichen Fachkulturen beheimatet sind. In der verwaltungswissenschaftlichen Tradition stehen Forschungen zur Implementation von Maßnahmen der Verwaltungsmodernisierung und Ökonomisierungstendenzen auf lokaler Ebene und speziell den Jugendämtern (vgl. 3.1). Im Bereich der Jugendämter ist hier auch von pädagogischer Seite auf die Forschungen des Deutschen Jugendinstituts zu verweisen. Der Wandel von Trägerstrukturen und Wohlfahrtsverbänden (vgl. 3.2) wird demgegenüber von soziologischer und pädagogischer Seite beleuchtet. Die Implementation von Kontraktmanagement und Leistungsvereinbarungen (vgl. 3.3) steht insbesondere im juristischen und wiederum pädagogischen Scheinwerferlicht. Da insbesondere für diesen relativ neuen Forschungsbereich wenig Material für den deutschen Bereich vorhanden ist, werden abschließend auch die internationalen Forschungen zur Implementation von Kontraktmanagement berücksichtigt, die sich dem Gegenstand aus einer eher verwaltungswissenschaftlichen Perspektive nähern und daher für diese Arbeit und die Entwicklung von Hypothesen sehr relevant sind (3.4).

3.1 Implementation von Elementen der Verwaltungsmodernisierung

Die politik- und verwaltungswissenschaftliche Forschung zur Implementation der Maßnahmen der Verwaltungsmodernisierung in deutschen Kommunen seit den 1990er Jahren bezieht sich in der Regel auf die Gesamtverwaltung und ist teilweise blind für politikfeldbezogene Spezifika. Eine erste Welle der Forschungen kann als Implementations- und sehr praxisorientierte Begleitforschung charakterisiert werden, die sich mit Umsetzungsschwierigkeiten bei der Einführung von Verwaltungsmodernisierung beschäftigt. Die Wirkungen und Effekte der erfolgten Modernisierungsschritte blieben dabei weitgehend außerhalb der Betrachtung (vgl. zusammenfassend Bogumil/Kuhlmann 2004, 2006). Diese erste Phase ist methodisch einerseits durch Fallstudien, andererseits durch regelmäßige Umfragen des Deutschen Städtetages (DST) zum Umsetzungsstand in größeren Städten geprägt (vgl. Grömig 2001; KGSt 1997 mit breiterer Basis; DIfU 2005 als letzte Erhebung in dieser Tradition). In einer zweiten Phase traten auch die Auswirkungen und Effekte der Reformmaßnahmen in das Blickfeld. Dies geschah zunächst in einzelnen Fallstudien (Jaedicke u.a. 1999; Bogumil u.a. 2000; Osner 2001). Mit dem Forschungsprojekt 10 Jahre Neues Steuerungsmodell, in dessen Kontext diese Arbeit entstand, wurde erstmals ein umfassender quantitativer Ansatz mit Fallstudien kombiniert (vgl. Bogumil et al. 2006; 2007).

Die Ergebnisse der verwaltungswissenschaftlichen Forschung sind nach ca. 15 Jahren ernüchternd. Die wesentlichen Ergebnisse lassen sich folgendermaßen zusammenfassen (vgl. Bogumil et al. 2007): Es gab in den deutschen Kommunen eine breite Verwaltungsmodernisierungsbewegung. Der KGSt ist es gelungen, die intensive Beschäftigung mit einer im Kern betriebswirtschaftlich ausgerichteten Binnenmodernisierung in den deutschen Kommunen durchzusetzen. Zahlreiche Maßnahmen wurden in die Wege geleitet, manches war erfolgreich, aber es gibt auch viele Problemlagen, insbesondere im Bereich der Beschäftigtenmotivation. Eine wirklich neue Steuerung, also ein umfassender „Paradigmenwechsel" der deutschen Verwaltung vom weberianischen Bürokratiemodell zum New Public Management, ist nicht festzustellen (vgl. Bogumil et al. 2006; 2007). 92,4% der hier befragten Kommunen geben an, seit den 1990er Jahren Maßnahmen zur Verwaltungsmodernisierung durchgeführt zu haben. Das Konzept des Neuen Steuerungsmodells als umfassendes Reformleitbild wurde allerdings nur in knapp 15% der Kommunen aufgegriffen. Eine überwiegende Mehrheit (61,5%) orientierte sich nur an einzelnen Instrumenten des NSM und sah darin eher einen Werkzeugkasten denn ein holistisches Reformkonzept.

Die Bilanz des Neuen Steuerungsmodells in der Praxis fällt insgesamt ambivalent aus: Einerseits werden eine Reihe positiver Reformeffekte genannt:

- Augenfällig ist eine stärkere Bürger- und Kundenorientierung, die vor allem auf den Siegeszug des Bürgeramtkonzeptes zurückzuführen ist. Weiterhin sind auf der Outputseite zahlreiche sektorale Bereiche zu nennen, in denen es durch eher klassische Maßnahmen der Organisationsentwicklung zu deutlichen Leistungsverbesserungen und Verfahrensverkürzungen kam.
- Auf der Inputseite werden von den kommunalen Akteuren Effizienzgewinne und Einsparungen ausgemacht. Eine intensivere Betrachtung fördert hier allerdings keine eindeutigen Einsparerfolge zu Tage, wie in Fallstudien in mehreren Städten gezeigt werden konnte (vgl. Bogumil et al. 2007). Effi-

zienzgewinne und Einsparungen in Teilbereichen und insbesondere eine erhöhte Kostensensibilität sind zwar in zahlreichen Kommunen eingetreten. Stellt man aber zudem die mit der Verwaltungsmodernisierung entstehenden Kosten durch Sach- und Personalaufwand in der Planung, bei der Einführung und im laufenden Betrieb in Rechnung, fällt die Gesamtbilanz eher negativ aus.

Auf der anderen Seite sind eindeutige Defizite der Verwaltungsmodernisierung zu nennen: Die angezielten System- und Kulturveränderungen hinsichtlich der politischen Steuerung der Kommune und einer verstärkten Mitarbeiterorientierung konnten kaum realisiert werden.

- Die Verbesserung der gesamtstädtischen politischen Steuerung ist das am seltensten bearbeitete Problemfeld im Neuen Steuerungsmodell und wo Bestrebungen unternommen wurden, fallen die Ergebnisse selten erfolgreich aus. Es zeigt sich, dass eine bessere Transparenz und Informationslage nicht von allein zu besserer Steuerung und der Korrektur eingeschlagener Pfade führt. Darüber hinaus sind die lokalen Vertretungskörperschaften aus verschiedenen Gründen nicht Willens, sich auf die im NSM geforderte Steuerung „at arms length" einzulassen. Gleichzeitig zeigen sich in den Kommunen zahlreiche zentrifugale Tendenzen, ausgelöst einerseits durch die Dezentralisierungspolitiken im Rahmen des NSM, denen keine adäquaten Steuerungsverfahren entgegengesetzt werden und die so eine verwaltungsinterne Abkopplung der Fachbereiche von gesamtstädtischen Zielen bewirken. Andererseits führen Ausgliederungs- und Privatisierungstendenzen zur Bildung von Verwaltungssatelliten, die verstärkt Eigeninteressen ausbilden und ebenfalls nur bedingt durch Steuerungsverfahren in gesamtstädtische Steuerungsprozesse einbezogen sind. Insgesamt ist daher von ausgeprägten Steuerungsverlusten auszugehen, denen nur unzureichende Anstrengung zur Reetablierung von Steuerungsfähigkeit etwa durch effektives Controlling und Zielvereinbarungen entgegengesetzt wird.
- Ein weiterhin bestehendes und sich eher verschärfendes Problem scheint die Mitarbeiterzufriedenheit zu sein, die vor dem Hintergrund der Gleichzeitigkeit von Haushaltskonsolidierung und Verwaltungsmodernisierung ständig gesunken ist und sich in Reformmüdigkeit niederschlägt. In zahlreichen Fällen wird Verwaltungsmodernisierung als Bedrohung im Sinne von Personalabbau wahrgenommen und führt so zu Frustration und der Desavouierung neuer Reformkonzepte. Die Beteiligung der Mitarbeiter wurde in vielen Fällen nicht ernst genommen und der Einfluss der Mitarbeiter blieb ge-

ring, was die Akzeptanz der Modernisierungsanstrengungen weiter reduzierte.

Auch für die Jugendhilfe lassen sich einerseits zahlreiche Einzelfallstudien (vgl. Otto/Peters 2002), andererseits allgemeine Erhebungen zum Umsetzungsstand ausmachen. Für den Bereich der Jugendämter liegen insbesondere die Studien des Deutschen Jugendinstituts vor (vgl. Mamier et al. 2002; van Santen 1998; Pluto 2005), die mit ähnlichem methodischen Design wie die Städtetagsumfragen in mehreren Jahren den Stand (weniger die Wirkungen) der Verwaltungsmodernisierung erfassten. Auch für diesen Bereich wird konstatiert, dass die Modernisierungswelle inzwischen abgeebbt sei (vgl. Pluto 2005: 20). Die Studien des DJI weisen ähnlich hohe Modernisierungsaktivitäten wie der DST und Bogumil et al. nach, doch auch sie konstatieren, dass es sich dabei in erster Linie um nur eine teilweise Umsetzung von Maßnahmen handele. So orientierten sich 84% der befragten Jugendämter am NSM der KGSt, allerdings 66% nur teilweise (vgl. Pluto 2005: 29). Da die Modernisierungsprozesse in der Regel von der Verwaltungsspitze – den zentralen Steuerungspolitikern – initiiert wurden, ist dieser Befund auch nicht verwunderlich. Hinsichtlich der Wirkungen der Verwaltungsmodernisierung liegen bislang keine breiteren Erhebungen vor. Pluto konstatiert: „Die Folgen [der Modernisierung] – was die Einheitlichkeit ihrer Organisation und die Radikalität der Veränderungen betrifft – bleiben jedoch insgesamt begrenzt" (Pluto 2005: 34). Zur Zusammenarbeit zwischen Kommunen und freien Trägern zeigen sie auf, dass zumindest bis Ende der 1990er Jahre kaum Zusammenarbeit mit den freien Trägern in Punkto „Outputorientierte Steuerung" stattfand (vgl. Seckinger et al. 1998: 119ff.; van Santen 1998: 39f.).

Neben den Untersuchungen des DJI liegt von den neueren Untersuchungen vor allem die Studie von Bußmann et al. (2003) zur Veränderung der Arbeit in den Jugendhilfeausschüssen durch NSM vor, die auf 15 Fallstudien und einer schriftlichen Befragung in Nordrhein-Westfalen basiert. Sie unterscheiden „*betriebswirtschaftliche Strategien*", die sich durch die Einführung betriebswirtschaftlicher Instrumente und eine Priorität der Kostensenkung auszeichnen, von „*jugendhilfebezogenen Strategien*", die sich rein auf fachliche Aspekte entsprechend dem KJHG und sozialraumorientierter Arbeit konzentrieren (Bußmann et al. 2003: 30). „*Verknüpfungsstrategien*" der Verwaltungsmodernisierung hingegen versuchen, beide Modernisierungsstränge aktiv zu integrieren, allerdings quantifizieren sie diese Strategien nicht weiter. Sie konstatieren weiterhin Veränderungen vor allem in der Aufbauorganisation, die sich in der Zusammenlegung mit anderen Bereichen in Fachbereichen niederschlagen. Dabei würden die Jugendhilfeausschüsse unzureichend beteiligt; Steuerungsinstrumente wie Controlling seien unzureichend entwickelt (Bußmann et al. 2003: 98f.).

3.2 Wandel von Trägerstrukturen

Der Wandel von Trägerstrukturen steht demgegenüber im Fokus der soziologischen Forschung – insbesondere der Verbändeforschung – und wiederum pädagogischen Untersuchungen. Ausgangspunkt ist die in den 1980er Jahren erfolgte Übertragung des Neokorporatismus-Ansatzes auf die Ebene lokaler Wohlfahrtsarrangements (vgl. Heinze 1981; Heinze/Olk 1981; Thränhardt 1984) (vgl. Kap 4.3). In der Folge war die Diskussion geprägt von der Frage der Auflösung dieser relativ gefestigten Strukturen. Die Debatte verläuft entlang den in der Einleitung skizzierten Polen einer Beharrungsthese und den Pluralisierungs- und Ökonomisierungsthesen. Zu unterscheiden sind im Folgenden eher zeitdiagnostische, häufig an Einzelbeispielen orientierte Studien, die die Auswirkung von Ökonomisierung und/oder Verwaltungsmodernisierung untersuchen, von empirischen – häufig quantitativen – Untersuchungen zum Wandel von Trägerstrukturen.

Mit am weitesten geht in ersterer Richtung die fast schon zeitdiagnostisch anmutende These des „Disorganisierten Wohlfahrtskapitalismus" von Ingo Bode (2004), der von einer Auflösung der für den „organisierten Wohlfahrtskapitalismus" kennzeichnenden institutionellen Arrangements ausgeht (vgl. Bode 2004: 249). Grundlegend ausgelöst werde dies durch die Einführung von Marktmechanismen im Innen- und Außenverhältnis der Träger und damit einhergehenden Vertrauens- und Reputationsverlusten. Doch selbst Bode geht für den deutschen Fall seiner Vergleichsstudie von einem weiterhin bestehenden „relativ korporatistischen" (Bode 2004: 259) Akteursgefüge aus, das nur an seinen ‚Rändern' (Bode 2004: 260) hin zu eher marktlich strukturieren Arrangements ausfranse. Ähnlich konstatierten schon 1994 Olk und Backhaus-Maul einen Übergang „von Subsidiarität zu „outcontracting"" (Backhaus-Maul/Olk 1994), den sie allerdings weitgehend am Wandel rechtlicher Vorgaben (vgl. ebd.: 123-130) festmachen; mit dem tatsächlichen Wandel setzen sie sich dagegen nicht auseinander (und konnten dies auch zu diesem Zeitpunkt noch nicht tun). Dennoch wird dieser wichtige Aufsatz immer wieder als Beleg für einen tatsächlichen Wandel angeführt. Kennzeichnend für viele Beiträge, die diese Wandelsthese positiv rezipieren, sind an Einzelbeispielen orientierte Beiträge (vgl. Evers et al. 2001) oder solche, die einen generellen Wandel am Beispiel der ambulanten Pflegedienste festmachen, die, wie unten gezeigt werden wird, eher die Ausnahme denn die Regel darstellen, was mit einer weitgehenden Entkommunalisierung der Entscheidungsstrukturen zusammenhängen mag.

Empirische Untersuchungen des Trägerwandels in der Jugendhilfe, insbesondere die Untersuchungen des DJI zu Strukturen der Kinder- und Jugendhilfe (vgl. Pluto et al. 2007; van Santen et al. 2003), konstatieren einen vorsichtigen Wandel, den sie allerdings weder in absoluten noch relationalen Daten ausweisen, sondern lediglich in Angaben zu Jugendämtern zur Zahl der mit ihnen zusammenarbeitenden Träger. Hier werden in der Regel auch keine Angaben zu unterschiedlichen Trägergruppen (Wohlfahrtsverbände, Dritter Sektor, privatgewerbliche) gemacht. Ein „Mindestmaß an Pluralität" wird hier gesehen, sobald „mindestens zwei nicht-öffentliche Träger in den einzelnen Angebotsbereichen tätig sind" (Pluto et al. 2007: 285). Dass diese Definition nur bedingt tragfähig ist, sei an dieser Stelle nur erwähnt (vgl. Kap. 5). Aufschlussreich sind jedoch ihre Befunde, die einen Wandel vor allem in „Nischen", namentlich in relativ spezialisierten individuellen Angeboten der Hilfen zur Erziehung, verorten (vgl. Pluto et al. 2006: 299), während in einem Großteil der Leistungsstrukturen nur ein bescheidener Wandel konstatiert wird. Ein zweiter wichtiger Punkt ist ein beobachtbarer Rückzug des öffentlichen Trägers aus einigen Aufgabenfeldern. Dieser geht offenkundig nicht mit einem Aufgabenabbau, sondern mit einer Verlagerung auf Dritte einher (vgl. Pluto et al. 2007: 283). Allerdings führt diese Entwicklung nicht zu einer Pluralisierung, sondern in aller Regel erfahren die ohnehin schon starken Träger einen Aufgabenzuwachs.

Empirische Hinweise deuten darauf hin, dass zumindest in den westdeutschen Kommunen in den von den Kommunen selbst zu verantworteten Aufgabenbereichen nur sehr eingeschränkt von einem Wandel der Trägerstrukturen zu sprechen ist (vgl. Dahme et al. 2005; Pothmann 2006). Demgegenüber wird in Ostdeutschland durchaus eine Tendenz hin zu größerer Pluralität beobachtet (was teils auch mit einer nachholenden Übertragung von Aufgaben an den Dritten und den privatwirtschaftlichen Sektor zu erklären ist (vgl. Angerhausen et al. 1998)). Privatgewerblichen Anbietern wird in der Regel weiterhin eine nur marginale Bedeutung zugesprochen (vgl. Merchel 2003: 175f). Zwar relativieren die DJI- Untersuchungen diesen Befund in besagten Nischen etwas (vgl. Pluto et al. 2006: 299); empirische Arbeiten für den Bereich der Jugendhilfe konnten jedoch eine zunehmende Vermarktlichung durch privat-gewerbliche Mitspieler kaum nachweisen: „Insgesamt bleibt die „Akteurslandschaft" aber erstaunlich stabil und ist stark von lokalen Traditionen geprägt. [...] Gewerbliche Anbieter haben in der Jugendhilfe bisher bei weitem nicht die Bedeutung erlangt, die von den einen erhofft und von den anderen befürchtet wurde" (Bußmann et al. 2003: 99).

3.3 Implementation von Kontraktmanagement

Hinsichtlich der Einführung von Leistungsvereinbarungen und Kontraktmanagement bezieht sich der Großteil der Forschungen auf die Einführung der Leistungs-, Entgelt- und Qualitätsentwicklungsvereinbarungen nach §§ 78a-g SGB VIII. Wesentliche Beiträge wurden durch das BMFSFJ veranlasst (vgl. Münder/Tammen 2003; Gottlieb 2003; ISA 2008). Wesentlich weniger Inforationen liegen über „freiwillige" Versuche des Kontraktmanagements vor, die in der Regel durch die Verwaltungsmodernisierung im Zuge des NSM ausgelöst wurden. Zudem liegen einschlägige Untersuchungen mittlerweile einen erheblichen Zeitraum zurück (vgl. Strünck1996; Heinze et al. 1997). Über die Implementation der neuen Leistungsvereinbarungen nach §§ 78a-g SGB VIII liegen mittlerweile eine Reihe von Untersuchungen, insbesondere aus juristischer (vgl. Münder/Tammen 2003; Gottlieb 2003) wie aus sozialpädagogischer (vgl. Merchel 2006; Messmer 2007) Sicht vor. Die Studien zeigen einstimmig auf, dass sowohl auf Ebene der Rahmenverträge auf Landesebene (Gottlieb 2003) wie auch bei der Umsetzung auf kommunaler Ebene (vgl. Münder/Tammen 2003; Merchel 2006) erhebliche Defizite, insbesondere bei den Qualitätssicherungsvereinbarungen bestehen (vgl. auch Messmer 2007; ISA 2008: 68-70; van Santen et al. 2003: 128; Pluto et al. 2007: 510ff). Die Bestandsaufnahmen zeigen eine große Heterogenität und auch Zurückhaltung in der Umsetzung der Regelungen nach §§78a ff. in der Praxis. Auch die Beiträge der Arbeitsgemeinschaft für Erziehungshilfe (AFET 2001), die methodisch auf eher anekdotischen Einzelbeispielen beruhen, zeigen große Heterogenität und Ungleichzeitigkeit in der Umsetzungspraxis. Der Abschluss von Entgelt-, Leistungs- und Qualitätsentwicklungsvereinbarungen war zum Zeitpunkt der Studie 2001 noch keinesfalls die Regel.

Messmer (2007: 38) resümiert den Forschungsstand zur Umsetzung und den Wirkungen von Leistungsvereinbarungen als Feld großer Unsicherheit bezüglich der wesentlichen Zieldimensionen der Einführung. Wirkungen hinsichtlich von Kostensenkungen, der Förderung von Marktwettbewerb und verbesserter Kundenorientierung lägen nicht vor: „Nur in einem Punkt herrschte schon bald Einigkeit, dass nämlich die erhofften Kostendämpfungseffekte nicht eintreten würden" (Messmer 2007: 38). Auch die zwei Jahre nach Einführung der Regelungen vom Verein für Kommunalwissenschaften vorgelegten Bestandsaufnahmen (vgl. VfK 2003a; 2003b) erhärteten dieses Bild. Die erhofften Kosteneinsparungen wurden nach den Beiträgen in aller Regel nicht erreicht (vgl. Isselhorst 2003: 45). Hinsichtlich der Leistungen, der Leistungsqualität und der Entgelte sei eine erhöhte Transparenz zu beobachten (vgl. Isselhorst 2003: 46). Sie zeigen aber gleichzeitig eine stärkere Konzentration der öffentlichen Träger auf Managementfunktionen und eine noch stärkere Delegation von Aufgaben an freie Träger als das zuvor der Fall gewesen war (Diskussionsbeitrag Isselhorst; Münder in VfK 2003a: 61; 65).[45] Dabei würden die Möglichkeiten des Kontraktmanagements nicht ausgeschöpft und die Qualitätssicherung beschränke sich auf einen

---

[45] Dies entspricht im Übrigen den Empfehlungen des Elften Kinder- und Jugendberichts: „Die Aufgaben des Jugendamtes sollen auf Planung, Entscheidung, Evaluation und Controlling konzentriert werden" (BMFSFJ 2002: 262).

reinen Vertrauensvorschuss, was einerseits mangelnder Kompetenz, andererseits geringem Interesse geschuldet sei (Diskussionsbeitrag Isselhorst in VfK 2003a: 62; vgl. auch Messmer 2007: 81). Gleichzeitig ziehe sich der öffentliche Träger auch zunehmend aus der Zielformulierung zurück, wofür insbesondere das Hilfeplanverfahren eigentlich ein Forum biete (Dürbaum 2003: 34; Diskussionsbeitrag Wissmann in VfK 2003a: 69f; Wiesner 2003b).

Breitere empirische Befunde zur Umsetzungspraxis finden sich nur spärlich in der Studie von Münder/Tammen (2003) und zur Anwendung der Rahmenverträge in Gottlieb et al. (2003).[46] Hier zeigt sich hinsichtlich der Rahmenverträge eine Fixierung auf Kostenaspekte und eine Unterentwicklung der Vorgaben zu Qualitätsentwicklungs- und Leistungsvereinbarungen. So wird hier insgesamt eine Dominanz der Input- vor der Outputseite der Leistungserbringung konstatiert (vgl. Gottlieb et al. 2003).

Hinsichtlich der örtlichen Einzelverträge zeigen Münder und Tammen bei der vergleichenden Analyse von immerhin 74 örtlichen Entgelt-, Leistungs- und Qualitätsentwicklungsvereinbarungen die schon in den anderen eher anekdotischen Bestandsaufnahmen wahrgenommene Heterogenität in der Umsetzung auf. Insbesondere sind die Detaillierungsgrade der vereinbarten Leistungen und die Regelungen zu messbaren Aspekten der Leistungserbringung (Häufigkeiten und Dauer von Leistungsbestandteilen) sehr unterschiedlich ausgeprägt (Münder/Tammen 2003: 32). Während Angaben zu Einrichtungsprofil, Adressatenkreis, aber auch zur Qualifikation des Personals und der räumlichen Ausstattung in allen untersuchten Vereinbarungen vorzufinden waren, werden Aussagen zu Hilfeplanung und Evaluation – wenn überhaupt – in sehr allgemeiner Art festgelegt (vgl. Münder/Tammen 2003: 33). Hinsichtlich der Qualität der Leistungen schließlich ist die Berücksichtigung entgegen der Intention des Gesetzgebers äußerst dürftig: „In den allerwenigsten Fällen liegt eine Leistungsvereinbarung vor, in der Aussagen zur Qualität der Leistung getroffen werden und darüber hinaus eine Qualitätsentwicklungsvereinbarung, in der eigenständige Regelungen über Grundsätze und Maßstäbe für die Bewertung der Qualität der Leistungsangebote sowie über geeignete Maßnahmen zu ihrer Gewährleistung im Sinne des § 78b Abs. 1 Nr. 3 SGB VIII vorliegen." (Münder/Tammen 2003: 34). Die Qualitätsentwicklungsvereinbarungen verbleiben dementsprechend pauschal und – so darf vermutet werden – ohne jede Steuerungswirkung: „Sehr viele der Regelungen zu diesem Regelungspunkt haben den Charakter theoretischer, abstrakter und allgemeiner Abhandlungen zum Thema Qualität mit wenig erkennbarem Bezug zur konkret vereinbarten Leistung." (Münder/Tammen 2003: 36). Anreizstrukturen für besonders gute Arbeit würden in aller Regel fehlen: In keinem

---

[46] Vgl. auch die Zusammenfassungen VfK 2004.

einzigen Fall seien beispielsweise Regelungen zu finanziellen Anreizen vorzufinden (vgl. Münder/Tammen 2003: 36).[47]
Eine breitere Studie zu 169 Qualitätsentwicklungsvereinbarungen in NRW (vgl. Merchel 2006) zeigt auf, dass 80 Prozent der Vereinbarungen nicht oder unzureichend durchgeführt werden. Die Vereinbarungen scheinen daher eine reine Legitimationsfunktion zu besitzen.[48] Ein Wandel der Trägerstrukturen wurde nach diesen Diagnosen bislang nicht eingeleitet: „Vielmehr hat es den Anschein, als würden bestehende Strukturen der Leistungserbringung auch nach Inkrafttreten der gesetzlichen Neuregelungen vielfach nur fortgeführt – allenfalls irritiert, aber nicht grundlegend verändert" (Messmer 2007: 50). Für die Träger ergibt sich durch neue Abrechnungsformen ein höherer Verwaltungsaufwand (vgl. Messmer 2007: 94; 97). Für das Verhältnis zwischen öffentlichem Träger und freien Trägern zeigt Messmer für die Heimerziehung auf, dass sich die Interaktionsbeziehungen deutlich erhöhen und intensivieren (Messmer 2007: 116ff): „Waren die Beziehungen vormals schon gut (bzw. schlecht) so werden sie in der Tendenz zumeist besser (bzw. schlechter)" (Messmer2007: 116). Dies deutet auf eine weitere Stabilisierung der Beziehungen hin.

Die rein formelle Umsetzung von Kontraktmanagement ist nach allen vorliegenden Informationen auch relativ weit fortgeschritten (vgl. Dahme et al. 2005). Eine Umfrage unter den deutschen Jugendämtern ergab, dass in rund 70% der Jugendämter inzwischen mit Leistungsvereinbarungen gearbeitet wird und rund ein Drittel im Rahmen der NSM-Modernisierung ein Kontraktmanagement mit freien Trägern etabliert hat (bisher unveröffentlichtes Ergebnis aus 10 Jahre NSM; vgl. Bogumil et al. 2007). Hinsichtlich der Ausgestaltung ist allerdings davon auszugehen, dass in einer Großzahl der Fälle die Einführung nur formal ist und wesentliche Modernisierungsimpulse ausbleiben. So deutet wenig auf eine tief greifende Pluralisierung der Anbieterstruktur hin – im Gegenteil scheint Kontraktmanagement häufig zu einer Verfestigung der Anbieterstrukturen zu führen (vgl. Heinze et al. 1997; Dahme et al. 2005: 54): „Die Modernisierung der Verbände hat – bilanzierend gesprochen – bisher zu einer einseitigen „Modernisierung" der ökonomischen Funktionen der Träger geführt, während dagegen verbands- und trägerpolitisch weiterhin das Festhalten an korporatistisch geprägten Strukturen und Zielen überwiegt." (Dahme et al. 2005: 92). Ebenso bleiben Wettbewerbsimpulse die Ausnahme, in weniger als der Hälfte der Fälle der Jugendamtsbefragung werden beispielsweise im Rahmen der Vergabe von Leistungsvereinbarungen Qualitäts- und Kostenvergleiche angestellt. In weiten Teilen scheinen also die Leistungsvereinbarungen allenfalls eine Scheinökonomisierung darzustellen. Kosteneinsparungen werden nicht durch Wettbewerbsverfah-

---

[47] Vgl. mit ähnlichen Befunden die Effektestudie zum Kifög M-V (Hochschule Wismar 2006).
[48] Diese Befunde werden auch durch die Fallstudien von Messmer 2007: 154 bestätigt.

ren, sondern durch hierarchisch durchgesetzte Budgetdeckelungen ohne Rückkoppelung an sozialpolitische Zielsetzungen durchgesetzt (vgl. Dahme et al. 2005: 112).

Eine weitere Studie, die Kontraktmanagement im Rahmen einer breiter angelegten Studie zur kommunalen Förderung von Vereinen in Jena und Münster untersucht, stammt von Annette Zimmer (vgl. Zimmer 2007: 137-177; Zimmer/Priller 2004:157-206). Sie findet in Münster und Jena zwei unterschiedliche Logiken der Implementation von Leistungsvereinbarungen vor. Während in Münster im Bereich freiwilliger Aufgaben Kontraktmanagement durchaus im Sinne einer Neuen Steuerungslogik eingeführt wurde, um mehr Transparenz in ein durch Verbändelobbyismus geprägtes Umfeld zu bringen (Zimmer 2007: 150) wird es in Jena vorwiegend eingesetzt, um den noch recht jungen Organisationen des pluraler strukturierten Dritten Sektors in erster Linie Planungssicherheit zu verschaffen: „hier [wird] das Instrument des Kontraktmanagements nicht eingesetzt, um dem Lobbying entgegenzuwirken, sondern um den Vereinen als Dienstleistungserbringern zu Planungssicherheit zu verhelfen" (ebd.: 151). Die Auswahl der Kontraktpartner erfolgt nicht auf Grund von Wettbewerb, sondern es werden vorrangig Organisationen gewählt, mit denen seit längerem Zusammenarbeit besteht.

3.4 Internationaler Vergleich

Die Umstellung der Leistungsbeziehungen von einem marktfernen Subventionsmodell auf kontraktbasierte „Quasi-Märkte" ist kein rein deutsches Phänomen. International ist diese Entwicklung im Zuge der New Public Management-Bewegung in unterschiedlichen Ausprägungen zu beobachten (vgl. Pollitt/Bouckaert 2004). Dabei ist die jeweilige Entwicklung natürlich von den Entwicklungspfaden der nationalen Wohlfahrtssysteme abhängig (vgl. Bahle 2007). Im angelsächsischen Bereich ist diese Diskussion eng mit der Privatisierungsdiskussion verwoben, da diese beispielsweise in Großbritannien Hand in Hand lief. Im deutschen Fall mit der traditionell starken freien Trägerlandschaft stand dagegen eher der Non-Profit-Bereich im Mittelpunkt des Interesses. Aus dem deutschsprachigen Bereich ziehe ich zudem noch Schweizer Erfahrungen heran, da hier einerseits weitergehender als in Deutschland mit NPM und Kontraktmanagement gearbeitet wird, andererseits die Trägerstrukturen mit einem starken Dritten Sektor durchaus mit Deutschland vergleichbar sind. Der kurze internationale Ausblick ist für diese Studie insofern bedeutsam, als in der internationalen Diskussion die eher verwaltungswissenschaftliche Frage der Steuerungsaspekte und nichtintendierter Wirkungen thematisiert wird, die in der deutschen soziologisch und sozialpädagogisch geprägten Diskussion unterbelichtet bleibt. Die Erfahrungen aus der angelsächsischen und Schweizer Literatur zeigen in verschiedenen Bereichen der Kontraktualisierung auf, dass auch in den weniger wohlfahrtskorporatistisch verfassten Systemen die Implementation von Leistungsverträgen in der Regel nicht den NPM-Blaupausen entspricht. Vielmehr zeigen sich einige Tendenzen, die durchaus mit den deutschen Erfahrungen vergleichbar sind.

Die Vergabe der Leistungsvereinbarungen scheint auch in der Schweiz und angelsächsischen Ländern eher auf etablierten Beziehungen denn auf Ausschreibungswettbewerben zu basieren: Für die Schweiz wird konstatiert: „Bestehende Beziehungen, Vertrauen und Stabilität bestimmen das Zustandekommen von Leistungsverträgen, nicht Marktelemente wie Preis, Quantität und Qualität" (Ruflin 2006: 243). Wettbewerb (z.B. durch Ausschreibungen) spielte dabei keine Rolle: „Daher hat mit Ausnahme einer Stadt keine der Städte je die einzukaufenden Leistungen ausgeschrieben, stattdessen mit bisherigen Partner/innen die Form der Zusammenarbeit verändert." (Ruflin 2006: 128; vgl. auch 165ff.). Auch in den oft als liberalen Marktökonomien (vgl. Hall/Soskice 2001) bezeichneten angelsächsischen Staaten bleibt trotz Privatisierung und der Übertragung sozialer Dienste der Wettbewerb häufig aus. Van Slyke kommt in einer Sekundäranalyse von 12 Studien zum Kontraktmanagement mit sozialen Diensten aus den USA zum Schluss: „There are several consistent findings across the empirical studies examining the government-nonprofit social service contracting relationship. These include a lack of competition, administrative capacity on the part of both actors – public and nonprofit and performance measures" (Van Slyke 2003: 298). Hinsichtlich der Akteurkonstellationen ergibt sich eine dem deutschen Bild nicht unähnliche Diagnose: „Networks and relationships between nonprofits and agency and elected officials are costly barriers to creating meaningful competition" (Van Slyke 2003: 303).[49] Häufig wird explizit die Vertragsgestaltung der Auftragnehmerseite übertragen. Die Delegation der Vertragsgestaltung auf die Leistungserbringerseite ist offensichtlich auch in der Schweiz gang und gäbe, wie Regula Ruflin berichtet: „Die Verwaltung konnte sanft den Systemwechsel vollziehen, die NPO hatte namhaftes Mitspracherecht und konnte sich gegenüber anderen Anbieter/innen im Sozialen Sektor als Kontraktspezialistin positionieren" (Ruflin 2006: 145). Damit generiert Kontraktmanagement neue Informationsasymmetrien, die von privilegierten Anbietern als neue Machtressourcen eingesetzt werden können. Angesichts dieser Entwicklung wird konstatiert, dass es kaum zu größerer Wahlfreiheit für die Klienten kam und für die Anbieter dadurch auch wenige Anreize für eine verstärkte „Kundenorientierung"

---

[49] Ähnliche Befunde bei Beinecke et al. 1997: 51; Johnson et al. 1998:

bestünden (vgl. Powell 1999). In den Fällen, in denen Kontraktmanagement tatsächlich zu verstärktem Wettbewerb führe, sei hingegen eine Konzentration auf relativ unproblematische Fälle (Creaming off) zu beobachten (vgl. Barnett/Newberry 2002; Beinecke et al. 1997). Hinsichtlich der Auswirkungen des Kontraktmodells auf die Kostenentwicklung wird auch hier ein dem deutschen Beispiel ähnliches Szenario präsentiert: Es herrscht eine bessere Kosten-Leistungstransparenz, aber auf Grund hoher Transaktionskosten entstehen eher höhere Kosten: „Berücksichtigt man den Aufwand der NPO wie auch der öffentlichen Hand im Gegensatz zum Vorgehen im Subventionsmodell, so ist Kontraktmanagement vieles, sicherlich kein Sparinstrument" (Ruflin 2006: 152). Auch im angelsächsischen Bereich werden erhebliche Transaktionskosten beobachtet (vgl. Brown/Potoski 2003).

Als Erklärungsfaktoren für diese symptomatischen Diagnosen lassen sich aus der internationalen Literatur drei wesentliche Ursachenbündel herausarbeiten:

4. Angebotsseitig eine begrenzte Zahl von Anbietern auf den lokalen Märkten (vgl. Smith/Smyth 1996: 282ff.; Johnson et al. 1998: 318).
5. Nachfrageseitig eine Reduzierung der Informations- und Suchkosten durch Kontrakte mit schon bekannten Anbietern (vgl. Johnson et al. 1996: 317).
6. sowie eine allgemeine Zufriedenheit mit der bisherigen Leistungserbringung und die Bevorzugung von langfristiger Programmstabilität vor kurzfristigem Wettbewerb (vgl. Johnson et al. 1998: 317f.).

In vielen Studien wird insbesondere die Bevorzugung der Programmstabilität vor Wettbewerb hervorgehoben (vgl. Romzek/Johnston 2002: 447ff.; Smith/Smyth 1996: 290; Milward/Provan 2000: 369f.): Im Bereich Sozialer Dienste sei gegenüber den Klienten fachliche Stabilität gefordert. Viele Interaktionsbeziehungen zwischen sozialen Einrichtungen bzw. ihrem Personal und den Klienten sind langfristiger Natur und eine stabilisierte Vertrauensbeziehung ist Voraussetzung für den Erfolg vieler Maßnahmen (am Beispiel gemeindepsychiatrischer Maßnahmen: „Stable programs tend to have the best clinical results" (Smith/Smyth 1996: 290)). Neben den fachlichen Effektivitätsgesichtspunkten ist Stabilität auch Grundlage der Entwicklung von kooperativen Orientierungen zwischen den Akteuren (vgl. Axelrod 1984). Auch wenn die Konzeption des Kontraktmanagements mit Controlling und Qualitätsmanagement ein Stück weit Misstrauen institutionalisiert (vgl. Power 1999), scheint Vertrauen zwischen den etablierten Spielern häufig weiter zu bestehen (was z.B. die „harte" Implementation von Leistungskontrollen entbehrlich zu machen scheint) oder gar konstitutiv für das Funktionieren wohlfahrtsstaatlichen Kontraktmanagements zu sein (vgl. Ruflin

2006 für die Schweiz; Smith/Smyth 1996 für die USA; Duberly/Johnson 1999: 549; Johnson et al. 1998; Powell 1999: 872ff. für Großbritannien). So könne Vertrauen zwischen den Akteuren Transaktionskosten minimieren (vgl. Milward/Provan 2000: 368); allerdings führe dies in diesen Fällen auch zu einer Vernachlässigung der Implementation wirksamer Controllinginstrumente (vgl. Brown/Potoski 2003: 293).

3.5 Zusammenfassung

Zusammenfassend lassen sich aus dem gegenwärtigen Forschungsstand also folgende Annahmen destillieren, die das weitere Vorgehen und die Hypothesenbildung dieser Arbeit anleiten. Hinsichtlich des institutionellen Wandels ergeben sich folgende Diagnosen:

1. Es liegt nur ein begrenzter Wandel der Wohlfahrtsarrangements trotz verbreiteter formaler Implementierung von Kontrakten und Leistungsvereinbarungen vor. Überzogene Hypothesen zum Wandel haben nur eine sehr schmale empirische Basis oder beziehen sich auf nicht mehr kommunal verantwortete Aufgabenbereiche wie den der Pflege. Eine detaillierte empirische Analyse der Trägerstrukturen und deren Zusammenhang mit der Implementierung von Kontrakten und Leistungsvereinbarungen liegt jedoch bislang nicht vor. Eine Analyse dieses Wandels soll in Abschnitt 1 geleistet werden.
2. Die formale Implementation kontraktähnlicher Instrumente verzichtet auf wesentliche im Kontraktmodell des New Public Management vorgesehener Elemente: Wettbewerb und eine tatsächliche Steuerung von der Leistungsseite (über Output- und Wirkungsindikatoren) finden kaum statt. Die Verbreitung dieses offensichtlichen Implementationsdefizits soll ebenfalls in Abschnitt 5 auf eine breitere empirische Basis gestellt werden als in der gegenwärtigen Literatur aufzufinden ist.

Zur Erklärung dieser auf den ersten Blick kontraintuitiven Befunde bietet insbesondere die internationale Literatur folgende Angebote:

1. Als Erklärungsfaktoren für die erhebliche Stabilität der etablierten Akteursbeziehungen, die durch neue Leistungsarrangements und vermehrte Aufgabenübertragung durch die Kommunen eher gestärkt werden, werden einerseits unvollkommene Märkte auf der Angebotsseite identifiziert: Häufig finden sich alternative Angebote auf der Seite der Leistungserbringer nur in

spezifischen (marktfähigen) Nischen mit relativ geringen Einstiegskosten. Ein zweiter wesentlicher Faktor sind Informations- und Transaktionskosten auf der Nachfragerseite, die mit einer weitgehenden Zufriedenheit mit der gegenwärtigen Situation einhergehen. Die Problemanalysen, die Gesetzgeber und Verwaltungsspitze zur Einforderung neuer Instrumente trieben, werden an der Fachbasis nicht geteilt. Drittens spielen auch fachliche Erwägungen eine Rolle, die langfristige Programmstabilität kurzfristigem Wettbewerb vorziehen. Eine an theoretischen Konzepten orientierte Systematisierung dieser inhärenten Beharrungskräfte soll in Abschnitt 4 erfolgen; eine empirische Rekonstruktion von Akteursorientierungen in Fallstudien erfolgt in Abschnitt 6.
2. Als Erklärungsfaktoren der formellen aber nicht substantiellen Implementation von Leistungsverträgen und Kontrakten – also das Abweichen der „Formalstruktur" von der „Aktivitätsstruktur" (Meyer/Rowan 1991) – bieten sich drei Lesarten an: Einerseits werden die Instrumente auf Druck „von oben" implementiert, treffen an der Basis jedoch auf Widerstand. Unterstützt von Informationsasymmetrien werden die Instrumente nur formal implementiert (shirking), Änderungen sind rein legitimatorischer Natur. Eine zweite Lesart geht davon aus, dass die Akteure an der Basis die Instrumente nicht nur unterlaufen, sondern aktiv für ihre eigenen Interessen nutzen, die von den Interessen der „Auftraggeber" der Implementation abweichen (Subversion). Auch hier sind Informationsasymmetrien und zusätzlich erhebliche Handlungsspielräume der Basis Voraussetzung. Drittens kann auch der „Druck von oben" weitgehend fehlen und die Implementation geschieht im Einverständnis von Verwaltungsspitze und Fachebene aus rein legitimatorischen Gründen.

4 Konzeptioneller und theoretischer Rahmen

Die Perspektive dieser Arbeit ist policy-orientiert – sowohl Verwaltungsmodernisierung (vgl. Jann 2001) als auch die Ausgestaltung lokaler Wohlfahrtsarrangements (vgl. Kaufmann 1979, 1994) werden in ihrer materialen Ausgestaltung als Ergebnisse politischer Prozesse, des Policy-Making, betrachtet. Dabei ist der spezifische Fokus dieser Arbeit auf die Implementationsphase gerichtet (vgl. Mayntz 1980; Wollmann 1979; 1983). Als Implementationsphase wird in der Policyforschung die Phase der unmittelbaren Umsetzung von politischen Entscheidungen und Programmen verstanden. Im idealtypischen Policy-Zyklus (vgl. Windhoff-Héritier 1987; Jann/Wegrich 2003) ist sie am Ende einer Kette aus Problemdefinition, Agenda Setting und Politikformulierung angesiedelt. In der klassischen Dichotomie der „legislatorischen Programmsteuerung" (vgl. Grauhan 1969) markiert sie die „Übernahme" „Umsetzung" und „Durchführung" des politischen Willens durch die Verwaltung. Im Mittelpunkt der Arbeit stehen also nicht die Phasen der Entscheidungsvorbereitung und -findung, sondern die Umsetzung von politischen Programmen. Nicht Regelgenese, sondern Regelanwendung steht im Fokus. Diese Prozesse spielen sich in zwei abgrenzbaren Arenen ab – der der allgemeinen Verwaltungsmodernisierung und der der Ausgestaltung lokaler Wohlfahrtsarrangements. Beide weisen jeweils verschiedene Akteurskonstellationen und Handlungslogiken auf (z.B. Effizienzorientierung einerseits, Orientierung an Problemlagen und Bestandsinteressen andererseits). Inwieweit beide Arenen verwoben sind, ist zunächst eine empirische Frage, die diese Arbeit anleitet. Insofern ist die Arbeit auch ein Beitrag, dem konstatierten Mangel an substantiellen Politikfeldanalysen auf lokaler Ebene (vgl. Bogumil/Holtkamp 2006: 126) ein kleines Stück weit zu begegnen.[50]

---

[50] Die Policy-Analyse oder Politikfeldanalyse als theoriegeleitete und anwendungsorientierte Teildisziplin der Politikwissenschaften wird geeint durch den Fokus auf materielle Policies und deren Erklärung durch Eigenschaften des Politikfeldes, den institutionellen Rahmen (polity) und Akteure, deren Handeln und Interaktionen (politics). Darüber hinaus zeigen sich jedoch erhebliche Differenzen in den theoretischen und methodologischen Orientierungen, die hier nicht in ihren Einzelheiten nachverfolgt werden können. Aktuelle Überblicke des breiten Spektrums von Ansätzen, das von der Staatstätigkeitsforschung über den akteurzentrierten Institutionalismus hin zu neueren diskurstheoretischen, partizipativen und kognitionstheoretischen Zugängen reicht, bieten Schneider/Janning 2006 und Sabatier 1999.

Vorliegende Arbeit orientiert sich im weitesten Sinn an einer am akteursorientierten Institutionalismus (vgl. Mayntz/Scharpf 1995; Scharpf 2000) angelehnten Heuristik. Im Zentrum dieser Perspektive (vgl. Ostrom 1999; Scharpf 2000) steht das Zusammenspiel zwischen institutionellem Kontext, beteiligten Akteuren, Akteurskonstellationen und deren Interaktionen in spezifischen Handlungssituationen. Das zentrale Problem des Wandels von Akteursbeziehungen in lokalen Wohlfahrtsarrangements kann im weitesten Sinn als Institutionenwandel begriffen werden. Im Fokus stehen die dem institutionellen Set der lokalen Wohlfahrtsproduktion zugrunde liegenden Regelsysteme. Legt man Elinor Ostroms Unterscheidung von formalen Regeln, den „rules in form", und informellen Regeln, den „rules in use" (vgl. Ostrom 1986, 2007) zu Grunde, lassen sich für die Stabilität und den Wandel etablierter Strukturen zwei Gruppen von möglichen institutionellen Bestimmungsfaktoren benennen. Die formalen Regeln stammen einerseits aus der Gesetzgebung, andererseits aus den Spielregeln, die sich die Kommunen selbst auferlegen (Satzungen etc.). Die „rules in use" dagegen umfassen daneben etablierte Interaktions- und Vertrauensbeziehungen, informelle Praktiken, Normen und Tauschgeschäfte.

Zur analytischen Begründung ist es daher in einem ersten Schritt notwendig, die sowohl formalen wie informalen Regelungsstrukturen im betrachteten Feld zu identifizieren und theoretische Ansätze zur Begründung der Stabilität und Wandlungsfähigkeit herauszuarbeiten. Zunächst wird hier der neoinstitutionalistische Blick auf Institutionen und Regelsysteme (4.1) eingeführt und Probleme einer ausdrücklichen Institutionenpolitik thematisiert (4.2). Anschließend werden etablierte Konzeptionen lokaler Wohlfahrtsarrangements einerseits (4.3 und 4.4) und kommunalpolitischer Entscheidungsstrukturen andererseits (4.5) durch diese theoretische Perspektive reformuliert. In einem abschließenden Schritt wird auf dieser Grundlage ein Rückschluss auf die in den Ausgangsfragen skizzierten konkurrierenden Thesen des „Wandels" bzw. der „Beharrung" lokaler Wohlfahrtsarrangements gezogen werden. Die oben formulierte Beharrungsthese kann durch diese Linse dahingehend reformuliert werden, dass sich trotz eines Wandels der formalen Regeln die „rules in use" nicht zwangsläufig „mitwandeln". Daher werden in diesem Abschnitt akteursbezogene Grundprobleme der Institutionenpolitik thematisiert, die sich holzschnittartig auf den Konflikt zwischen Pfadabhängigkeit und Institutionenwahl – Institutional Choice – bringen lassen (4.6). Aus dem Zusammenspiel von institutionellen Arrangements und Akteurhandeln sollen schließlich im dritten Schritt Hypothesen zum Wandel bzw. Beharrungsvermögen lokaler Wohlfahrtsarrangements abgeleitet werden (4.7).

4.1 Institutionen und Regelsysteme

In der neueren Diskussion über Institutionen, die sich in den verschiedenen Spielarten des Neo-Institutionalismus niederschlägt (vgl. Peters 2005; Hall/Taylor 1996; Immergut 1998), werden politische Institutionen im Gegensatz zum „alten" Institutionalismus in ihrer Doppelfunktion als handlungs*beschränkende* und handlungs*ermöglichende* Strukturen betrachtet (vgl. Benz 2004a). Gemeinsam ist diesen neuen Institutionalismen die Abkehr vom klassischen Institutionenbegriff, der Institutionen weitgehend mit formal verfassten Regelsystemen und Organisationen gleichsetzte (vgl. North 1990; Peters 2005). Die Definitionen von „Institutionen" und insbesondere die Annahmen über die Voraussetzungen des Handelns von Akteuren weichen allerdings z.T. erheblich von einander ab. Vertreter eines „Rational Choice Institutionalism" (z.B. Ostrom 1999, Scharpf 2000) fassen Institutionen als sanktionierende Regelsysteme auf, die die erwarteten Kosten und Nutzen der Akteure beeinflussen. Die Akteure sind sich aber ihrer Präferenzen bewusst und sind im Rahmen ihrer begrenzten Rationalität (vgl. Simon 1997) strategiefähig. Vertreter eines breiteren „soziologischen" Neo-Institutionalismus (z.B. March/Olsen 1989) fassen auch internalisierte Verhaltensmuster, Sinnorientierungen und Handlungsroutinen etc. als Institutionen auf. Während erstere Ansätze dem intentionalen Akteurhandeln und dem Modell des (beschränkt rationalen) Nutzenmaximierers weiten Raum geben („logic of consequentiality"), bleibt kalkulierendes Akteurhandeln in letzteren die Ausnahme; vielmehr verhalten sich Akteure dem institutionellen Setting gegenüber angemessen, verfolgen also in erster Linie Routinen, Standardprozeduren und „Skripts", die von den Institutionen vorgegeben werden („logic of appropriateness") (vgl. March/Olsen 1984, 1989).[51]

Die Ausdifferenzierung dieser politikwissenschaftlichen Schulen in einen „calculus-" und einen „cultural-approach" deckt sich weitgehend mit der allgemeineren – eher durch soziologische Theorieentwicklung geprägten – modernen Institutionentheorie (vgl. Scott 1995), die den „engen" regulativen Institutionenbegriff, wie ihn der Rational-Choice-Institutionalismus vertritt, um eine normative und eine kognitive Dimension erweitert (vgl. Jann 2008: 10ff.). Diese drei

---

[51] Der nach dem einflussreichen Aufsatz von Hall und Taylor (1996) häufig als dritte Spielart des Neoinstitutionalismus eingeordnete „Historische Institutionalismus" liegt in seiner Fokussierung quer zu der Unterscheidung zwischen dem „Rational-Choice"- und dem „Soziologischen" Institutionalismus, die sich vor allem im Institutionenbegriff und den Vorstellungen über die Voraussetzungen des Akteurhandelns unterscheiden. Demgegenüber weist der historische Institutionalismus einen recht offenen Institutionenbegriff auf, der sowohl aus einer „Rational Choice" als auch einer soziologisch-kulturalistischen Perspektive zu füllen ist und zieht seine Eigenart aus der zeitlichen Perspektive und dem Hinweis auf die Möglichkeit pfadgebundener alternativer Rationalitäten. Es handelt sich also weniger um eine dritte Spielart, sondern um eine Perspektiverweiterung.

Dimensionen oder „Säulen" fasst Jann (2008: 11) in Anlehnung an Scott (1995) folgendermaßen zusammen:

- Die *regulative Säule* umfasst die klassischen formalen Regeln, die ihre Verbindlichkeit in erster Linie aus der Androhung von Sanktionen einerseits, positiven Anreizen für regelkonformes Verhalten andererseits schöpfen. Die grundlegenden Mechanismen basieren folglich auf einer Orientierung der Akteure an einer „logic of consequentiality".
- Die *normative Säule* beruht demgegenüber auf sozialen Verpflichtungen und normativen Erwartungen an angemessenes Verhalten, folgt folglich einer „logic of appropriateness" (vgl. March/Olsen 1989).
- Die *kognitive Säule* besteht schließlich auf Annahmen, die für „wahr" gehalten, d.h. nicht mehr hinterfragt werden und von wesentlichen Akteuren kollektiv geteilt werden (vgl. Scott 1995).

Diese Arbeit folgt einem weiten Institutionenbegriff und betrachtet Institutionen als Regelsysteme, die Akteure in ihren Wahlhandlungen begrenzen, ihnen aber durch Handlungsentlastung und die Bereitstellung von klaren Regeln, Rollen, Leitideen und Erwartungssicherheit – kurz Spielregeln – diese auch erst ermöglichen.[52] Ich gehe im Weiteren jedoch davon aus, dass die reine Beschränkung auf eine der Perspektiven zur Formulierung gegenstandsbezogener Hypothesen wenig sinnvoll ist und folge einem Ansatz, der dem von Jann (2006: 133f) vorgeschlagenen „transformative approach" der skandinavischen Schule der Verwaltungswissenschaft nahe steht und sowohl strategisches interessengeleitetes Handeln in mit Sanktionen bewehrten Regelsystemen („regulative Säule"), politisch-administrative Kultur und Traditionen („normative Säule") wie auch von der Umwelt herangetragene politisch-administrative Ideen und Doktrinen („kognitive Säule") berücksichtigt. Ähnlich sieht auch Peters die verschiedenen Spielarten des Neoinstitutionalismus „more as complementary than competitive explanations for political phenomena" (Peters 2005: 2; vgl. auch Immergut 1998: 28).

4.2 Institutionenpolitik als Policy

Institutionen wandeln sich entweder durch Zufall, Evolution oder intendierte Intervention (vgl. Goodin 1996: 24-25; Czada/Schimank 2000). Während Basisinstitutionen wie die Familie, der Staat, gesellschaftliche Konventionen durch

---

[52] Die breite Debatte über Institutionen und verschiedene Spielarten des Neo-Institutionalismus soll hier aus Raumgründen nicht weiter verfolgt werden. Vgl. als politikwissenschaftliche Überblicke Hall/Taylor 1996; Peters 2005.

Institutionenpolitik als Policy 103

eine langen historischen Prozess „evolutionär" entstanden sind (Emergenz), handelt es sich im Falle intendierter Gestaltung um einen Fall von Institutionenpolitik oder -gestaltung. In einer klassischen Definition (vgl. Böhret 1983) wird Institutionenpolitik als „intentionale Gestaltung und Veränderung der Strukturen, Prozesse und Kulturen" (Jann 2008: 16) begriffen. Legt man die unterschiedlichen Dimensionen des Institutionenbegriffs zugrunde (vgl. 4.1), kann sich Institutionenpolitik auf die Anpassung der Regel- und Sanktionssysteme sowie der kognitiven und normativen Grundlagen beziehen (vgl. Jann 2005: 21). Institutionenpolitik als intendierter Wandel impliziert eine Steuerungsperspektive, die im Anschluss an Mayntz (1987) die Betrachtung eines Steuerungssubjektes umfasst, das mit Steuerungsinstrumenten an einem Steuerungsobjekt versucht, Steuerungsabsichten zu verwirklichen. Ob die Steuerungsabsichten erreicht werden und ob die gewählten Instrumente die dafür geeigneten waren, bleibt eine offene empirische Frage. Lokale Institutionenpolitik als intendierte und zielgerichtete Veränderung der Institutionen lokaler Politik wird im Folgenden in zwei überlappenden Arenen untersucht. „Der Begriff Arena steht für einen Bereich kollektiven Handelns, der durch spezifische institutionelle Regeln sowie durch territoriale, funktionale oder soziale Grenzen der Interaktion bestimmt ist" (Benz 2006: 39-40). Im vorliegenden Fall haben wir es mit zwei solchen Arenen der Institutionenpolitik zu tun. Zum einen ist dies die Arena der Binnenmodernisierung der Verwaltungen, zum anderen die der Gestaltung der lokalen Wohlfahrtsarrangements. Dabei überlagern sich Prozesse intendierten Institutionenwandels mit Entwicklungen eher evolutionären Charakters. Hierzu gehören im Fall der lokalen Wohlfahrtsarrangements ökonomische sowie demographische Entwicklungen, sowie Prozesse des Wertewandels und der Säkularisierung. Ähnlich stellt die Einwanderung von Personen mit nicht-christlichem Hintergrund die großen Trägerverbände der Caritas und Diakonie vor neue Herausforderungen bzw. kann deren privilegierte Stellung fragwürdig erscheinen lassen.[53]

Hinsichtlich der intendierten Gestaltbarkeit von Institutionen ist in den vergangenen Jahrzehnten eine gewisse Steuerungsskepsis zu beobachten, die ihre Parallelen in der allgemeinen Diskussion um politische Steuerung findet. Steuerungstheoretische Überlegungen (vgl. zusammenfassend Mayntz 1996; 2006) waren in den 1970er Jahren in der Ära der „aktiven Politik" von einer gewissen Planungseuphorie geprägt, die von einer grundsätzlichen Gestaltbarkeit gesellschaftlicher Institutionen ausging. Kennzeichnend für diese Phase war eine „Gesetzgeberperspektive", die von einer unproblematischen Durchsetzbarkeit gesell-

---

[53] Christlich geprägte Kindertagesbetreuung kann so zu einer hohen Selbstselektion unter der Elternschaft führen und Segmentationsprozesse beschleunigen: Kommunale säkulare Tagesstätten werden so leicht zum Sammelbecken von Kindern aus Familien mit nicht-christlichem Migrationshintergrund, was integrationspolitisch fragwürdig erscheinen muss.

schaftlicher Reformen „von oben" ausging. Das relative Scheitern zahlreicher in dieser Phase initiierter Reformvorhaben führte in den 1980ern zu zunehmender Skepsis und einer Ausdifferenzierung der Steuerungstheorie, die von radikalem Reformfatalismus (vgl. Luhmann 1989) bis hin zu einer differenzierter argumentierenden Steuerungsdebatte führte (vgl. Scharpf 1989; Mayntz 1987). Ein wichtiger Schritt dieser Debatte war die Abkehr von einer top-down-Perspektive und die Beachtung gesellschaftlicher Akteure außerhalb des Kerns von Staatlichkeit in den so genannten „staatsnahen Sektoren" (Mayntz/Scharpf 1995). Ein zweiter Schritt war die Beachtung der Implementationsphase politischer Programme.

Für die Implementationsforschung seit den 1970er und 1980er Jahren (vgl. Mayntz 1983; Windhoff-Héritier 1988; Wollmann 1979; 1983) spielten insbesondere Handlungsspielräume der implementierenden Ebene eine besondere Rolle. Außerdem setzte sie sich mit der Rolle der Steuerungsadressaten und der Rolle der „street-level-bureaucrats" und deren zum Teil widersprüchlichen Rolle auseinander. Wesentlicher Ausgangspunkt der Implementationsforschung ist dabei die Einsicht, dass administratives Handeln nicht vollständig durch Gesetze und andere Zielvorgaben steuerbar ist (Regelsetzung), sondern dass auch Regelinterpretation und Regelumsetzung eine gewichtige Rolle für die materialen Ergebnisse spielen. Abweichungen von den Zielsetzungen des politischen Auftrags können dabei aus unterschiedlichen Quellen kommen (vgl. Bogumil/Jann 2009: 173). Hinsichtlich der *Programmkonkretisierung* ergeben sich Handlungsspielräume häufig durch Interpretationsspielräume in der Programmansiedlung und -durchführung. Ebenso sind die genaue Ressourcenallokation und Einzelfallentscheidungen offen für Interpretationen der durchführenden Akteure vor Ort. Die Tragweite dieser Handlungsspielräume wurde zunächst in der US-amerikanischen Implementationsforschung (vgl. Pressman/Wildavsky 1973; Wollmann 1979: 10-16) thematisiert, die zeigte, dass die Implementationsphase über Erfolg und Misserfolg eines politischen Programms entscheiden kann. In Deutschland fasste sie als skeptische Nachhut der Planungseuphorie der 1960er Jahre in den 1970er Jahren Fuß (vgl. Wollmann 1979 als Übersicht).

Dabei lassen sich unterschiedlich Spielarten von Implementationseffekten unterscheiden (vgl. Mayntz 1997: 217):

- Vollzugsdefizite, insbesondere bei regulativen Programmen (vgl. Mayntz 1997: 217), durch Merkmale des Programms (zu komplexe Regelungsmaterien führen zu „pragmatischer Vorschriftenreduktion im Vollzug" (Wagener 1979: 244)), Implementationsstrukturen (unklare Zuständigkeiten oder unzureichende personelle oder finanzielle Ausstattung) oder Merkmale des Regelungsumfeldes (fehlender Einfluss der vollziehenden Instanz).

Institutionenpolitik als Policy 105

- Zielverschiebungen, also die Substitution der ursprünglich im Programm angelegten durch neue Ziele. Dies kann sowohl durch Aushandlungsprozesse oder selektive Interessenverfolgung zu Stande kommen.
- Ungewollte soziale Selektivitäten.

Der Handlungsspielraum der ausführenden Ebene hängt dabei von der Intensität der Steuerung durch vorgesetzte Behörden, dem Programmierungsgrad der Aufgabe und der Ressourcenausstattung ab (vgl. Mayntz 1997: 213). Die kommunale Jugendhilfe zeichnet sich im Allgemeinen durch eher weiche Steuerung durch übergeordnete Behörden, eine mittleren Intensität des Programmierungsgrades (vor allem Vorgaben zu Organisation (Einheit des Jugendamtes, Zweigliedrigkeit) und Aufgaben) aus. Die Aufgaben sind zwar rechtlich weitgehend vorstrukturiert, in den Details ihrer Ausführung liegen jedoch erhebliche Handlungsspielräume (vgl. Abschnitt 2.2.1). Die zur Verfügung stehenden Ressourcen hängen stark von der Haushaltslage der Kommune ab und variieren daher stark zwischen den Kommunen. Insofern lassen sich innerhalb der Strukturvorgaben recht große Handlungsspielräume und eine erhebliche interkommunale Varianz erwarten.

Neben der politikwissenschaftlichen Implementationsforschung hat vor allem die neoinstitutionalistische Organisationsforschung auf die Problematiken „rationalistischer" Implementationserwartungen hingewiesen und einen Schwerpunkt auf die „Immunisierung" von Organisationen gegenüber solchen Verhaltenserwartungen ihrer Umwelt gelegt (vgl. Meyer/Rowan 1991 [1977]; DiMaggio/Powell 1991). Nach diesem Ansatz sind Organisationen zwar bemüht, Legitimität durch formale Anpassung an Anforderungen der Umwelt zu gewinnen; dies geschehe jedoch in der Regel durch die Schaffung von „Rationalitätsmythen" und rein „zeremonieller" Übernahme von Außen herangetragener Praxen. Diese formalen Anpassungen seien aber nur „lose" mit der tatsächlichen Aktivitätsstruktur der Organisation gekoppelt (*„decoupling"*: Meyer/Rowan 1991 [1977]: 57).[54] Diese Ergebnisse der politikwissenschaftlichen und organisationssoziologischen Implementationsforschung führen zur Erkenntnis eines häufigen „Umspielens" der oftmals zu einfachen und „rationalistischen" Konzepte der Verwaltungsmodernisierung und kontraktbasierter Strategien. Die an Konzepten der Mikropolitik orientierte Analyse von Modernisierungsprozessen kommt daher zu dem Ergebnis: „Das Konzept des PM [Public Management] steht dem mikropolitischen Handeln der Akteure naiv gegenüber. Übersehen werden die heimlichen Mauscheleien, die partiellen Interessenkonvergenzen, die organisationsinternen Bündnisse und Koalitionen, kurzgesagt der Kampf um Positionen

---

[54] Vgl. zum Konzept des „decoupling" auch Brunssons Ansatz der „heuchelnden Organisation" (Brunsson 1989; Brunsson/Olsen 1993).

und Besitzstände, Ressourcen und Karrieren, Einfluss und Macht" (Bogumil/Kißler 1998: 124f.).

Angesichts der neuen Steuerungsskepsis entwickelte sich die Fragestellung der Steuerungstheorie zunehmend nach Bedingungen für das Gelingen von Reformvorhaben (vgl. Scharpf 1987). Dabei wurde insbesondere eine Reihe von exogenen und endogenen Erklärungsfaktoren identifiziert, die weitgehend nach der Heuristik des akteurzentrierten Institutionalismus (Mayntz / Scharpf 1995; Scharpf 2000) interpretiert wurden. Die exogenen Faktoren beziehen sich dabei in erster Linie auf den institutionellen Kontext, die endogenen Faktoren auf Akteure, ihre Interessen sowie kognitiven und normativen Orientierungen sowie die Interaktionskonstellationen und -formen zwischen ihnen. Für den Fall lokaler Modernisierungsprozesse (vgl. zum Weiteren auch Bogumil et al. 2007: 97-120 und Kuhlmann et al. 2008: 34-35) wurden insbesondere die *Gemeindegröße, Haushaltslage und fiskalische Rahmenbedingungen* sowie – für den deutschen Fall – die spezifischen Legacies der Zugehörigkeit zu den *Neuen oder Alten Ländern* als wesentliche exogene Faktoren (Institutioneller Kontext) identifiziert.

Hinsichtlich der *Gemeindegröße* wird insbesondere mittelgroßen Städten eine besondere Modernisierungsbereitschaft unterstellt, während Großstädte sowie kleinere Städte und Gemeinden in der Regel reformdistanzierter seien. Die mangelnde Reformfähigkeit großer Städte wurde durch deren schwerfällige bürokratische Apparate und starke Reformblockaden erklärt. Die Reformdistanz kleiner Kommunen wurde hingegen einerseits damit begründet, dass diese nur sehr begrenzt über Kapazitäten verfügten, die sie für über das „Tagesgeschäft" hinausgehende Modernisierungsaktivitäten mobilisieren könnten, zum anderen damit, dass manches an formalisierten „neuen" Steuerungsinstrumenten für kleinere Gemeinden (vgl. Maaß 2002) aufgrund geringerer Komplexität nicht erforderlich sei oder speziell auf die Bedürfnisse der größeren Städte abgestimmt sei.

Die bisherige Diskussion zum Einfluss der *Haushaltslage* (vgl. Holtkamp 2000) zeichnete sich durch zwei zunächst konkurrierende Argumente aus: Einerseits wurden Haushaltsprobleme als wesentlicher Impuls für die Einleitung einer Modernisierung mit NSM-Instrumenten gesehen, da diese erhebliche Konsolidierungspotentiale versprachen. Andererseits wurde eine schlechte Haushaltslage aber auch als entscheidendes Hindernis für einen umfassenden Modernisierungsprozess gesehen, da die (zunächst) notwendigen Ressourcen für Planung und Implementierung der NSM-Instrumente nicht in erforderlichem Maße aufgebracht werden könnten. Der vorhandene Haushaltsdruck führe daher zu einer nur teilweisen Implementierung und eine Konzentration auf Instrumente, die eine kurzfristige Konsolidierung versprächen (z.B. Budgetierung als Instrument zur Kostendeckung) (vgl. Holtkamp 2000). Hinsichtlich der spezifischen *Legacies ost- und westdeutscher Kommunen* wird ein deutliches West-Ost-Gefälle in der

Reformbereitschaft konstatiert. Dies wurde in der Regel durch die Bewältigung der Folgeprobleme des institutionellen Neu- und Umbaus in den neuen Bundesländern erklärt, die den ostdeutschen Kommunen wenig Spielraum für Modernisierungsmaßnahmen lasse.

In einer akteurzentrierten Sichtweise, die diese Rahmenbedingungen nicht als deterministisch auffasst, sondern den Akteuren deutliche Handlungs- und Interpretationsspielräume zubilligt, wurden neben diesen Kontextvariablen verschiedene Aspekte der Handlungssituation der Akteure identifiziert, die maßgeblich für einen Implementationserfolg angesehen werden. Maßgebliche Akteure sind zunächst diejenigen, die an Veränderungen interessiert sind, aber auch diejenigen, die positiv oder negativ von ihnen betroffen werden. Diese akteurzentrierte Sichtweise ist u.a. der Einsicht geschuldet, dass Verwaltungsmodernisierung hochgradig personen- und akteursabhängig ist (vgl. Naschold/Bogumil 2000: 225; Banner 2006: 254). Insbesondere werden die Handlungsorientierungen (Modernisierungsziele), das Vorhandensein von Befürworterkoalitionen im Sinne Sabatiers (1993) zum Aufbau eines breiten strategischen Konsenses zwischen Meinungsführern aus Politik, Verwaltung und Personalrat als wesentliche Faktoren benannt. Ebenso als bedeutsam wurde schließlich die Einrichtung von begleitenden „Parallel-Organisationen" (Naschold/Bogumil 2000, S. 226) im Sinne eines hierarchieunabhängigen Modernisierungsmanagements eingestuft. Des Weiteren wird der Beteiligung von Personalvertretung und Mitarbeitern (vgl. Kißler et al. 2000) und dem Einfluss externer Akteure (Spitzenverbände, Beratungsunternehmen, Gewerkschaften und nicht zuletzt der KGSt) eine nicht unwesentliche Bedeutung zugemessen.

Auch wenn Reformbetroffene nur eine begrenzte formale Kompetenz der Verhinderung von Reformmaßnahmen besitzen, haben sie dennoch nicht unerhebliche Blockademöglichkeiten. Diese ergeben sich nicht zuletzt aus Informationsasymmetrien. Oft haben niedrigere Hierarchiestufen bzw. die fachliche Ebene einen Vorsprung an Informationen über das konkrete Aufgabenfeld. Verhaltensänderungen wie „Dienst nach Vorschrift" in Reaktion auf institutionelle Änderungen können so nur schwer von der Verwaltungsspitze kontrolliert werden. In besonderem Maße gilt dies für Professionen – d.h. mit hochspezifischer Fachausbildung und berufsständischer Organisation versehene Berufsbilder – dominierte Fachbereiche, beispielsweise im technischen oder medizinischen Bereich, die ihr spezifisches Fachwissen und Berufsprestige gut gegen Steuerungsansprüche der Verwaltungsspitze in Stellung bringen können. Zudem können sie in ihrer jeweiligen Fachcommunity auch häufig von außen Unterstützung mobilisieren, seien es Ärzteverbände oder wie in unserem Fall besonders relevant die Wohlfahrtsverbände. Auch das hier interessierende sozialpädagogische bzw. sozialarbeiterische Feld kann zumindest in Teilen als fachlich organisierte Profession begriffen werden, in der die eigene fachpolitische Rationalität die Verwaltungsrationalität überlagern.

Die Anwendung eines neoinstitutionalistischen Rahmens zur Analyse lokaler Wohlfahrtsarrangements erfordert es, im nächsten Schritt den abstrakten Institutionenbegriff gegenstandsbezogen auf die betrachteten Arenen herunterzubrechen, was in den folgenden Abschnitten versucht wird. Zunächst sollen lokale Wohlfahrtsarrangements in dieser Perspektive betrachtet werden.

4.3 Lokale Wohlfahrtsarrangements: Stand der theoretischen Debatte

Lokale Wohlfahrtsarrangements können zunächst als besondere institutionelle Ausgestaltung der Beziehungen zwischen öffentlichem Sektor und Gesellschaft gesehen werden, wobei insbesondere das Verhältnis zwischen Kommunen und Trägerstrukturen der Wohlfahrtsproduktion von Bedeutung ist. Hier soll kein umfassender Überblick über die einschlägige Forschung, sondern ein auf die lokalen Interdependenzstrukturen fokussierter Überblick über die Diskussion gegeben werden, der zum Ziel hat, eine neo-institutionalistische Reformulierung der Konzeption lokaler Wohlfahrtsarrangements zu liefern. Im Zentrum steht also das Verhältnis zwischen Kommune und den lokalen Wohlfahrtsproduzenten und insbesondere die Interventions- und Kooperationsformen der kommunalpolitischen Akteure.

4.3.1 Basale Koordinationsmechanismen und „Governance"

In der Literatur finden sich verschiedene Konzeptualisierungen lokaler Wohlfahrtsarrangements, die in der Regel in einem ersten Schritt versuchen, die verschiedenen Träger, Einrichtungen und Leistungserbringer zu klassifizieren. Dabei wird in der Regel die idealtypische Unterscheidung der Extrempole Markt, Hierarchie und Gemeinschaft als „reinen" Koordinationsmechanismen genutzt, um schließlich Mischformen und hybride Koordinationsweisen – in der neueren Diskussion häufig auch als Governancemodi oder -regime bezeichnet – zu identifizieren. Abbildung 5 versucht eine „Kartographie" lokaler Wohlfahrtsproduktion anhand dieser drei Pole zu skizzieren. Diese Skizze dient als Heuristik, muss sich jedoch dem Vorwurf aussetzen, idealtypische Koordinationsmechanismen mit realen Sozialformen zu vermischen, die in ihrer Ausgestaltung nicht den „reinen" Koordinationsformen folgen. Beispielsweise ist auch ein privatwirtschaftliches „Sozialunternehmen" intern hierarchisch strukturiert und durch gemeinschaftliche Binnenprozesse gekennzeichnet: „Alle beobachtbaren Sozialformen scheinen unter dem Dach des jeweils führenden Prinzips auch die übrigen Prinzipien zu beheimaten" (Wiesenthal 2000: 47).

Abbildung 5: ‚Kartographie' lokaler Wohlfahrtsproduktion

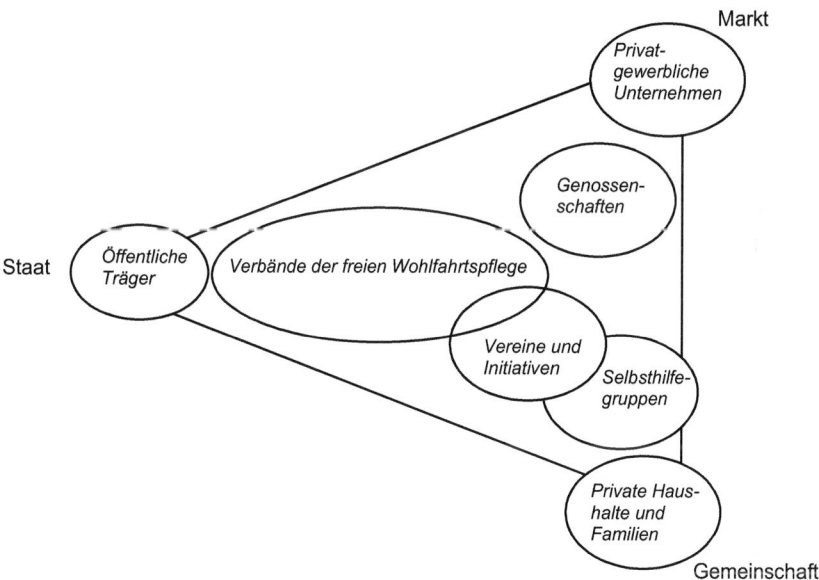

Eigene Darstellung.

Die verbreitete Unterscheidung von Markt, Hierarchie (bzw. Staat, Organisation) und Gemeinschaft (vgl. insbesondere Streeck/Schmitter 1985, Wiesenthal 2000) wird von verschiedenen Forschungsrichtungen wie der Governance-Forschung und den Ansätzen zu Policy-Netzwerken, den Forschungen zum „Dritten Sektor" und zum Wohlfahrtspluralismus aufgegriffen. Andere Ansätze konzentrieren sich die auf Beziehungen zwischen einzelnen Akteuren und Institutionen in diesem aufgespannten Raum, so prominent die verhandlungstheoretischen Ansätze des Neokorporatismus und des „kooperativen Staates" (Voigt 1995), der sich auf die Beziehungen zwischen Staat und Verbänden konzentriert oder der Urban Regime-Ansatz, der die Beziehungen zwischen Verwaltung und Unternehmen fokussiert. Bevor auf einzelne Ansätze im Weiteren eingegangen werden kann, soll zunächst auf die basale Unterscheidung der grundlegenden Koordinationsmechanismen eingegangen werden.[55] Ihren Ursprung hat diese Unterscheidung in der Neuen Institutionenökonomie, wo insbesondere Williamson (1975) zunächst Markt und Hierarchie als alternative idealtypische Koordinationsmodi unterschied. In der weiteren theoretischen Diskussion wurden diese beiden Modi um einen dritten Modus ergänzt, der zunächst als Clan (Ouchi 1980) bezeichnet wurde und für den sich inzwischen im deutschsprachigen Bereich der Terminus „Gemeinschaft" etabliert hat. Diese werden in der Literatur meist aus einer institutionenökonomischen Perspektive als (zumindest partiell) funktional äquivalent behandelt, also als „alternative „Lösungen" für ein allgemeines Problem" (Wiesenthal 2000: 45). In der idealtypisierenden Vorgehensweise sind die drei „reinen" Koordinationsmechanismen folgendermaßen charakterisiert:[56]

- Der *Markt* erscheint als atomistische Konkurrenz mit Akteuren, die frei über ihren Zu- und Austritt aus dem Marktgeschehen entscheiden. Die Akteure folgen einer strikt nutzenorientierten Motivation, kalkulieren ihre Wahlentscheidungen und koordinieren sich untereinander durch „vollständige" Verträge. Es besteht ein hohes Maß an Akteursouveränität in sachlicher, zeitlicher und sozialer Hinsicht. Die Stärken dieses Koordinationsmechanismus werden in der Fähigkeit gesehen, eine große Zahl von Akteuren dezentral zu koordinieren.
- *Gemeinschaft* ist dagegen oft durch askriptive Zugehörigkeit und soziale Ähnlichkeit einerseits oder intensive gemeinsame Wertorientierungen (vgl. Kaufmann 2002: 174) andererseits gekennzeichnet. Die Akteurmotivation beruht auf „spontaner Solidarität", wesentliche Ressourcen sind Vertrauen sowie die Geltung und Anerkennung binnenmoralischer Prinzipien und sozialer Normen. Die Wirksamkeit von Gemeinschaft als Koordinationsmechanismus ist in aller Regel auf kleine Gruppen beschränkt und an überschaubare Verhältnisse im Sinne kurzer Handlungsketten gebunden.
- *Hierarchie* (vgl. Döhler 2007) koordiniert mittels Autorität und Zwang nach prozeduralen (bürokratischen) Regeln sowie dem Einsatz positiver und negativer Sanktionen.

---

[55] Vgl. zum Folgenden Ouchi 1980; Hollingsworth/Boyer 1997; Powell 1990; Streeck/Schmitter 1985; Wiesenthal 2000; Wiesenthal 2006: 88-118.
[56] Ebenso idealtypisierend werden die Funktionsdefizite der Mechanismen beschrieben: Der Markt wird durch Opportunismusprobleme (moral hazard) gefährdet: Über das Ziel hinaus schießende Nutzenmaximierung wie Täuschung, Betrug und Vertragsbruch erfordert institutionelle Vorkehrungen (vgl. North 1990; Williamson 1975) oder normative Bindung der Akteure. Gemeinschaften laufen Gefahr einer Überdehnung der Binnenidentität mit der Folge einer segmentären Abgrenzung und kognitiver Schließung gegenüber der „Außenwelt" (vgl. Janis 1972).

Diese bloße „Eigenschaftsheuristik" (Wiesenthal 2000: 47) bleibt jedoch unbefriedigend, da diese weder über die postulierte Äquivalenz oder deren spezifische Funktionen, Funktionsbedingungen oder Konfliktstruktur Auskunft gibt. Theoretische Auseinandersetzungen konzentrieren sich meist auf einen der Pole (insbesondere das „Marktversagen") oder verweisen auf die Verwobenheit oder „Embeddedness" (Granovetter 1985) beispielsweise ökonomischer Institutionen mit den anderen Koordinationsmechanismen.

In der Realität finden sich in erster Linie Mischformen und Hybride dieser „*reinen* Koordinationsformen" wieder, von Wiesenthal „Koordinationsweisen" (Wiesenthal 2006: 96) genannt.[57] Die meisten der im Folgenden betrachteten Ansätze versuchen diese Mischformen in der Koordination lokaler Wohlfahrtsarrangements zu konzeptualisieren und verwenden diese Kategorien implizit, meist um den betrachteten Teilbereich von den anderen Prinzipien abzugrenzen. Dabei ist häufig auch eine normative Präferenz für eines der Koordinationsprinzipien zumindest latent vorhanden. Als wesentliche analytische Konzepte zur Betrachtung dieser hybriden Formen haben sich Netzwerke und Verhandlungssysteme etabliert, auf die im Weiteren zurückgegriffen wird. Ich gehe davon aus, dass wir es im betrachteten Feld lokaler Wohlfahrtsarrangements mit einem solchen (vernetzten) Verhandlungssystem zu tun haben, auf dem die spezifischen „Währungen" der unterschiedlichen Koordinationsmodi (Geld, Macht, Vertrauen) in unterschiedlicher Gewichtung verhandelt werden.

Die Diskussion um Koordinationsmechanismen erhielt in den 1990er Jahren einen neuen Rahmen unter dem Stichwort „Governance" (vgl. Benz 2004 und Benz et al. 2007 als Überblick). Im Kern richtet die Governance-Debatte ihren Blick auf die Art und Weisen der Koordinierung kollektiven Handelns in Staat, Gesellschaft und Ökonomie und stellt die Frage nach der Leistungsfähigkeit der jeweiligen institutionellen Arrangements. Im Anschluss an die angelsächsische Diskussion können einige Basisannahmen expliziert werden, die in der Diagnose eines tendenziellen Bedeutungsverlustes des Staates und klassisch hierarchischer Steuerungsambitionen münden (vgl. Rhodes 1997; Stoker 1998; Kooiman 2002):

- Angenommen wird eine zunehmende Komplexität des Regierens bzw. der politischen Steuerung (mehrere Machtzentren, verstärkter Einbezug von Akteuren des privaten oder Dritten Sektors) und damit einhergehende Legitimationsprobleme.
- Diagnostiziert wird eine zunehmende Verwischung der Grenzen von privaten und öffentlichen Akteuren mit einer Tendenz der Verantwortungsver-

---

[57] Anders argumentieren Streeck/Schmitter 1985, die einen exklusiven Charakter der drei Koordinationsformen sehen und daher als vierte Koordinationsform die Konzertierung in Verbänden und privaten Interessenregierungen einführen.

schiebung hin zu nicht-staatlichen Akteuren und Privaten insbesondere in der Leistungserstellung.
- Damit verbunden treten neue „horizontale" Steuerungsmodi zur klassisch vertikalen hierarchischen Steuerung hinzu.

Im Kern begegnet man zwei Begriffsverwendungen: Einerseits wird Governance als gesellschaftstheoretischer Oberbegriff für verschiedene gesellschaftliche Koordinationsmechanismen (siehe oben), andererseits als Gegenbegriff zu rein hierarchischer bzw. rein staatlicher Steuerung („Government") verwendet (vgl. Mayntz 2004: 66; Rhodes 1997). Diese Position ist auch eng mit einer normativen Verwendung des Begriffes im Sinne von „Good Governance" und anderer verwaltungspolitischer Leitbilder verknüpft (vgl. Jann 2002; Jann/Wegrich 2004; Jann 2008).

Die Perspektive dieser Arbeit orientiert sich an der ersteren Begriffsverwendung, wie sie von Arthur Benz vertreten wird, der unter Governance „die Koordinations- und Ordnungsformen (...), die sich durch spezifische Struktur-Prozess-Zusammenhänge und die durch sie bestimmten Mechanismen der Interaktion von Akteuren beschreiben lassen" (Benz 2006: 30). Diese „weite" (Jann 2008) Begrifflichkeit schließt an die Steuerungsdiskussion (vgl. Mayntz 1996; 2004; 2006) an und fasst Governance als Regelungsmuster in komplexen Strukturen. Die Regelung solcher Strukturen kann durch einseitig hierarchischen Akt, durch wechselseitige Anpassung im Markt, Konsensfindung in Gemeinschaften oder durch hybride Regelungsformen wie Verhandlungen oder Netzwerken erfolgen (vgl. Benz 2004: 17). Entscheidend für die Governanceperspektive (in Unterscheidung zu „Government") ist nach Benz das Bewusstsein für die alternative Nutzbarkeit der unterschiedlichen institutionellen Regelungsmechanismen für die Steuerung und Koordination von Sektoren, was die Begrifflichkeit letztendlich anschlussfähig für Fragen nach Institutionenpolitik macht. Diese Steuerungsperspektive stellt die neuere Governancediskussion in die Tradition der Steuerungsdiskussion der 1980er und 1990er Jahre (vgl. als Überblick Mayntz 1996).[58]

Die Anwendung der skizzierten grundlegenden Heuristik sozialer Koordinationsweisen auf lokale Wohlfahrtsarrangements vollzog sich in verschiedenen –

---

[58] Deutlich wird diese Einordnung in Zitaten wie: „Wer den Governance-Begriff verwendet, muss unterstellen, dass Steuerung in Interaktionen zwischen Akteuren möglich ist, dass also Politik nicht durch wirtschaftliche Zwänge oder durch Institutionen determiniert ist" (Benz 2004a: 21). Diese Einordnung wird teilweise bestritten (vgl. insb. Mayntz 2006) und die These vertreten, „dass der mit dem Leitbegriff Governance arbeitende analytische Ansatz eine andere Perspektive repräsentiert als der mit dem Leitbegriff Steuerung arbeitende Ansatz" (Mayntz 2006: 11). Wesentliches Kennzeichen hierfür sei die nicht (mehr) vorhandene eindeutige Unterscheidbarkeit von Steuerungssubjekt und Steuerungsobjekt (ebd.: 15).

theoretisch durchaus unterschiedlich zu verortenden – Diskussionssträngen, die im Folgenden nur grob skizziert werden sollen. Auf der allgemeinsten Ebene verbleiben Ansätze, die sich mit Policy-Netzwerken beschäftigen. Die Neokorporatismusdiskussion fokussiert sich auf das Verhältnis von Staat und Großverbänden, während die Beiträge der Dritten-Sektor-Forschung die Koordinations- bzw. Governancemodi aus institutionenökonomischer Perspektive betrachten.

4.3.2 Netzwerkansätze

Der Netzwerkbegriff avancierte zu einer Metapher zur Beschreibung des hybriden Bereiches wie z.B. bei Powell, der Netzwerke explizit als Alternative zu Markt und Hierarchie konzipiert (vgl. Powell 1990). Jordan und Schubert (1992: 12ff.) unterscheiden Politiknetzwerke in drei Hauptdimensionen: Erstens dem Grad der Institutionalisierung, der sich in der *Stabilität* des Netzwerkes ausdrückt: Dieser bewegt sich von losen issue-networks hin zu stabilen „iron triangles" (Heclo 1978), zweitens der Ebene des bearbeiteten Problems (sektoralen oder sektorübergreifenden Fokus) und schließlich dem Zugang und der Zahl der Teilnehmer (Offenheit vs. Geschlossenheit). Hinzu treten in der Literatur weitere Verfeinerungen der Kategorien, die zu einer Vielzahl von Bezeichnungen und Definitionen geführt haben, was den Autoren den Vorwurf der „Schmetterlingssammlerei" (Dowding 1995) eingebracht hat. Im Rahmen dieser Arbeit kann nicht weiter auf die Debatten um Klassifikationen eingegangen werden, da der Netzwerkbegriff hier pragmatisch auf die beschränkte Fragestellung der Akteurkonstellation lokaler Wohlfahrtsarrangements nutzbar gemacht werden soll. Dazu ist es sinnvoll, Grenzen der Wohlfahrtsarrangements zu spezifizieren (boundary specification): Handelt es sich um geschlossene (korporatistische) oder offene (pluralistische) Netzwerke und was sind die integrierenden Momente? Handelt es also sich um rein marktliche Tauschbeziehungen, vermachtete – hierarchisch integrierte – Netzwerke oder schließlich auf gegenseitigen Vertrauensbeziehungen (Gemeinschaft) beruhende Beziehungen zwischen den Akteuren, die eher klientelistischen Charakter haben?

Integrierendes Moment heterogener Akteure in Netzwerken ist in interessenbasierten Ansätzen der Ressourcentausch. Private Akteure werden deshalb in den Politikprozess inkorporiert, weil sie wichtige Leistungen für den Policy-Prozess bereitstellen. Dies können Elemente des korporatistischen Tausches, also die Bündelung und Repräsentation großer Interessenbereiche (Gewerkschaften, Arbeitgeber) und die Kontrolle und Selbstregelung von Interessenfeldern sein (z. B. LIGA-Verträge). Es können auch wissensbasierte Ressourcen wie privilegierte Informationen oder die Fähigkeit zur Distribution von Wissen (Fachmedien) sein. Auch Unterstützung, persönliches Prestige und Drohpotentiale wie Abwanderung oder die Gegenmobilisierung der Mitgliedschaft zählen zu tauschbaren Ressourcen. Interessengeleitete Ansätze der Netzwerktheorie sehen Verhandlungen als zentralen Interaktionsmodus der Netzwerkakteure an. Ziel der Verhandlungen ist das Erreichen von Konsens als maßgeblicher Entscheidungsregel (vgl. auch Eberlein/Grande 2003: 186ff.). Zur Lösung von Verteilungsfragen stehen verschiedene Möglichkeiten des politischen Tausches wie Paketlösungen, Koppelgeschäfte, Ausgleichszahlungen zur Verfügung (vgl. Scharpf 1992: 65-75). Anspruchsvoller sind hingegen sachbezogene Problemlösungen in Netzwerken, bei denen eine Reihe von Bedingungen erfüllt sein müssen (vgl. Mayntz 1993: 53): die Vertreter von Organisationen dürfen nicht an die Eigeninteressen der Organisation gebunden sein, sondern müssen die Möglichkeit haben, sich an sachlichen Kriterien zu orientieren, im Netzwerk muss eine von allen Beteiligten anerkannte Orientierung auf vorgegebene gemeinsame Ziele herrschen, Interessen der entsendenden Organisation müssen unklar und definitionsbedürftig sein, um den Verhandlungsführern Spielraum zu gewähren. Diese auf einem recht abstrakten Netzwerkbegriff basierende Diskussion wird gewissermaßen konkretisiert in der theoriegeschichtlich älteren Diskussion um Neokorporatismus.

4.3.3 Die neokorporatistische Perspektive

Die wohl wichtigsten Beiträge zur Konzeptualisierung lokaler Wohlfahrtsarrangements kamen aus der Neokorporatismusdebatte der 1970er und 1980er Jahre.[59] Die Neokorporatismusdiskussion bricht mit der pluralistischen Gegenüberstellung von Staat und Gesellschaft, die von einer aus der Gesellschaft „von unten" organisierten Struktur von Interessenverbänden ausgeht, die um Einfluss auf staatliche Entscheidungsstrukturen konkurrieren (Lobbyismus, pressure politics; vgl. z.B. Fraenkel 1994, Steffani 1980). Der Neokorporatismusansatz nimmt demgegenüber die Rolle des Staates bei der Konstituierung, Privilegierung und dem Einbezug einzelner Interessengruppen in staatliche Politiken in den Blick: Konstatiert werden wechselseitige Organisationsbeziehungen, die bis hin zur vollständigen Delegierung öffentlicher Aufgaben an Interessenverbände gehen. Für diese „Indienstnahme" von gesellschaftlichen Großorganisationen wurde schon früh eine Reihe von Voraussetzungen der Struktur und inneren Organisation der Interessengruppen herausgestrichen. Phillippe Schmitter nennt hier in seiner idealtypischen Unterscheidung zum Pluralismus als Kriterien eine begrenzte Anzahl von Verbänden, deren Vertretungsmonopol in einem abgegrenz-

---

[59] Als Überblicke über die Diskussion statt vieler den frühen Sammelband von Alemann/Heinze 1979 sowie die Übersichtsartikel von Czada 1994 und Streeck 1994.

ten Bereich, die Existenz von Zwangsmitgliedschaften, das Ausbleiben von Wettbewerb, die hierarchische Struktur innerhalb der Verbände, die Abgrenzung nach funktionellen Bereichen, die gegenseitige Anerkennung, das Repräsentationsmonopol, die staatliche Kontrolle der Führungsauswahl und der Interessenartikulation (Schmitter 1974: 93f.).

Während sich die ersten Diskussionsbeiträge zum Neokorporatismus auf den Einbezug von wenigen Verbänden (in erster Linie Gewerkschaften und Arbeitgeberverbänden) in makroökonomische Steuerungsversuche wie die „Konzertierte Aktion" und tripartistische Verhandlungsmuster bezogen, gingen spätere Beiträge auf die explizite Funktion sozialer Ordnungsstiftung und den Einbezug von Verbänden als „Steuerungsressource" in verschiedenen Politikfeldern und auf unterschiedlichen administrativen Ebenen ein. Beispiele reichen von kassenärztlichen Vereinigungen über das Kammersystem und Technische Überwachungsvereine bis zu den hier interessierenden Formen lokaler Wohlfahrtsproduktion. Diese Diskussionen um „Mesokorporatismus" (Heinze/Schmid 1994) und „private Interessenregierungen" (Streeck/Schmitter 1985) verschoben den Fokus von der Interessenmonopolisierung auf die Wahrnehmung öffentlicher Aufgaben durch Verbände als Staatsentlastung.

Wesentliche Funktion dieser fest institutionalisierten Vernetzung ist ein Positivsummenspiel, ein generalisierter politischer Tausch beider beteiligter Seiten: „Innerhalb der von ihnen [den Verbänden, SG] vertretenen Bereiche wird ihnen ausdrücklich ein Repräsentationsmonopol zugestanden, wofür sie als Gegenleistung bestimmte Auflagen bei der Auswahl des Führungspersonals und bei der Artikulation von Ansprüchen oder Unterstützung zu beachten haben." (Schmitter 1979: 9) Potentiell tauschfähige Ressourcen können u.a. Geld, Rechte, Konfliktfähigkeit, öffentliches Ansehen, exklusive Wissensbestände, Größe der Mitgliedschaft und der Organisationsgrad sein. Hinzu kommen soziale Ressourcen wie ideologische Nähe, Verflochtenheit mit Parteien, Bündnispartnern sowie die Einbindung in interorganisatorische Netzwerke (Czada 1991: 270). Der Staat auf der einen Seite profitiere durch bessere Information aus den Verbänden, deren Beitrag zur Auswahl und Kanalisierung gesellschaftlicher Interessen sowie durch die Entlastungsfunktion, die Verbände auf der anderen Seite durch wirksamere Durchsetzung ihrer (partikularen) Interessen und privilegierten Zugang zu Entscheidungsträgern. Die Intermediarität (Streeck 1987; Wiesenthal 1993) der Verbände birgt für diese allerdings das Dilemma, gleichzeitig der Einflusslogik, also der Aufrechterhaltung des Einflusses und der Privilegierung gegenüber dem politisch-administrativen System, und andererseits ihren Mitgliederinteressen und der Legitimierung des Funktionärskörpers gegenüber den Mitgliedern gerecht zu werden (Mitgliedschaftslogik). Am Beispiel der Wohlfahrtsverbände (vgl. auch Abschnitt 2.3.1) lässt sich diese intermediäre Position folgendermaßen illustrieren: Sie sind auf eine Lösung des Dilemmas „zwischen staatlicher Verpflichtung und ihrer Rolle als Animateure sozialer Solidaritäten angewiesen" (Evers 1990: 198).

Abbildung 6: Wohlfahrtsverbände als intermediäre Akteure

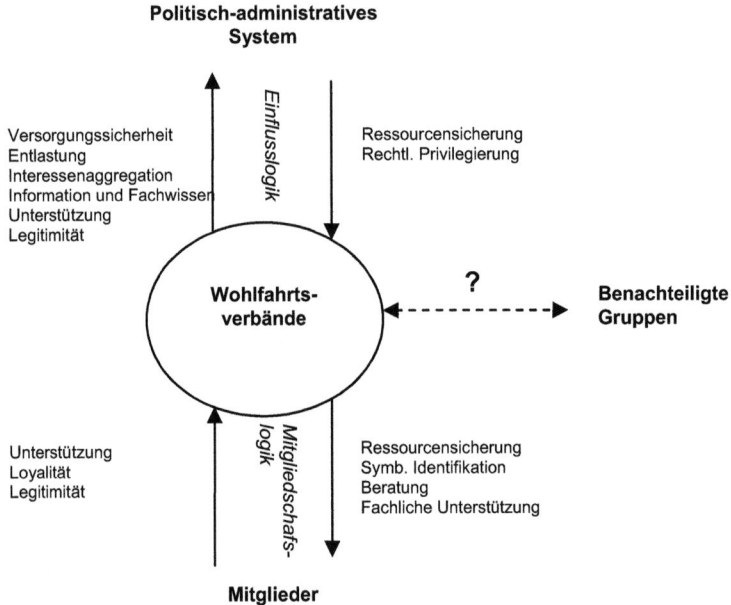

Eigene Darstellung.

Die enge Zusammenarbeit zwischen Staat bzw. Kommunen und Wohlfahrtsverbänden gilt als „Paradebeispiel korporatistischer Strukturen und Strategien" (Backhaus-Maul/Olk 1994: 100) und kann als Beispiel für die „Ko-Evolution" privater Interessen und staatlichen (sowie kommunalen) Entscheidungsstrukturen (vgl. Manow/Döhler 1997) verstanden werden. Die Spitzenverbände der freien Wohlfahrtspflege (vgl. Abschnitt 2.3.1) gerieten insbesondere unter den Aspekten der Privilegierung und Inkorporierung in den Blickwinkel der Neokorporatismusforschung (vgl. Heinze 1981: 98ff.; 131f.; Heinze/Olk 1981a; Thränhardt

1981).⁶⁰ Die Beiträge konstatieren ein „Kartell" (Heinze 1981: 99) der großen Verbände, die dem normativ postulierten „Wohlfahrtspluralismus" eine Realität eng verflochtener und hierarchisch-zentralistischer Großorganisationen entgegen stellten. Diese Form des Neokorporatismus wurde als „Staatsentlastung" betrachtet, weil die subventionierten Verbände mit den sozialen Diensten eigentlich im Aufgabenbereich des Staates liegende Leistungen übernahmen und diese – so die Autoren – zu wesentlich günstigeren Konditionen erbringen konnten, da ihre ideologische Ausrichtung deutlich geringere Personalkosten ermöglichte. Zugleich erschließen sie dem Staat weitgehend verwehrte Finanzquellen wie Spenden und Mitgliedsbeiträge sowie ein Potential an ehrenamtlicher Arbeit, die ihren Aktionsrahmen zusätzlich erweitern und so aus der Perspektive des Staates mehr Leistungen für weniger (kommunalen) Input versprechen.

„Die Reduktion der Vielzahl der Trägerorganisationen auf ein Kartell von Großverbänden mit faktischer Monopolstellung erweist sich als funktional für deren Einbindung in die staatliche Sozialpolitik, denn erstens vereinfacht die zahlenmäßige Begrenzung der an Entscheidungsprozessen beteiligten politischen Akteure die Konsensbildung und zweitens wird die Transparenz der Aktivitäten von Fürsorgeorganisationen für den Staat erhöht. Darüber hinaus stabilisiert die Abschirmung der Spitzenverbände gegen die Konkurrenz durch ausgeschlossene Trägerorganisationen und Initiativen im Zuge ihrer exklusiven öffentlichen Anerkennung deren Existenzbedingungen und erhöht so die im Rahmen staatlicher Planung erforderliche Voraussehbarkeit der in Zukunft zur Verfügung stehenden Ressourcen dieser Organisationen im sozialpolitischen Sektor" (Heinze/Olk 1981a: 103-104).

In Folge der Einbindung der Wohlfahrtsverbände in die Staatstätigkeit bilden sich in den Verbänden Parallelstrukturen zum staatlichen Verwaltungsaufbau aus, die sich sowohl im Organisationsaufbau wie in den Binnenstrukturen widerspiegeln (vgl. Tennstedt 1992). So entsprechen sowohl der vertikale Aufbau der Verbände in seiner Gliederung in Bundes-, Landes-, Bezirks- und Kreisverbänden wie die horizontale Kooperation der Verbände in Arbeitsgemeinschaften in den verschiedenen Arbeitsfeldern in großen Teilen dem staatlichen Instanzenzug. Auf der Ebene der Gesetzgebung sehen Vertreter des Neokorporatismusansatzes die Wohlfahrtsverbände als „staatlich lizensierte Vertreter von Interessen im Sozialbereich" (Heinze/Olk 1981a: 108) für die de facto ein „Konsultationszwang" (ebd.) bestünde, der zu einer Vorselektierung von Interessen im Ent-

---

⁶⁰ Die der Neokorporatismusdiskussion nahe stehende, aber neomarxistisch gewendete „Mediatisierungsthese" von Bauer (1978) radikalisiert diese Sichtweise auf die Funktionalisierung der Verbände als „Puffer", der die Ansprüche benachteiligter Gruppen gegenüber dem Staat abfedere und so letztendlich „herrschaftsstabilisierend" wirke. Dieser Diskussionsstrang wird hier nicht weiter verfolgt.

scheidungsprozess und damit zum Ausschluss anderer relevanter Interessen führe. Hinzu kommt eine Dichte personelle und informelle Verflechtung zwischen Verbänden, Verwaltung und Fachpolitikern.

Für die Nutzbarmachung des Neokorporatismuskonzepts für die kommunale Ebene ist es aber notwendig, die verschiedenen Ebenen und Akteure stärker zu differenzieren als dies in der Regel getan wird. Die „getauschten" Ressourcen unterscheiden sich auf den unterschiedlichen Ebenen erheblich und es ist anzunehmen, dass für einzelne Ebenen oder Aufgabenbereiche konstatierte Auflösungserscheinungen (vgl. Trampusch 2006; 2008; Heinze 2008) ihren Grund im Verfall des „Tauschwerts" einzelner (aber nicht aller) Ressourcen finden. Der Neokorporatismus auf Bundesebene findet sich vor allem im Bereich der Gesetzgebungsprozesse und die Wohlfahrtsverbände können als Lobbyisten mit durchaus privilegiertem Zugang angesehen werden. Der neokorporatistische Tausch besteht hier in der Regel aus frühzeitiger Information und Beteiligung der Verbände an Gesetzesvorhaben, die in den Domänen der Verbände liegen von Seiten des Staates. Im Gegenzug gewähren die Verbände Zugriff auf Informationen und ihr Fachwissen sowie eine verbindliche Vermittlung und Durchsetzung der Ergebnisse an die eigenen Mitglieder.

Tabelle 4: Ebenenspezifische Ausprägungen des Wohlfahrtskorporatismus

	Akteure	**Gegenstände**	**Interaktionsformen**
Bundesebene	Bundesverbände, BAGFW, Ministerien, Deutscher Verein	Gesetzgebung	Lobbyismus; institutionalisierte Expertise
Landes- und Regionalebene	Landesverbände, Landesarbeitsgemeinschaften, Landesministerien	Rahmenverträge (Jugend und Soziales) Pflegesatzvereinbarungen (Pflege)	Lobbyismus, institutionalisierte Expertise, Verhandlung
Kommunale Ebene	Kommunalverwaltungen Kreisgeschäftsstellen o.ä. Einzeleinrichtungen	Konkrete Leistungserbringung und -ausgestaltung	Mitentscheidung Verhandlung Auftraggeber-Auftragnehmerverhältnis

Hinzu kommt die Legitimation politischer Entscheidungen in der Öffentlichkeit, in der die Wohlfahrtsverbände mit einem sehr gemeinwohlorientierten Nimbus behaftet sind.[61] Es findet sich also eine klassische Form der Interessenvermitt-

---

[61] Beispiele für diese Rolle der Verbände sind u.a. die Festlegung des Sozialhilfe-Warenkorbs bis Mitte der 1970er Jahre (vgl. Jaedicke et al. 1991; Aust 1993) und die Rolle der Wohlfahrtsverbände

lung vor, die im Spannungsverhältnis zwischen Einfluss- und Mitgliedschaftslogik (vgl. Streeck 1987) operiert.

Auf Landesebene (vgl. Rothgang/Wessel 2008) überlagern sich demgegenüber bereits zwei Kooperationslogiken. Einerseits findet sich auch hier die Einflussnahme auf die Landesgesetzgebung (vgl. z.B. Dahme/Hegner 1982). Zum anderen wird auf Landesebene die Verhandlungsarena hinsichtlich der Leistungserstellung virulent. Insbesondere finden hier Verhandlungen im Gebiet der überörtlichen Sozialhilfe, über Rahmenverträge im Bereich der Pflegeversicherung (vgl. Roth 1997) und Rahmenverträge der Kinder- und Jugendhilfe nach §§78ff SGB VIII (vgl. Gottlieb et al. 2003) statt.

Auf lokaler Ebene erfolgt insbesondere die konkrete Leistungserbringung, es finden sich aber auch Mitentscheidungsrechte, die weit über das auf den anderen Ebenen vorzufindende Maß hinausgehen. Beispiele für diese Mitentscheidungsrechte sind die gesetzliche Beteiligung an den Jugendhilfe- und Sozialausschüssen sowie in verschiedenen Kooperationsgremien (z.B. Arbeitsgemeinschaften nach §78 SGB VIII) (vgl. Abschnitt 2.2.2). Insbesondere in der mit Entscheidungsrechten verbundenen Beteiligung in Jugendhilfeausschüssen lässt sich (trotz anders lautender gesetzlicher Regelungen) eine Dominanz der Wohlfahrtsverbände ausmachen (vgl. Merchel/Reismann 2004; Bogumil/Holtkamp 2006: 160ff.; Friedrichs 1998 für Hessen). Durch die Überlagerung der Mitentscheider- mit der Auftragnehmerlogik (vgl. Ronge 1993) lässt sich so die These formulieren, dass gerade auf lokaler Ebene die Ausprägung korporatistischer Strukturen ausgeprägter und auch im Zeitverlauf stabiler ist.

In der Literatur werden neokorporatistische Strukturen häufig als „Kartell" beschrieben. Diese Kartelle schalteten interne Konkurrenz zwischen den Verbänden durch bewusste Marktaufteilung aus[62] und ließen sich in der Folgezeit erfolgreich gegen Mitbewerber verteidigen. Es komme zum Ausschluss weniger organisations- und konfliktfähiger Interessen. Dazu gehören insbesondere die Nutzer und Betroffenen, die ein klassisches Beispiel „schwacher Interessen" (Willems/ v. Winter 1999) darstellen. Folge ist eine Ausrichtung an Finanzierungs- statt an Bedarfsfragen (vgl. Schölkopf 1999: 247). Mit dieser Kartellhypothese ist implizit eine Kritiklinie markiert, die sich in einer eher linksalternativen wie einer ordnungspolitisch-marktliberalen Spielart findet. In ersterer Spielart wird insbesondere der Ausschluss kleinerer Bürgerinitiativen, Selbsthilfegruppen und anderer eher dem „Gemeinschaftspol" in Abb. 5 zuzu-

---

bei der Einführung der 1-Euro-Jobs im Zuge der Hartz-Gesetze. Hier zeigt sich allerdings ein Aufbrechen der bis Anfang der 1990er Jahre konsensualen Koalition der einzelnen Wohlfahrtsverbände.

[62] Empirisch wurde dieser Sachverhalt an den Betreuungsstrukturen von Gastarbeitern aufgezeigt, wo einzelne Zuwanderergruppen qua Herkunftsland auf die Verbände aufgeteilt wurden (vgl. Thränhardt 1981; 1984).

rechnender Gruppierungen thematisiert (vgl. z.B. die Beiträge in Heinze 1986). Die ordnungspolitisch-wirtschaftsliberale Kritik wurde insbesondere in den 1990er Jahren virulent und kritisierte wettbewerbsverzerrende Aspekte des faktischen Oligopols der Wohlfahrtsverbände und den Ausschluss privatgewerblicher Anbieter (vgl. z.b. Monopolkommission 1998; Ottnad et al. 2000).

Der Ertrag der Neokorporatismusdiskussion für diese Arbeit besteht in drei wesentlichen Punkten: Erstens bildet die von der Forschung aufgedeckte explizit *nicht-pluralistische Struktur der Wohlfahrtsproduzenten* und der Hinweis auf die *Funktionsmechanismen dieses Ausschlusses* (korporatistischer Tausch) einen wesentlichen Erklärungsfaktor für die *pfadbeschränkende Wirkung* dieser vermachteten Akteurskonstellationen, die weitere Entscheidungen binden. Somit wird der Grad neokorporatistischer Verflechtung, der insbesondere zwischen neuen und alten Ländern erheblich variiert, eine zentrale unabhängige Variable der Erklärung des Wandels von Wohlfahrtsarrangements. Zweitens wirft der Hinweis auf *funktionale Vorteile der etablierten Arrangements* Licht auf mögliche weitere Erklärungsvariablen zur Persistenz oder für den Wandel von Wohlfahrtsarrangements, die in ihrer Präzisierung weit über die anderen im Weiteren präsentierten Ansätze hinausgehen und einen realistischeren und akteurbezogenen Blick auf das Feld erlauben. Schließlich wird drittens deutlich, dass sich neokorporatistische Netzwerke sowohl durch *formelle als auch informelle Regeln* konstituieren, deren Explikation sowohl Ungleichzeitigkeiten zwischen Ebenen als auch unterschiedliche Entwicklungstendenzen im interkommunalen Vergleich aufdecken helfen.

4.3.4 Die Beiträge der Dritte-Sektor-Forschung

Die so genannte Dritte-Sektor-Forschung beschäftigt sich im Gegensatz zu dem auf die Beziehung von dem politisch-administrativen System und der etablierten Großverbände fokussierten Neokorporatismusansatz mit dem breiteren Spektrum der Organisationen zwischen Staat und Markt. Ausgehend von der US-amerikanischen Debatte (vgl. Powell 1987) begann Ende der 1980er Jahre auch in Deutschland die Übernahme des Konzeptes (vgl. Seibel 1990; Reichard 1988; Anheier et al. 1997; Zimmer/Priller 2004). Der Begriff „Dritter Sektor" wird als Sammelbegriff für Organisationen gebraucht, die weder dem privatwirtschaftlichen Sektor noch dem öffentlichen Sektor zweifelsfrei zugeordnet werden können. Als wesentliche Kennzeichen des Dritten Sektors gelten Autonomie, Sachzieldominanz, Informalität, Solidarität und Direkttausch (vgl. Reichard 1988: 364). Weitgehend synonym wird die Bezeichnung Nonprofit-Sektor verwendet. Diese gleichzeitig sehr offene und durch die negative Bestimmung vergleichsweise leicht vorzunehmende Abgrenzung hat zur Folge, dass dieser Bestimmung in der Regel eine enumerative Aufzählung verschiedener Organisationen folgt, die von Kirchen über Genossenschaften, von gemeinnützigen Verbänden bis hin zu Wirtschaftsverbänden reicht. Der so umrissene Dritte Sektor umfasst auch Teile der hier interessierenden Trägerlandschaft, insbesondere die Wohlfahrtsverbände sowie Bürgerinitiativen, Selbsthilfegruppen etc. Diese Breite macht einerseits die Attraktivität des Konzeptes, gleichzeitig aber auch seine Schwäche deutlich. Oft erschliesst sich nicht, was denn das Gemeinsame des Dritten Sektors darstellen sollte und damit die Dritte-Sektor-Forschung für eine weitere Theoriebildung und Forschungsstränge attraktiv machen soll.[63]

Die Dritte-Sektor-Forschung (vgl. Salamon/Anheier 1997) konstatiert eine Zweiteilung des Sektors in „staatsnahe" (z.B. soziale Dienste und Gesundheitswesen) und „staatsferne" Bereiche (z.B. Sport, Kultur, Freizeit) (vgl. Zimmer 1997: 78-86). Hochprofessionalisierten, aus öffentlichen Mitteln finanzierten Non-Profit-Unternehmen im Bereich der sozialen Dienste steht ein auf ehrenamtlichem Engagement und freiwilliger Mitgliedschaft gestützter „zivilgesellschaftlich verfasster" Bereich des Vereinswesens gegenüber. Als staatsnaher Bereich wird insbesondere die freie Wohlfahrtspflege gesehen, der ein quasi-staatlicher Charakter zugeschrieben wird. In diesem Zusammenhang werden insbesondere Parteien als Brückenköpfe der Interessenvermittlung gesehen (vgl. Seibel 1990: 124ff.). Die traditionellen Bindungen zwischen AWO und SPD, Caritas und CDU und seit den späten 1980er Jahren auch zwischen DPWV und den Grünen sorgen für Personalaustausch zwischen Sozialadministration und Verbänden und befördern so abgesteckte Verbandsdomänen.

Die von der Neuen Institutionenökonomik angeleiteten theoretischen Ansätze innerhalb der Dritten-Sektor-Forschung (vgl. Salamon/Anheier 1997) bleiben in der Regel auf funktionalistische Erklärungen bzw. modelltheoretischen-Annahmen beschränkt, die die Entstehung des Dritten Sektors mit dem Versagen von Markt und Staat begründen. Gleichzeitiges Staats- und Marktversagen hinterließen Bedarfslücken, die vom Dritten Sektor besetzt würden. Dem Dritten Sektor werden dabei entweder komparative Vorteile (vgl. Salamon 1987) oder die Kompetenz zum Ausfüllen besonderer Nischen zugeschrieben (vgl. Hansmann 1987). Von besonderer Bedeutung sei hier die Fähigkeit zur Mobilisierung ehrenamtlicher Arbeit: „Gruppensolidarität, weltanschauliche Geborgenheit, Reputations- und Machtgewinn können auch bei organisatorischer Ineffizienz zur Verfügung stehen und mit Ressourcenbeiträgen honoriert werden" (Seibel 1990: 118). Diese funktionalistischen Erklärungen werden zu Recht kritisiert, da sie die explizit politische Genese und politische Funktion der im Dritten Sektor

---

[63] Vgl. die Kritik am „Mega-Concept" Dritter Sektor bei Kramer 1990.

vorzufindenden Organisationen und die Bedeutung historischer Entwicklungslinien vernachlässigen (vgl. Schmid 1996; Heinze et al 1997: 252). Als Alternative zu funktionalistischen Erklärungen schlägt etwa Josef Schmid als genuin politische Erklärungsfaktoren unterschiedliche Lösungen des Staat-Kirche-Konflikts vor (vgl. Schmid 1996): freie Wohlfahrtspflege erscheint so als Terrain des institutionalisierten Interessenausgleichs (vgl. Lehmbruch 1996: 74). Vor dem Hintergrund der historisch gewachsenen Wohlfahrtsarrangements bleiben die modelltheoretischen Annahmen der Dritten Sektorforschung weitgehend von der empirisch vorfindbaren Wohlfahrtslandschaft weit entfernt.

Der Nutzen der Dritte-Sektor-Forschung für vorliegende Arbeit bleibt bescheiden. Für die weitere Argumentation wird ihr Hinweis auf die Vielfalt der potentiellen Erscheinungsformen der Wohlfahrtsproduktion und der institutionenökonomische Hinweis auf die Besonderheiten sozialer Dienstleistungsproduktion unter den Bedingungen potentiellen Marktversagens (der Markt schafft von sich selbst aus kein ausreichendes Angebot an Dienstleistungen ohne öffentliche Subventionierung) wie des Staatsversagens (fehlende Konsumentenkontrolle). Der Mainstream der Dritte-Sektor-Forschung verfolgt jedoch eine Forschungsstrategie der möglichst breiten Erfassung aller möglichen Ausgestaltungsformen von Organisationen im Dritten Sektor, die für eine Hypothesenbildung im Kontext dieser Arbeit wenig hilfreich sind. Ausnahmen bilden einzelne Fallstudien, die aus diesem Kontext gewonnen wurden (insb. Zimmer 2007).

Eine besondere – normativ geprägte – Spielart der Dritte-Sektor-Forschung stellt die Diskussion um den so genannten „Wohlfahrtspluralismus" dar. Eine wohlfahrtspluralistische Perspektive geht im Gegensatz zur neokorporatistischen Perspektive von der Entwicklung eines neuen „Welfare-Mixes" aus, der durch eine neue Pluralität von Anbieterstrukturen gekennzeichnet ist (vgl. Evers/Olk 1996 a, b). Die wohlfahrtspluralistische Perspektive löst sich zudem von der staatsfixierten Betrachtung der Wohlfahrtsproduktion durch den Sozial- oder Wohlfahrtsstaat und nimmt auch andere Institutionen in den Blickwinkel, in denen „Wohlfahrt" produziert wird (Familie, Haushalte, Selbsthilfe, Organisationen, Markt, Staat). Diese werden als intermediäre Instanzen zwischen formellem und informellem Sektor konzipiert (vgl. Evers 1990; ähnlich Kaufmann 1994: 368). Fragestellungen der eher analytisch ausgerichteten Forschung in diesem Bereich sind das Auftreten verschiedener Mischformen der Wohlfahrtsproduktion zwischen den Polen Markt, Staat und Gemeinschaft und die Frage, wie sich die einzelnen Träger und „Produzenten" ergänzen und zueinander verhalten. Der Fokus zeichnet sich hier durch die „Betonung der Vermittlungsfunktion gegenüber sektoralen Abgrenzungen aus" (Heinze et al. 1997: 254). In diesem Punkt kann am deutlichsten die Abgrenzung zur Dritte-Sektor-Forschung gezogen werden, die sich durch die negative Bestimmung ihres Gegenstandsbereiches – weder Markt, noch Staat – auszeichnet. Die Perspektive intermediärer Institutionen betrachtet dagegen die spezifischen Mischungsverhältnisse der drei basalen Koordinationsmechanismen Markt, Hierarchie und Gemeinschaft. Dabei stehen weniger institutionenökonomische Annahmen im Vordergrund, sondern die Spezifik der Leistungsfunktionen der jeweiligen Wohlfahrtsproduzenten.

Wesentliche Teile dieses Diskussionsstranges sind normativ orientiert und zielen auf die sozial-integrative Funktion des Dritten Sektors durch eine Stärkung des Pluralismus in der Dienstleistungsproduktion und die Stärkung von Selbsthilfe und Gemeinsinn. Hier wird in den gemeinschaftsnahen Sektoren ein Hort spontaner Solidarität vermutet. Diese Diskussion knüpft an die korporatismuskritischen Debatten um „Neue Subsidiarität" (Heinze 1986) an und ist anschlussfähig an die Diskussionen um den „Aktivierenden Staat" (vgl. Abschnitt 2.4.5). Auslöser dieser normativen Diskussion sind einerseits die Kritik an einer übertriebenen Bürokratisierung und Professionalisierung der etablierten Wohlfahrtsverbände, andererseits die Aussicht, durch die Indienstnahme bürgerschaftlicher Selbstorganisationsfähigkeit öffentliche Haushalte zu entlasten.

4.3.5 Zusammenfassung

Der kursorische Überblick der verschiedenen Ansätze zur Konzeptionalisierung lokaler Wohlfahrtsarrangements zeigte insbesondere den Gegensatz zwischen (möglicher) Pluralität und (häufig faktischen) Oligopolstrukturen in den Wohlfahrtsarrangements auf. Zwischen den drei idealtypischen Polen Hierarchie, Markt und Gemeinschaft werden von den theoretischen Ansätzen einige wesentliche Mechanismen identifiziert, die die reale Ausgestaltung der Arrangements erklären sollen. Die im Weiteren wesentlichen Mechanismen sind einerseits klassisch hierarchische (bzw. politische) Entscheidungen, der neokorporatistische Tausch und Marktdynamiken. Mit Ausnahme des Neokorporatismusansatzes vernachlässigen die Ansätze jedoch den aus politikwissenschaftlicher Sicht wesentlichen Faktor von Institutionen im Sinne von Regelsystemen, die das Handeln der Akteure in Wohlfahrtsarrangements (und –märkten) rechtlich regulieren, Anreizstrukturen schaffen und normative Leitbilder sowie kognitive Rahmen bereitstellen. Für die Frage einer Pluralisierung oder Beharrung der Wohlfahrtsarrangements durch Änderung der institutionellen Spielregeln ist es jedoch gerade notwendig, die expliziten und impliziten Spielregeln lokaler Wohlfahrtsproduktion zu identifizieren. Zu diesem Zweck wird im nächsten Schritt am Beispiel der Jugendhilfe versucht, genau diese Spielregeln genauer zu betrachten.

4.4 Formelle und informelle Regeln lokaler Wohlfahrtsproduktion

Die Doppelrolle von Institutionen als Handlungsbeschränkung, aber gleichzeitig auch als Voraussetzung von Akteurshandeln führt dazu, dass Institutionen in dieser Arbeit gleichzeitig als abhängige wie als unabhängige Variablen fungieren. Institutionen werden dabei als anerkannte, auf Dauer gestellte Regelsysteme begriffen (vgl. Benz 2004a: 19). Im Anschluss an Ostrom kann zunächst hinsichtlich der Regelungsebenen unterschieden werden (vgl. Kiser/Ostrom 1982). Kiser und Ostrom unterscheiden hierbei „three worlds of action". Eine erste Gruppe von Regeln betrifft die *operationale Ebene*, in unserem Fall die konkrete Ausgestaltung der Interaktions- und Vertragsbeziehungen zwischen den unterschiedlichen Akteuren lokaler Wohlfahrtsarrangements. Eine zweite Gruppe von Regeln betrifft das so genannte *„collective choice level"*. Hierunter werden „Regeln über Regelsetzung" verstanden, das heißt in unserem Fall die Frage, wer formell oder informell über die Ausgestaltung der operationalen Ebene entscheidet. Eine dritte analytische Ebene bildet das *„constitutional level"*, bei dem es um die allgemeine Verfasstheit und Normsysteme geht. In unserem Fall wären dies allgemeine Regeln wie das Subsidiaritätsprinzip oder der Status der Jugendhilfe im System sozialer Sicherung. Der analytische Fokus dieser Arbeit bezieht sich im Wesentlichen auf das Zusammenspiel und die gegenseitige Beeinflussung der Arbeitsebene und der „collective choice"-Ebene.

Im Weiteren beziehe ich mich auf Ostroms Unterscheidung von formellen und informellen Regeln. Letztere gewinnen dann an Bedeutung, wenn die formellen Regeln unklar, missverständlich, mehrdeutig oder im Wandel begriffen sind. Regeln beziehen sich dabei auf unterschiedliche Regelungsbereiche (vgl. Ostrom 2007: 37ff.): Hierzu gehören Positions- und Zugangsregeln, die bestimmen, wer in einer bestimmten Handlungsarena vertreten ist und welche Rolle er dort zu spielen hat. Entscheidungsregeln bestimmen die wesentlichen Regeln über Entscheidungsfindung und die Allokation von Autorität. Auszahlungsregeln bestimmen das Verhältnis von Anreizen und Sanktionen sowie die Aufteilung der „Payoffs". Informationsregeln bestimmen schließlich, was als legitime entscheidungsrelevante Information anerkannt ist und was nicht, sowie welche Informationen öffentlich sind und welche dem Arkanbereich angehören.

Das alte als „neokorporatistisch" beschriebene Regime (vgl. Heinze 1981; Heinze/Olk 1981) beruhte einerseits auf formalen Regeln, die in Rechtsform gegossen waren (z.B. das Subsidiaritätsprinzip; der Vorrang der freien Wohlfahrtspflege vor nichtorganisierten Trägern; die funktionale Repräsentation im Jugendhilfeausschuss; die Zuwendungsfinanzierung als Selbstkostendeckung), andererseits aber eben auch auf informellen Regeln und Interaktionen. Hierzu zählen Tauschgeschäfte zu beiderseitigem Vorteil, Vertrauensnetzwerke, eingeschliffene Gewohnheiten und Wahrnehmungsweisen, die die Unsicherheit zwischen den Akteuren reduzieren. Es finden sich also Elemente sowohl der regulativen wie der normativen und kognitiven Säule der Institutionentheorie wieder (vgl. 4.1). Die Unsicherheitsreduktion durch normative und kognitive Regelbegründungen wird, so meine Annahme, gerade in Bereichen wichtig, wo unsichere Wirkungsketten bestehen, wie in vielen Feldern der sozialen Arbeit. Abbildung 8 fasst dieses „alte" Regelungswerk zusammen. Hinsichtlich der formalen Regeln kam es, wie gesehen seit den 1990er Jahren zu dem deutlichen Wandel (vgl. z.B. Dahme et al. 2005: 38-42). Alle diese Maßnahmen beabsichtigten eine Pluralisierung der Trägerstrukturen und eine zunehmende Orientierung am Wettbewerb (vgl. 2.4). Zu nennen sind von gesetzgeberischer Seite die teilweise Aufhebung des bedingten Vorrangs der Freien Wohlfahrtspflege und die damit verbundene weitgehende Gleichstellung mit privaten Anbietern in BSHG und SGB VIII, die Einführung von Leistungsvereinbarungen (statt Zuwendungsfinanzierung) im BSHG und Teilen des SGB VIII. Innerhalb der Kommunen kam es zu einer Herausforderung durch die Einführung von Elementen des Neuen Steuerungsmodells, das in der Regel an die fachlich segmentierten Netzwerke „von außen" durch die „zentralen Steuerungspolitiker" (Banner 1984) herangetragen wurde und in der Beziehung zu den Trägerstrukturen sozialer Arbeit insbesondere durch die Einführung von Kontrakt- und Qualitätsmanagement zur Änderung von formalen Regeln führt.

Die empirisch zu beantwortende Frage ist, ob und unter welchen Bedingungen diese Modernisierungsimpulse in den Kommunen zu Auswirkungen auf die tatsächliche Ausgestaltung der Trägerbeziehungen führen. Empirische Hinweise deuten darauf hin, dass zumindest im Westen in den von den Kommunen zu verantwortenden Aufgabenbereichen nur sehr eingeschränkt von einem Wandel der Trägerstrukturen zu sprechen ist (vgl. Dahme et al. 2005). Demgegenüber wird in Ostdeutschland durchaus eine Tendenz hin zu größerer Pluralität beobachtet. Dies ist teils auch mit einer nachholenden Übertragung von Aufgaben an den Dritten und den privatwirtschaftlichen Sektor zu erklären (vgl. Angerhausen et al. 1998). Aufgrund der skizzierten Vorüberlegungen ist daher anzunehmen, dass aus neoinstitutionalistischer Perspektive in den ostdeutschen Kommunen in der Nachwendezeit noch keine ähnlich stabilisierten informellen „rules in use" entstanden sind, diese geronnenen Strukturen im westdeutschen Kontext jedoch weiterwirken. Die Aufrechterhaltung der informellen Regeln ist nicht nur durch die Reduzierung von Informationskosten zu erklären, sondern auch auf die Tatsache einfacher Verhandlungsführung mit großen korporativen Akteuren zurückzuführen, deren Organisationsvertreter über mehr Verhandlungsautonomie verfügen als die kleiner basisnaher Organisationen (vgl. Benz 1994: 187).

Tabelle 5: Das institutionelle Set lokaler Wohlfahrtsarrangements

Formelle Regeln des alten „neokorporatistischen" Regimes	Informelle Regeln	Formelle Regeln des neuen „wohlfahrtspluralistischen" Regimes" seit ca. 1999
Positions- und Zugangsregeln		
• Funktionale Repräsentation der Verbände im Jugendhilfeausschuss (§ 71 SGB VIII)	• Starke personelle Verflechtung der Verbandsvertreter mit Sozialadministration. • Parteipolitische Verflechtung der Verbände (AWO-SPD; DCV-CDU; DPWV-Grüne) • Ausschluss der Interessen von Leistungsempfängern	• Keine Änderungen (aber ab 2009 Auflösung der JHA-Strukturen durch Landesgesetzgeber zu erwarten) • Potentielle Entflechtung zwischen Administration und JHA durch NSM • Stärkung der Beteiligungsrechte von Leistungsempfängern (z.B. §5 SGB VIII)
Entscheidungs- und Auszahlungsregeln		
• Bedingter Vorrang der Verbände vor öffentlichen und nichtorganisierten Trägern (§10 BSHG) • Zuwendungsfinanzierung nach Selbstkostendeckungsprinzip	• De facto „Markt"aufteilung nach Verbändeparität	• Aufhebung des bedingten Vorrangs und Gleichstellung nichtorganisierter Träger (z.B. §3; § 98a-g SGB VIII) • Einführung von Leistungsverträgen bzw. -vereinbarungen (§93 BSHG; §98a-g ff. SGB VIII) • Prospektive Leistungsentgelte statt Selbstkostendeckungsprinzip • Kontraktmanagement; z.T. sozialraumorientierte Budgetierung
Informationsregeln		
• Verzicht auf standardisierte Qualitätskontrolle: Verwendungsnachweise	• (Qualitäts-) „Management by Rumour"	• Output-Kontrolle durch Qualitätsmanagement und Qualitätsentwicklungsvereinbarungen (§93 BSHG; §98a-g ff. SGB VIII)

4.5 Kommunale Entscheidungsstrukturen und Entscheidungsregeln

Das Regelset der lokalen Wohlfahrtsproduktion ist jedoch nur eine von zwei Arenen, deren Regelungs- und Interaktionsmuster für die Fragestellung diese Arbeit relevant sind. Die Jugendämter als Fachverwaltungen und ihre jugendhilfespezifischen Entscheidungsstrukturen im Jugendhilfeausschuss sind außerdem eingebettet in die gesamtkommunalen Entscheidungsprozesse. Für den weiteren

Gang der Argumentation ist es bedeutsam, das Verhältnis zwischen Verwaltungsführung und Fachverwaltung sowie deren Verbindung zur kommunalen Vertretungskörperschaft zu beleuchten und hier die Erkenntnisse der lokalen Politikforschung einfließen zu lassen. Auch hier lassen sich formelle, in Gemeindeordnungen und kommunalen Satzungen festgeschriebene formale Institutionen von informellen, aber nichtsdestotrotz einflussreichen Regeln unterscheiden. In der lokalen Politikforschung kursieren mehrere Modelle politischer Verwaltungsführung (vgl. Grauhan 1969; zusammenfassend Bogumil 2001: 78-100). Zentral ist hier das Verhältnis zwischen politischer Willensbildung und administrativer „Abarbeitung" in der Verwaltung oder kurz das Verhältnis zwischen Politik und Verwaltung.

Grauhan (1969) kontrastiert hier drei idealtypische Modelle: das der legislatorischen Programmsteuerung, der exekutiven Führerschaft und das eines „korrelativen Führungsmodells". Die *Legislatorische Programmsteuerung* geht von einer strikten Trennung von politischer Willensbildung und Verwaltung aus. Normativer Hintergrund dieses Modells ist die klassische Lehre der Gewaltenteilung mit der Trennung von Legislative und Exekutive. Nach diesem Modell werden alle Entscheidungen durch die demokratisch legitimierten Körperschaften getroffen. Die Verwaltung setzt diese „Programme" dann in weberianischhierarchischer Zweckrationalität und Effizienz um. Neben einer Überschätzung der Zweckrationalität moderner Bürokratien bleibt in diesem Modell die Frage nach Ursprung und Begründung der politischen Programme offen. Auf der Basis zahlreicher empirischer Erkenntnisse kommt Grauhan zu dem Schluss, dass reale Entscheidungsprozesse eher einer umgekehrten Logik folgen: Wesentliche Entscheidungen werden von der Verwaltung vorstrukturiert: „Das Parlament wird zum ratifizierenden Vollzugsorgan der Verwaltung" (Grauhan 1969: 272).

Das Modell *Exekutiver Führerschaft* soll dem durch eine starke politische Führung entgegenwirken, die der Politik einen Vorrang vor der Verwaltung sichert. Dem Verwaltungschef kommt hier vergleichbar mit einem Regierungschef die Richtlinienkompetenz zu. Diese umfasst insbesondere Planung, Zielsetzung, Initiative und Programmauswahl. Dieses Modell exekutiver Führerschaft führte in Folge zur Forderung einer starken Verwaltungsspitze in Form eines direkt gewählten Bürgermeisters (vgl. Banner 1984), der den politischen Prozess bestimmt. Der Verwaltung kommt hier neben der ausführenden Rolle auch die der Führungsunterstützung des Verwaltungschefs zu. Eine „politische Verwaltung" wird hier zumindest teilweise als „Führungshilfe" akzeptiert, beschränkt auf die Unterstützungsstrukturen der Verwaltungsführung. Zentraler Kritikpunkt an diesem Modell ist die schwache Verantwortlichkeit der exekutiven Führung bei Schwächung der parlamentarischen Funktion der gewählten Vertretungskörperschaft. Das *Korrelative Führungsmodell* soll demgegenüber den politischen

Prozess revitalisieren. Dazu soll organisatorisch die Führungsfunktion funktional entflechtet und entideologisiert werden. Hierzu werden drei Führungsfunktionen unterschieden: Konzeption und Initiierung von Programmalternativen, Auswahl unter vorkalkulierten Programmalternativen, Kontrolle der Ausführung beschlossener Programme. Den parlamentarischen Gremien kommt hier die Funktion der Auswahl unter Programmalternativen zu, dem Verwaltungsapparat die Ausführung der eindeutigen Programme, soweit entspricht das Modell der legislativen Programmsteuerung. Entscheidend für das korrelative Führungsmodell ist jedoch eine Enthierarchisierung der Vorbereitung von Programm*alternativen*. Hierzu soll ein System von Gremien entwickelt werden, das den Prinzipien des Minderheitenschutzes und des Widerspruchsrechtes Geltung zukommen lässt. Der Verwaltungsspitze käme hier die Rolle der Teamleitung zu.

Diese Modelle behandeln das Verhältnis von Politik und Verwaltung zunächst politikfeldunabhängig. Betont wird die Rolle von Verwaltungsspitze und Vertretungskörperschaft. Die Fachverwaltungen mit ihrem unterschiedlichen Status und verschiedenen Machtressourcen innerhalb der Verwaltung und ihre Verquickung mit den Kommunalvertretungen über die Ausschüsse bleiben in diesen Modellen unterbelichtet. Fachverwaltungen können sich durch Fachwissen (Professionalität), mobilisierbares Klientel und scheinbare Politikferne eine eigene Autonomie schaffen, die sie von den allgemeinen Führungsstrukturen ein Stück weit abkoppelt. Die Jugendhilfe stellt ein paradigmatisches Beispiel für solche Prozesse dar, wie weiter unten dargestellt wird. Eine zentrale Frage, die sich aus den vorgestellten Führungsmodellen für diese Arbeit ableitet, ist, wo tatsächlich Vorentscheidungen und Entscheidungen über die Trägerstrukturen und die kontraktuellen Spielregeln in den sozialen Diensten getroffen werden. Finden diese in den formal verfassten Gremien statt oder vielmehr in informellen Abstimmungsprozessen, die die faktische Entscheidungsmacht verschieben können?

Dafür ist ein Rückgriff auf Gerhard Banners „*Vorentscheiderkonzept*" hilfreich (vgl. Banner 1972; 1984). Dabei interessieren in unserem Zusammenhang weniger die vieldiskutierten institutionellen Unterschiede zwischen nord- und süddeutscher Ratsverfassung, zumal sich diese bei allen bestehenden Differenzen (vgl. Holtkamp 2008: 100-109) nach den Kommunalverfassungsreformen der 1990er Jahre einander angenähert haben.[64] Nach Banner gehen politische Vorla-

---

[64] Die Diskussion um den Einfluss unterschiedlicher Kommunalverfassungen auf kommunale Entscheidungsprozesse ist ein zentrales Thema der lokalen Politikforschung, das hier nicht ausführlich referiert werden kann, da im Zentrum der Argumentation das Vorentscheiderkonzept steht. Bogumil weist darauf hin, dass eine Tendenz zur Vorentscheidung nicht nur im Kommunalverfassungssystem als formalem Rahmen begründet liegt, sondern auch im politischen Prozess als solchem (vgl. Bogumil 2001: 86, Fn. 83). Ähnlich schon Derlien et al. 1976: 116f. Winkler-Haupt (1988: 197) behauptet zwar einen Einfluss der Gemeindeordnungen auf haushaltspolitische Entscheidungen, für

Kommunale Entscheidungsstrukturen und Entscheidungsregeln 129

gen ab einer gewissen Bedeutung nicht von der Verwaltung direkt an das beschlussfassende Gremium, sondern werden informell in kleineren Personengruppen vorbereitet, zu denen er auf Ratsseite Vollzeitpolitiker und Spezialisten für gewisse Sachfragen, auf der Verwaltungsseite die Hauptverwaltungsbeamten und die Beigeordneten, in Sachfragen die Amtsleiter und einflussreiche Abteilungsleiter zählt (vgl. Banner 1972: 166f). Ähnliche Ergebnisse erbrachten auch die Untersuchungen von Derlien et al. (1976), die in vier Mittelstädten mit unterschiedlicher Gemeindeordnung hinsichtlich der Vorentscheidungsprozesse ähnliche Entscheidungsmuster feststellen, die sie unabhängig der Gemeindeordnungen als generelle Muster kommunalpolitischer Entscheidungsprozesse deuten: die Verwaltungsseite sei den Vertretungskörperschaften erstens generell überlegen, da sie über einen deutlichen Informationsvorsprung verfüge. Die Auswahl über Alternativen werde zweitens von der Verwaltung vorbereitet und über Vorentscheiderkreise der großen Fraktionen unterstützt. Drittens finde sich ein Funktionsverlust des Ratsplenums gegenüber den Ausschüssen, in denen bei bestehender Dominanz der Verwaltung die wesentlichen Sachentscheidungen getroffen werden. Auch hier wird zunächst keine politikfeldspezifische Betrachtung eingeführt.

Jedoch führt Banner in späteren Schriften (Banner 1982; 1984) die wesentliche Unterscheidung kommunaler *Fach- und kommunaler Steuerungspolitiker* ein, die eine basale Konfliktlinie innerhalb der Kommunalverwaltung markiert und eng mit dem „Vorentscheiderkonzept" zusammenhängt. Die Fachpolitiker, die eine informelle Koalition aus den Politikern in den Fachausschüssen, ihnen verbundenen Interessengruppen und den Vertretern der jeweiligen Fachämtern bilden, verfolgen nach Banner primär das Ziel einer Stärkung des eigenen Ressorts durch das Ansichziehen von möglichst viel Personal und Geld, um damit die Fachaufgaben auszuweiten und zu perfektionieren.[65] Zentrale Machtressourcen sind „horizontale Fachbruderschaften", die nach Banner „stets bereit sind, einander beizustehen, wenn es gilt, die Interessen ihres Fachsektors zu wahren" (Banner 1982: 31).[66] Demgegenüber sind die zentralen Steuerungspolitiker daran

---

kommunalpolitische Entscheidungen im Allgemeinen fehle dieser jedoch. Allgemeine Skepsis gegenüber Banners polityzentrierter Argumentation findet sich bei Kunz/Zapf-Schramm 1989, Naßmacher 1989, Voigt 1992. Deutliche Unterschiede markiert Simon (1988) hinsichtlich der politischen Kultur, also der normativen Dimension von Institutionen, die er insbesondere an den Unterschieden zwischen Baden-Württemberg (Gemeinwohlverpflichtung und Verwaltungskontrolle bei Verwischung von Parteigrenzen) und Nordrhein-Westfalen (Vertretung von Einzelfallinteressen der Bürger bei starkem Parteiwettbewerb und Detaileingriffen in das Verwaltungshandeln) festmacht.

[65] Hier wird die Anleihe an das Niskanen'sche Modell des Budgetmaximierers deutlich (vgl. Niskanen 1971).

[66] Nicht zu unterschätzen sind auch „vertikale Fachbruderschaften" (vgl. Wagener 1979: 238-243; Banner 1984: 365), die verwaltungsebenenübergreifend angelegt sind. Bedeutend sind hier die Rolle der Landesjugendämter, höheren Kommunalverbände und der Fachverbände, insbesondere des

interessiert, die insbesondere haushaltspolitische Steuerungsfähigkeit der Gesamtkommune sicherzustellen. Sie rekrutieren sich aus der Verwaltungsspitze (Hauptverwaltungsbeamte, Dezernenten für allgemeine Verwaltung, Kämmerer) und den Vertretern der Querschnitts- und Steuerungsausschüsse (z.b. Haupt- und Finanzausschuss). Die Austarierung dieses grundsätzlichen Interessengegensatzes erfordert nach Banner einerseits institutionelle Ausgestaltung, andererseits hinreichende strategische Kapazität der Steuerungspolitiker. Nach Banner sind es – immer unter dem Primat der Haushaltspolitik – drei wesentliche Faktoren, die einen ausgeglichenen Haushalt befördern: geringe „Durchschlagskraft" der Fachinteressen, geringe parteipolitische Aufladung von Entscheidungen und schließlich die Durchsetzungsfähigkeit eines zentralen Politikers.

Die für uns wichtige „Durchschlagskraft der Fachinteressen" (vgl. Banner 1984: 366-368) bestimmt sich nach Banner zum einen durch die Zahl der fachpolitischen Initiativzentren, das heißt die Zahl der Fachämter, -dezernate und -ausschüsse. Neben der Gemeindegröße spielt für die Zahl der Ausschüsse auch die Gemeindeordnung eine Rolle – ist wie in Baden-Württemberg der Oberbürgermeister verpflichtend Vorsitzender aller Ausschüsse, liegt allein aus zeitlichen und pragmatischen Gründen eine Reduzierung der Ausschusszahl nahe. Neben der reinen Zahl der Initiativzentren ist auch deren fachpolitisches Gewicht von Bedeutung. Hier ist zum einen das Gewicht der Dezernate zu nennen. Dies wird wiederum maßgeblich durch die Gemeindeordnung beeinflusst, wo eine kollegiale Verwaltungsleitung (z.B. Schleswig-Holstein) tendenziell die Fachpolitik stärkt, eine starke monokratische Verwaltungsleitung (z.B. Baden-Württemberg) diese schwächt. Eine „schwache" monokratische Spitze, die Banner insbesondere in NRW sieht, führt demgegenüber durch die enge parteipolitische Einbindung der Dezernenten zu einer Stärkung der Fachpolitik. Das Gewicht der Fachausschüsse als zweitem maßgeblichem Bestimmungsfaktor wird vor allem durch den Ausschussvorsitz geprägt, der sich zwischen einem Vorsitz durch den Verwaltungschef, anderen Hauptamtlichen (Dezernenten) und ehrenamtlichen Ratspolitikern unterscheidet. Als Zweiter Faktor spielt die „zähmende" Stärke von Steuerungsausschüssen (z.B. Verwaltungsausschuss) eine wichtige Rolle. Diese stark institutionenzentrierte Betrachtung abstrahiert allerdings von den spezifischen Akteurskonstellationen, u.a. der Profilierung und Organisationsfähigkeit der Fachpolitik (Stärke der „Advocacy Coalitions") und der Stärke organisierter Interessen vor Ort – in der Jugendhilfe stark integriert in den Jugendhilfeausschüssen.

Ich gehe im Weiteren nicht von einem einfachen Spannungsverhältnis zwischen Politik und Verwaltungsapparat aus, sondern von einem zweifachen, sich

---

Deutschen Vereins, die zur Selbstverständigung und „kognitiven Schließung" des Deutungshorizonts der Fachpolitiker beitragen.

überkreuzenden Spannungsverhältnis zwischen Politik und Verwaltung einerseits, Fachpolitik (und -verwaltung) und „Steuerungspolitik" (bzw. -verwaltung) andererseits. Aus dieser Perspektive bilden die Dezernenten eine vermittelnde Position, die sie zu den entscheidenden „Brokern" (vgl. Sabatier 1993) zwischen Fachpolitik und gesamtstädtischer Steuerung machen können. Gleichzeitig können sie auch als „Vermittler oder Grenzgänger zwischen Politik und Verwaltung" (Banner 1982: 37) gesehen werden, kommen ihrer Vermittler- oder Brokerrollen also in beiden hier betrachteten Dimensionen nach. Im Anschluss an Crozier und Friedberg schreibt Banner solchen Grenzgängern die „Kontrolle von Unsicherheitszonen" (ebd.: 38) und damit Macht zu, die an den Schnittstellen zwischen Politik und Fachverwaltung, zwischen sektoraler und gesamtkommunaler Orientierung entstehen.

Es ist davon auszugehen, dass die Akteure auf lokaler Ebene bei ihren Modernisierungsanstrengungen verschiedene Strategien im Umgang mit den konkurrierenden Ansprüchen einsetzen, die letztendlich Machtspiele darstellen. Dabei handelt es sich nicht zwangsläufig um einfache Routine- versus Innovationsspiele, wie sie in mikropolitischen Analysen thematisiert werden (vgl. Bogumil/Schmid 2001), sondern sie können zwei parallele Innovationsspiele mit unterschiedlichen Zielrichtungen darstellen. Zentral sind hier die beiden wesentlichen Lager der „zentralen Steuerungspolitiker" als Promotoren der Haushaltskonsolidierung zur Sicherstellung kommunaler Steuerungsfähigkeit und den „Fachpolitikern" als Verfechter professioneller Orientierungen. Ein süddeutscher Sozialamtsleiter brachte dieses Spannungsverhältnis im persönlichen Gespräch auf die knappe Formel: „Kämmerer versus Kümmerer".

In der Sprache der Policy-Analyse finden sich so häufig zwei „Advocacy Coalitions" mit konkurrierenden „Belief Systems" (vgl. Sabatier 1993). Der Bezug auf das Konzept der ‚Belief Systems' geht für die Akteursgruppen nicht von einer reinen Interessenorientierung aus, sondern stellt eine gemeinsame kognitive Orientierung und spezifische fachliche Weltbilder in den Fokus. Auch Wagener beschrieb diese kognitve Schließung in seinem Konzept der Fachbruderschaften anschaulich, wenn er von einer „generellen Erscheinung der leichteren Abstimmung zwischen Personen, die sich fachlich und nach ihrem Interesse zusammengehörig fühlen" (Wagener 1979: 238) spricht. Tab. 6 stellt die Orientierung der beiden hier interessierenden Gruppierungen für den Bereich der Jugendhilfe als Arbeitshypothesen stark vereinfachend dar. Ich orientiere mich dabei an der Dreiteilung für ‚Belief Systems' von Sabatier (1993; 1999). Sie sind hierarchisch strukturiert und umfassen Kernüberzeugungen (‚*Deep Core*') mit fundamentalen normativen und ontologischen Axiomen, einen ‚*Policy Core*' mit grundlegenden politikfeldspezifischen Ansichten und schließlich sekundäre Aspekte, die instrumentelle Ansichten beinhalten (Sabatier 1993: 131). Letztere stellen in Sabatiers Modell den Raum möglicher Kompromisse zwischen beiden Lagern dar, in dem auch gegenseitiges Policy-Lernen möglich sei.

Sabatiers an Policy-Lernen orientierter Ansatz ist nur eine Möglichkeit des Ausgleichs zwischen den konkurrierenden Ansprüchen der unterschiedlichen Steuerungsansprüche. Als weitere Formen des Umgangs wären zu nennen eine „Amalgamisierung" (Wollmann 1999: 12) im Sinne von „Problemlösen", d.h. die innovative Verbindung der beiden Modernisierungsstränge, z.B. in der Verbindung des Subsidiaritätsprinzips mit dem NSM-inspirierten Kontraktmanagement. Eine etwas weniger anspruchsvolle Variante stellt ein „Modernisierungspolitisches Doppelpassspiel" (Wollmann 1999: 12) dar, also ein Modernisierungsprozess, bei dem die jeweiligen Zugeständnisse beider Seiten durch Kompromisslösungen erreicht werden. Die erste Form hat den Charme konsens- und problemlösungsorientierter Zusammenarbeit, bleibt aber modernisierungspolitisch höchst anspruchsvoll, da inhaltliche und verteilungspolitische Fragen in einem Aufwasch gelöst werden müssen. Realistisch gesehen: eine unwahrscheinliche Form von Modernisierung.

Tabelle 6: "Belief Systems" von Steuerungs- und Fachebene

	Kernüberzeugungen (Deep Core	Policy-Überzeugungen (Policy Core)	Sekundäre Aspekte
Steuerungsebene („Kämmerer")	„effizientes Unternehmen Stadtverwaltung" (Banner)	Wirtschaftlichkeit, Rechtmäßigkeit, Effizienz, Effektivität, Kundenorientierung	z.B. Instrumente, der Haushaltssteuerung, Neues Steuerungsmodell, Ausschreibungen und Kontraktmanagement
Fachebene („Kümmerer")	„moralisches Dienstleistungsideal" (Rüschemeyer)	Prävention, Dezentralisierung, Alltagsorientierung, Partizipation, Integration als Strukturmaximen	z.B. Sozialraumorientierung, flexible integrierte Hilfen, niederschwellige Angebote, Partizipation

Die zweite Form hat einen Hauch von modernisierungspolitischem Kuhhandel und bleibt dennoch anspruchsvoll, da auch dieses do ut des auf einer institutionellen Vertrauensbasis und Verbindlichkeit, verhandelbaren Issues und genügend Verhandlungsmacht und -spielraum ruhen muss (vgl. Scharpf 2000: 212-228).

Diese zunächst die Binnenmodernisierung betreffenden Konfliktmuster werden im Weiteren durch die Außendimension verstärkt. Durch die enge inhaltliche und personelle Verwobenheit und personelle Übergänge stehen sich die Akteure der fachlichen Ebene innerhalb der Verwaltungen und bei freien Trägern von ihren Leitbildern und Belief Systems her sehr nahe. Bei gelingender Zusammenarbeit findet sich so eine fachliche Modernisierungskoalition der „Kümmerer", die im Zweifelsfall gemeinsam gegen Sparansprüche der „Kämmerer" mobilisieren kann. Diese weitgehende Übereinstimmung hinsichtlich der Fachlichkeit wird allerdings durch strukturelle Interessenkonflikte herausgefordert, die die fachliche Einigkeit konterkarieren können. Hier seien von Seiten des öffentlichen Trägers Kontrollprobleme hinsichtlich der Qualität der erbrachten Leistungen, der sachgemäßen Mittelverwendung und der Kartellbildung zwischen Anbietern genannt. Auf Seiten der freien Träger sorgen eine mögliche Überforderung durch Kontrollansprüche sowie die Unsicherheit über die Dauer der Leistungsbeziehung und daraus entstehende Abhängigkeitsverhältnisse für Einfalltore von Konflikten.

4.6 Institutionenpolitik zwischen Pfadabhängigkeit und „Institutional Choice"

Die in den letzten Abschnitten geschilderten institutionellen Rahmenbedingungen in beiden Arenen zeigten eine Reihe von Faktoren auf, die die Stabilität der Wohlfahrtsarrangements und der kommunalpolitischen Entscheidungsstrukturen unterstützen. Die intentionale Veränderung der bestehenden Strukturen im Sinne von „Institutional Choice" (vgl. Goodin 1996) stößt auf Grenzen, die unter dem Schlagwort Pfadabhängigkeit diskutiert werden. Mit der neoinstitutionalistischen Wende der Politikwissenschaft hat das Konzept der Pfadabhängigkeit eine starke Konjunktur erlebt (vgl. Beyer 2006). Der Begriff der Pfadabhängigkeit besagt, dass Denkweisen, Routinen und Entscheidungen der Gegenwart systematisch von Entscheidungen der Vergangenheit eingeschränkt und geprägt werden (vgl. North 1990: 92-96; Mahoney 2000; Pierson 2000).[67] Schlüsselentscheidungen mit strategischen Wahloptionen („critical junctures") zeichnen so den Gang der zeitlich nachfolgenden Ereignisse vor und schließen alternative Pfade aus.

Aus analytischer Sicht ist es zunächst notwendig, die Mechanismen deutlich zu machen, die Pfade institutioneller Persistenz begründen, so dass ein Verweis auf Pfadabhängigkeit allein keinen Erklärungsgehalt hat. Mit Jürgen Beyer ist festzustellen, dass „Pfadabhängigkeit nicht gleich Pfadabhängigkeit" (Beyer 2006) ist: „Nimmt man Pfadabhängigkeiten ernst, dann müssen die zugrunde liegenden Mechanismen und Konstellationen entschlüsselt werden. Die Aussage,

---

[67] Ich verzichte an dieser Stelle auf die Wiedergabe der Entwicklung der Pfadabhängigkeitsdiskussion vgl. hierzu Beyer 2006: 14-27.

dass die Gegenwart durch die Vergangenheit beeinflusst wird (history matters) wird trivial, wenn nicht geklärt wird, wie sie das tut" (Beyer 2006: 263). Je nach den der Pfadabhängigkeit zugrunde liegenden Kausalmechanismen unterliegen Institutionen auch unterschiedlicher Wandlungsanfälligkeit bzw. -resistenz. Beyer identifiziert verschiedene Mechanismen, die Pfadabhängigkeit zugrunde liegen können (vgl. Tab. 7).

Tabelle 7: Mechanismen der Pfadabhängigkeit nach Beyer

Mechanismus	Logik der Kontinuitätssicherung	Beispiele lokaler Wohlfahrtsarrangements
Increasing Returns	Selbstverstärkungseffekt Transaktionskostenminimierung Economies of Scale	• Investitionen in Infrastruktur • Aufbau von Netzwerken • Notwendigkeit von Kontinuität als pädagogisches Prinzip
Funktionalität	Zweckbestimmungen systemische Notwendigkeiten	• Objektive Bewährung der etablierten Strukturen
Komplementarität	Interaktionseffekt	• Überlappende Entscheidungs- und Leistungsstrukturen
Macht	Machtsicherung, Vetomacht	• Vetopositionen im JHA • Definitionsmacht und Informationsvorsprünge der Fachverwaltung (Vorentscheiderkreise) • Verflechtung Politik-Verbände • Schließungsprozesse
Legitimität	Unsicherheitskompensation, Legitimitätsglaube, Moralische Verpflichtungen Sanktionen	• Subsidiaritätsprinzip als Norm • Ablehnung von Privatisierung („Jugendhilfe ist keine Ware")
Konformität	Unsicherheitskompensation, Entscheidungsentlastung, mimetischer Isomorphismus	• Fehlende Problemwahrnehmung: „System works" • Vertrauen als Kompensationsmechanismus

Nach Beyer 2006: 36 mit eigenen Ergänzungen

Wendet man die bisher erarbeiteten Ergebnisse dieses konzeptionellen Kapitels auf die identifizierten Mechanismen an, erkennt man, dass sich für alle Beispiele aus dem Bereich der kommunalen Jugendhilfepolitik identifizieren lassen, die die „Beharrungsthese" stützen können. Hinsichtlich der „regulativen Säule" des Institutionenbegriffs sind es vor allem die so genannten „increasing Returns" und Machtprozesse, die als Erklärungsfaktoren dienen können.

Increasing Returns beschreiben den selbstverstärkenden Mechanismus, der durch den steigenden Nutzen einer Technologie oder Investition entsteht, der durch eine verbreitete Anwendung (nicht unbedingt deren Effizienz) hervorgerufen wird (Beispiele sind die berühmte Schreibmaschinentastatur oder die Nutzung von Microsoft-Programmen). Hohe Startkosten, steigende Skalenerträge und irreversible Investitionen lassen Akteure im einmal eingeschlagenen Arrangement verharren. Douglas North (1991) sieht in diesem Kontext insbesondere Transaktionskosten und die begrenzte Rationalität der Akteure als Begründungsfaktoren für Pfadabhängigkeiten an. Investitionen in Infrastruktur (Bau von Einrichtungen) und den Aufbau von Netzwerken (Vertrauen) führen auch im Jugendhilfebereich dazu, dass etablierte Strukturen bewahrt, weitergefördert und nicht kurzfristig in Frage gestellt werden. Zentrale und verständliche Bestandsinteressen der freien Träger sind natürlich auf den Erhalt der eigenen Einrichtungen und den mit ihnen verbundenen Arbeitsplätze und Investitionen gerichtet. Aber auch die Natur pädagogischer Prozesse, die z.B. im Fall der Heimerziehung langjährige Kontinuität nahelegen, verhindern kurzfristige Kurswechsel in der Förderpolitik.

Macht ermöglicht Akteuren, ihr Interesse an einer Institution gegen andere Akteure durchsetzen: „Ein einmal eingeschlagener Pfad, welcher keine kollektiven Gewinne mehr abwirft, kann durchaus so lange weiterverfolgt werden, wie er den Interessen der mächtigsten Akteure entspricht (Lütz 2006: 15). Mit Bezug auf Sozialversicherungssysteme argumentiert Pierson (1996), dass sozialpolitische Expansionsmaßnahmen der Vergangenheit eine von diesen Maßnahmen profitierende Klientel geschaffen haben, die gegen Rückbaumaßnahmen protestieren wird. Denn der Nutzen des Rückbaus sei diffus verteilt (bei den Steuerzahlern), der Nutzen jedoch konzentriert (bei den Leistungsempfängern). Übertragen auf lokale Wohlfahrtsarrangements nehmen die etablierten Träger eine ähnliche Position ein wie Leistungsempfänger in klassischen Sozialversicherungssystemen. Auch sie profitieren von den etablierten Strukturen und können kein Interesse an der Erweiterung des Marktes haben. Gleichzeitig stellen sie – zwar kein elektorales, sondern korporatives – Protestpotential dar, das in der Öffentlichkeit gut beleumundet ist und über die Repräsentation im Jugendhilfeausschuss über Vetopotential verfügt.[68] Die Fachebene ist häufig gut vernetzt und verfügt über die Vorentscheiderkreise über nicht zu unterschätzendes Einflusspotential. Durch die enge Verflechtung von Politik und Verbänden kommt es zu einer Schließung der Akteurstrukturen auf die Großverbände im Sinne des Neokorporatismus, die Outsiderinteressen aus den Entscheidungsgremien ausschließt.

Hinsichtlich der *‚normativen Säule'* bilden normative Erwartungen an die Legitimität der etablierten Strukturen, insbesondere das Subsidiaritätsprinzip und

---

[68] Insbesondere die Verbändebeteiligung im Jugendhilfeausschuss kann als Widerstandspotential genutzt werden: So zitieren Bußmann et al. (2003: 64) einen Jugendamtsleiter: „Ich bin bei Kürzungen meistens besser weggekommen als meine Kollegen, weil ich notfalls die Kampftruppe im Ausschuss mobilisieren kann".

eine häufig anzutreffende Ablehnung privatgewerblicher Akteure mit Gewinninteresse, den Hintergrund von Stabilität. Die ‚kognitive Säule' wird schließlich durch stabilisierte Erwartungshaltungen an das etablierte System, das entweder als „gut funktionierend" oder in seiner Ausgestaltung als „notwendig" - sprich alternativlos - wahrgenommen wird bestimmt.

Die skizzierten Mechanismen für Pfadabhängigkeiten können im Weiteren als Begründungen für eine Beharrungsthese herangezogen werden. Auf der anderen Seite bergen sie in sich aber auch die Möglichkeit des Wandels. Eine Reihe kritischer Faktoren stellen Einfallstore für Wandlungsoptionen dar, wie insbesondere Beyer (2006: 37-40) betont. So stellen externe Einflüsse wie die Haushaltskrise und der demographische Wandel sowie der Wandel des formellen Regelsets die stabilisierenden Mechanismen in Frage. Ob diese Stabilisierung erfolgreich ist, hängt von den Akteurkonstellationen und Interaktionen vor Ort ab. Die aus der kurzen Betrachtung abgeleiteten Fragen müssen daher für diese Arbeit lauten: Welche Mechanismen begründen die vielfach festgestellte Persistenz der Wohlfahrtsregime und welche Faktoren erklären den dennoch feststellbaren Wandel? Im Folgenden soll hierzu in einem zusammenfassenden Abschnitt versucht werden, untersuchungsleitende Hypothesen zum Wandel lokaler Wohlfahrtsarrangements zu skizzieren.

4.7 Hypothesen zum Wandel lokaler Wohlfahrtsarrangements

In einer am akteurorientierten Institutionalismus angelehnten Heuristik kann das zentrale Problem des Wandels von Akteursbeziehungen in lokalen Wohlfahrtsarrangements als Institutionenwandel begriffen werden. Im Fokus stehen die dem institutionellen Set der lokalen Wohlfahrtsproduktion zu Grunde liegenden Regelsysteme, für die Elinor Ostroms Unterscheidung von formalen Regeln und informellen Regeln, den „rules in use" (vgl. Ostrom 1986, 1999), entlehnt wurde. Mit dieser Unterscheidung lassen sich für die Stabilität und den Wandel etablierter Strukturen eine Reihe möglicher Bestimmungsfaktoren benennen. Die oben formulierte Beharrungsthese stützt sich auf die Annahme, dass sich trotz eines Wandels der formalen Regeln die „rules in use" nicht zwangsläufig „mitwandeln". Dafür lassen sich eine Reihe möglicher Gründe benennen, die einerseits funktional zu begründen sind (Increasing Returns, Transaktionskostenminimierung, objektive Funktionalität). Für die entscheidenden Akteure gibt es schlicht keinen objektiven Grund ihre informellen Verhaltensweisen zu ändern. Zum zweiten treten machtpolitische Faktoren hinzu: die etablierten Akteure suchen ihre jeweiligen Ressourcen und Positionen zu maximieren oder zumindest zu erhalten. Sie versuchen daher die formalen Regeln durch neue Schließungsme-

Hypothesen zum Wandel lokaler Wohlfahrtsarrangements

chanismen zu „umspielen". Eine dritte Perspektive bietet schließlich eine an der jeweiligen „logic of appropriateness" (March/Olsen 1984, 1989) orientierte Verhaltensweise, die die beschränkt rationalen Akteure weiter in ihren alten Routinen und akzeptierter Normen verharren lässt (trotz sich ändernder Umwelten).

Das alte als „neokorporatistisch" beschriebene Regime beruhte einerseits auf formalen Regeln (Subsidiaritätsprinzip; Vorrang der freien Wohlfahrtspflege vor nichtorganisierten Trägern; funktionale Repräsentation im Jugendhilfeausschuss; Zuwendungsfinanzierung als Selbstkostendeckung), andererseits aber auch auf informellen Regeln und Interaktionen. Hierzu zählen Tauschgeschäfte zu beiderseitigem Vorteil, Vertrauensnetzwerke, eingeschliffene Gewohnheiten etc., die die Unsicherheit zwischen den Akteuren reduzieren. Jene Unsicherheitsreduktion wird, so meine Annahme, gerade in Bereichen wichtig, wo unsichere Wirkungsketten bestehen, wie in vielen Feldern der sozialen Arbeit. Die neuen Anforderungen durch die in Abschnitt 2.4 skizzierten Modernisierungsansätze wurden in der Regel an die fachlich segmentierten Netzwerke „von außen" durch die „zentralen Steuerungspolitiker" (Banner) herangetragen. Der Modernisierungsdruck durch Verwaltungsspitze und Erwartungshaltungen von Außen führte in einer Großzahl von Kommunen dazu, dass die Fachebene gezwungen war, sich zumindest formal mit den Modernisierungskonzepten auseinanderzusetzen. Dies führt mich zu drei Hypothesen zum Umsetzungsstand von Modernisierungsmaßnahmen, worunter im Weiteren Maßnahmen der Verwaltungsmodernisierung, die Einführung von Leistungsvereinbarungen und Kontrakten und schließlich die Umsetzung fachlicher Modernisierungsmaßnahmen verstanden werden.

> Hypothese 1: Die von außen an die Jugendämter herangetragenen Modernisierungs- und Ökonomisierungsimpulse führten zumindest auf einer formalen Ebene zu einer intensiven Beschäftigung mit Konzepten des Kontraktmanagements und an Qualitäts- und Wirkungszielen orientierten Instrumenten. Die tatsächliche Implementation der Instrumente variiert erheblich (1a). Hierbei sind interne Faktoren wesentlich für die jeweilige Implementationsweise (1b).

> Hypothese 2: Die Intensität dieser Auseinandersetzung hängt einerseits von externem Problemdruck, andererseits von internem Steuerungsdruck ab. Wo hoher externer Problemdruck durch eine schwierigere Haushaltslage herrscht, wird also intensiver nach betriebswirtschaftlichen Prämissen modernisiert (2a). Wo sich hoher interner Steuerungsdruck effektiv bis zur Fachebene durchsetzen kann, wird intensiver nach betriebswirtschaftlichen Prämissen modernisiert (2b).

> Hypothese 3: Wo sich auf Fachebene eine fachliche Modernisierungskoalition bilden kann, können die Steuerungsansprüche der Verwaltungsspitze begrenzt werden, da sich die Fachebene Informationsvorsprünge und die Macht über Vorentschei-

derprozesse aneignen kann. Hier können eher fachliche Ansätze und „Verknüpfungsstrategien" realisiert werden.

Die in diesen Thesen implizit angeführten Annahmen zur Durchsetzungsfähigkeit der internen Steuerungsansprüche und der Stärke fachpolitischer Modernisierungskoalitionen bedürfen einer weiteren Präzisierung. Aus den Diskussionen um Neokorporatismus, die informellen Regeln der Wohlfahrtsarrangements und die Grundlagen kommunalpolitischer Macht- und Entscheidungsprozesse lassen sich drei weitere Hypothesen zur Machtverteilung innerhalb der kommunalen Modernisierungsarena formulieren:

> Hypothese 4: Die zentrale Steuerungsebene in den Kommunen kann sich umso effektiver gegenüber der Fachebene durchsetzen, je eindeutiger die politischen Mehrheitsverhältnisse sind, je geringer die Führungsspannen sind, je schwächer die korporatistischen Strukturen vor Ort sind und je näher der zuständige Dezernent der zentralen Steuerungsebene steht.

> Hypothese 5: Die Fachebene in den Kommunen kann sich umso effektiver gegenüber der zentralen Steuerungsebene durchsetzen, je uneindeutiger die politischen Mehrheitsverhältnisse sind, je größer die Führungsspannen und das Ausmaß dezentraler Fach- und Ressourcenverantwortung sind, je stärker die korporatistischen Strukturen vor Ort sind und je näher der zuständige Dezernent der Fachebene steht. Die Stärke der fachpolitischen Modernisierungskoalition hängt auch vom Anteil der Mitarbeiter mit professionellem Hintergrund und der Vernetzung mit überörtlichen Fachvereinigungen ab.

> Hypothese 6: Eine Vermittlung zwischen den konkurrierenden Ansprüchen der fachlichen und der zentralen Steuerungsebene wird wahrscheinlicher, wenn grundsätzlich konkordantere Entscheidungsstrukturen vorherrschen, eigenständige positive Modernisierungsimpulse von der Fachebene ausgehen und Spielräume für Positivsummenspiele existieren.

Die Varianz in den Akteurkonstellationen und Modernisierungspfaden ist entscheidend für unterschiedliche Wege der Umgestaltung des Verhältnisses zwischen öffentlichen und freien Trägern in der lokalen Wohlfahrtsproduktion. Empirische Hinweise deuten darauf hin, dass zumindest in den westdeutschen Kommunen in den von ihnen zu verantwortenden Aufgabenbereichen trotz der Implementierung von Kontrakten und Leistungsvereinbarungen nur sehr eingeschränkt von einem Wandel der Trägerstrukturen zu sprechen ist (vgl. Dahme et al. 2005; Pothmann 2006). Dies führt zu der weitergehenden Annahme, dass neben der Beibehaltung des Status quo und einer am Leitbild des ‚fachlich orientierten Qualitätswettbewerbs' orientierten Ökonomisierung noch mindestens zwei weitere Implementationsweisen von Leistungsvereinbarungen anzutreffen sind: Zum einen eine rein ‚Legitimatorische Anpassung', die zwar im Sinne des ‚mimetischen Isomorphismus' die Formalstruktur der Modernisierungsinstrumente übernimmt, aber ein ‚Ausleben' der Instrumente, also ihrer ‚Aktivitätsstruktur' vermeidet. Zum anderen eine „Gegenimplementation von unten" (Wollmann 1983), die die Instrumente nicht nur mimetisch imitiert, sondern sie in subversiver Manier mit einer eigenen Aktivitätsstruktur ausfüllt, die aber der Intention der ursprünglichen Instrumente widerspricht. Zu den wesentlichen Ursachen für die unterschiedlichen Implementationsweisen lassen sich folgende Thesen formulieren:

Hypothese 7: Wo wenig Problemdruck herrscht, die Verwaltungsspitze geringe Steuerungsambitionen verfolgt und die Fachebene keine eigenen fachlichen Modernisierungsambitionen verfolgt, ist die Beibehaltung des *Status quo* wahrscheinlich.

Hypothese 8: Wo deutlicher Problemdruck herrscht, sich die zentrale Steuerungsebene effektiv durchsetzen kann und die fachliche Ebene schwach ist, ist eine *Ökonomisierung und Pluralisierung* der Wohlfahrtsarrangements wahrscheinlich.

Hypothese 9: Wo deutlicher Problemdruck herrscht, sich die zentrale Steuerungsebene effektiv durchsetzen kann und die fachliche Ebene sich mit fachlichen Konzepten einbringen kann, ist eine am Leitbild eines nicht rein kostenzentrierten *fachlich orientierten Qualitätswettbewerbs* wahrscheinlich.

Hypothese 10: Wo deutlicher Problemdruck herrscht, sich die zentrale Steuerungsebene aber nicht effektiv durchsetzen kann und auf fachlicher Ebene keine fachliche Modernisierungskoalition vorhanden ist, ist eine *legitimatorische Anpassung* wahrscheinlich.

Hypothese 11: Wo deutlicher Problemdruck herrscht, sich die zentrale Steuerungsebene aber nicht effektiv durchsetzen kann und auf fachliche Ebene eine starke fachliche Modernisierungskoalition vorhanden ist, ist eine *Gegenimplementation von unten* wahrscheinlich.

Abb. 7 fasst diese Hypothesen grafisch zusammen. Im Folgenden sollen nun diese Hypothesen in zwei Schritten einer empirischen Untermauerung unterzogen werden. Dazu wird zunächst in einer quantitativen Analyse das Ausmaß des empirisch vorzufindenden Wandels im Bereich der Binnenmodernisierung sowie der Einführung von Kontraktmanagement und Leistungsvereinbarungen untersucht sowie deren Einfluss auf die vorzufindenden Wohlfahrtsarrangements nachgeprüft. Dieser Schritt bearbeitet in erster Linie die Hypothesen 1 bis 3. Daran schließen sich Fallstudien in vier ausgewählten Kommunen an, die wesentliche Interaktionshypothesen thematisieren sollen. Dies sind die Hypothesen 4 bis 11.

Abbildung 7: Pfadmodell zum Wandel lokaler Wohlfahrtsarrangements

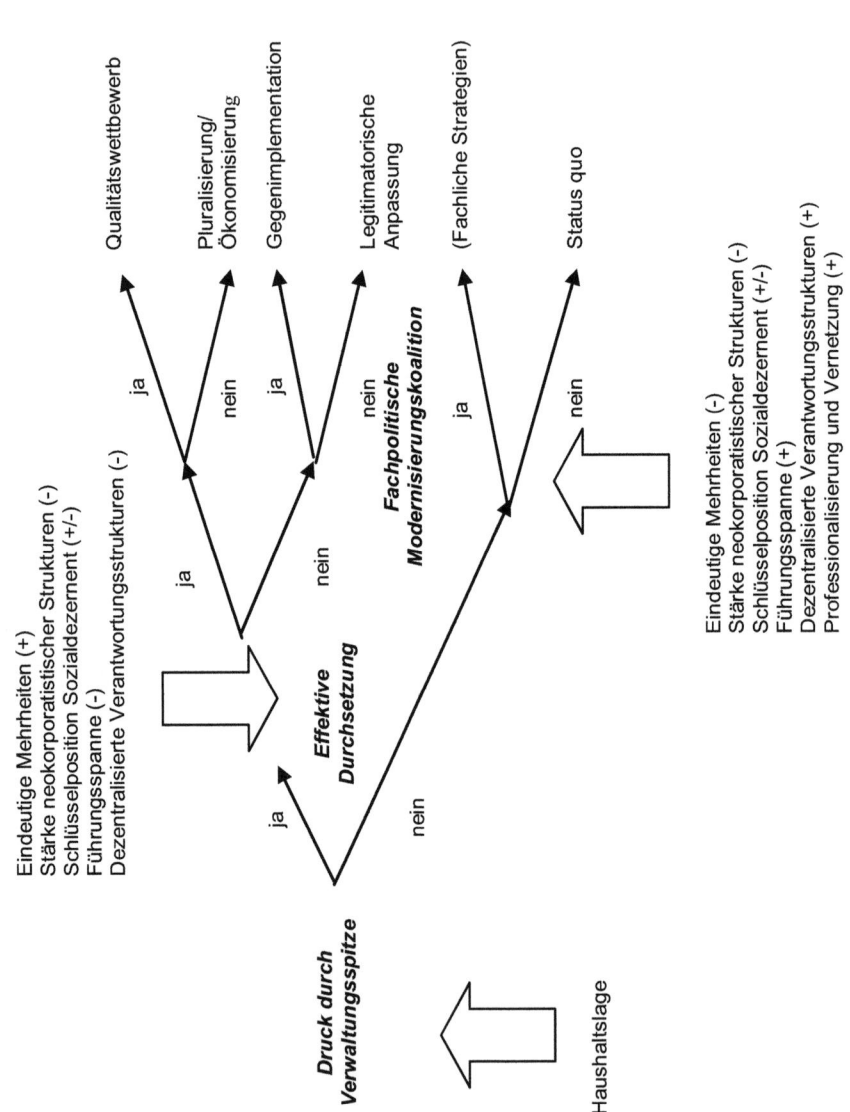

5 Wandel lokaler Wohlfahrtsarrangements

In einem ersten empirischen Schritt wird der Wandel der lokalen Trägerstrukturen bundesweit untersucht. Dabei werden die Trägerstrukturen sowohl in ihrer Ausprägung hinsichtlich der Anteile der verschiedenen Trägergruppen als auch hinsichtlich der institutionellen Ausgestaltung (Einführung von Kontraktmanagement, Leistungsvereinbarungen und Wettbewerbselementen) untersucht. In diesem Kapitel wird der empirische Wandel der Strukturen lokaler Wohlfahrtsarrangements auf Aggregatdatenebene anhand Daten der öffentlichen Statistik untersucht. Es stehen drei wesentliche Fragen im Mittelpunkt: Zunächst wird der tatsächliche Wandel der Trägerstrukturen untersucht (5.1), danach wird die Implementation der „neuen Regeln" nachgezeichnet (5.2) und schließlich die Frage nach dem Zusammenhang neuer Regelungsstrukturen und dem Wandel bzw. der Konstanz der Trägerstrukturen gestellt (5.3).

Hauptquelle der Analyse zu den Trägerstrukturen ist die Kinder- und Jugendhilfestatistik. Die Daten der Einrichtungsstatistik im Rahmen der Jugendhilfestatistik (EVA 22541 und EVA 22542) werden als Teil der amtlichen Statistik erhoben. Das KJHG führte 1990 eine umfassende Reglung der Datenerfassung in der Kinder- und Jugendhilfe ein (vgl. Rauschenbach/Schilling 1997; Münder et al. 2006: 1075-1093).[69] Bei der Statistik über „Einrichtungen und tätige Personen in der Kinder- und Jugendhilfe" handelt sich um eine Vollerhebung, die im Abstand von vier Jahren durchgeführt wird (vgl. Rauschenbach/Schilling 1997: 139-162). Es herrscht Auskunftspflicht für die Leitung der Einrichtungen. Zum Abgleich mit anderen Feldern der Wohlfahrtsproduktion werden zusätzlich die Daten der Pflegestatistik und andere Quellen herangezogen, die jeweils gesondert ausgewiesen werden. Den Betrachtungen zur Implementation von Leistungsvereinbarungen, Verwaltungsmodernisierung und Kontraktmanagement liegen Teilergebnisse einer bundesweiten schriftlichen Befragung zu Grunde, die von Ende Januar bis Juni 2005 durchgeführt wurde. Komplementär zu Fallstudien in ausgewählten Städten sollte die Umfrage einen umfassenden Überblick über den Stand der Modernisierungsaktivitäten in den deutschen Kommunalver-

---

[69] Weitere Änderungen wurden durch das Kinder- und Jugendhilfeentwicklungsgesetz (KICK) vom 8.09.2005 eingeführt. Hier handelt es sich um Erweiterungen der Erhebung zu Tageseinrichtungen von Kindern und der Tagespflege, die für den vorliegenden Kontext jedoch nicht von Bedeutung sind.

waltungen erlauben. Sie wurde als Vollerhebung unter allen Mitgliedskommunen der Kommunalen Gemeinschaftsstelle für Verwaltungsvereinfachung (KGSt) angelegt. Neben der schriftlichen Befragung aller KGSt-Mitgliedskommunen wurden zudem alle Nicht-Mitgliedskommunen über 20.000 Einwohner zusätzlich in das Sample aufgenommen. Die drei Stadtstaaten wurden auf Grund ihrer besonderen Struktur ausgeschlossen. Damit handelt es sich um eine Vollerhebung aller deutschen Städte und Gemeinden über 20.000 Einwohner. Die Erhebungsgesamtheit der Landkreise besteht aus etwa 2/3 der deutschen Landkreise. Im Folgenden werde ich mich auf Ergebnisse der Befragung der Jugendamtsleitungen konzentrieren, in Einzelfällen jedoch auch auf die Angaben der anderen Befragten eingehen.[70] Da die Aufgaben des Jugendamtes nicht von allen Kommunen wahrgenommen werden, sondern in der Regel von den kreisfreien Städten und Kreisen und nur in einzelnen Bundesländern, insbesondere Nordrhein-Westfalen, auch von kreisangehörigen Städten (vgl. Münder et al. 2006: 823-824), liegt hier die Zahl der angeschriebenen Kommunen bei insgesamt 517. Der Rücklauf zum 30.06.05 belief sich auf 242 Fragebögen, was einer Rücklaufquote von 46,8 % entspricht.

5.1 Wandel von Trägerstrukturen

5.1.1 Zur Operationalisierung der Trägerstrukturen

Zur Identifikation der verschiedenen Trägerarten bieten die unterschiedlichen Teilstatistiken unterschiedliche Kategorisierungen. Die detaillierteste Erfassung bietet die Einrichtungsstatistik der Jugendhilfestatistik, die auf Seiten der öffentlichen Träger örtliche von überörtlichen Trägern, dem Land als Träger und Gemeinden ohne Jugendamt als Träger unterscheidet. Die quantitativ marginale Bedeutung der Landesebene als Träger wird im Folgenden nicht berücksichtigt. Da Gemeinden ohne Jugendamt lediglich in der Kindertagesbetreuung und offenen Jugendeinrichtungen eine eigenständige Rolle spielen, werden für die in diesem Kapitel interessierende Aggregatebene die öffentlichen kommunalen Träger zusammengefasst. Hinsichtlich der Träger der freien Wohlfahrtspflege werden in der Statistik die sechs Spitzenverbände der BAGFW einzeln ausge-

---

[70] Als weitere Adressaten der Befragung wurden der Verwaltungschef (Bürgermeister bzw. Landrat), der Personalrat sowie die Leitung der Unteren Bauaufsicht als Vertretung der klassischen Ordnungsverwaltung ausgewählt. Die Rücklaufquoten liegen zwischen 55,3% (Bürgermeister/Landräte) und 42,3% (Personalrat). Ausführliche Befunde aus den anderen Teilbefragungen finden sich in Bogumil et al. 2006 und Bogumil et al. 2007. Die Fragebögen können unter http://www.sowi.rub.de/regionalpolitik/forschung/Verwaltungsmodernisierung.html.de eingesehen werden.

wiesen. Da für die hier interessierende Fragestellung i.d.R. nur der große Block verbandlicher Wohlfahrtspflege interessiert, werden die fünf Verbände DCV, DW, DRK, AWO und ZWSt in der Regel zusammengefasst (Kürzel WV5). Der Paritätische Wohlfahrtsverband wird dagegen getrennt ausgewiesen, da er als Sammelbecken von gemeinnützigen Einzelprojekten und kleinen Trägern als Indikator für die Bedeutung von kleinen Initiativen, Vereinen und Selbsthilfegruppen dient.

Im Weiteren werden sonstige Religionsgemeinschaften, Jugendgruppen, -verbände, -ringe sowie sonstige juristische Vereinigungen zusammengefasst, da sie die nicht verbandliche organisierte und nicht gewinnorientierte Trägerszene repräsentieren (mithin als Indikator für die Bedeutung von Vereinen, Initiativen, Selbsthilfeeinrichtungen usw., die leider nicht in dieser Systematik ausgewiesen werden). Wirtschaftsunternehmen werden als Vertreter des privatwirtschaftlichen Sektors getrennt ausgewiesen.

Um die Bedeutung der Trägerstrukturen zu den jeweiligen Zeitpunkten zu operationalisieren, kommen grundsätzlich mehrere Indikatoren in Frage, die jeweils spezifische Probleme mit sich bringen. Zunächst bieten sich die reine *Zahl der Einrichtungen* in den jeweiligen Tätigkeitsfeldern an. Das offenkundige Messproblem stellt die fehlende Angabe zur Größe der Einrichtung dar: Eine Ein-Mann/Frau-Beratungsstelle erhält so denselben Wert wie eine Heimeinrichtung mit mehreren hundert Belegplätzen. Ein zweiter teilweise zur Verfügung stehender Indikator stellt die Zahl der *betreuten Personen* dar. Hier liegt ein zentrales Messproblem in den Unterschieden zwischen den Einrichtungsarten. Sind die Zahlen der betreuten Personen in der Heimunterbringung klar messbar, ist dies in der offenen Jugendarbeit nicht möglich. Ein zweites Problem stellt die fehlende Angabe zur Dauer des „Falls" dar. Eine einmalige Übernachtung in einer Notunterkunft erhält denselben Zählwert wie eine ganzjährige Unterbringung in einem Heim. Ein dritter möglicher Indikator stellt die Zahl der *beschäftigten Personen* dar, der ein guter Indikator für die Größe der Einrichtungen ist. Vierter möglicher Indikator ist die *Summe der eingesetzten Mittel*, die insbesondere aus kommunalpolitischer Perspektive ein guter Indikator wäre. Bedauerlicherweise liegen die Indikatoren meist nur für die Zahl der Einrichtungen trägerscharf vor, so dass ich in der Regel auf diesen Indikator zurückgreifen muss. Soweit für die anderen Indikatoren Daten vorliegen werde ich diese verwenden, um mögliche Verzerrungen zu eruieren.

5.1.2 Quantitative Entwicklung der Jugendhilfe

Bevor die Trägerstrukturen untersucht werden ,soll zunächst ein grober Überblick über die Entwicklung der Einrichtungen der Kinder- und Jugendhilfe gegeben werden, da diese im Zeitverlauf ja auch anderen Faktoren – insbesondere dem demographischen Wandel mit rückgehenden Kinderzahlen – unterworfen ist. Betrachtet man die Entwicklung der Einrichtungszahlen im Zeitverlauf (vgl. Abb. 8) lässt sich für die Einrichtungen der Jugendhilfe ohne die Einrichtungen der Kindertagesbetreuung ein Anstieg der Einrichtungszahlen in den 1990er Jahren beobachten, der sich in Ost- wie Westdeutschland etwa auf einem konstanten Niveau bewegt.[71] Die Einrichtungen der Kindertagesbetreuung zeigen ebenfalls einen leichten Anstieg in den 1990er Jahren (vgl. Abb. 9), für Ostdeutschland ist seither ein demographiebedingter Rückgang der Einrichtungen zu verzeichnen. Der leichte Anstieg zum Jahre 2006 ist insbesondere dem Ausbau der Ganztageseinrichtungen und der Betreuung von Unterdreijährigen zuzurechnen.

Abbildung 8: Entwicklung der Einrichtungszahlen Jugendhilfe (ohne Kindertagesbetreuung)

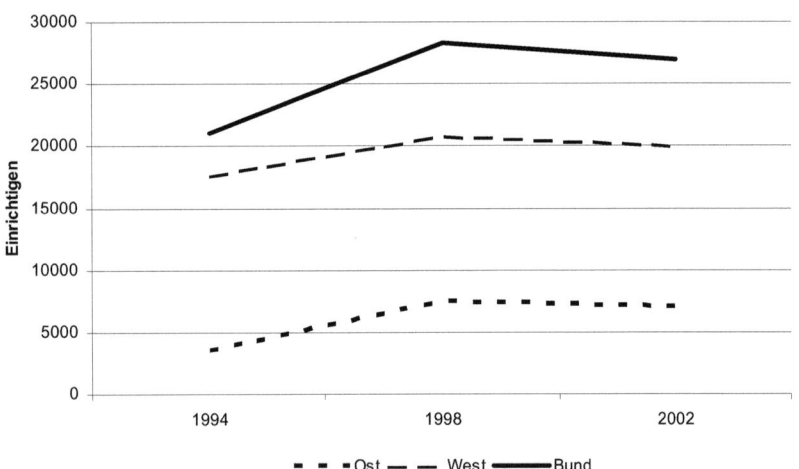

---

[71] Der in Abbildung 11 zu beobachtende leichte Rückgang für das Jahr 2002 ist ein statistisches Konstrukt, da für dieses Jahr die Berliner Einrichtungen aus der Statistik fallen.

Wandel von Trägerstrukturen 145

Abbildung 9: Entwicklung der Einrichtungszahlen Kindertagesbetreuung

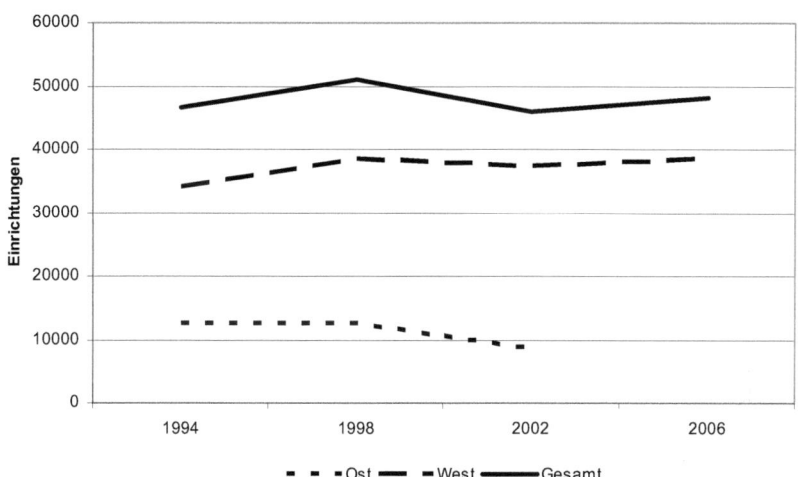

Quellen für Abb. 8 und 9: Statistisches Bundesamt Fachserie 13, Reihe 6.3, Einrichtungen und tätige Personen in der Jugendhilfe. Jg. 1994, 1998, 2002. Jeweils Bonn 1994, 1998, 2002; Statistisches Bundesamt 2007: Statistiken der Kinder- und Jugendhilfe. Kinder und tätige Personen in Taseseinrichtungen am 15.03.2006. Revidierte Ergebnisse.

Außerdem sind für dieses Jahr wieder die Berliner Einrichtungen eingerechnet. Stärker und eindeutiger als die Einrichtungszahlen entwickelten sich die Ausgaben der Kinder- und Jugendhilfe. Hier ist seit der Einführung des Kinder- und Jugendhilfegesetzes 1990 eine (nominale) Verdoppelung des Ausgabenvolumens eingetreten, eine Entwicklung, die sich allerdings seit 2001 deutlich verlangsamt hat (vgl. Abb. 10). Die tendenziell expansiven Tendenzen der Jugendhilfe (vgl. auch Schmidt 2008) im Vergleich mit anderen kommunalen Aufgabenfeldern zeigen sich auch in der NSM-Umfrage. Hier gibt lediglich ein gutes Viertel (26,7%) der befragten Jugendämter an, Budgetkürzungen erfahren zu haben. In der Vergleichsgruppe der Unteren Bauaufsicht erfuhr immerhin die Hälfte der Bauordnungsämter (50,0%) Kürzungen. Allerdings kam es in 42% der Jugendämter zu Personaleinsparungen. Hier lässt sich vermuten, dass entweder eine verstärkte Verlagerung auf freie Träger stattfindet (die Korrelationen sind allerdings sehr schwach: r=0,14) oder die „teuren" Maßnahmen, insbesondere im HzE-Bereich, an Bedeutung zunehmen.

Abbildung 10: Gesamtausgaben der Jugendhilfe (in Euro)

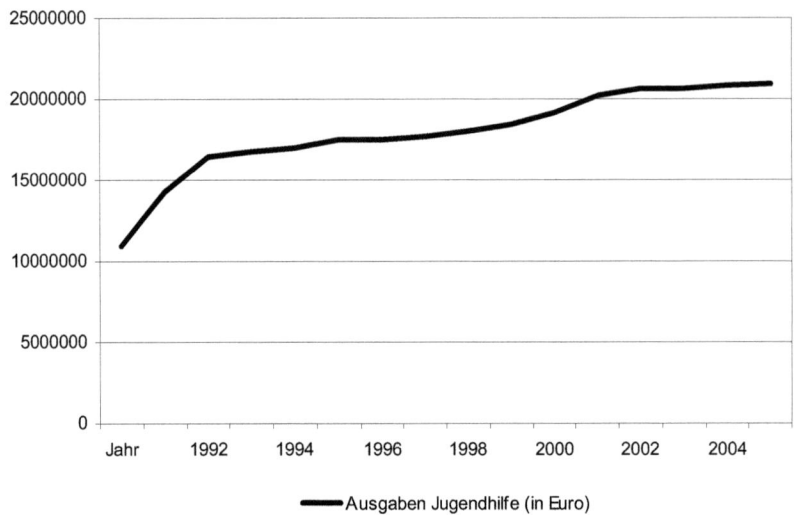

Quelle: Stat. Bundesamt. Kinder- und Jugendhilfestatistiken - Ausgaben und Einnahmen der öffentlichen Jugendhilfe. Wiesbaden. Verschiedene Jahrgänge.

5.1.3 Wandel der Trägerstrukturen

Betrachtet man zunächst den Wandel der Trägerstrukturen anhand der Trägerschaft von Einrichtungen, so fällt für Westdeutschland eine überraschende Kontinuität der Trägerstrukturen im Zeitverlauf auf (vgl. Abb. 11 und 12). Sowohl im Bereich der Kindertagesbetreuung wie im Bereich der Jugendhilfe sind in den alten Bundesländern über den Beobachtungszeitraum kaum Veränderungen in den Anteilen der Trägerschaft festzustellen. Dies ist aus zwei Gründen bemerkenswert: Neben der Einführung der neuen Regelungsstrukturen fielen in diesen Zeitraum zwei weitere politikfeldinduzierte Wandlungsprozesse: Einerseits kam es zu einer Ausdehnung der Kindertagesbetreuung durch die Einführung des Rechtsanspruchs auf einen Kindergartenplatz im Jahr 1994, was zu einer deutlichen Ausdehnung in den Folgejahren führte. Durch den Ausbau der Kleinstkinderbetreuung wurde der demographiebedingt zurückgehende Bedarf fast absorbiert, so dass in Westdeutschland kaum ein Rückgang an verfügbaren Plätzen zu verzeichnen ist.

Wandel von Trägerstrukturen 147

Abbildung 11:: Wandel der Trägerstrukturen Kindertagesbetreuung

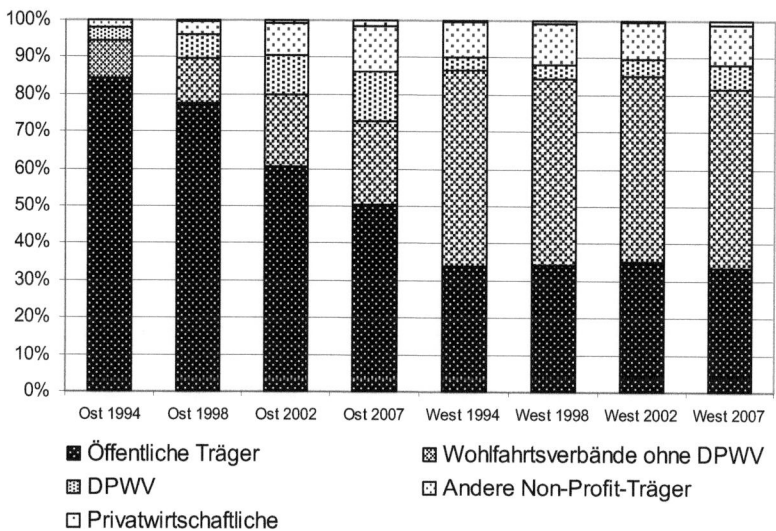

■ Öffentliche Träger   ▩ Wohlfahrtsverbände ohne DPWV
▦ DPWV   ▨ Andere Non-Profit-Träger
□ Privatwirtschaftliche

Quelle: Eigene Berechnungen auf Grundlage: Statistisches Bundesamt Fachserie 13, Reihe 6.3, Einrichtungen und tätige Personen in der Jugendhilfe. Jg. 1994, 1998, 2002, 2006. Jeweils Bonn 1994, 1998, 2002; 2007.

Für den Bereich der übrigen Kinder- und Jugendhilfe ist im Beobachtungszeitraum neben einem allgemeinen Ausbau auch ein Paradigmenwechsel in den Erziehungshilfen zu verzeichnen, der durch den Trend von Groß- zu Kleineinrichtungen in der stationären Erziehungshilfe und den Wechsel vom Primat der stationären zu dem der ambulanten Erziehungshilfe gekennzeichnet ist. Trotz dieser Verschiebungen zwischen den Hilfearten ist es den bisherigen Trägerstrukturen offensichtlich gelungen, ihre jeweiligen Anteile zu bewahren. Eine Ausnahme stellt das relativ neue Feld der „Kleinsteinrichtungen der stationären Erziehungshilfe" dar, ein hoch spezialisiertes Segment, das der einzige Bereich ist, in dem privatwirtschaftliche Anbieter einen nennenswerten Anteil stellen (rund 30% im Jahr 2002).

Für die neuen Bundesländer ist im Zeitverlauf in erster Linie eine „Entkommunalisierung" kennzeichnend. Von der aus DDR-Zeiten übernommen kommunalen Eigenproduktion entwickeln sich die ostdeutschen Wohlfahrtsarrangements hin zu einer durchaus mit dem Westen vergleichbaren Gewährleistungsverwaltung.

Abbildung 12: Wandel der Trägerstrukturen Jugendhilfe ohne Kindertagesbetreuung

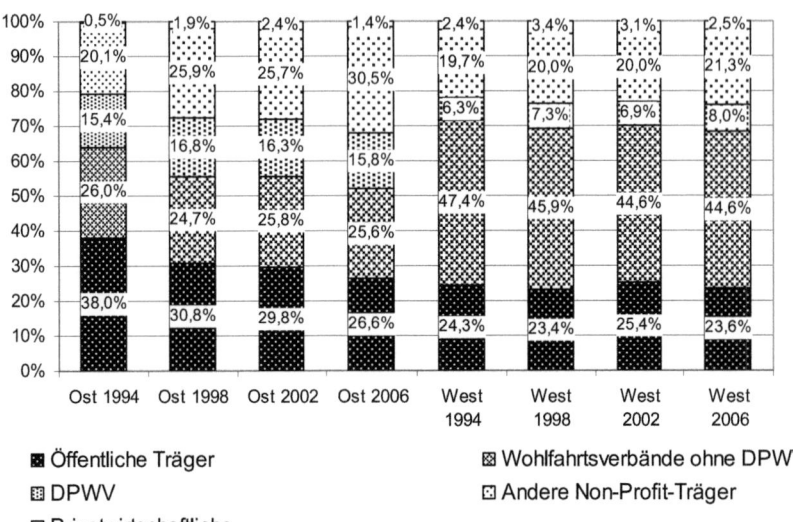

Eigene Berechnungen auf Grundlage: Statistisches Bundesamt Fachserie 13, Reihe 6.3, Einrichtungen und tätige Personen in der Jugendhilfe. Jg. 1994, 1998, 2002. Jeweils Bonn 1994, 1998, 2002.

Insbesondere in der Kindertagesbetreuung, wo von der DDR ein staatliches Monopol übernommen wurde, aber auch in der übrigen Jugendhilfe, ist ein Rückgang der öffentlichen Trägerschaft kennzeichnend. Der vom DJI konstatierte Wandel weg von öffentlicher Trägerschaft (vgl. Pluto et al. 2007: 14) ist daher in erster Linie ein ostdeutsches Phänomen, das in der Tendenz eine Annäherung an westdeutsche Verhältnisse erkennen lässt. In den alten Bundesländern bleiben zumindest nach der öffentlichen Statistik die öffentlichen Anteile weitgehend konstant. Auch die vom DJI konstatierte Zunahme privatgewerblicher Anbieter (Pluto et al. 2007: 14-15) lässt sich aus der öffentlichen Statistik nur bedingt ablesen.

Generell konnten sich die westdeutschen Wohlfahrtsverbände gegeben der Tatsache, dass sie nach 1990 ihre gesamte Infrastruktur neu aufbauen mussten (vgl. Angerhausen et al. 1998) ein beachtliches Terrain sichern. Der DPWV hat in Ostdeutschland durchweg größere Anteile, was zum einen auf das Aufgehen der zu DDR-Zeiten quasistaatlichen „Volkssolidarität" im DPWV, andererseits auf das Eintreten zahlreicher kleinerer Projekte in den DPWV zurückzuführen ist. Insgesamt zeichnen sich ostdeutschen Strukturen dennoch durch eine größere Pluralität, allerdings einen noch geringeren Anteil privatgewerblicher Anbieter aus. Diese für die Anzahl der Einrichtungen nach Ost und West differenzierte Analyse über die Zeit ist für die anderen potentiellen Indikatoren wie die Anzahl tätiger Personen oder die bereitgestellten Plätze mit den verfügbaren Daten nicht möglich. Vergleicht man für das Jahr 2002 die bundesweit aggregierten Daten, ist immerhin für dieses Jahr für Gesamtdeutschland ein Vergleich zwischen Einrichtungszahl, verfügbaren Plätzen und tätigen Personen möglich, der es ermöglicht, die Verzerrungen abzuschätzen, die bei der Verwendung des Indikators Einrichtungszahl durch unterschiedliche Einrichtungsgrößen entstehen.

Abbildung 13: Vergleich zwischen Bedeutungsindikatoren Jugendhilfe ohne Kindertagesbetreuung 2002 Gesamtdeutschland

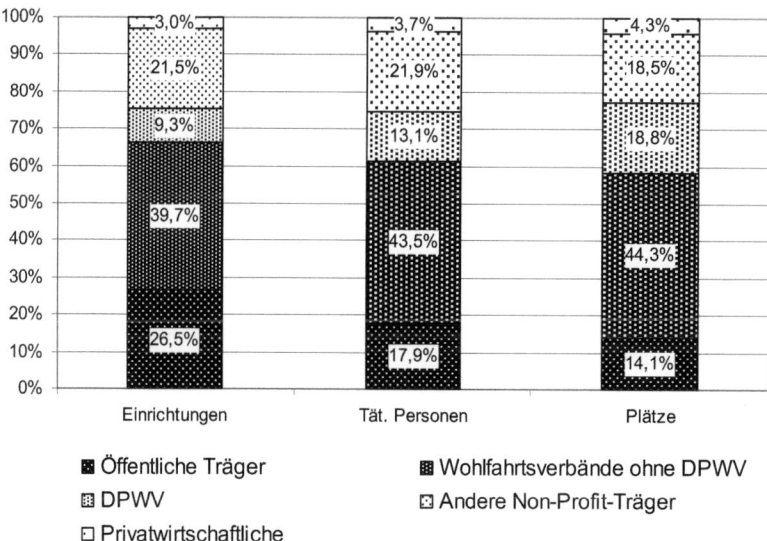

Eigene Berechnungen auf Grundlage: Statistisches Bundesamt Fachserie 13, Reihe 6.3, Einrichtungen und tätige Personen in der Jugendhilfe. Jg. 2002. Bonn 2004.

Hier zeigt sich, dass gemessen an tätigen Personen und insbesondere vorgehaltenen Plätzen die Anteile der wohlfahrtsverbandlichen Träger (WV5 + DPWV) deutlich höher sind als an der Zahl der Einrichtungen. Insbesondere die öffentlichen Träger, aber auch der nichtorganisierte Non-Profit-Sektor verzeichnet kleinere Anteile (vgl. Abb. 13). Die Wohlfahrtsverbände betreiben also im Vergleich mit den anderen Trägern größere und personell wie finanziell gewichtigere Einrichtungen. Das heißt, dass bei den präsentierten Daten der Einrichtungsstatistik eine Verzerrung zuungunsten der Wohlfahrtsverbände vorliegt. Hinsichtlich der hier postulierten Kontinuitätsthese bezüglich der Dominanz verbandlicher Leistungserstellung würden die Ergebnisse mit den andern Indikatoren – würden sie für alle Jahre vorliegen – folglich noch eindeutiger ausfallen.

Diese bisherigen Betrachtungen fassten unter „Einrichtungen der Kinder und Jugendhilfe ohne Einrichtungen der Kindertagesbetreuung" recht unterschiedliche soziale Dienstleistungen zusammen. Betrachtet man diese differenziert, zeigen sich einige Ausreißer, in denen private und nichtorganisierte Anbieter eine bedeutendere Rolle spielen als die Durchschnittswerte erwarten lassen. Dies betrifft insbesondere die schon erwähnten Kleinsteinrichtungen der stationären Erziehungshilfe, z.T. hoch spezialisierte Einrichtungen mit nur wenigen betreuten Personen, wo Private und nichtorganisierte Träger aus dem Dritten Sektor jeweils über 30% der Einrichtungen tragen. Auch bei sonstigen betreuten Wohnformen finden sich überproportional viele private und nichtorganisierte freie Träger (vgl. Abb. 14 und 15).

Diese Segmente zeichnen sich dadurch aus, dass sie relativ spezialisierte Angebote mit relativ geringen Investitionskosten, aber relativ hohen Pflegesätzen darstellen und damit für auf Gewinn angewiesene Anbieter attraktiv werden. Hinzu kommt, dass dieses Segment seit den 1990er Jahren verstärkt nachgefragt wird, da hier ein Policywandel weg von der Unterbringung in Großeinrichtungen hin zu kleinen und überschaubaren Einrichtungen vonstatten ging. Trotz dieser Nischen kann also hinsichtlich der „Wandlungshypothese" zusammenfassend konstatiert werden, dass zumindest für Westdeutschland gemessen an der Trägerschaft von einer Auflösung des „Wohlfahrtskorporatismus" nicht die Rede sein kann. Über die letzten 15 Jahre ist hier von weitgehender Kontinuität auszugehen. Für den Osten ist eine Angleichung der Strukturen an Westdeutschland zu beobachten, allerdings wird diese Tendenz durch einen höheren Anteil von „bürgerschaftlich" getragenen Einrichtungen außerhalb der Wohlfahrtsverbände ergänzt.

Wandel von Trägerstrukturen 151

Abbildung 14: Trägerschaft nach Leistungsbereichen West 2006

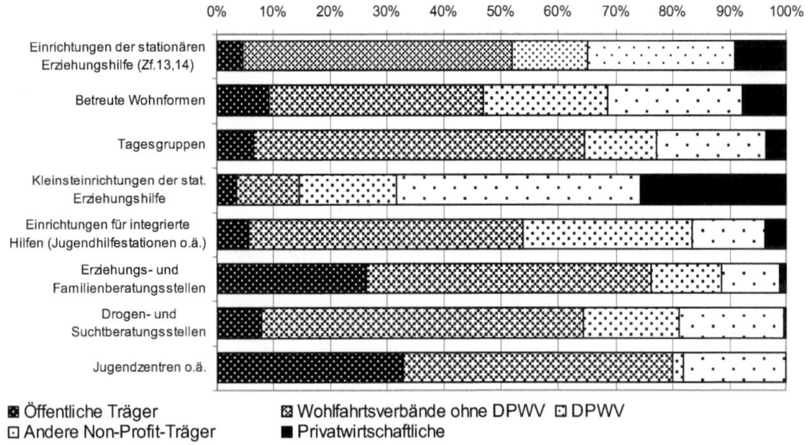

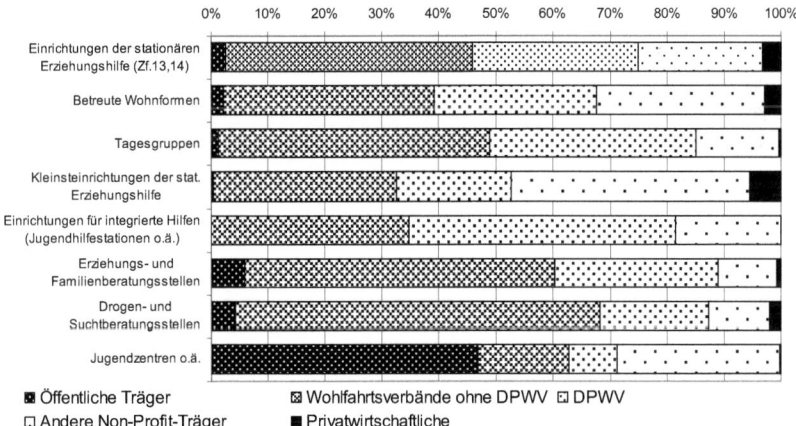

Eigene Berechnungen auf Grundlage: Statistisches Bundesamt Fachserie 13, Reihe 6.3, Einrichtungen und tätige Personen in der Jugendhilfe 2006. Bonn 2008.

Abbildung 15: Trägerschaft nach Leistungsarten Ost 2006

Eigene Berechnungen auf Grundlage: Statistisches Bundesamt Fachserie 13, Reihe 6.3, Einrichtungen und tätige Personen in der Jugendhilfe 2006. Bonn 2008.

Wechselt man die Beobachtungsperspektive von der amtlichen Kinder- und Jugendhilfestatistik zu den Mikrodaten der Jugendamtsleitungen aus dem „10 Jahre NSM"-Projekt und betrachtet die Aussagen der Jugendamtsleitungen zur Übertragung von Aufgaben an Dritte in den vergangenen fünf Jahren, verfestigt sich dieses Bild (vgl. Abb. 16).

Abbildung 16: Vermehrte Übertragung von Aufgaben auf Dritte in deutschen Jugendämtern (2005)

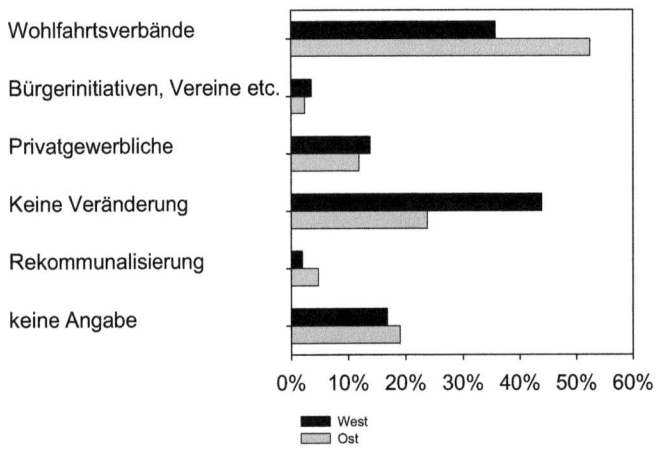

Quelle: HBS-Projekt „10 Jahre NSM", Jugendamtsbefragung; Frageformulierung: „Wurden in den letzten 5 Jahren vermehrt Aufgaben der Kinder- und Jugendhilfe auf freie Träger und privatgewerbliche Anbieter übertragen? Wenn ja, auf welche?"; n=241.

Hier zeigt sich insbesondere in Ostdeutschland ein „Aufholen" (Angerhausen et al. 1998) der Verbände durch eine vermehrte Übertragung auf Wohlfahrtsverbände, das Potential des nicht-verbandlichen Dritten Sektors scheint hier mittlerweile weitgehend erschöpft zu sein. Im Westen dominiert offensichtlich der Status quo, gefolgt von einem weiteren Ausbau der Verbändewohlfahrt. Privatgewerbliche Anbieter spielen hier nur im Bereich der hoch spezialisierten Hilfen zur Erziehung eine Rolle, deren Ausdehnung sich in dieser Grafik widerspiegelt. Bei letzteren handelt es sich um kleinste private Träger mit 2 bis 6 Plätzen. Diese Träger sind häufig nicht organisiert oder tun dies im DPWV oder dem Bundesverband privater Träger der freien Kinder-, Jugend und Sozialhilfe e. V. (VPK). Häufig handelt es sich nicht um primär gewinnorientierte Unternehmen, sondern um Abspaltungen von größeren Trägern und durch Einzelpersonen getragene Einrichtungen. Operationalisiert man Pluralisierung und Ökonomisierung mit einer verstärkten Heranziehung Privatgewerblicher Anbieter einerseits, bürgerschaftlicher Initiativen und Vereine andererseits, kann man in höchstens 14 Prozent der Kommunen von einer solchen Pluralisierung ausgehen. Bürgerinitiativen und Vereine spielen dabei eine minimale Rolle, so dass im Bereich der Jugendhilfe nicht von einer „Aktivierungsstrategie" geredet werden kann. Untersucht man diese 14 Prozent Pluralisierungsfälle noch nach den objektiven Vorliegen von Wettbewerbskriterien, wofür hier die Frage verwendet wurde, ob bei einer Übertragung an Private Kostenvergleiche angestellt wurden, bleiben 11% (n=27) der Fälle übrig, die einer Ökonomisierungsstrategie zugerechnet werden können. Auf Grund der schwierigen Operationalisierung ist es leider nicht möglich, auch die anderen in den Hypothesen skizzierten Implementationsweisen seriös auszuweisen, da nicht für alle kritischen Elemente Daten vorliegen.

5.1.4 Rechtsformen

Hinsichtlich der Rechtsform der Trägereinrichtungen liegen erst für das Jahr 2006 statistische Daten vor. Hier zeigt sich für den Bereich der Erziehungshilfen (vgl. Abb. 17) folgendes Bild: Auf Seiten der öffentlichen Träger (die im Bereich der HzE nur einen Anteil von ca. 5% stellen), dominiert weiterhin die Eingliederung der Einrichtungen in die Kommunalverwaltungen in ca. 71,6% der öffentlichen Einrichtungen. Weitere 16,4% sind als Eigenbetriebe organisiert, andere Rechtsformen spielen hier nur eine nachrangige Rolle. Auch die Variante einer Ausgliederung als GmbH wird hier nur selten genutzt (vgl. auch Pluto et al. 2007: 56-58 mit anderer Datengrundlage).

Auf Seiten der freien Träger (zu denen in dieser Auswertung auch die privatgewerblichen Träger zählen – andere Daten liegen in der Kinder- und Jugendhilfestatistik leider nicht vor) dominiert weiterhin die Rechtsform des gemeinnützigen Vereins. In ca. 20% der Einrichtungen wurde die Rechtsform der gGmbH gewählt, was ein Anzeichen für den häufig postulierten Trend einer „GmbHisierung" (vgl. Strünck 1996) sein kann – allerdings zeigt sich auch, dass die traditionelle Vereinsform weiterhin bedeutsam bleibt.[72] Auch Stiftungen und Personengesellschaften stellen mit jeweils rund 10% der Einrichtungen relevante Anteile an Einrichtungen. Natürliche Personen als Einzelunternehmer und Personengesellschaften (z.B. GbR, OHG, KG) finden sich insbesondere im bereits

---

[72] Aussagen im Zeitverlauf lassen sich hinsichtlich der Rechtsform vorläufig nicht machen, da erst ab dem Jahr 2006 entsprechende Zahlen vorliegen. Zukünftig kann an Hand der im Vierjahresturnus erhobenen Daten die grobe Entwicklung verfolgt werden.

oben erwähnten Feld der „Kleinsteinrichtungen der stationären Erziehungshilfe", wo immerhin rd. 40% der Einrichtungen diese Rechtsform tragen.

Abbildung 17: Rechtsform der Träger für den Bereich der Hilfen zur Erziehung 2006

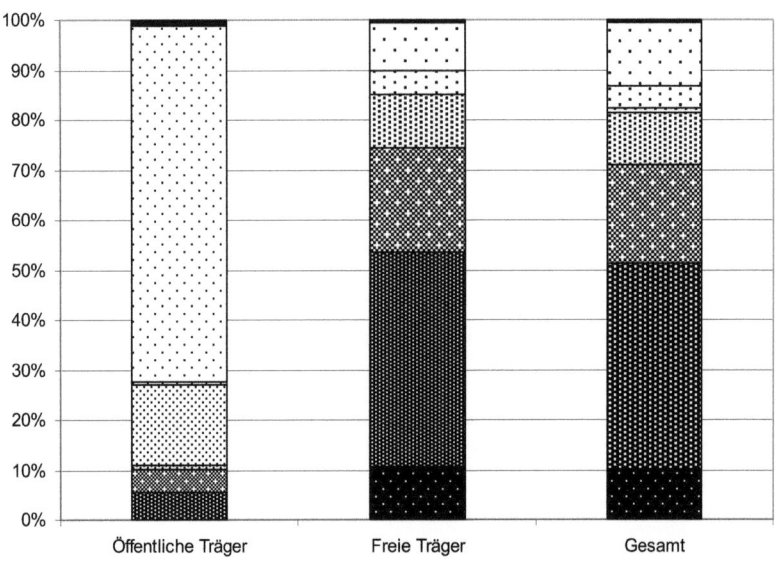

Quelle: Eigene Berechnungen nach Stat. Bundesamt 2008a, Tab. 72.2 und Tab. 72.3. Den HzE wurden die Zeilen 1-19 zugeordnet.

Hier zeigt sich wiederum der Sonderstatus dieser Hilfeform mit dem größten Anteil privatgewerblicher Anbieter. Im Bereich der Kindertagesbetreuung ist ein deutlich weniger differenzierteres Bild z beobachten (vgl. Abb. 18): Auf Seiten der Öffentlichen Träger, die im Bereich der Kindertagesbetreuung immerhin ca. 35% der Einrichtungen betreiben, dominiert die Eingliederung in die allgemeine Verwaltung. Außer einem geringen Anteil an Eigenbetrieben sind über 90 Prozent der öffentlichen Kindertagesstätten in die Kommunalverwaltungen integriert, was angesichts der Diskussion um Ausgliederungen und den „Konzern Stadt" (vgl. Reichard 2007) keine Selbstverständlichkeit ist. Im Bereich der freien Träger dominieren einerseits die Kirchengemeinden als Träger (ca. 43%), andererseits die Vereinsform (ca. 40%). Gemeinnützig GmbHs spielen im Kitabereich wie auch in den Erziehungshilfen noch eine nachgeordnete Rolle, was die verbreiteten „GmbHisierungs"-Diagnosen weiter relativiert.

Abbildung 18: Rechtsform der Träger für den Bereich der Kindertagesbetreuung 2007

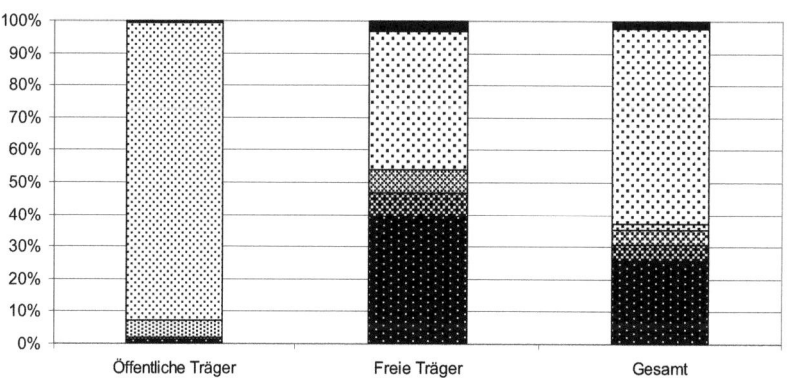

■ Sonstige Rechtsformen (Personengesellschaften etc.)
◻ Andere Rechtsform des öffentlichen Rechts (i.d.R. Gebietskörperschaft, Zweckverband, Kirchengemeinde)
▨ Eigenbetrieb
▨ Stiftung
▩ Gemeinnützige Gesellschaft mit beschränkter Haftung gGmbH
■ Gemeinnütziger Verein

Quelle: Eigene Berechnungen nach Stat. Bundesamt 2008b, Tab. 3.1.

Betrachtet man die unterschiedlichen Rechtsformen schließlich nach den unterschiedlichen freien Trägern, werden aufschlussreiche Unterschiede zwischen den Trägern deutlich.[73] Die säkularen Träger organisieren ihre Einrichtungen immer noch in der Regel in Vereinsform. Am weitesten fortgeschritten ist die „GmbHisierung" hier bei der AWO mit einem knappen Viertel der Einrichtungen. Die konfessionellen Träger hingegen bevorzugen im Bereich der Kindertagesbetreuung immer noch das Dach der Kirchengemeinden und mit deutlich geringeren Anteilen die Vereinsform. Stiftungen spielen nur bei der katholischen Caritas

---

[73] Diese Analyse ist auf Grund der Datenlage nur für die Kindertagesstätten möglich.

eine Rolle. Die Verbreitung von gGmbHs bleibt marginal. Besonders interessant ist die Rechtsform der wenigen privatgewerblichen Anbieter, die sich zu einem überwiegenden Anteil von knapp 80 % als Personen- und nicht als Kapitalgesellschaften aufstellen. Auch dies ist ein Beleg für die Dominanz kleiner personenzentrierter Anbieter, die die risikobehaftete Strategie der persönlichen Haftung in Kauf nehmen.

5.1.5 Zusammenfassung: Sektor- und ebenenspezifische Differenzierungen

Die relative Persistenz der westdeutschen Trägerarrangements und die Anpassung an westdeutsche Verhältnisse in Ostdeutschland sind vor dem Hintergrund der verfolgten Ziele der Gesetzgebung und der kommunalen Modernisierungsstrategien erklärungsbedürftig. Wie bereits ausgeführt spielen Pluralisierungs- und Ökonomisierungsstrategien in verschiedenen Sektoren lokaler und überörtlicher Wohlfahrtsproduktion eine bedeutende Rolle. Die Unterschiede zwischen verschiedenen Bereichen der Wohlfahrtsproduktion sind hierbei ausgeprägt, wie Abb. 19 zeigt.

Die Jugendhilfe stellt hierbei einen Extremfall mit einem minimalen Anteil privatgewerblicher Anbieter dar. Gleichzeitig ist hier noch eine Dominanz kommunaler Verantwortlichkeiten und eine starke Einbindung der Kommunalpolitik gegeben. Die Gesetzgebung der 1990er Jahre brachte in einigen anderen sozialen Aufgabenfeldern einen bedeutenden Wandel in den Zuständigkeiten. Der gesamte Sektor der Pflege wurde de facto entkommunalisiert (s.o.). Auch im Gesundheitsbereich sind wesentliche Arenen überörtlicher Natur. So treten Kommunen zwar weiterhin als Träger von Altenheimen und Kliniken auf, die Steuerungsarrangements sind jedoch deutlich komplexer und werden dominiert von überörtlicher Koordination. Die Hauptfinanzquelle des laufenden Betriebes sind sowohl im Pflege wie im Klinikbereich die Pflege- bzw. Krankenkassen als Träger der funktionalen Selbstverwaltung, nicht die kommunale Ebene. Im intersektoralen Vergleich liegen für den Bereich der Krankenhäuser, der Pflege sowie der Kinder- und Jugendhilfe verlässliche Statistiken vor. Der bei Weitem größte Anteil an privatgewerblichen Anbietern findet sich im Bereich der ambulanten Altenpflege mit fast 60 % Einrichtungen und Diensten, gefolgt von den Pflegeheimen. In beiden Bereichen ist die öffentliche Trägerschaft auf ein Minimum reduziert. Bei den stationären Einrichtungen bleibt aber die freie Wohlfahrtspflege dominanter Anbieter. Anders sieht es im Krankenhaussektor aus, wo noch über 30% der Einrichtungen und über die Hälfte der Betten und des Personals von öffentlichen Trägern vorgehalten werden. Doch auch hier spielen privatgewerbliche Anbieter eine deutlich stärkere Rolle als im Gebiet der Jugendhilfe.

Abbildung 19: Trägerstrukturen in anderen Feldern der Wohlfahrtsproduktion 2007

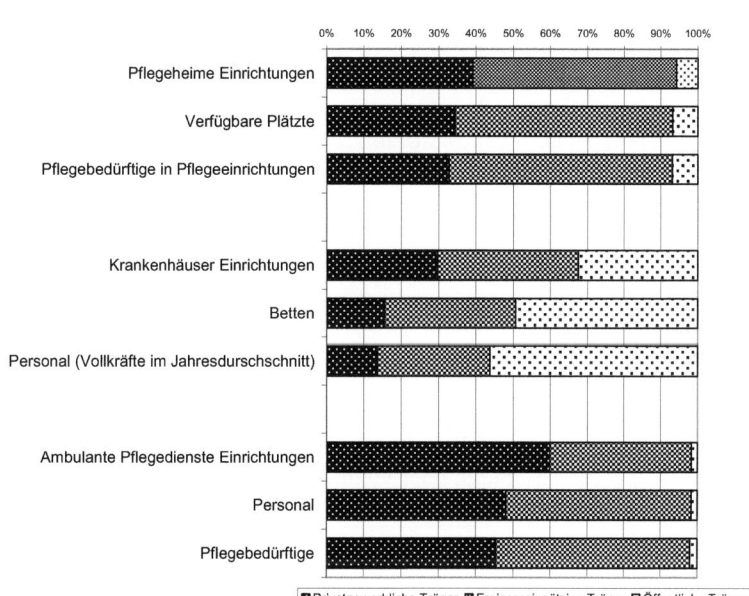

Quellen: Stat. Bundesamt:2008: Pflegestatistik; Grunddaten der Krankenhäuser.

Es dürften drei zentrale Faktoren sein, die wesentliche Unterschiede zwischen den Sektoren erklären: Erstens handelt es sich mit der ambulanten Pflege um eine Dienstleistung, die seit der Einführung der Pflegeversicherung enorm expandierte und neuen Anbietern Angebotslücken schuf. Zweitens sind die Markteintrittskosten relativ gering, da keine größeren Investitionen wie in der stationären Pflege anfallen. Die hohen Investitionskosten dürften gerade auch im Klinikbereich den noch geringen Anteil privater Anbieter erklären. Letztere beschränken sich auch hier auf kleinere spezialisierte Einrichtungen, wie sich deutlich an der Diskrepanz zwischen Einrichtungs- und Bettenzahl in Abb. 19 ablesen lässt. Der dritte und wahrscheinlich wichtigste Grund dürfte allerdings in den neuen Steuerungsarrangements zu finden sein. Die bisherigen Interaktionsbeziehungen auf lokaler Ebene, insbesondere der Kommune als Sozialhilfeträgerin und den Anbietern (Pflegestationen, Altenheime) wurde durch die Hochzonung der Entscheidungsstrukturen auf Landes- und Regionalebene geschwächt, wenn nicht gar zerschlagen. Die etablierten korporatistischen Arrangements wurden so nicht nur durch die Änderungen der formalen Regeln geändert, sondern gerade die informellen Regelungs- und Tauschsysteme, die nach den oben skizzierten Thesen den Kern kommunalen Korporatismus ausmachen, wurden aufgelöst. Die neuen wesentlichen Kostenträger – die Kranken- bzw. Pflegekassen – sind gegenüber den kommunalen Ämtern an wesentlich pluralere Anbieterstrukturen gewöhnt und können die Ökonomisierungsimpulse verbindlicher durchsetzen. Die in der Literatur häufig vorzufindenden Diagnosen des „Postkorporatismus" (Pabst 1998; Trampusch 2006), des „Disorganisierten Wohlfahrtskapitalismus" (Bode 2004) müssen angesichts dieser Befunde relativiert und einer ebenen- und sektorspezifischen Betrachtung unterzogen werden, was in dieser Arbeit nur für die lokale Ebene erfolgen kann.

5.2 Implementation von Modernisierungselementen

Die im vorigen Abschnitt geschilderte Kontinuität der Trägerstrukturen spricht auf den ersten Blick für die Beharrungsthese. In einem zweiten Schritt stellt sich nun die Frage, ob diese Beharrung primär auf eine Nicht-Implementation der neuen Regelungsstrukturen oder vielmehr auf das Verfehlen der Pluralisierungsimpulse trotz Implementation zurückzuführen ist. Zunächst soll der Stand der Binnenmodernisierung als ein wesentlicher Impuls betrachtet werden.

5.2.1 Zum Stand der Verwaltungsmodernisierung in deutschen Kommunen

Betrachtet man zunächst die Einführung des Neuen Steuerungsmodells (NSM), dem in der Literatur (vgl. Dahme et al. 2005; Boeßenecker et al 2001; Kulbach/Wohlfahrt 1996 m.w.N.) große Bedeutung für eine Pluralisierung und Ökonomisierung der Trägerlandschaft zugesprochen wird, so zeigt sich nur ein beschränkter Umsetzungserfolg. Wie an anderer Stelle ausführlicher gezeigt wurde (vgl. Bogumil et al. 2006; 2007; Kuhlmann et al. 2008; Grohs 2007), hat sich das NSM nur sehr eingeschränkt in deutschen Kommunen und Jugendämtern durchsetzen können.[74] Zwar geben im Jugendamtsdatensatz der „10 Jahre NSM"-Umfrage über 87% der antwortenden Jugendämter an, seit den 1990er Jahren Maßnahmen zur Verwaltungsmodernisierung durchgeführt zu haben.

---

[74] Dieser Abschnitt basiert auf Daten der Umfrage zu „10 Jahren Neues Steuerungsmodell". Die hier präsentierten Teile zu Jugendämtern sind im Wesentlichen unveröffentlicht. Einzelergebnisse zur Jugendhilfe finden sich in Bogumil et al. 2007: 80-82 und Grohs 2007.

Davon haben sich wiederum über 82% ganz (18,7%) oder teilweise (64%) am NSM der KGSt orientiert.[75]

Tabelle 8: Maßnahmen der Verwaltungsmodernisierung in deutschen Jugendämtern

	Kreisfreie Städte	Kreisangeh. Gemeinden	Landkreise	Ost	West	Gesamt
Maßnahmen der Verwaltungsmodernisierung insgesamt	96 % (48)	85,3 % (64)	86,1 % (99)	81,0 % (34)	88,8 % (174)	87,6 % (211)
Orientierung am NSM als Gesamtkonzept	26,0 % (13)	14,7 % (11)	13,9 % (16)	9,5 % (4)	18,4 % (36)	17,0 % (41)
Orientierung an einzelnen Instrumenten des NSM	54,0 % (27)	57,3 % (43)	56,5 % (65)	61,9 % (26)	55,1 % (108)	56,0 % (135)

Quelle: HBS-Projekt „10 Jahre NSM", Jugendamtsbefragung; eigene Darstellung; n=242

Dabei beschränkten sich die verfolgten Modernisierungsansätze nicht auf das NSM, sondern es wurden von einer großen Zahl von Kommunen auch genuin professionspolitische Ansätze verfolgt. So gaben fast 60,5% der Befragten an, Sozialraumorientierung in irgendeiner Form ausgebaut zu haben. Betrachtet man die von den Jugendamtsleitungen verfolgten Ziele (vgl. Abb. 20) wird allerdings deutlich, dass die genuinen NSM-Ziele der Kostentransparenz, der Dezentralisierung von Ressourcenverantwortung und der Kosteneinsparungen dominierten. Im Durchschnitt wurde mit dem Modernisierungsprozess im Jahr 1997 begonnen, nur geringfügig später als in den entsprechenden Gesamtverwaltungen. Über 60 % der Jugendamtsleiter geben dabei an, im Vergleich mit anderen Aufgabenbereichen Vorreiter (19,4%) oder zumindest eher früh (42,1%) mit der Verwaltungsmodernisierung beschäftigt gewesen zu sein. Dies deckt sich mit den Angaben der Bürgermeister und Landräte, das Jugendamt sei in rd. 14% der Fälle Pilotbereich der Neuen Steuerung gewesen.

---

[75] Die Untersuchungen des DJI von 2000 ergaben sehr ähnliche Zahlen: Anlehnung an KGSt: 22%, teilweise 62% nein: 15% (vgl. Pluto 2005: 29). Insofern kann davon ausgegangen werden, dass die im Weiteren präsentierten Zahlen trotz des niedrigeren Rücklaufs verallgemeinerbar sind.

Abbildung 20: Hauptziele der Modernisierung

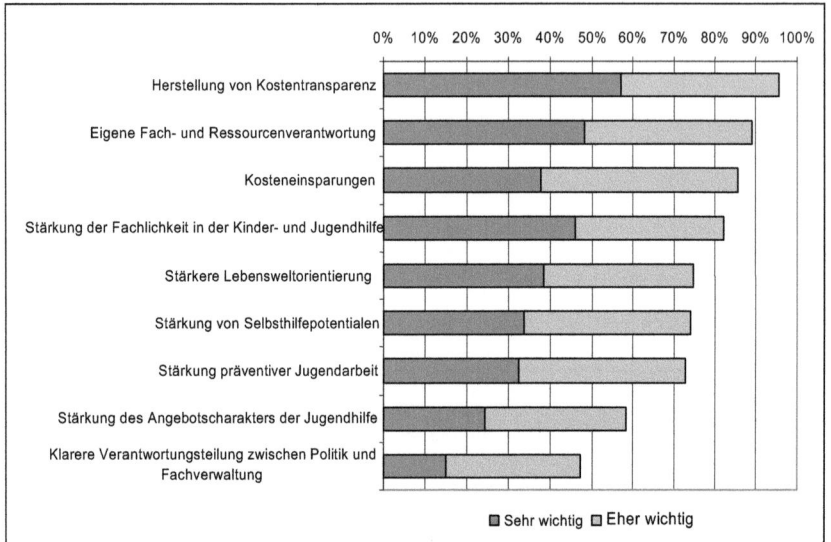

Quelle: HBS-Projekt „10 Jahre NSM", Jugendamtsbefragung; Frageformulierung: „Welches waren die Hauptziele der Modernisierung in Ihrem Verantwortungsbereich? Wie wichtig waren die unten genannten Ziele?"; n=201 (nur modernisierende Jugendämter gehen in die Auswertung ein).

Die intensive frühe Begleitung der Jugendhilfe durch die KGSt war hier bedeutend. Dabei haben sich die Ende der neunziger Jahre konstatierten Unterschiede zwischen städtischen und Kreisjugendämtern hinsichtlich ihrer Modernisierungsaktivitäten (vgl. van Santen 1998: 37) zwischenzeitlich angenähert. Deutliche Unterschiede zwischen Kreisen und Städten gibt es nur noch im Grade der Orientierung am NSM als Gesamtkonzept wie in Tab. 8 ersichtlich wird. Deutlichen Einfluss auf die Modernisierungsaktivität hat weiterhin die Größe der Kommune (gemessen an der Einwohnerzahl). Tab. 9 fasst die berichteten institutionellen Veränderungen nach dem NSM zusammen.

Implementation von Modernisierungselementen 161

Tabelle 9: Institutionelle Veränderungen nach dem NSM

Modernisierungsbereich		
Organisationsstruktur	*Abgeschlossene Umsetzung*	*Zur Zeit im Aufbau*
Fachbereichsstrukturen	47,5 %	5,0 %
Zentrale Steuerungsunterstützung	34,7 %	12,4 %
Umbau der Querschnittsbereiche zu Servicestellen	31,4 %	21,1 %
Dezentrale Controllingstellen	31,8 %	19,0 %
Abbau von Hierarchieebenen	38,8 %	8,3 %
Teamstrukturen	55,0 %	12,0 %
Ressourcenbewirtschaftung	*Abgeschlossene Umsetzung*	*Zur Zeit im Aufbau*
Dezentrale Fach- und Ressourcenverantwortung	39,7 %	23,1 %
Budgetierung	41,3 %	25,2 %
Produkte	41,7 %	24,4 %
Kosten- Leistungsrechnung	15,3 %	44,2 %
Berichtswesen	35,1 %	33,1 %
Kontraktmanagement	*Eingeführt*	
Zwischen Politik und Verwaltung	20,2 %	*
Verwaltungsintern	32,2 %	*
Mit freien Trägern	31,4 %	*
Personal	*Eingeführt*	
Mitarbeitergespräche	73,6 %	*
Führungskräftebeurteilungen	30,2 %	*
Job-Rotation	6,6 %	*
Leistungsprämien	18,6 %	*
Neue Personalauswahlmethoden	34,7 %	*
Personalbeurteilungen	51,7 %	*
Ganzheitliche Sachbearbeitung	42,6 %	*
Fort- und Weiterbildung	69,4 %	*
Wettbewerb	*Mehrzahl*	*Einige Fälle*
Leistungsvereinbarungen mit freien Trägern	40,1 %	27,7 %
Leistungsvergleiche Qualität öffentl./freie Träger	20,2 %	16,5 %
Leistungsvergleiche Kosten öffentl./freie Träger	23,1 %	15,3 %
Kundenorientierung	*Eingeführt*	
Gemeinsame Anlaufstellen Jugend-Soziales	19,0 %	*
Erweiterung der Sprechzeiten	45,5 %	*
Qualitätsmanagement	29,3 %	*
Verkürzung der Bearbeitungszeit	24,8 %	*
Beschwerdemanagement	22,3 %	*
Vereinfachung von Formularen	38,4 %	*
Klienten- und Bürgerbefragungen	36,0 %	*
Servicegarantien	5,4 %	*
Dezentrale Anlaufstellen	36,0 %	*

* Item nicht vorhanden
Quelle: Umfrage „10 Jahre NSM", Jugendamtsbefragung; eigene Darstellung; n=240.

5.2.1.1 Organisationsstrukturen

Im Bereich der Umgestaltung der Aufbauorganisation wurden oder werden in fast der Hälfte der befragten Kommunen Fachbereichsstrukturen eingeführt. Diese sind im Neuen Steuerungsmodell als wesentliche Träger der dezentralen Fach- und Ressourcenverantwortung vorgesehen, für welche die alte kleinteilige Ämterstruktur als zu differenziert erachtet wurde. Zudem sollten durch die Integration inhaltlich benachbarter Aufgabenfelder (Beispiele wären Sozialhilfe einerseits, Schule und Kultur andererseits) Synergieeffekte geschaffen werden, die Schnittstellenprobleme und Doppelbearbeitung reduzieren sollen (vgl. KGSt 1995a: 8). Die Zuschnitte der „neuen" Fachbereiche sind sehr unterschiedlich. Es gibt jedoch einen dominierenden Modernisierungspfad, der zu einem integrierten Fachbereich für Jugend und Soziales führt. In über der Hälfte aller Fälle wurde der Allgemeine Soziale Dienst (ASD) (54,3%) und in rund einem Drittel der Fälle der Aufgabenbereich des Sozialamtes (Sozialhilfe, Hilfen zur Arbeit) integriert. Die oft ebenfalls in diesem Zusammenhang genannten Aufgabenbereiche Schule (25,2%), Kultur (14,2%) und Sport (12,0%) spielten demgegenüber nur eine nachgeordnete Rolle.

Die in der Modernisierungsdebatte gefürchtete Fragmentierung oder Auflösung des Jugendamtes als selbständige und dem Grundsatz der Zweigliedrigkeit entsprechende Organisationseinheit (vgl. Bußmann et al. 2003: 34ff.; Merchel 2000), die nach § 69 SGB VIII alle Aufgaben nach SGB VIII wahrnimmt, war jedoch nur in wenigen Kommunen ein tatsächliches Problem: In rund 85% der Fälle werden tatsächlich weiterhin alle Aufgaben der Jugendhilfe vom Jugendamt als Träger wahrgenommen und in weiteren 11 % der überwiegende Teil. Beispiele einer radikalen Fragmentierung der Jugendhilfeaufgaben durch Ausgliederung und Neuverteilung der Aufgaben auf verschiedene Verwaltungseinheiten, wie sie am Beispiel Wuppertals (vgl. Wilts 1997) oder Bielefelds kontrovers diskutiert wurden, scheinen eher Ausnahmen geblieben zu sein. Auch die Zweigliedrigkeit nach §70 SGB VIII blieb in der Regel bestehen: Die Ausschussstruktur wurde in über 80 % der Fälle nicht an die Fachbereichsstruktur angepasst, wodurch der Jugendhilfeausschuss hier in seiner bisherigen Form bestehen bleibt. In weiteren 7% der Fälle fungiert er weiter als Unterausschuss, die Zweigliedrigkeit dürfte also auch hier gewährleistet sein (vgl. zur Diskussion Bußmann et al. 2003: 38-43). Dementsprechend stimmen auch nur rd. 8 % der Befragten der Aussage zu: „Die neue Struktur führt zu Konflikten über die Zuständigkeit des Jugendhilfeausschusses".[76] Demgegenüber überwiegt eine positi-

---

[76] Die Antwortvorgaben hier und im Weiteren „Trifft völlig zu" (4,1%); „trifft eher zu" (4,8%); „trifft eher nicht zu" (31,0%) und „trifft gar nicht zu" (58,6%).

Implementation von Modernisierungselementen 163

ve Einschätzung der erzielten Synergieeffekte in den modernisierten Fachbereichen, wie in Abb. 21 deutlich wird:

Abbildung 21: Wirkung der Umgestaltung der Organisationsstruktur im Jugendamt

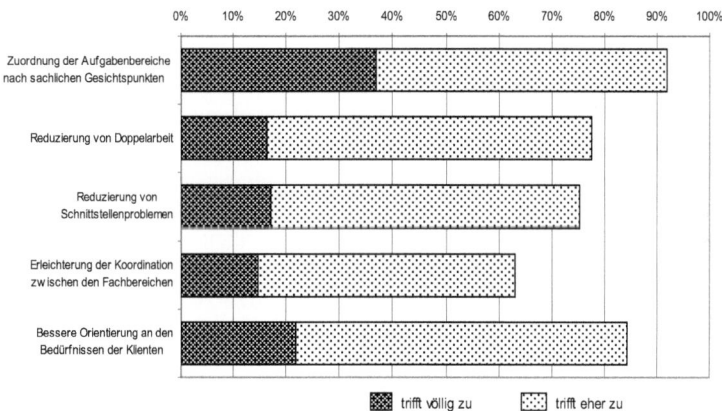

Quelle: Umfrage HBS - Projekt "10 Jahre NSM", Jugendamtsbefragung, n= 145

5.2.1.2 Dezentrale Fach- und Ressourcenverantwortung und Budgetierung

Ein zentrales Element der Neuen Steuerung ist die dezentrale Fach- und Ressourcenverantwortung der Fachbereiche. In der Übertragung weitgehender Entscheidungskompetenzen bezüglich des Einsatzes von Sach- und Personalmitteln zur Erreichung der in den Kontrakten mit der Verwaltungsspitze vereinbarten Ziele sollen die Selbststeuerungspotentiale der dezentralen Einheiten aktiviert werden. Die Steuerung soll dabei über Ziele sowie Ergebnis- und Zielbewertungen (Controlling) erfolgen (vgl. KGSt 1991). Das entscheidende Argument für eine Dezentralisierung der Verantwortungsstrukturen war die Schaffung von Anreizen zur wirtschaftlichen Mittelverwendung. Die Möglichkeit eines flexibleren Einsatzes von Ressourcen und eine klare Zurechenbarkeit der Verantwortung sollten dazu beitragen. Zudem sollten verstärkt die Kompetenzen der Fachbereiche genutzt werden. In die Jugendhilfediskussion wurde jedoch auch das wichtige Argument eingebracht, dass mit einer Dezentralisierung der Ressourcenverantwortung auch die Option für eine Stärkung der Fachlichkeit entstehen könnte (vgl. Bußmann et al. 2003: 30f.). Durch konsequente Budgetierung und die Möglichkeit flexiblen Mitteleinsatzes könnten Freiräume für präventive Arbeit geschaffen werden und fachbezogene Strategien wie Sozialraumorientierung könnten durch sozialraumbezogene Budgets gestützt werden.

Dezentrale Fach- und Ressourcenverantwortung wurde in rund 40% auf die befragten Jugendämter übertragen und befindet sich in 23% in der Einführung. Dass sich hinter dem Etikett unterschiedliche Grade der Verantwortungsübertragung verbergen, wird allerdings daran deutlich, dass lediglich in 11% der befragten Kommunen die Personalverantwortung auf die Fachbereiche oder Ämter übertragen wurde, in weiteren 35% der Fälle wurde diese teilweise übertragen. Dabei handelt es sich in erster Linie um die Beteiligung bei der Personalauswahl und die Entscheidung über Fort- und Weiterbildungsmaßnahmen. Eng mit der dezentralen Ressourcenverantwortung verknüpft ist die Methode der Budgetierung (vgl. KGSt 1993c), sie soll größere Spielräume in der Mittelbewirtschaftung gewähren und ebenfalls Eigenverantwortlichkeit und die aktive Nutzung der Kompetenz im Fachbereich stärken. Nach Angaben der Befragten werden 41,3% der Jugendämter und Fachbereiche budgetiert bzw. befindet sich die Budgetierung bei weiteren 25,2% im Aufbau. Dabei handelt es sich jedoch wohl in den meisten Fällen um eine reine Input-Budgetierung (vgl. Frischmuth et al. 2001: 73), nur in 16,8% der Fälle handelt es sich um Budgetierung, die mit Ziel- und Leistungsvorgaben im Sinne einer Output-Budgetierung verbunden ist. Auch die angestrebten Anreize durch die freie Verfügung über Restmittel dürften nur eingeschränkt zum Tragen kommen. Nur in rund einem Viertel der Fälle kommt es zu einer zumindest teilweisen antragsfreien Überlassung von Restmitteln an die budgetierte Einheit. Budgetierung stellt offensichtlich in einer großen Zahl von Kommunen weiterhin eher ein Instrument zur Kostendeckelung in der Jugendhilfe als eine Anregung zum „aktiven Umgang mit knappen Ressourcen" (KGSt 1993c: 7) dar.

Nach ihrer Einschätzung der Wirkungen der Dezentralisierung von Verantwortungsstrukturen gefragt, sehen die befragten Jugendamtsleiter die Erfolge besonders bei den effizienzorientierten Zielen (vgl. Abb. 2) und weniger bei den fachlichen Zielen, wie denen der Prävention und Sozialraumorientierung. Die fachlichen Erwartungen scheinen sich also in der Praxis nur z.T. erfüllt zu haben.

Implementation von Modernisierungselementen	165

Abbildung 22: Wirkungen dezentraler Ressourcenverantwortung im Jugendamt

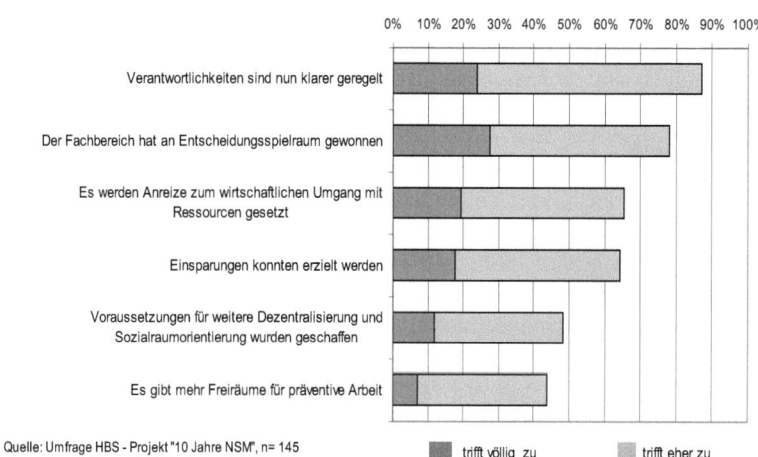

5.2.1.3 Produktorientierte Steuerung

Produkte als zentraler Informationsträger outputorientierter Steuerung waren neben der Budgetierung die zentralen Modernisierungsprojekte im Bereich der Prozessinnovation in den befragten Kommunen. Rund 65% der befragten Jugendämter haben Produkte definiert (41,7%) oder sind momentan noch in der Einführung (24,4%). Die Diskussion um Produkte hatte drei Aspekte: Erstens wurde einerseits der mangelnde Bezug zu den angestrebten Wirkungen und Qualitätsstandards bemängelt (vgl. Merchel 1996). Zweitens wurde bezweifelt, dass die einmal definierten Produkte überhaupt zu produktbasierter Steuerung verwendet werden. Drittens wurde befürchtet, dass über detaillierte Produktkataloge eine Rehierarchisierung und -bürokratisierung durch die Hintertür Einzug halte (vgl. Reichard 1998: 98) und es durch die Fortschreibung des Ist-Zustandes in die Zukunft zu einer Versäulungsgefahr komme, die dem Kooperations-, Flexibilitäts- und Präventionspostulat widerspreche.

In der Regel ist fast das komplette Spektrum der Jugendhilfeaufgaben durch Produkte abgedeckt. Rund 80% der Jugendämter mit Produkten geben an, dass für 80 bis 100% des Leistungsspektrums Produkte definiert wurden. Die Anzahl der Produkte variiert hierbei erheblich: Für den Bereich der Jugendhilfeaufgaben schwanken die Angaben zwischen 5 und 137, wobei der Großteil der befragten

Jugendämter zwischen 10 und 20 Produkte definiert hat (Md=15). Dabei geben über 60% der Kommunen mit etablierten Produktdefinitionen an, dass auch Qualitätsstandards in die Produktbeschreibungen aufgenommen wurden.

Mit Produkten zu steuern ist in dem von einem pluralen Trägergefüge geprägten Politikfeld der Kinder- und Jugendhilfe nur mit einem etablierten Kontraktmanagement möglich. Dafür ist es wiederum notwendig, dass die Produktdefinitionen auch von den freien Trägern geteilt werden. In einer Studie des Deutschen Jugendinstituts wurde offen gelegt, dass in den meisten Fällen Jugendämter und freie Träger völlig unabhängig und ohne gegenseitige Koordination Produkt- und Leistungsbeschreibungen erarbeitet haben (Seckinger et al. 1998: 119ff.; van Santen 1998: 39f.). Daher wird zu Recht in Frage gestellt, ob Produkte unter diesen Bedingungen überhaupt ihre Steuerungswirkung entfalten können. In der hier herangezogenen Umfrage geben rund 40% der Befragten mit Produktbeschreibungen an, dass die Produkte Grundlage der Zusammenarbeit mit freien Trägern sind. Hier ist also eine Bewegung hin zu verstärkter Kooperation zu beobachten. Angesichts 60% ohne produktbasierte Zusammenarbeit bleibt das Ergebnis dennoch ernüchternd. Schließlich sei noch auf das ernüchternde Ergebnis hingewiesen, dass 31% der Befragten, die Produkte eingeführt haben, der Aussage „Die Produktbildung zeigte keine Folgen" völlig (5,6%) oder eher (24,5%) zustimmen. Die Befürchtung, dass in einigen Kommunen die Produktbeschreibung nur als Selbstzweck erfolgte, ist also nicht von der Hand zu weisen. Die positivsten Effekte aus der Sicht der Befragten scheinen die „kulturellen" Nebeneffekte wie ein verstärktes Kostenbewusstsein bei den Mitarbeitern zu sein, weniger die beabsichtigte Steuerungsfähigkeit zu sein.

In der ursprünglichen Konzeption des NSM wurde eine klare Trennung von Politik und Verwaltung angestrebt: Das „Was" sollte der Politik überlassen werden, das „Wie" der Verwaltung. Diese strikte Trennung wurde kritisiert, weil sie einerseits unrealistisch, andererseits auch normativ nicht anstrebenswert sei. Auch die weitere Ausformulierung hin zu einem „Strategischen Management" (vgl. Heinz 2000; KGSt 2000) stieß auf die Kritik einer naiven Sicht auf Kommunalpolitik, die die Logik konkurrenzdemokratischer Verfahren systematisch missachte (vgl. Bogumil 2002).[77] In der Jugendhilfe werden die kommunalen Entscheidungsstrukturen durch die besondere Konstruktion des Jugendhilfeausschusses und weitere Kooperationsgebote mit freien Trägern weiter verkompliziert. Das Verhältnis von Politik und Verwaltung wurde deshalb auch als „Sollbruchstelle" der Verwaltungsmodernisierung (Reichard 1998) bezeichnet.

---

[77] Wesentliche Probleme bei der Entwicklung eindeutiger kommunalpolitischer Zielvorstellungen seien eine Dominanz der Verwaltung mit engen Verflechtungen zu den Mehrheitsfraktionen und die Politisierung des Umsetzungsprozesses, die eine klare Trennung des „Was" vom „Wie" verhinderten (vgl. Bogumil 2002: 133-136).

Versuche, das Verhältnis zwischen Politik und Verwaltung durch politisches Kontraktmanagement, Berichtswesen und die Konzentration auf strategische Entscheidungen neu zu gestalten, sind weiterhin unterentwickelt. So ist das Kontraktmanagement zwischen Rat bzw. Jugendhilfeausschuss und der Verwaltung nur in 20,2% der befragten Jugendämter etabliert, ein Phänomen, das im Übrigen nicht auf den Bereich der Jugendhilfe beschränkt ist, sondern sich auch in der Befragung der Bürgermeister/Landräte gezeigt hat. Im Bereich der Unteren Bauordnung finden sich politische Zielvereinbarungen beispielsweise nur in 7,9% der befragten Kommunen. Ein Berichtswesen, das sich an Rat bzw. Jugendhilfeausschuss wendet, existiert nach den Angaben der Befragten in immerhin 29,8% bzw. 36,0 % der Kommunen. Die Wirkungen dieser Berichte scheinen nach der Einschätzung der befragten Jugendamtsleitungen jedoch eher in ihrer Transparenzfunktion, weniger in ihrer Steuerungsunterstützung zu liegen. So stimmen jeweils über 70% der Befragten mit einem etablierten Berichtswesen den Aussagen „Fehlentwicklungen werden früher erkannt" und „Wir sind besser über die Kostenentwicklung informiert" „völlig" oder „eher" zu, jedoch nur knapp 45% konstatieren eine Versachlichung der Diskussion im JHA oder berichten über konkretes politisches Umsteuern auf Grundlage der Berichte. Die Grundlage einer besseren Steuerung durch den Jugendhilfeausschuss sehen im Berichtswesen nur knapp 33%.

Dort wo Kontraktmanagement zwischen Rat bzw. Jugendhilfeausschuss und der Verwaltung des Jugendamtes praktiziert wird (rund 20% der Fälle), wird die Wirkung recht positiv gesehen. Insbesondere scheinen sich die Befürchtungen des Einflussverlustes in Grenzen zu halten (um diese Aussage bestätigen zu können, bedürfte es allerdings der Aussage der Ausschussmitglieder, Informationen die uns leider nicht vorliegen). Allerdings zeigt sich auch hier, dass die angestrebte Trennung der Verantwortungsbereiche von Politik und Verwaltung nur in geringerem Maße verwirklicht wurden. Gründe hierfür sind auf beiden Seiten der skizzierten Spannungsverhältnisse zu suchen. Die Verwaltung sieht Verwaltungsmodernisierung in erster Linie als interne Angelegenheit. Große Teile der Debatte um das NSM im Jugendhilfebereich sind vom Spannungsverhältnis zwischen Fachlichkeit (Professionalität) und Neuer Steuerung (Effizienz, Effektivität) geprägt, die Kommunalpolitik (demokratische Legitimation) spielt nur eine untergeordnete Rolle. Die Rats- und Ausschussmitglieder sehen den Prozess jedoch mit Skepsis und fürchten eine zunehmende Entpolitisierung kommunaler Selbstverwaltung. Dementsprechend fügen sie sich auch in fortgeschrittenen Modernisierungskommunen selten der Beschränkung auf strategische Steuerung.

5.2.1.4 Erklärungsfaktoren

Im Kontext dieser Arbeit wichtig sind Erklärungsfaktoren für den unterschiedlichen Umsetzungsstand. Wie im Theoriekapitel (vgl. Abschnitt 4.2) ausgeführt, werden für die Modernisierung von Verwaltungsstrukturen verschiedene Erklärungsfaktoren diskutiert, die sich grob in exogene und endogene Faktoren unterteilen lassen. Ich werde im Weiteren eine Analyse zum Modernisierungsstand in der allgemeinen Verwaltung, die der Verfasser im Rahmen des Projektes „10 Jahre Neues Steuerungsmodell" durchgeführt hat (vgl. Bogumil et al. 2007: 97-120), auf die Jugendämter übertragen. Neben den für die allgemeine Verwaltung maßgeblichen Faktoren wird für Jugendämter insbesondere die Stellung des Jugendamtes im kommunalen Verwaltungs- und Machtapparat maßgeblich. Wie in den Hypothesen skizziert, sind hier drei wesentliche Faktoren maßgeblich: Der Modernisierungsdruck durch die zentralen Steuerungspolitiker, sprich die Verwaltungsspitze, zweitens deren Möglichkeit einer effektiven Durchsetzung ihrer Steuerungsambitionen und drittens das fachpolitische Widerstandspotential der fachlichen Ebene, von der abhängt, ob sie sich durch die Mobilisierung fachlicher Argumente gegen überzogene fiskalpolitisch getriebene Interventionen der Verwaltungsspitze behaupten kann. In diesem Abschnitt werde ich zunächst nur die Binnenmodernisierung der Jugendämter betrachten. In weiteren Abschnitten werden auch die Einführung von Kontraktmanagement und Leistungsvereinbarungen und schließlich Pluralisierungstendenzen analysiert.

Zentrale abhängige Variable für den Stand der Binnenmodernisierung ist ein Modernisierungsindex, der als additiver Index der zentralen Modernisierungsbereiche umfasst (zur Bildung des Index vgl. Bogumil et al. 2007: 340). Zunächst werde ich für die zentralen unabhängigen Variablen bivariate Zusammenhänge mit dem Modernisierungsstand aufzeigen. In einem zweiten Schritt werden multivariate Zusammenhänge mittels Regressionsanalysen durchgeführt. Hinsichtlich der exogenen Variablen ist hinsichtlich der Gemeindegröße – gemessen an der Einwohnerzahl ein klarer Zusammenhang erkennbar. Die Mittelwerte des Modernisierungsindexes für die Jugendämter steigen mit zunehmender Größe konstant an und auch die Zahl der Modernisierungsverweigerer nimmt ab. In Städten über 100.000 Einwohner finden sich keine Städte, die nicht zumindest in Teilbereichen modernisieren. Ebenfalls ist wie erwartet ein klares West-Ostgefälle auszumachen. Keine eindeutigen Ergebnisse zeigen sich jedoch hinsichtlich der Haushaltslage, die hier über das Vorliegen eines Haushaltssicherungskonzeptes operationalisiert wurde.

Als endogene Variable wurde gemäß dem Modell zunächst der allgemeine Modernisierungsimpuls in der jeweiligen Kommune herangezogen. Tab. 10 zeigt, dass hier ein deutlicher bivariater Zusammenhang besteht. Neben dem allgemeinen Modernisierungsdruck kann der Druck der zentralen Steuerungspolitiker auch durch Kürzungen des Jugendhilfebudgets operationalisiert werden. Die Analyse zeigt zweierlei: Erstens ist der Anteil der Jugendämter mit tatsächlichen Budgetkürzungen mit rd. 24% verhältnismäßig gering – auch im Vergleich mit anderen kommunalen Aufgabengebieten (vgl. auch Abschnitt 5.1.2). Auf der anderen Seite zeigt sich bei diesen ein deutlich höherer Modernisierungsstand. Auch bei den anderen endogenen Variablen bestätigen sich die angenommenen bivariaten Zusammenhänge, wenngleich mit unterschiedlicher Stärke.

Tabelle 10: Auswirkungen exogener Variablen auf den Modernisierungsstand von Jugendämtern

	GKKGSt	Umsetzungsindex Mittelwert	N	Standardabweichung	Minimum	Maximum
Größenklasse78	GK 1	39,0	8	6,9	28	50
	GK 2	38,6	9	8,5	25	48
	GK 3	30,7	17	11,3	13	45
	GK4	25,2	44	15,0	0	49
	GK5	22,2	39	13,9	0	51
	GK6	9,4	9	11,2	0	27
	Kreise GK 1	35,1	26	13,8	0	54
	Kreise GK2	31,4	32	13,2	0	49
	Kreise GK 3	21,5	57	14,5	0	47
Ost/West	West	27,4	196	14,8	0	54
	Ost	22,7	42	14,5	0	49
Haushaltslage	HSK	28,1	71	13,4	0	54
	Kein HSK	26,0	158	15,3	0	53
	Insgesamt	26,5	241	14,9	0	54

Quelle: Jugendamtsumfrage 10 Jahre NSM

Am eindeutigsten ist der Zusammenhang zwischen Mitarbeiterbeteiligung sowie der Einrichtung eines Modernisierungsmanagements und dem Umsetzungsstand. Entgegen der ursprünglichen Annahmen hat die Stärke des sozialpädagogisch

---

[78] Ausgewiesen werden die Größenklassen der KGSt. Diese umfassen für die Städte und Gemeinden: GK 1 (über 400.000 Einwohner); GK 2 (über 200.000 bis 400.000 Einwohner; GK 3 (über 100.000 bis 200.000 Einwohner); GK 4 (über 50.000 bis 100.000 Einwohner); GK 5 (über 25.000 bis 50.000 Einwohner); GK 6 (über 10.000 bis 25.000 Einwohner). Für die Kreise: GK 1 (über 250.000 Einwohner); GK 2 (über 150.000 bis 250.000 Einwohner); GK 3 (bis 150.000 Einwohner).

bzw. sozialarbeiterisch qualifizierten Personals einen leicht positiven Einfluss auf die Umsetzung; was allerdings bei detaillierter Betrachtung relativiert werden muss. Letztendlich zeigt sich kein signifikanter Zusammenhang zwischen der Stärke einer anzunehmenden fachpolitischen Unterstützerkoalition und dem Modernisierungsstand – ein Ergebnis, dass sich überraschenderweise auch für die Umsetzung genuin fachpolitischer Modernisierungsstrategien ergibt.

Tabelle 11: Einfluss endogener Variablen auf den Umsetzungsstand (Mittelwerte), n's in Klammern

Variable	Operationalisierung	ja	nein	Insgesamt
Modernisierungsdruck	Budgetkürzungen Jugendamt	31,1 (58)	24,9 (184)	26,4 (242)
Eigenständige Meinungsführerschaften	Modernisierungsimpuls aus Jugendamt	33,1 (128)	18,8 (114)	26,4 (242)
Unterstützungskoalitionen	Befürwortung im Jugendhilfeausschuss	34,1 (86)	22,1 (156)	26,4 (242)
Parallelorganisationen	Modernisierungsmanagement	32,6 (159)	14,5 (83)	26,4 (242)
Personalbeteiligung	Mitarbeiterbeteiligung	33,5 (133)	17,7 (109)	26,4 (242)
Externe Akteure	Beteiligung freier Träger	36,0 (24)	25,3 (218)	26,4 (242)
Beteiligung der Politik	Regelmäßige Beteiligung Jugendhilfeausschuss	36,3 (49)	23,9 (193)	26,4 (242)
Stärke fachpolitischer Modernisierungskoalition	Anteil sozialpäd. (o.ä.) Personal (Mediansplit)	29,4 (101)	24,3 (141)	26,4 (242)

Quelle. Jugendamtsumfrage 10 Jahre NSM

Um den wechselseitigen Einfluss der bisher bivariat betrachteten Zusammenhänge zu kontrollieren, werden im Folgenden multivariate Analyseverfahren verwendet. Dafür wurde eine OLS-Regression durchgeführt. Auf Grund der unterschiedlichen Struktur muss diese für Städte und Landkreise separat erfolgen. Als abhängige Variable wurde hierzu der Umsetzungsindex verwendet, als unabhängige Variable fließen die bisher verwendeten Variablen ein. Sie wurden, so nicht anders vermerkt, als Dummyvariablen kodiert.

Es werden jeweils fünf Modelle als OLS-Regression gerechnet. Im ersten Modell wurden nur die externen strukturellen Faktoren als Erklärungsfaktoren herangezogen, im zweiten Modell wurden zusätzlich die internen Faktoren, welche sich auf die zentralen Modernisierungsakteure (Interner Modernisierungsimpuls, Externer Modernisierungsdruck, Zustimmung im JHA) beziehen, herangezogen. In einem dritten Modell wurden die Strukturdaten mit den Variablen, die sich auf die Prozessorganisation (Modernisierungsmanagement, Mitarbeiterbeteiligung, Beteiligung des JHA, Beteiligung freier Träger) beziehen, hinzugeführt. Ein viertes Modell führt schließlich die Stärke der Professionellen in der

Sozialen Arbeit hinzu. In einem fünften Modell wurden – um ein „sparsames" Modell zu finden – nur die Variablen einbezogen, die sich in den anderen Modellen als signifikant erwiesen haben.

Tabelle 12: Regressionsanalyse zum Umsetzungsstand der Städte und Gemeinden

Städte und Gemeinden Abhängige Variable: Modernisierungsindex					
	Modell 1	Modell 2	Modell 3	Modell 4	Modell 5
Konstante	14,38	9,23	2,25	2,15	5,26
Externe Faktoren	β	β	β	β	β
Einwohnerzahl (z-stand.)	0,38**	0,27**	0,19**	0,19**	0,16**
Ost-West	0,08	0,06	0,05	0,05	
Haushaltslage	0,08	0,02	-0,12	-0,12	
Interne Faktoren					
Modernisierungsimpuls JA		0,32**	0,21**	0,21**	0,21**
Budgetkürzungen		0,10	0,09	0,08	
Zust. Jugendhilfeausschuss		0,32**	0,25**	0,24**	0,22**
Modernisierungsmanagement			0,39**	0,39**	0,40**
Mitarbeiterbeteiligung			0,24**	0,23**	0,23**
Beteiligung Freie Träger			0,01	0,01	
Beteiligung Jugendhilfeausschuss			0,07	0,07	
Anteil Sozpäd./Sozarb.				0,00	
Adj. R^2	0,13	0,41	0,61	0,60	0,59
n	116	116	116	116	116

Quelle: Jugendamtsdatensatz 10 Jahre NSM; OLS-Regression; Signifikanzniveaus: ** $p<0,01$ * $p<0,05$.

Die multivariate Analyse bezogen auf die Städte und Gemeinden bestätigt und präzisiert die in den vorangegangenen Abschnitten festgestellten Zusammenhänge: Von den exogenen Erklärungsfaktoren ist allein die Größe der Gemeinde gemessen an der Einwohnerzahl signifikanter Einflussfaktor. Der Einfluss der Einwohnerzahl ist bei Kreisjugendämtern im Übrigen weniger groß als bei Städten und Gemeinden. Der Ost-West-Faktor spielt allein bei den Kreisen eine signifikante Rolle, wo westdeutsche Kreisjugendämter weit häufiger modernisieren. Bezüglich der Haushaltslage bestätigt sich, dass der Zusammenhang zwischen Haushaltslage und Modernisierungsaktivität nicht eindeutig und nichtlinear ist. Aufgrund der im Modell unterstellten Linearität ist die Haushaltslage daher in keinem der Modelle signifikant.

Tabelle 13: Regressionsanalyse zum Umsetzungsstand der Kreise

Kreise Abhängige Variable: Modernisierungsindex					
	Modell 1	Modell 2	Modell 3	Modell 4	Modell 5
Konstante	15,37	3,47	1,32	0,136	2,5
	β	β	β	β	β
Externe Faktoren					
Einwohnerzahl	0,29**	0,21*	0,18*	0,17*	0,18*
Ost-West	0,16	0,29**	0,21**	0,20*	0,17*
Haushaltslage	0,06	0,07	0,04	0,04	
Interne Faktoren					
Modernisierungsimpuls JA		0,35**	0,25**	0,25**	0,23**
Budgetkürzungen		0,22**	0,22**	0,22**	0,18**
Zust. Jugendhilfeausschuss		0,28**	0,18*	0,17*	0,16*
Modernisierungsmanagement			0,31**	0,31**	0,32**
Mitarbeiterbeteiligung			0,19*	0,19*	0,20**
Beteiligung Freie Träger			-0,01	-0,01	
Beteiligung Jugendhilfeausschuss			-0,09	-0,09	
Anteil Sozpäd./Sozarb.				0,03	
Adj. R²	0,13	0,45	0,56	0,56	0,58
n	115	115	115	115	115

Quelle: Jugendamtsdatensatz 10 Jahre NSM; OLS-Regression; Signifikanzniveaus: ** p<0,01 * p<0,05.

Bezüglich der internen Erklärungsfaktoren ist, wie schon in der bivariaten Analyse gezeigt, insbesondere die Einrichtung eines hierarchieunabhängigen Modernisierungsmanagements von Bedeutung. Weitere signifikante Einflussfaktoren sind ein eigenständiger Modernisierungsimpuls, die Zustimmung im JHA sowie die Beteiligung der Mitarbeiter. Offensichtlich nur bei Kreisjugendämtern ist der fiskalische Druck durch Budgetkürzungen von signifikantem Einfluss. Ob letztendlich Mitarbeiterbeteiligung und Modernisierungsmanagement den Umsetzungsstand bedingen oder der Umsetzungsstand hohe Mitarbeiterbeteiligung und Modernisierungsmanagement bedingt, kann hier nicht abschließend geklärt werden. Wie bereits oben festgestellt haben Ratsbeteiligung und Parteienwettbewerb keinen signifikanten Einfluss auf die Umsetzung. Keinen Einfluss auf die Binnenreform haben schließlich eine Kooperation mit freien Trägern und die Beteiligung der Politik in Form des Jugendhilfeausschusses an der Konzeptentwicklung. Von keinerlei Einfluss zeigte sich schließlich der Anteil der Professionellen

Implementation von Modernisierungselementen 173

in der Sozialen Arbeit. Der angenommene Einfluss fachlicher Modernisierungskoalitionen muss also zunächst für die Binnenmodernisierung abgelehnt werden. Daher sollen im folgenden Absatz als Abschluss der Binnenanalyse der Jugendämter genuin fachliche Modernisierungsansätze und ihr Einfluss auf die Gesamtmodernisierung untersucht werden.

5.2.1.5 Die Stärkung fachlicher Ansätze in der Jugendhilfe

In den meisten modernisierenden Kommunen stehen fachliche Ziele erst an zweiter Stelle. Dennoch sind auch hier hinsichtlich der Implementation von Maßnahmen – gemessen an den skeptischen Einschätzungen vieler Beobachter – siehe die in Abschnitt 2.4 skizzierte Debatte um die Kompatibilität oder Konkurrenz fachlicher und managerialistischer Modernisierungsstrategien - einige erhebliche Veränderungen festzustellen. So war die Stärkung der Fachlichkeit nach Angaben der Jugendamtsleitungen das drittwichtigste Ziel nach der Herstellung von Kostentransparenz und der Integration von Fach- und Ressourcenverantwortung. Fragt man nach der Zielerreichung, so geben über 90% der Befragten an, dieses Ziel vollständig (12,1%) oder teilweise (78,9%) erreicht zu haben. Fachliche Modernisierungsansätze stellen also in dieser Bewertung eines der eher erfolgreichen Reformunterfangen dar. Dies soll im Folgenden am Beispiel der Sozialraumorientierung und der Einführung von Qualitätsstandards im Rahmen der Produktsteuerung und des Qualitätsmanagements verdeutlicht werden (vgl. Tab 14). So wurde insbesondere die ältere Diskussion um Gemeinwesen- und Sozialraumorientierung sozialer Arbeit über Ansätze der Sozialraumorientierung in zahlreichen Kommunen reaktiviert (vgl. insbesondere Hinte et al. 2003). Sozialraumorientierung stellt jedoch ein polyvalentes Konzept dar, worunter eine Vielzahl recht unterschiedlicher Vorstellungen subsumiert wird. Eine Orientierung an Sozialräumen wird inzwischen von insgesamt 59,1% der Befragten praktiziert. Die rechtlich und politisch umstrittenen Sozialraumbudgets (vgl. KGSt 1998; SPI 2001; Bogumil/Holtkamp 2002; Merchel 1999a: 143-144) werden von 18,2% der Kommunen in Teilbereichen praktiziert (s.u.). Einen größeren Verbreitungsgrad haben andere Ansätze der Sozialraumorientierung erreicht: in 34,3% der Kommunen orientiert sich die Dezentralisierung von Außenstellen des Jugendamtes an Sozialräumen und in 40,9% findet eine sozialräumliche Vernetzung freier Träger statt. Sozialraumgremien wurden in 35,5% der Fälle eingerichtet.

Die Qualitätsdebatte (vgl. Merchel 1999b) dürfte ein weiteres Beispiel für einen fachlichen Modernisierungsansatz sein, der durch die Diskussion um Neue Steuerung neue Bedeutung gewann. Die Einforderung nachvollziehbarer Qualitätsstandards im Rahmen einer output-orientierten Steuerung kann als Korrektiv einer rein an Kostenreduktion ausgerichteten Reformstrategie gesehen werden (vgl. KGSt 1995b: 25). Neben dem bereits angeführten Qualitätsmanagement in 29,3% der Jugendämter wurden im Rahmen der Produktdefinitionen in knapp 35% der Kommunen Qualitätsstandards umfassend (6,6%) oder teilweise (28,9%) definiert. Im Rahmen von Zielvereinbarungen zwischen Politik und Verwaltung finden Qualitätsmerkmale in 14% der Kommunen Anwendung, das sind fast 70% der Kommunen, die Zielvereinbarungen treffen. Diese Werte zeigen, dass sich auch die Modernisierung nach fachlichen Kriterien nicht in dem Maße in konkreten Instrumenten niederschlägt, wie es sich aus den erklärten Modernisierungsabsichten erwarten ließe. Zieht man zudem in Betracht, dass sich Instrumente der Qualitätssicherung und -entwicklung oftmals noch in einem eher rudimentären Zustand befinden (vgl. Merchel 2006 für empirische Nachweise) müssen die Ergebnisse zur Einführung von Qualitätsstandards mit zusätzlicher Skepsis interpretiert werden.

Tabelle 14: Implementation fachlicher Ansätze

Sozialraumorientierung		
Insgesamt	59,1 % (143)	*
Davon (Mehrfachantworten waren möglich): Vernetzung freier Träger	40,9 % (99)	*
Einrichtung von Sozialraumgremien	35,5 % (86)	*
Dezentralisierung/Regionalisierung (Außenstellen) gemäß Sozialräumen	34,3 % (83)	*
Beteiligung der Wohnbevölkerung	27,7 % (67)	*
Sozialraumbudgetierung	18,2 % (44)	*
Definition von Qualitätsstandards	*vollständig*	*teilweise*
Im Rahmen der Produktbildung	6,6 % (16)	28,9 % (70)
Anteil an Kommunen mit Produkten	11,2 %	50,0
Im Rahmen des Kontraktmanagements	14,0 % (34)	*
Anteil an Kommunen mit Kontrakten	70 %	
Praktiziertes Qualitätsmanagement	29,3 % (71)	

* Item nicht erhoben
Quelle: HBS-Projekt „10 Jahre NSM", Jugendamtsbefragung; eigene Darstellung; n=242.

In welchem Zusammenhang stehen diese sektoralen Ansätze mit der NSM-Modernisierung? Bei den befragten Jugendämtern zeigt sich ein deutlicher Zusammenhang zwischen NSM-Modernisierung und fachlichen Reformansätzen (vgl. Abb. 23). Dieser ist allerdings nicht linear. Insbesondere gibt es einige

Implementation von Modernisierungselementen 175

Kommunen, die fachliche Ansätze verfolgen ohne nennenswerte Modernisierungsaktivitäten im Rahmen des NSM aufzuweisen.

Abbildung 23: Zusammenhang sektoraler mit NSM-Modernisierung (Jugend)

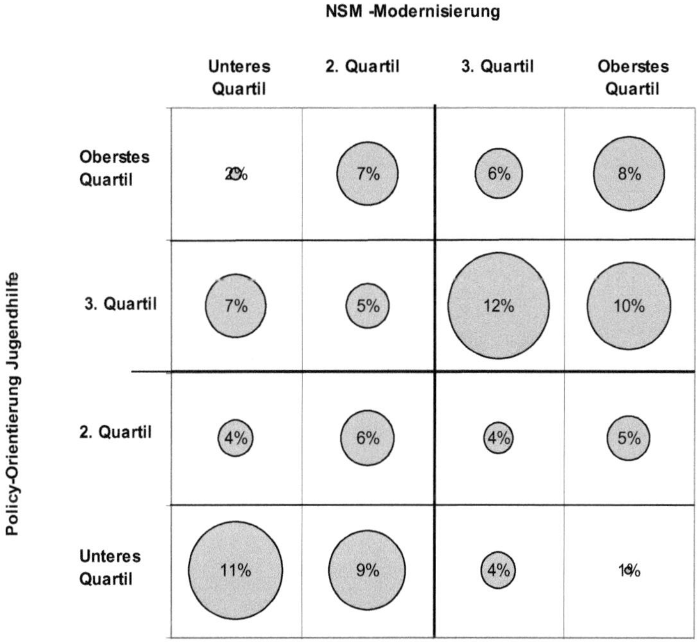

	NSM -Modernisierung			
Policy-Orientierung Jugendhilfe	Unteres Quartil	2. Quartil	3. Quartil	Oberstes Quartil
Oberstes Quartil	2%	7%	6%	8%
3. Quartil	7%	5%	12%	10%
2. Quartil	4%	6%	4%	5%
Unteres Quartil	11%	9%	4%	1%

Quelle: „10 Jahre NSM"; Jugendamtsdatensatz, Bürgermeisterdatensatz; in die Analyse flossen nur Kommunen ein aus denen beide Fragebögen vorlagen (n=195).

Eine multivariate Analyse zeigt schließlich, dass unter Einbezug anderer Erklärungsfaktoren der Umsetzungsstand der NSM-Modernisierung einen Großteil der Varianz in der Umsetzung jugendhilfebezogener Maßnahmen erklärt (Modell 3 in Tab. 15). Die Erklärungskraft anderer Faktoren (hier: Einwohnerzahl, eigenständiger Modernisierungsimpuls und ein unabhängiges Modernisierungsmanagement sowie Mitarbeiterbeteiligung) schwindet bei Einbezug der NSM-Modernisierung als unabhängiger Variable. Überraschend ist in diesem Zusammenhang der Befund, dass auch bei genuin professionsbezogenen Strategien die Stärke des „professionellen" – sprich sozialpädagogisch bzw. sozialarbeiterisch ausgebildeten Personalkörpers – ohne signifikanten Einfluss bleibt, wohl aber ein eigenständiger Modernisierungsimpuls aus der Jugendamtsspitze.

Tabelle 15: Regressionsanalyse zum Umsetzungsstand jugendhilfebezogener Maßnahmen in Städten und Gemeinden

Abhängige Variable: Jugendindex	Städte und Gemeinden			Kreise		
	Modell 1	Modell 2	Modell 3	Modell 1	Modell 2	Modell 3
Konstante	4,17	0,82	0,43	3,38	0,68	0,52
	β	β	β	β	β	β
Externe Faktoren						
Einwohnerzahl (z-stand.)	0,35**	0,18*	0,13	0,4**	0,28*	0,18*
Ost-West	-0,01	0,01	0,00	-0,08	-0,04	-0,15
Haushaltslage	0,09	-0,06	-0,02	0,07	0,08	0,05
Interne Faktoren						
Modernisierungsimpuls JA		0,26**	0,16		0,24**	0,11
Budgetkürzungen		0,12	0,02		0,01	-0,11
Zust. Jugendhilfeausschuss		0,14	0,04		0,20*	0,10
Modernisierungsmanagement		0,25**	0,07		0,23**	0,06
Mitarbeiterbeteiligung		0,18*	0,09		0,27*	0,16*
Beteiligung Freie Träger		0,03	0,04		0,05	0.06
Beteiligung Jugendhilfeausschuss		-0,00	-0,03		-0,04	0,00
Anteil Sozpäd./Sozarb.		0,12	0,09		-0,08	-1,34
Umsetzungsindex NSM			0,43**			0,53**
Adj. R^2	0,11	0,38	0,45	0,13	0,48	0,60
n	116	116	116	115	115	115

Quelle: Jugendamtsdatensatz 10 Jahre NSM; OLS-Regression; Signifikanzniveaus: ** $p<0,01$ * $p<0,05$.

Ohne dies an dieser Stelle mit Zahlen belegen zu können, ist davon auszugehen, dass insbesondere bei professionsbezogenen Maßnahmen der Modernisierungswille der (erweiterten) Jugendamtsleitungen und deren von den „zentralen Steuerungspolitikern" eingeräumter Handlungsspielraum bedeutend sind. Hinsichtlich der Handlungsspielräume wird deutlich – wenngleich nicht statistisch signifikant, dass professionsbezogene Modernisierungsstrategien seltener mit Budgetkürzungen für den Jugendhilfebereich und einer allgemein schlechteren Haushaltslage einhergehen, als NSM-getriebene Modernisierungsmaßnahmen. Ein weiterer Befund stellt ein offensichtliches Fehlen einer West-Ost-Differenz hinsichtlich der jugendhilfebezogenen Modernisierungsstrategien dar. Dies wird in der Analyse der verschiedenen Strategien in Tab. 16 nochmals deutlich, wo ein großer Teil ostdeutscher Jugendämter angibt, verstärkt fachliche Verbesserungsstrategien zu verfolgen. Möglicherweise hat die Gleichzeitigkeit der Systemtransformation mit der Einführung des KJHG im Jahr 1990 (bei gleichzeitiger NSM-Abstinenz, s.o.) dazu geführt, dass hier die Ansprüche des KJHG teilweise deutlicher aufgegriffen wurden als in vielen westdeutschen Jugendämtern, die teils in geronnenen Routinen gefangen waren, teils mit dem Beginn der NSM-Modernisierung konfrontiert waren und daher über wenig organizational slack für weitere Reformen verfügten.

Bußmann et al. (2003: 30) unterscheiden drei unterschiedliche Modernisierungsstrategien von Jugendämtern: Sie unterscheiden „betriebswirtschaftliche Strategien", die sich durch die Einführung betriebswirtschaftlicher Instrumente und eine Priorität der Kostensenkung auszeichnen von „jugendhilfebezogenen Strategien", die sich rein auf fachliche Aspekte entsprechend dem KJHG und sozialraumorientierter Arbeit konzentrieren. „Verknüpfungsstrategien" der Verwaltungsmodernisierung hingegen versuchen, beide Modernisierungsstränge aktiv zu integrieren. Wendet man diese Typologie auf die befragten Jugendämter an[79], so kann man rund die Hälfte der befragten Jugendämter klar einem der Typen zuordnen.

Die übrigen Kommunen modernisieren entweder in beiden Dimensionen nur in geringem Maße oder sind wegen noch im Prozess befindlicher Umstrukturierungen keinem der Typen zuordenbar. Hier zeigt sich in der realen Ausgestaltung wiederum die oben aufgezeigte Implementationslücke des NSM: So lassen sich nach diesen Kriterien lediglich etwas mehr als 20% der Jugendämter einer klaren NSM-Modernisierung (betriebswirtschaftliche Strategien und „Verknüpfungsstrategien") zurechnen, auch nach den eher weichen Kriterien für fachliche Strategien (jugendhilfebezogene und „Verknüpfungsstrategien") lassen sich kaum mehr als rund 40% der Jugendämter identifizieren. Eine „Verknüpfungs-

---

[79] „Betriebswirtschaftliche Strategien" wurden entsprechend der Definition von Bußmann et al. operationalisiert über die volle Umsetzung von mindestens vier der Instrumente „Dezentrale Fach- und Ressourcenverantwortung", „Budgetierung", „Produktbeschreibungen", „Kosten-Leistungsrechnung" „Berichtswesen" und „Doppik" sowie die Einstufung des Zieles „Kostensenkung" als „sehr wichtig" oder „eher wichtig"; „Jugendhilfebezogene Strategien" wurden definiert über die Umsetzung von „Sozialraumorientierung" und die Einstufung dreier der Ziele „Lebensweltorientierung", „Stärkung von Selbsthilfepotentialen", „Prävention" und „Fachlichkeit" als „sehr wichtig" oder „eher wichtig". Von den betriebswirtschaftlichen Instrumenten wurden weniger als vier umgesetzt. „Verknüpfungsstrategien" vereinigen die angeführten Indikatoren.

strategie" (Bußmann et al. 2003: 30) ist offensichtlich ein anspruchsvolles Unterfangen. Sie gelingt nur 13% der untersuchten Jugendämter.

Tabelle 16: Modernisierungsstrategien in Jugendämtern

	Kreisfreie Städte	Kreisangeh. Gemeinden	Landkreise	Ost	West	Gesamt
„betriebswirtschaftliche Strategie"	2 4,0 %	8 10,7 %	6 5,2 %	0 0 %	16 8,2 %	16 6,6 %
„jugendhilfebezogene Strategie"	17 34,0 %	13 17,3 %	45 39,1 %	22 52,4 %	53 27,0 %	75 31,1 %
„Verknüpfungsstrategie"	8 16,0 %	11 14,7 %	13 11,3 %	3 7,1 %	27 13,8 %	32 13,3 %
Nicht-Modernisierer/ Nicht zuordenbar	23 46,0 %	44 57,3	51 43,2 %	17 40,5	100 51,1 %	118 49,0 %

Quelle: HBS-Projekt „10 Jahre NSM", Jugendamtsbefragung; eigene Darstellung; n=240, Spaltenprozente.

Legt man weniger strikte Kriterien an, so zeigt sich in der Empirie allerdings doch ein sehr deutlicher Zusammenhang zwischen fachlicher und managerialistischer Modernisierung. So wird in Kommunen mit deutlichem NSM-Profil häufiger mit Sozialraumkonzepten gearbeitet als in solchen ohne (Jugendämter die einen NSM-Modernisierungsstand im oberen Quartil aufweisen, orientieren sich in 43,1% der Fälle an Sozialräumen, weitere 24,6% dieser Gruppe tun dies teilweise). Im Quartil mit dem geringsten NSM-Modernisierungsstand belaufen sich die entsprechenden Anteile nur auf 5,9% bzw. 10,1%). Qualitätsmanagement spielt – was auf Grund der Nähe der Konzepte nicht verwundern mag – eine deutlich größere Rolle (während 54,3% der Jugendämter im oberen Quartil Qualitätsmanagement betreiben, findet es im unteren Quartil faktisch nicht statt).

Angesichts der oben angeführten Skepsis gegenüber der Realisierbarkeit von „Verknüpfungsstrategien" überrascht der geringe Umsetzungsstand dieses anspruchsvollen Reformpfades nicht, weckt aber die Frage nach dessen Voraussetzungen. Dazu werden analog zum Vorgehen in Abschnitt 5.2.1.4 zwei Bündel von Erklärungsfaktoren unterschieden: Externe Faktoren wie Größe der Kommune, Haushaltslage und die spezifische Situation der Neuen Bundesländer von endogenen Erklärungsfaktoren wie das Zusammenspiel von Gesamtverwaltung und Jugendamt; den Trägern des Modernisierungsimpulses, der Einstellung wesentlicher Akteure zur Modernisierung, der Rolle und Verhandlungsstärke der Professionellen in den Ämtern sowie Beteiligungswege von Mitarbeitern, Jugendhilfeausschuss und freien Trägern. In Thesen zur „Amalgamisierung"

Implementation von Modernisierungselementen

(Wollmann 1999: 12) der Reformstrategien werden eben das Vorhandensein von Foren zum Problemlösen und das Aushandeln zwischen den verschiedenen Modernisierungsinteressen betont. Im Folgenden wird versucht, die Stärke und Relevanz dieser Einflussfaktoren auf die Modernisierungsstrategien der Jugendämter zu untersuchen. Die abhängige Variable stellt hier die Realisierung einer „Verknüpfungsstrategie" als binäre Variable dar.[80] Als multivariates Verfahren wird auf Grund der binären abhängigen Variable eine logistische Regression herangezogen. Die Unterschiede in Struktur und Größe erfordern, dass die Kreise von den Städten und Gemeinden getrennt betrachtet werden. Die logistische Regression (vgl. Tab. 17) zeigt, dass nur für die Kreise signifikante Effekte nachgewiesen werden können. Insgesamt erweisen sich die strukturellen Faktoren als wenig erklärungskräftig, was darauf hinweist, dass die lokalen Akteurskonstellationen von großer Bedeutung sind. Darauf deutet auch die Tatsache hin, dass insbesondere die Modelle mit den Prozessvariablen (Modelle 3 und 4) die höchsten Erklärungen für Varianz enthalten. Für die Kreise zeigt sich, dass insbesondere die Rolle des Jugendhilfeausschusses von Bedeutung für die Realisierung einer „Verknüpfungsstrategie" ist. Wird die Modernisierung im Jugendhilfeausschuss befürwortet und wird dieser an der Ausgestaltung des Modernisierungsprozesses beteiligt, wird die Realisierung einer Verknüpfungsstrategie wahrscheinlicher. Zu erinnern ist hier an die besondere Zusammensetzung des Jugendhilfeausschusses mit der stimmberechtigten Beteiligung der freien Wohlfahrtspflege und anderer Vertreter der freien Jugendhilfe, denen es offenbar gelingt, fachpolitische Ansprüche in den Aushandlungsprozess hineinzutragen, so sie denn die Gelegenheit haben und auch den Willen hierfür zeigen.

Weiterhin relevant sind ein eigenständiges Modernisierungsmanagement und die Größe der Kommune, mit der die Wahrscheinlichkeit einer „Verknüpfungsstrategie" wächst. Auch für die Städte lassen sich diese Zusammenhänge ausmachen – allerdings nicht auf statistisch signifikantem Niveau. Ebenfalls nicht signifikant, aber offenbar als notwendige Voraussetzungen[81] von Bedeu-

---

[80] Als unabhängige Variablen fließen folgende Faktoren bzw. deren Proxy in die Modelle ein: Exogene Variablen: Größe der Kommune (Einwohnerzahl); Zugehörigkeit zu den Neuen oder Alten Bundesländern; Haushaltslage (Dummy: Haushaltssicherungskonzept); endogene Variablen: Gekürzter Jugendhilfeetat; Eigenständiger Modernisierungsimpuls aus dem Jugendamt; Befürwortung des Modernisierungsprozesses im Jugendhilfeausschuss; Einrichtung eines selbstständigen Modernisierungsmanagements; Beteiligung der Mitarbeiter; Beteiligung des Jugendhilfeausschusses; Beteiligung der freien Träger. Es werden jeweils 4 Modelle gerechnet, bei denen zunächst exogene Variablen isoliert (1), danach endogene Variablen zum Modernisierungsauslöser (2), hiernach endogene Variablen zur Prozessgestaltung (3) und schließlich das Gesamtmodell herangezogen werden (4).

[81] Da diese Voraussetzungen auch von vielen anderen Jugendämtern geteilt werden, ohne dass diese Verknüpfungsstrategien" realisieren können, sind diese Effekte nicht statistisch signifikant, dennoch in fast allen Verknüpfungsfällen erfüllt, so dass sie als notwendige, wenn auch nicht hinreichende Voraussetzungen gelten können.

tung, sind die Faktoren eines eigenständigen Impulses aus den Jugendämtern sowie die Beteiligung von Mitarbeitern und freien Trägern an der Konzepterarbeitung.

Tabelle 17: Erklärungsfaktoren für „Verknüpfungsstrategien" (logistische Regression)

Abhäng. Variab.: Verknüpfungsstrategien	Städte				Kreise			
	Mod. 1	Mod. 2	Mod. 3	Mod. 4	Mod. 1	Mod. 2	Mod. 3	Mod. 4
	Exp (B)	Exp (B)	Exp (B)	Exp (B)	Exp (B)	Exp (B)	Exp (B)	Exp (B)
Konstante	0,25		0,12	0,12	0,18 **	0,01 **	0,01 **	0,01 **
Externe Faktoren								
Einwohnerzahl (z-stand.)	1,26	1,412	1,21	1,40	1,74	2,21	1,66	3,16*
Ost-West (West=1)	0,83	0,641	0,86	0,62	2,67	4,10	3,59	2,56
Haushaltslage (HSK=1)	1,00	1,000	1,00	1,00	0,72	0,95	0,60	0,96
Interne Faktoren								
Kürzung Jugendhilfeetat (ja=1)		0,94		0,94		0,96		0,96
Modernisierungsimpuls aus Jugendamt (ja=1)		2,07		2,23		0,66		0,12
Befürwortung Jugendhilfeausschuss (ja=1)		2,53		2,45		7,09**		8,35*
Modernisierungsmanagement (ja=1)			1,53	1,36			0,17	0,028*
Mitarbeiterbeteiligung (ja=1)			1,02	0,80			1,44	3,64
Bet. Jugendhilfeausschuss (ja=1)			1,62	1,21			7,41 **	8,98*
Beteiligung freie Träger (ja=1)			1,29	1,08			3,75	10,76
Pseudo-R² (Nagelkerke)	0,03	0,20	0,054	0,20	0,10	0,26	0.30	0,46
n	108	108	108	108	95	95	95	95

Quelle: HBS-Projekt „10 Jahre NSM", Jugendamtsbefragung
Signifikanzniveaus: ** p < 0,01 * p < 0,05

Implementation von Modernisierungselementen 181

Zusammenfassend lässt sich die Bedeutung einer kooperativen, inklusiven und von proaktiven Vertretern der Fachdomäne begleiteten Modernisierungsstrategie als entscheidend für das Realisieren von „Verknüpfungsstrategien" ausmachen.

5.2.1.6 Zusammenfassung

Die Betrachtung der Binnenreform bestätigt die in den Hypothesen angenommenen Tendenzen. Wie in *Hypothese 1* angenommen, konnte sich in den 1990er Jahren kaum ein Jugendamt dem Neuen Steuerungsmodell völlig entziehen. Die von außen an die Jugendämter herangetragenen Modernisierungs- und Ökonomisierungsimpulse führten zumindest auf einer formalen Ebene zu einer intensiven Beschäftigung mit Konzepten des Neuen Steuerungsmodells. Die tatsächliche Implementation der Instrumente variiert jedoch erheblich. In der multivariaten Analyse haben sich neben strukturellen (Gemeindegröße) vor allem interne „Treiber" als Erklärungsfaktoren für den Modernisierungsstand ergeben. Dabei zeigen sich Unterschiede zwischen Jugendämtern, in denen sich die fachliche Ebene einbringen konnte bzw. wo die zentralen Steuerungspolitiker durchregieren konnten (*Hypothese 2 und 3*).

Die Zwischenbilanz der Umsetzung der Verwaltungsmodernisierung ergibt ein zwiespältiges Bild: Viele der in der Diskussion befürchteten negativen Folgen der NSM-Modernisierung sind nur in beschränktem Maße eingetreten. Doch auch hinsichtlich der Zielerreichung bleibt die Einschätzung ambivalent: Zwar werden von den befragten Jugendamtsleitern Einsparungen durch Verwaltungsmodernisierung eingeräumt, eine klare empirische Zuschreibung der Einsparungen zu den Instrumenten der Neuen Steuerung ist allerdings nicht möglich. Vielmehr sieht es so aus, als ob gerade im Bereich der Jugendhilfe mit seinen primär extern induzierten Kosten und seinen wenig standardisierbaren „Produkten" ein Erreichen der Effizienzziele nicht eindeutig nachzuweisen ist. Erfolgreicher sieht die Bilanz hinsichtlich der Entwicklung einer Dienstleistungsorientierung und auchhinsichtlich der Stärkung fachlicher Aspekte der Kinder- und Jugendhilfe aus. Das ernüchterndste Ergebnis zeigt sich bei der Bearbeitung der politischen „Strategielücke". Die gesetzlichen Vorgaben des KJHG zur Jugendhilfeplanung laden dazu ein, strategische Überlegungen über mittel- und langfristige Ziele, über das „Wozu" und das „Wohin" der kommunalen Jugendhilfe anzustellen. Dass dies nur eingeschränkt geschieht, überrascht zwar aus politikwissenschaftlicher Perspektive nicht: Politik wird hier gerne als „Durchwursteln" mit inkrementalen Lösungen beschrieben (Lindblom 1959). Unter den Erklärungsfaktoren für Modernisierungsprozesse in Jugendämtern konnten neben dem strukturellen Einfluss der Größe (Einwohnerzahl) der betreffenden Kommunen insbesondere Aspekte des Prozessmanagements (Beteiligungsverfahren, Einrichtungen eines hierarchieunabhängigen Modernisierungsmanagements) sowie eindeutige Modernisierungsimpulse auch im Jugendamt identifiziert werden.

Die Verbindung der managerialistischen Binnenmodernisierung mit fachlich motivierten Verbesserungsstrategien bleibt prekär; zwar haben sich zahlreiche Befürchtungen von fachpolitischen NSM-Gegnern nicht bewahrheitet, allerdings konnten auch zahlreiche mit einer Verknüpfung verbundene Erwartungen selten realisiert werden. Als zentrale Erklärungsfaktoren für eine dennoch gelingende Verknüpfung wurden insbesondere Beteiligungsprozesse und die Schaffung von Foren für den fachlichen Austausch gesehen. Für die weitere Argumentation dieser Arbeit zentral ist im Folgenden, wie sich diese Binnenmodernisierungsanstrengungen auf die Ausgestaltung auch der Außenbeziehungen der Jugendämter – sprich die Arrangements mit den freien Trägern – auswirken.

5.2.2 Der Stellenwert des Kontraktmanagement in deutschen Jugendämtern

Das zentrale Bindeglied zwischen Binnenmodernisierung und lokalen Wohlfahrtsarrangements stellt das Kontraktmanagement dar (vgl. 2.4.3). Dabei ist zu unterscheiden zwischen dem kommunal initiierten „freiwilligen" Kontraktmanagement, das sich prinzipiell auf das ganze Spektrum der Jugendhilfeaufgaben erstrecken kann, und der durch Bundesrecht induzierten Einführung von Leistungsvereinbarungen nach §§78a-g SGB VIII im Bereich der Hilfen zur Erziehung (in Mecklenburg-Vorpommern auch im Bereich der Kindertagesbetreuung; §16 KiföG M-V).

Es wurde schon früh gezeigt, dass in der ersten Modernisierungsphase die freien Träger selten tatsächlich mit der Binnenmodernisierung konfrontiert wurden und dass Träger in der Entwicklung von Instrumenten nur eine unbedeutende Rolle spielten (vgl. Santen 1998). Diese angesichts der postulierten Outputorientierung in einem zum großen Teil von freien Trägern verantworteten Leistungsbereich erstaunliche Tatsache ist auch der mangelnden Beachtung der Freien Trägerlandschaft in den frühen Handreichungen der KGSt zuzuschreiben. Im maßgeblichen Bericht 9/1994 zur „Outputorientierten Steuerung der Jugendhilfe" tauchen freie Träger bezeichnender Weise nur an zwei eher randständigen Stellen auf (vgl. KGSt 1994: 27f.; 90). Gefordert wird immerhin ein „einheitlicher Informationsstand" zwischen Jugendamt und freien Trägern (ebd.: 28). Erst mit dem KGSt-Bericht 12/1998 wurde „Kontraktmanagement zwischen öffentlichen und freien Trägern in der Jugendhilfe" (KGSt 1998) prominentes Thema bei der KGSt. Die darin skizzierte Variante des Kontraktmanagements über Sozialraumbudgets weicht allerdings von der ursprünglichen Konzeption des Kon-

Implementation von Modernisierungselementen 183

traktmanagements erheblich ab und wurde in der fachlichen Diskussion äußerst kontrovers diskutiert (vgl. oben).
Nach der vorliegenden Umfrage der Jugendamtsleitungen spielt Kontraktmanagement mit freien Trägern immerhin in einem runden Drittel der Kommunen (31,4%; n=76) eine Rolle. Dabei hängt die Einführung von Kontraktmanagement sehr eng mit der Umsetzung von NSM-Modernisierung und jugendhilfebezogenen Veränderungsstrategien zusammen.

Tabelle 18: Exogene Einflussfaktoren auf die Umsetzung von Kontraktmanagement mit freien Trägern

		Kontraktmanagement mit freien Trägern (Anzahl (%))			r (Spearman)
		nein	ja	Gesamt	
Gemeindegröße	GK 1	3 (37,5)	5 (62,5)	8 (100,0)	0,15*
	GK 2	2 (22,2)	7 (77,8)	9 (100,0)	
	GK 3	11 (64,7)	6 (35,3)	17 (100,0)	
	GK4	30 (68,2)	14 (31,8)	44 (100,0)	
	GK5	30 (76,9)	9 (23,1)	39 (100,0)	
	GK6	9 (100,0)	0	9 (100,0)	
	Kreise GK 1	18 (69,2)	8 (30,8)	26 (100,0)	
	Kreise GK2	26 (81,3)	6 (18,8)	32 (100,0)	
	Kreise GK 3	36 (63,2)	21 (36,8)	57 (100,0)	
Ost/West	West	142 (72,4)	54 (27,6)	196 (100,0)	-0,17**
	Ost	24 (52,2)	22 (47,8)	46 (100,0)	
Haushaltslage	HSK	48 (67,6)	23 (32,4)	71 (100,0)	0,01
	Kein HSK	107 (67,7)	51 (32,3)	158 (100,0)	
Gesamt		165 (8,5)	76 (31,5)	241 (100,0)	

Quelle: Jugendamtsdatensatz 10 Jahre NSM

Entsprechend der allgemeinen NSM-Modernisierung wird Kontraktmanagement mit freien Trägern insbesondere in größeren Städten und Landkreisen praktiziert. Interessant ist jedoch die Abweichung, dass Kontraktmanagement mit freien Trägern in Ostdeutschland relativ häufiger umgesetzt wird als in Westdeutschland (vgl. Tab 18). Praktizieren in Westdeutschland 27,6% der Jugendämter Kontraktmanagement, sind dies in Ostdeutschland 47,8%. Hier deutet sich an, dass trotz weitaus stärker ausgeprägten Anstrengungen hinsichtlich der Binnenmodernisierung in Westdeutschland die etablierten Beziehungen zwischen öffentlichen und freien Trägern seltener zum Gegenstand von Veränderungen werden. Keinerlei Einfluss scheint die Haushaltslage zu spielen.

Hinsichtlich interner Einflussfaktoren werden wiederum schon für die Binnenmodernisierung als relevant erachtete Faktoren betrachtet. Offensichtlich stellen eigenständige Modernisierungsimpulse und Unterstützungskoalitionen den deutlichsten Einfluss auf die Implementierung von Kontraktmanagement dar.

Tabelle 19: Endogene Einflussfaktoren auf die Umsetzung von Kontraktmanagement

Variable *Operationalisierung*		Kontraktmanagement mit freien Trägern (Anzahl (%))			r Spearm.
		ja	nein	Insgesamt	
Modernisierungsdruck *Budgetkürzungen Jugendamt*	ja	26 (44,8%)	32 (55,2%)	58 (100%)	0,16*
	nein	50 (27,2%)	134 (72,8%)	184 (100%)	
Eigenständige Meinungsführerschaften *Modernisierungsimpuls aus Jugendamt*	ja	56 (43,8%)	72 (56,3%)	128 (100%)	0,28**
	nein	20 (17,5%)	94 (82,5%)	114 (100%)	
Unterstützungskoalitionen *Befürwortung im Jugendhilfeausschuss*	ja	44 (51,2%)	42 (48,8%)	86 (100%)	0,32**
	nein	32 (20,5%)	124 (79,5%)	156 (100%)	
Parallelorganisationen *Modernisierungsmanagement*	ja	55 (34,6%)	104 (65,4%)	159 (100%)	0,09
	nein	21 (25,3%)	62 (74,7%)	83 (100%)	
Personalbeteiligung *Mitarbeiterbeteiligung*	ja	54 (40,6%)	79 (59,4%)	133 (100%)	0,22**
	nein	22 (20,2%)	87 (79,8%)	109 (100%)	
Externe Akteure *Beteiligung freier Träger*	ja	14 (58,3%)	10 (41,7%)	24 (100%)	0,19**
	nein	62 (28,4%)	156 (71,6%)	218 (100%)	
Beteiligung der Politik *Regelmäßige Beteiligung JHA*	ja	26 (53,1%)	23 (46,9%)	49 (100%)	0,24**
	nein	50 (25,9%)	143 (74,1%)	193 (100%)	
Stärke fachpolitischer Modernisierungskoalition *Anteil sozialpäd.Personal (Mediansplit)*	>M	40 (39,6%)	61 (60,4%)	101 (100%)	0,15*
	<M	36 (25,5%)	105 (74,5%)	141 (100%)	
Gesamt		76 (31,4%)	166 (68,6%)	242 (100%)	

Quelle: Jugendamtsdatensatz 10 Jahre NSM

Der Zusammenhang ist dabei stärker als der haushaltsinduzierte Modernisierungsdruck von Seiten der Verwaltungsführung. Ebenso spielen Beteiligungsprozesse mit Personal, freien Trägern und des Jugendhilfeausschusses eine Rolle für die Umsetzung, allerdings ist auch hier die Kausalität nicht klar. Im Gegensatz zur Binnenmodernisierung stellt auch der Anteil des sozialpädagogischen Personals einen signifikanten Einflussfaktor dar.

Tabelle 20: Multivariate Analyse der Umsetzung von Kontraktmanagement

	Städte				Kreise			
	Mod. 1	Mod. 2	Mod. 3	Mod. 4	Mod. 1	Mod. 2	Mod. 3	Mod. 4
	Exp (B)	Exp (B)	Exp (B)	Exp (B)	Exp (B)	Exp (B)	Exp (B)	Exp (B)
Konstante	1,48	0,38	0,15		1,09	0,27*	0,32	
Externe Faktoren								
Einwohnerzahl (z-stand.)	2,07**	1,82*	1,44		1,22	1,24	1,39	
Ost-West (West=1)	0,76	0,59	0,36		-0,25**	-0,31*	-0,25*	
Haushaltslage (HSK=1)	0,42	0,38	0,29*		1,04	1,28	1,37	
Interne Faktoren								
Kürzung Jugendhilfeetat (ja=1)		1,4	2,07			2,46	2,38	
Modernisierungsimpuls aus JA (ja=1)		3,9**	3,76*			1,48	1,34	
Befürwortung JHA (Ja=1)		3,66**	3,5*			4,7**	5,52**	
Modernisierungsmanagement (ja=1)			1,15				0,45	
Mitarbeiterbeteiligung (ja=1)			1,6				1,48	
Beteiligung Jugendhilfeausschuss (ja=1)			1,2				1,48	
Beteiligung freie Träger (ja=1)			5,5				0,7	
Anteil Sozpäd.			3,39*				1,46*	
Pseudo-R^2 (Nagelkerke)	0,15	0,35	0,46		0,10	0,31	0,34	
n	121	121	121	121	108	108	108	108

Quelle: Jugendamtsdatensatz 10 Jahre NSM; Logistische Regression; Signifikanzniveaus: ** $p<0,01$ * $p<0,05$.

Die multivariate Analyse des Kontraktmanagements durch eine logistische Regression mit der unabhängigen Variable eines Vorliegens von Kontraktmanagement mit freien Trägern bestätigt diese Befunde und präzisiert sie in zweifacher Hinsicht: Neben den strukturellen Faktoren der Gemeindegröße der Städte erweisen sich in allen Modellen nur fachspezifische Modernisierungsimpulse und die Befürwortung im Jugendhilfeausschuss sowie der Anteil an fachlichem Personal als signifikante Einflussfaktoren.

Diese Befunde zeigen überraschenderweise, dass freiwilliges Kontraktmanagement mit freien Trägern weniger durch den Druck zentraler Steuerungspolitiker oder die Haushaltslage induziert ist, sondern sich verstärkt in Kommunen findet, in denen eine deutlich fachlich inspirierte Modernisierungskoalition vorzufinden ist. Dies widerspricht zunächst scheinbar Hypothese 2. Freiwilliges Kontraktmanagement scheint daher in der Praxis kein Ökonomisierungsinstrument, sondern ein Instrument der fachlichen Steuerung zu sein. Zwar ist ein allgemeiner Modernisierungstrend Voraussetzung für die Umsetzung von Kontraktmanagement. Aber die tatsächlichen Treiber scheinen zumindest in der multivariaten Analyse nicht die „typischen" NSM-Treiber, sondern insbesondere die Befürwortung des Jugendhilfeausschusses und die Stärke der sozialpädagogischen Kräfte zu sein. Kontraktmanagement wird verstärkt in ostdeutschen Kommunen eingesetzt. Ein möglicher Hintergrund ist die schon mehrfach angesprochene und auch in anderen Forschungsarbeiten (vgl. Zimmer 2007) aufgezeigte Bedeutung von Kontraktmanagement zur Schaffung von Planungssicherheit für neu aufgebaute Träger.

Diese Diagnose wird bei der Betrachtung der Effekte von Kontraktmanagement auf die Trägerstrukturen in den Wohlfahrtsarrangements bestätigt. Diese weisen keine Pluralisierung, sondern im Gegenteil eine Stärkung der verbandlichen Wohlfahrtspflege auf (vgl. abb. 24). Keinerlei Zusammenhang besteht mit der Übertragung von Aufgaben an privatgewerbliche Anbieter. Hier zeigt sich also ein erklärungsbedürftiger Befund auf, der in Richtung kontraintentionaler Effekte der neuen Instrumente weist (vgl. auch Heinze et al. 1997). Offensichtlich wird freiwilliges Kontraktmanagement zur Stabilisierung etablierter und noch häufiger zur weiteren Stärkung korporatistischer Arrangements eingesetzt. Eine wichtige Rolle spielt dabei der Aufbau stabiler Leistungsbeziehungen in Ostdeutschland.

Somit lassen sich für die Implementation von freiwilligem Kontraktmanagement zwei wesentliche Schlüsse ziehen: Die Einführung von Kontraktmanagement hat erstens vor allem fachinterne Treiber. Für Kontraktmanagement mit freien Trägern ist bei der Mehrzahl der vorzufindenden Fälle weder der allgemeine Haushaltsdruck noch ein Konsolidierungsdruck von Seiten der Verwaltungsspitze maßgeblich. Vielmehr scheinen fachliche Koalitionen eine weitaus

Implementation von Modernisierungselementen 187

größere Rolle zu spielen. Dies weist auch darauf hin, dass offensichtlich keine fiskalisch motivierten Beweggründe, sondern professionelle bzw. in fachpolitischen Beziehungen liegende Motivationen vorliegen. Zweitens führt damit zusammenhängend Kontraktmanagement offensichtlich häufig zu keiner Pluralisierung von Anbieterstrukturen, sondern vielmehr zu einer Stärkung korporatistischer Arrangements.

Abbildung 24: Vermehrte Übertragung von Aufgaben auf Dritte nach Kontraktmanagement

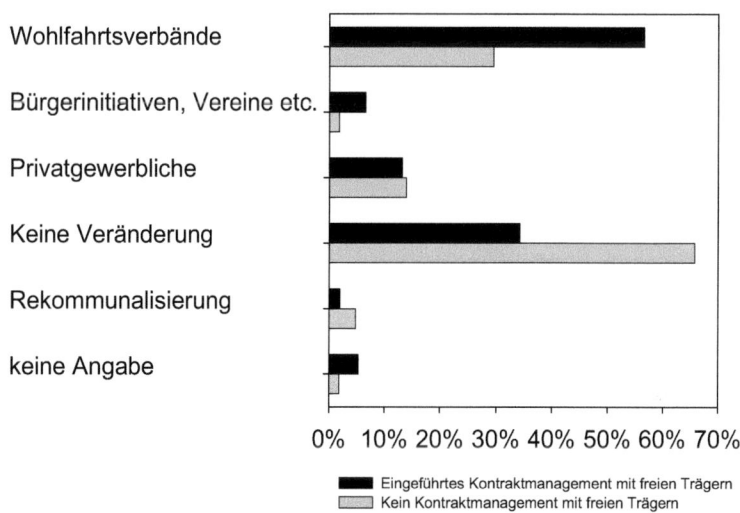

Quelle: HBS-Projekt „10 Jahre NSM", Jugendamtsbefragung; n=241.

5.2.3 Implementation von Leistungsvereinbarungen

Betrachtet man den zweiten potentiellen Ökonomisierungs- und Pluralisierungsimpuls, die Einführung von Leistungsvereinbarungen, lässt sich zunächst ebenfalls eine erklärungsbedürftige Tendenz beobachten. Während das NSM in Westdeutschland weitaus häufiger umgesetzt wird als in Ostdeutschland, zeigt sich beim neuen Instrument der Leistungsvereinbarungen die umgekehrte Tendenz (vgl. Abb. 25): Gerade im Osten zeigt sich ein häufigerer Einsatz dieser kontraktuellen Steuerungsform. Dies kann in verschiedener Art und Weise gedeutet werden: Entweder unterliegen die ostdeutschen Kommunen einem höheren Ökonomisierungsdruck, das Instrument der Leistungsvereinbarungen passt eher auf die ostdeutschen Gegebenheiten einer etwas pluraleren Trägerlandschaft oder die westdeutschen Verbände sind eher in der Lage, das neue Instrument abzuwehren.

Abbildung 25: Ersetzung von Zuwendungen an Freie Träger durch Leistungsvereinbarungen oder -verträge

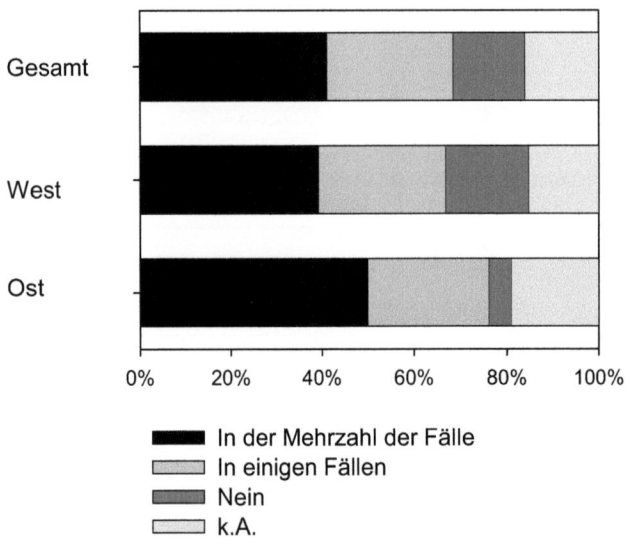

Quelle: HBS-Projekt „10 Jahre NSM", Jugendamtsbefragung; n=241.

Hinsichtlich der Anwendungsfelder von Leistungsvereinbarungen dominiert im Übrigen das rechtlich vorstrukturierte Feld der Hilfen zur Erziehung, insbesondere die Heimerziehung. Am seltensten finden sie sich nach wie vor im Feld der Kindertagesbetreuung und der freiwilligen Beratungsaufgaben, wo weiterhin in der Mehrzahl der Fälle mit Zuwendungen gearbeitet wird (vgl. Tab. 21). Betrachtet man die endogenen und exogenen Einflussfaktoren auf die Einführung von Leistungsvereinbarungen, zeigt sich in einer ersten bivariaten Betrachtung (vgl. Tab. 22 und 23) ein deutlicher Einfluss der Gemeinde- und Kreisgröße sowie der Zugehörigkeit zu den neuen Bundesländern. Von den endogenen Einflussfaktoren sind es wiederum die fachlichen Faktoren (Eigenständiger Modernisierungsimpuls und Befürworter im Jugendhilfeausschuss) sowie die kausal schwierig zu interpretierenden Beteiligungsvariablen, nicht jedoch die Haus-

Implementation von Modernisierungselementen 189

haltslage und der interne Konsolidierungsdruck, die signifikanten Einfluss auf die Einführung von Leistungsvereinbarungen haben. Dies wird auch durch eine multivariate Analyse (logistische Regression) bestätigt (vgl. Tab.23).

Tabelle 21: Finanzierungsformen nach Aufgabenfeldern

	Zuwendungen	Leistungsvereinbarungen	Eigenerstellung
Erziehungsberatung	41,4% (65)	21,7% (34)	36,9% (58)
Heimerziehung	9,2% (12)	57,3% (75)	33,6% (44)
Kindertagesstätten	49,6% (70)	12,8% (18)	37,6% (53)
Jugendsozialarbeit	39,2% (58)	23,0% (34)	37,8% (56)
Suchtberatung	48,1% (64)	19,5% (26)	32,3% (43)

Quelle: Jugendamtsdatensatz 10 Jahre NSM.

Tabelle 22: Exogene Einflussfaktoren auf die Umsetzung von Leistungsvereinbarungen

		Leistungsvereinbarungen mit freien Trägern (Anzahl (%))				
		In der Mehrzahl der Fälle	In einigen Fällen	Nein	Gesamt	r (Spearman)
Gemeindegröße	GK 1	6 (75,0%)	2 (25,0%)	-(0,0%)	8 (100,0%)	0,35**
	GK 2	6 (66,7%)	3 (33,3%)	-(0,0%)	9 (100,0%)	
	GK 3	10 (58,8%)	4 (23,5%)	3 (17,7%)	17 (100,0%)	
	GK4	18 (40,9%)	18 (40,9%)	8 (18,2%)	44 (100,0%)	
	GK5	7 (17,9%)	11 (28,2%)	21 (53,9%)	39 (100,0%)	
	GK6	1 (11,1%)	-(0,0%)	8 (88,9%)	9 (100,0%)	
	Kreise GK 1	16 (61,5%)	8 (30,8%)	2 (7,7%)	26 (100,0%)	
	Kreise GK2	11 (34,4%)	12 (37,5%)	3 (28,6%)	32 (100,0%)	
	Kreise GK 3	23 (40,4%)	8 (14,0%)	26 (45,6%)	57 (100,0%)	
Ost/West	West	77 (39,3%)	54 (27,6%)	75 (33,2%)	196(100,0%)	0,05
	Ost	21 (45,7%)	12 (26,1%)	13 (28,2%)	46(100,0%)	
Haushaltslage	HSK	33 (45,6%)	19 (26,8%)	19 (26,7%)	71 (100,0%)	-0,07
	Kein HSK	63 (39,9%)	43 (27,2%)	52 (32,9%)	158 (100,0%)	
Gesamt		98 (40.5%)	66 (27,3%)	68 (31,0%)	242 (100,0%)	

Quelle: Jugendamtsdatensatz 10 Jahre NSM.

Tabelle 23: Endogene Einflussfaktoren auf die Umsetzung von Leistungsvereinbarungen

Variable Operationalisierung		Leistungsvereinbarungen mit freien Trägern (Anzahl (%))			Insgesamt	r (Spearman)
		In der Mehrzahl der Fälle	In einigen Fällen	nein		
Modernisierungsdruck *Budgetkürzungen Jugendamt*	ja	26 (44,8%)	16 (27,6%)	16 (27,6%)	58 (100,0%)	0,06
	nein	72 (39,1%)	50 (27,2%)	62 (33,7%)	184 (100,0%)	
Eigenständige Meinungsführerschaften *Modernisierungsimpuls aus Jugendamt*	ja	66 (51,6%)	47 (36,7%)	15 (11,7%)	128 (100,0%)	38,6**
	nein	32 (28,1%)	19 (16,7%)	63 (55,3%)	114 (100,0%)	
Unterstützungskoalitionen *Befürwortung im Jugendhilfeausschuss*	ja	49 (57,0%)	22 (25,6%)	15 (17,4%)	86 (100,0%)	0,27**
	nein	49 (31,4%)	44 (28,2%)	63 (40,4%)	156 (100,0%)	
Parallelorganisationen *Modernisierungsmanagement*	ja	81 (50,9%)	49 (30,8%)	29 (18,2%)	159 (100,0%)	0,39**
	nein	17 (20,5%)	17 (20,5%)	49 (59,0%)	83 (100,0%)	
Personalbeteiligung *Mitarbeiterbeteiligung*	ja	70 (52,6%)	36 (27,1%)	27 (20,3%)	133 (100,0%)	0,31**
	nein	28 (25,7%)	30 (27,5%)	51 (46,8%)	109 (100,0%)	
Externe Akteure *Beteiligung freier Träger*	ja	17 (70,8%)	5 (20,8%)	2 (8,3%)	24 (100,0%)	0,21**
	nein	81 (37,2%)	61 (28,0%)	76 (34,9%)	218 (100,0%)	
Beteiligung der Politik *Regelmäßige Beteiligung JHA*	ja	27 (55,1%)	15 (30,6%)	7 (14,3%)	49 (100,0%)	0,19**
	nein	71 (36,8%)	51 (26,4%)	71 (36,8%)	193 (100,0%)	
Stärke fachpolitischer Modernisierungskoalition *Anteil sozialpädPersonal (Mediansplit)*	>M	47 (46,5%)	26 (25,7%)	28 (27,7%)	101 (100,0%)	0,1
	<M	51 (36,2%)	40 (28,4%)	50 (35,5%)	141 (100,0%)	
Gesamt		98 (40,5%)	66 (27,3%)	78 (32,2%)	242 (100,0%)	

Quelle: Jugendamtsdatensatz 10 Jahre NSM. Abhäng. Variab.: Leistungsvereinbarungen mit freien Trägern (Mind. einige Fälle)

Tabelle 24: Multivariate Analyse zur Umsetzung von Leistungsvereinbarungen

	Städte				Kreise			
	Mod. 1	Mod. 2	Mod. 3	Mod. 4	Mod. 1	Mod. 2	Mod. 3	Mod. 4
Konstante	110,5 **	37,55 *	19,25	15,8	4,23* *	1,03	0,77	0,79
Externe Faktoren								
Einwohnerzahl (z-stand.)	76,2 **	44,35 **	43,77 **	44,38 **	10,49 **	6,74 **	6,50 **	6,55 **
Ost-West (West=1)	0,25	0,21	0,16	0,07	-0,26*	-0,32	-0,20*	-0,21*
Haushaltslage (HSK=1)	0,95	0,73	0,41	0,46	1,71	2,37	2,32	2,27
Interne Faktoren								
Kurzung Jugendhilfe-etat (ja=1)		1,17	1,11	1,13		0,36	0,30	0,29
Mod.-impuls aus Jugendamt (ja=1)		7,67 **	13,7 **	13,89 **		7,70 **	5,85 **	6,13 **
Bef. Jugendhilfeaus-schuss (ja=1)		1,83	1,56	1,54		5,74 **	3,70	
Modernisierungsma-nagement (ja=1)			8,87* *	9,34* *			2,55	1,6
Mitarbeiterbeteiligung (ja=1)			0,42	0,44			2,32	1,41
Beteiligung Jugend-hilfeausschuss (ja=1)			0,65	0,53			0,39	1,18
Beteiligung freie Träger (ja=1)			2,63	2,73			0,39	0,82
Anteil Sozpäd.				0,15				0,76
Pseudo-R^2 (Nagelkerke)	0,34	0,51	0,60	0,61	0,29	0,51	0,55	0,55
n	121	121	121	121	108	108	108	108

Quelle: Jugendamtsdatensatz 10 Jahre NSM; Logistische Regression; Signifikanzniveaus: ** p<0,01 * p<0,05

Wie im Falle des Kontraktmanagements deuten die aufgezeigten Zusammenhänge darauf hin, dass die wesentlichen Impulse für Leistungsvereinbarungen primär fachlicher Natur sind. Hinzu kommt hier der rechtliche Druck, bei Neuverhandlungen im Bereich der Hilfen zur Erziehung Leistungsvereinbarungen abzuschließen, wie die Differenzierung nach Aufgabenfeldern zeigt. Für Kontraktmanagement liegt eine solche Differenzierung leider nicht vor.

Fasst man Leistungsverträge und -vereinbarungen als Ökonomisierungsinstrument auf, wie dies in der Literatur häufig geschieht (vgl. Messmer 2007), müssten diese jedoch auch tatsächlich im Sinne einer größeren Marktorientierung eingesetzt werden. Das heißt, bei deren Abschluss müssten Vergleiche zwischen Anbietern unter Kosten- und Qualitätsaspekten durchgeführt werden (vgl. Abb. 26).

Abbildung 26: Einsatz von Kosten- und Qualitätsvergleichen beim Abschluss von Leistungsvereinbarungen

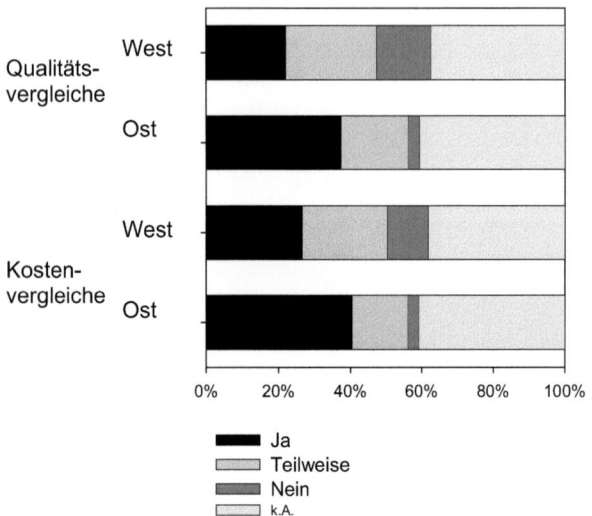

Quelle: HBS-Projekt „10 Jahre NSM", Jugendamtsbefragung; n=164, nur Kommunen mit Leistungsverträgen gingen in die Auswertung ein.

Bei den Antworten der Befragten zeigte sich allerdings, dass in den westdeutschen Kommunen in weniger als der Hälfte der Fälle solche Qualitäts- und Kostenvergleiche angestellt werden (fasst man keine Antwort als Nichtdurchführung auf, was in diesem Fall nahe liegt). In weiten Teilen scheinen also die Leistungsvereinbarungen nur eine Scheinökonomisierung darzustellen und die Beweggründe für deren Abschluss liegen wiederum in anderen Bereichen (die Vereinbarungen sind rechtlich nicht zwingend notwendig).

Der letzter Schritt dieser Analyse ist die Prüfung des Zusammenhangs zwischen Leistungsverträgen und einer potentiellen Pluralisierung (vgl. Abb.27). Auch hier zeigt sich, dass in der Breite der Kommunen der Einsatz von Leistungsvereinbarungen eher zu einer Stärkung der verbandlichen Wohlfahrtspflege beigetragen hat. Andererseits ist hier auch ein deutlich höherer Anteil an Zusammen-

Implementation von Modernisierungselementen 193

arbeit mit privatgewerblichen Trägern zu verzeichnen. Dies sind übrigens auch die Fälle, in denen auch tatsächlich Marktvergleiche angestellt werden und keine bloß formale Implementation von Leistungsverträgen vorliegt.

Abbildung 27: Aufgabenübertragung nach Implementation von Leistungsverträgen

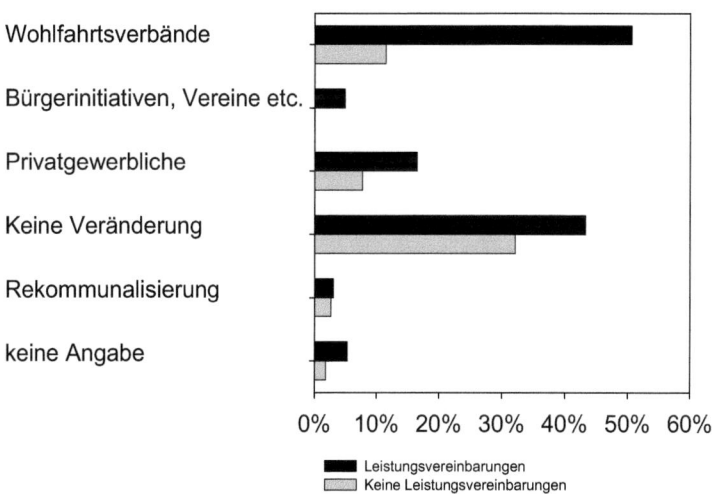

Quelle: HBS-Projekt „10 Jahre NSM", Jugendamtsbefragung; Frageformulierung: „Wurden in den letzten 5 Jahren vermehrt Aufgaben der Kinder- und Jugendhilfe auf freie Träger und privatgewerbliche Anbieter übertragen? Wenn ja, auf welche?"; n=241.

Die Bilanz des Wandels der Trägerstrukturen und der Implementation neuer Regelungsinstrumente lässt sich also folgendermaßen zusammenfassen: Zwar wurden in einer Vielzahl von Kommunen neue Steuerungsformen (Kontraktmanagement) und auf eine Ökonomisierung der Wohlfahrtsarrangements zielende Vertragsinstrumente (Leistungsvereinbarungen) implementiert. Ein Wandel der Trägerstrukturen und eine tatsächliche Ökonomisierung der Vertragsverhältnisse lassen sich aber in den seltensten Fällen feststellen. Es wurden also auf breiter Front neue Spielregeln etabliert, ohne die Spieler auszuwechseln und auch ihr Spielgebaren zu verändern. Hierauf deuten auch mehrere in neueren Untersuchungen berichtete Befunde (vgl. Zimmer 2007 zur Einführung von Leistungsvereinbarungen in Münster und Halle; Merchel 2006 zur Implementation von

Qualitätsentwicklungsvereinbarungen in NRW; Messmer 2007; Münder/Tammen 2003 zu Leistungsvereinbarungen) hin.

5.3 Zwischenergebnis: Halbierte Kontraktualisierung

Die präsentierten Analysen zeigen auf den ersten Blick widersprüchliche Ergebnisse, die jedoch bei eingehender Betrachtung einem deutlichen Muster folgen. Dabei zeigt sich ein Phänomen, das als halbierte Kontraktualisierung gekennzeichnet werden kann. Hierbei handelt es sich um eine – verglichen mit anderen Modernisierungselementen – häufige Implementation kontraktförmiger Vereinbarungen zwischen öffentlichen und freien Trägern im Feld der Jugendhilfe. Diese zeitigt jedoch nicht die ursprünglich in den Konzepten angelegten Folgen einer an Qualitäts- und Kostenaspekten orientierten Steuerung der lokalen Wohlfahrtsarrangements, sondern schlägt vielmehr häufig in das Gegenteil einer weiteren Konzentration der Leistungserstellung bei großen Trägern der etablierten Wohlfahrtsverbände um, für deren qualitative Steuerung keine adäquaten Instrumente implementiert werden.

Die quantitative Analyse des Wandels von Trägerstrukturen, der Implementation von Verwaltungsmodernisierung, Kontrakten und Leistungsvereinbarungen kann folgendermaßen zusammengefasst werden.

1. Die lokalen Wohlfahrtsarrangements weisen gemessen an den Trägerstrukturen eine erstaunliche Kontinuität auf. In den ostdeutschen Kommunen ist eine Angleichung der Trägerstrukturen an westdeutsche Verhältnisse zu beobachten. Wesentliche bleibende Unterschiede zwischen west- und ostdeutschen Kommunen zeigen sich allerdings in der Zusammensetzung der freien Träger. Konfessionelle Träger spielen in den neuen Ländern weiter eine nachrangige Rolle, dafür sind immer noch bürgerschaftliche Initiativen und verbandsunabhängige Vereine präsenter als im Westen. Dieses Potential hat sich aber zwischenzeitlich erschöpft, so dass bei der Übertragung weiterer Leistungen inzwischen mehrheitlich die etablierten Wohlfahrtsverbände zum Zuge kommen. Eine Pluralisierung der Trägerstrukturen im Sinne einer vermehrten Übertragung von Aufgaben an verbandsunabhängige Träger aus dem privatgewerblichen oder bürgerschaftlichen Bereich ist lediglich in 14% der Kommunen zu beobachten, teilweise auch dort nur in geringem Maße. Wesentliches Feld der Heranziehung neuer Anbieter bildet das hoch spezialisierte Segment der Kleinsteinrichtungen der stationären Jugendhilfe, ein Phänomen, dem eher ein fachlicher Paradigmenwechsel als Ökonomisierungsimpulse zu Grunde liegt.

2. Die Binnenmodernisierung der Jugendämter ist bis heute auf halbem Weg stehen geblieben. Zwar hat eine Großzahl der Kommunen den Modernisie-

rungsimpuls des Neuen Steuerungsmodells aufgegriffen. Die Implementation beschränkt sich jedoch auf Teilbereiche und Nischen. Besonders im uns interessierenden Bereich der kontraktuellen Steuerungsinstrumente bleibt der Implementationsstand insbesondere des politischen Kontraktmanagements sehr eingeschränkt. Gemessen an der geringen Umsetzung des politischen Kontraktmanagements überrascht der recht hohe Anwendungsstand eines Kontraktmanagements mit freien Trägern in rund einem Drittel der befragten Kommunen. Die multivariate Analyse zeigt, dass gerade fachliche „Treiber" ein solch freiwilliges Kontraktmanagement begünstigen und der Zugriff der „zentralen Steuerungspolitiker" hier äußerst reduziert ist. Daher ist anzunehmen, dass in der Implementation von Kontraktmanagement fachliche Motive die Effizienz- und Ökonomisierungsimpulse dominieren. Dies wird auch deutlich in der Koppelung des Kontraktmanagements mit einer sozialraumorientierten Budgetierung in 18% der Fälle. Wie in Abschnitt 2.4.3 gezeigt wurde, führt Sozialraumbudgetierung eher zu einer Schließung des lokalen Wohlfahrtsmarktes und zur Schaffung von „closed shops". Gleichzeitig wird die Steuerung der fachlichen Ebene weiter von der Politik – sprich dem Jugendhilfeausschuss – abgekoppelt, da wesentliche Entscheidungen in politikferne Arbeitsgremien verlagert werden.

3. Leistungsvereinbarungen als zweite durch Bundesgesetzgebung initiierte Form des Kontraktmanagements haben sich inzwischen ebenfalls weit in den Jugendämtern durchgesetzt. Am weitesten verbreitet sind diese naturgemäß im rechtlich regulierten Bereich der Hilfen zur Erziehung. Auch hier zeigt sich, dass die wesentlichen Auslöser der Einführung von Leistungsvereinbarungen von der Fachebene, nicht aus der Politik oder der Verwaltungsspitze kommen. Bemerkenswert ist hierbei, dass – ähnlich dem Kontraktmanagement – bei der Vergabe Kosten- und Qualitätsaspekte häufig eine nachrangige Rolle spielen. Auch hier zeigt sich also eine halbierte Kontraktualisierung als gängige Implementationsweise. Kommunalpolitisch lässt sich eine Verlagerung der Entscheidungskompetenz vom Jugendhilfeausschuss auf die Verwaltung beobachten. Hinsichtlich des Trägerwandels konnte auch hier gezeigt werden, dass bis auf wenige Ausnahmen primär eine zusätzliche Verschiebung auf die etablierten Träger der freien Wohlfahrtspflege erfolgte.

Im Weiteren stellt sich nun die Frage einer Erklärung dieser verbreiteten Praxen. Dafür stößt der quantitative Ansatz an seine Grenzen. Erstens liegen einige Schlüsselvariablen in den verwendeten Datensätzen nicht vor und konnten auch nicht mit vertretbarem Aufwand nacherhoben werden. Zweitens stößt man bei der Exploration dieses Sachverhaltes einer nicht absichtsgemäßen Implementation forschungsstrategisch auf das Problem, dass nicht erwünschtes Verhalten schwierig durch einfache Fragebogenerhebungen zu erfassen ist, da eine Tendenz der Befragten zu „sozial erwünschten" Antworten besteht (vgl. Schnell et al. 1999: 331). Drittens liegen den Implementationsprozessen komplexe Interaktionsketten unter den Akteuren zu Grunde, die einem variablenzentrierten Vorgehen nicht oder nur sehr schwierig zugänglich sind. Daher werden im folgenden Abschnitt in vier vergleichend angelegten Fallstudien wesentliche Fragen behandelt, die die halbierte Kontraktualisierung erklären können.

6 Fallstudien zu Implementationsstrategien

Die Ergebnisse der quantitativen Betrachtungen scheinen zunächst die Beharrungsthese zu bestätigen. Gleichzeitig lassen sie jedoch entscheidende Fragen offen: Warum werden trotz offenkundigem Verfehlen der in den Instrumenten angelegten Ziele die neuen Instrumente rege eingeführt? Offensichtlich lassen sich mindestens vier Reaktionsweisen auf die Herausforderungen auf die Ökonomisierungs- und Pluralisierungsimpulse identifizieren: Neben den Extrempolen erfolgter Pluralisierung/Ökonomisierung und der Beibehaltung des Status quo finden sich auch die bloße formale Einführung von Instrumenten zu Legitimationszwecken sowie Fälle einer „subversiven" Aneignung des Instrumentariums, die deren ursprünglichen Zielen diametral entgegenstehen. Letztere Adaptionsweise werde ich im Anschluss an Wollmann (1983) kurz „Gegenimplementation" nennen.

Schließlich stellt sich die Frage, was Kommunen, in denen ein offensichtlicher Wandel hin zu Pluralisierung und (vorsichtiger) Ökonomisierung stattfindet, von der Großzahl der Fälle, in denen zwar kontraktuelle Steuerungsformen implementiert werden, aber offenkundig kein Wandel eintritt, unterscheidet. In einem zweiten empirischen Schritt werden daher in vier qualitativen Fallstudien die realen Wandlungs- und Interaktionsprozesse in vier Kommunen untersucht. Während im ersten Schritt die Verallgemeinerbarkeit der Ergebnisse zentral war, geht es in diesem zweiten qualitativen Schritt um die Identifikation und Rekonstruktion typischer Situationslogiken und institutionenpolitischer Prozesse.

6.1 Fallstudiendesign

Fallstudien zeichnen sich durch einen qualitativen Zugang aus, der eine intensivere und detailliertere Analyse sowie breitere Interpretationsmöglichkeiten erlaubt als quantitative „variablenzentrierte" Zugänge. Damit geht freilich ein trade-off einher, der eine geringere Verallgemeinerbarkeit und erschwerte Replizierbarkeit mit sich bringt (vgl. Yin 2003; Gerring 2007; Blatter et al. 2007). Ziel der durchgeführten Fallstudien ist die Entwicklung gegenstandsbezogener Erklärungen, die typische Situations- und Interaktionslogiken in institutionenpolitischen Entscheidungsprozessen im Sinne „kausaler Mechanismen" (z.B.

George/Bennett 2005: 131-149) identifizieren. Insofern steht hier auch nicht der „Test" einer Theorie im Interesse, sondern die möglichst gegenstandsadäquate Spezifikation und Kombination von Theoriebausteinen (vgl. George/Bennett 2005). Dies bedeutet auch, dass ich nicht mit der in der qualitativen Tradition der „Grounded Theory" (vgl. Glaser/Strauss 1967) propagierten theorielosen Unvoreingenommenheit vorgehe. Die unrealistische Annahme der prinzipiellen Möglichkeit, sich als Forscher völlig von Vorannahmen frei zu machen, ist hinlänglich kritisiert worden (vgl. Lamnek 2005 m.w.N.). Gewichtiger noch ist m.E. die Anschlussfähigkeit an die bestehende Forschung und Theorieentwicklung (beispielsweise zu den Tauschlogiken des Neokorporatismus), die eine Bezugnahme auf bestehende Theorien notwendig machen.

Bei den durchgeführten Fallstudien handelt es sich um vergleichende Fallstudien (vgl. Blatter et al. 2007; Brady/Collier 2004; George/Bennett 2005). Vergleichende Fallstudien haben in besonderer Weise mit einem „selection bias" und - damit verbunden - eingeschränkter externer Validität zu kämpfen, was eigentlich nach einer möglichst großen Ausweitung der Fallzahl ruft (vgl. King et al. 1994), was aber zwangsläufig auf Kosten der internen Validität der Fallrekonstruktion gehen muss. Da im Rahmen des methodischen Designs dieser Arbeit den Fallstudien die Rolle zukommt, gerade die internen Muster und Prozesse lokaler Aushandlungs- und Entscheidungsprozesse zu rekonstruieren und kausale Mechanismen zu identifizieren habe ich mich für den Vergleich einer stark begrenzten Zahl von Fällen entschieden.

Die Fallauswahl orientiert sich daher an der zweiten Hauptfragestellung, d.h. der Frage, wie Modernisierungs- und Ökonomisierungsimpulse in lokalen Akteursbeziehungen aufgegriffen, transformiert und implementiert werden. Datengrundlage der Fallauswahl ist wiederum der Jugendamtsdatensatz aus dem Projekt „10 Jahre NSM". Damit werden zur Fallauswahl drei Punkte relevant: Erstens sollten die Fallkommunen Erfahrung mit den betrachteten kontraktuellen Instrumenten haben, eine Variable, die konstant gehalten wird. Alle vier Fallstädte haben also einen fortgeschrittenen NSM-Modernisierungsstand zwischen 40 und 48 Punkten auf dem Modernisierungsindex von maximal 56 (vgl. zu diesem Index Bogumil et al. 2007: 340) und verfügen über Erfahrung mit Kontraktmanagement und Leistungsverträgen. Zur Kontrolle von Kontextfaktoren wird zudem die Größe der Städte weitgehend konstant gehalten (Städte mit eigenständigem Jugendamt zwischen 50.000 und 100.000 Einwohnern). Zweitens soll die zentrale unabhängige Variable der verfestigten versus unverfestigten „rules in use" (s.o.) dadurch kontrolliert werden, dass jeweils zwei west- und zwei ostdeutsche Kommunen ausgewählt werden, wobei ich von der Annahme ausgehe, dass die ostdeutschen Kooperationsstrukturen nicht denselben Verfestigungsgrad haben (vgl. Angerhausen u.a. 1998). Zum dritten sollen jeweils kontrastierend Kommunen ausgewählt werden, die trotz oder wegen Erfahrungen mit Kontraktmanagement und Wettbewerbselementen einen Wandel (Zunahme privatgewerblicher oder nichtverbandlicher Non-Profit-Anbieter) bzw. keinen Wandel der Akteurbeziehungen (Status quo oder Übertragung an Verbände der freien Wohlfahrtspflege) aufweisen, so dass sich folgendes Vierfelderschema ergibt:[82]

Abbildung 28: Fallauswahl Fallstudien

	Westdeutschland	Ostdeutschland
Pluralisierung der Trägerstruktur	W1	O1
Relativ stabile Trägerstruktur	W2	O2

Die Fallauswahl erfolgt also nicht nach der klassischen Mills'schen Unterscheidung zwischen Most Similar Systems Design (MSSD, Method of Difference) und Most Different Systems Design (MDSD, Method of Agreement) (vgl. Przeworski/Teune 1970), sondern nach theoriegeleiteten Kriterien (vgl. Eckstein 1975; Muno 2003; Blatter et al. 2007: 148-150). Nach diesem „theoretischen Sample" sind nicht repräsentative Fälle, sondern „besonders wichtige Fälle" (Blatter et al. 2007) oder „crucial cases" (Eckstein 1975; Gerring 2007) relevant. Ein „crucial case" stellt sich nach Eckstein folgendermaßen dar: „It is a case that must closely fit a theory if one wants to have confidence in the theory's validitiy or, conversely, must not fit equally well any rule contrary to that proposed" (Eckstein 1975: 118). Daher kontrastiere ich in den Fallstudien zwei Fälle, die nach dem oben skizzierten theoretischen Rahmen erwartbar wären (O1 und W2), mit zwei Fällen, die eher unwahrscheinlich sind (W1 und O2). Diese „kreuzweise" Fallkontrastierung soll der Identifizierung der entscheidenden Prozessvariablen dienen.[83] Die Fälle sind dabei nicht repräsentativ für einen gleichen Anteil von Kommunen. Wie gezeigt stehen maximal 13% der Kommunen für Ansätze einer Pluralisierung.

---

[82] Aus Gründen der von einigen Interviewten geforderten Anonymität werden im Folgenden die Kürzel W1 und W2 für die beiden westdeutschen Fallkommunen, O1 und O2 für die beiden ostdeutschen verwendet.
[83] Griffe man dennoch auf die MSSD- bzw. MDSD-Logik zurück, handelt es sich um eine paarweise Kombination aus einem MSSD (W1 vs. W2 bzw. O1 vs. O2) und einem MDSD (W1 vs. O1 bzw. W2 vs. O2).

Die Fallstudien stützen sich methodisch auf Dokumentenanalysen und Experteninterviews. Dazu werden in den Fallkommunen insgesamt 26 strukturierte Gespräche mit den Sozialdezernenten, Jugendamtsleitern, ausgewählten Mitgliedern des Jugendhilfeausschusses sowie Vertretern der jeweils dominierenden Wohlfahrtsverbände (Geschäftsführer, Fachbereichsleiter Jugend o.ä.) sowie ggf. Anbieter aus dem privatwirtschaftlichen bzw. bürgerschaftlichen Sektor durchgeführt. Die Auswahl der Befragten (vgl. Schnell et al. 1999: 278ff) erfolgte in einem ersten Schritt dem Positionsansatz, das heißt es wird angenommen, dass mit einer formalen Position die für die Fallstudien relevanten Informationstatbestände verknüpft sind. Davon ausgehend wurden nach Hinweisen der Interviewten weitere Personen herangezogen, also der Interviewtenkreis nach dem „Scheeball-Verfahren" systematisch erweitert. Die Interpretation folgt einem für Experteninterviews üblichen (vgl. Meuser /Nagel 1991) pragmatischen Vorgehen. Im Gegensatz zu anderen qualitativen Interviewformen (vgl. als Überblick Lamnek 2005 und Hopf 2003) steht bei Experteninterviews nicht der Befragte als „Gesamtperson" mit seinen grundlegenden Orientierungen und Einstellungen im Zentrum des Interesses, sondern seine Fähigkeit, Auskunft über den organisationalen Kontext („Kontextwissen") und personelle und institutionelle Zusammenhänge („Betriebswissen") zu geben (vgl. Meuser/Nagel 1991: 442). Zwar sind die Wahrnehmungsweisen der Interviewten immer „subjektiv" und die Interviewten als Teil des institutionellen und organisatorischen Zusammenhangs in ihrer Wahrnehmungsweise durch ihre institutionelle Position vorgeprägt. Die Kenntnis dieser organisatorischen „Rollen" erleichtert aber zugleich den Interpretationsprozess, so dass aufwändige Interpretationsverfahren mit mehreren Kodierschleifen, wie sie paradigmatisch die „Grounded Theory" (vgl. Glaser/Strauss 1967) vorschlägt, für das Anliegen der Fallstudien entfallen können. Stattdessen werden die Interviews, die auf Tonband bzw. als digitalisierte Mitschnitte vorliegen, pragmatisch ausgewertet und transkribiert. Der Interpretationsprozess kann „gestoppt" werden, wenn die für die Rekonstruktion der Fälle notwendigen Informationen vorliegen (vgl. Meuser/Nagel 1991: 447f.).

Die meisten Interviews wurden persönlich vor Ort geführt. Zum Teil konnte das Interview nur telefonisch durchgeführt werden. In einigen Fällen wurden offene Fragen aus persönlichen Interviews telefonisch vertieft. Dennoch kann für die Fallstädte von einer weitgehend vergleichbaren Datenbasis ausgegangen werden, die einen systematischen Vergleich erlaubt. Die Darstellung erfolgt als themenzentrierter Vergleich, der sich zunächst der wesentlichen Strukturen, politischen Konstellationen und Besonderheiten des Verwaltungsaufbaus annimmt. Darauf folgt eine Analyse der derzeitigen Trägerstrukturen in den Fallkommunen. Nach dieser vergleichenden Betrachtung des institutionellen Kontexts, steht die Implementation in den Städten im Mittelpunkt des zweiten Abschnitts.

6.2 Städteprofile im Vergleich

6.2.1 Strukturdaten

Die vier ausgewählten Städte unterscheiden sich deutlich hinsichtlich sozialstruktureller Merkmale - insbesondere zwischen den ost- und westdeutschen Fällen. Während Arbeitslosigkeit und demographische Entwicklung in den westdeutschen Städten als durchschnittlich zu bezeichnen sind, unterliegen beide ostdeutschen Städte deutlichen Schrumpfungsprozessen und einer überaus hohen Arbeitslosenquote. Da dies jedoch für die meisten ostdeutschen Städte zutrifft (vgl. BBR 2004; Bertelsmann Stiftung 2006), wäre es kaum möglich, ostdeutsche Vergleichsfälle zu finden, die eine vergleichbare sozioökonomische Lage aufweisen wie die westdeutschen.

Tabelle 25: Fallstudienstädte im Vergleich

	W1	W2	O1	O2
Einwohner	90.000	50.000	50.000	60.000
Anteil unter 18-jähriger (%)	19,2	21,1	12,8	12,7
Ausländeranteil (%)	9,5	6,1	4,5	4,8
Arbeitslosenquote (%)	12,1	10,6	23,7	24,3
Bevölkerungsprognose bis 2025 (Bertelsmann) (%)	-0,6	-2	-10,6	-23,5

Stand 31.12.2007; Quelle: Bertelsmann-Stiftung. Onlinedatenbank „Wegweiser Kommune". Aus Anonymisierungsgründen wurden Einwohnerzahlen auf 10.000er Stellen gerundet.

Da im Mittelpunkt der Fallstudien jedoch die Ausgestaltung der Beziehungen zwischen Verwaltung und Trägern sozialer Arbeit, nicht die konkreten Prozesse der Problembearbeitung selbst stehen, kommen diese unterschiedlichen sozialstrukturellen Merkmale nur vermittelt zum Tragen. Am deutlichsten dürfte im Bereich der Jugendhilfe der deutlich unterschiedliche Anteil von Minderjährigen an der Gesamteinwohnerschaft zum Tragen kommen, der in den westdeutschen Fallstädten einen etwas höheren Bedarf – insbesondere in der Kindertagesbetreuung – mit sich bringt. Im Bereich der Jugendhilfeleistungen dürfte die konkrete Bedarfslage dagegen durch die schlechteren sozialen Rahmenbedingungen in den ostdeutschen Kommunen mindestens ausgeglichen werden, da die durchschnittliche Klientel in diesem Feld sozial schwächeren Familien entstammt. So nahmen in O2 zwischen 2000 und 2004 die Fallzahlen in den Hilfen zur Erziehung um 19,3% zu, obwohl im gleichen Zeitraum die Zahl der unter 21-jährigen um 23,9% zurückging; die Ausgaben im Bereich der Hilfen zur Erziehung stiegen in diesem Zeitraum um 25,9% an; eine Entwicklung, die in zahlreichen ostdeutschen Städten zu beobachten ist (vgl. z.B. Kommunales Prüfungsamt Brandenburg 2005). Gleichzeitig nahm entsprechend der demographischen Entwicklung die Zahl der Plätze in Kindertagesstätten ab. Die städtischen Zuschüsse an Kindertageseinrichtungen wurden so von 2001 bis 2005 um über 20% reduziert. Der Vergleich der Jugendhilfeausgaben in Tab 26 zeigt, dass die Ausgaben pro Einwohner in den ostdeutschen Städten deutlich höher liegen. Insbesondere in O1 mit einem hohen Anteil städtischer Kindertagesstätten wird überproportional viel im Bereich der Kindertagesbetreuung ausgegeben. Besonders hier, aber auch in der Stadt O2, wo freie Träger dominieren, konnte zudem der Abbau an vorgehaltenen Plätzen in Kindertageseinrichtungen nicht mit dem dramatischen Rückgang der zu betreuenden Kinder Schritt halten.

Tabelle 26: Ausgaben für Kinder- und Jugendhilfe im Vergleich (Ausgaben in Euro pro Einwohner; in Klammern Entwicklungstendenz)

	W1		W2		O1		O2	
Jugendhilfeausgaben insgesamt	284	(+)	275	(+)	422	(+)	391	(+)
Darunter: Kindertagesbetreuung	158	(+)	158	(+)	236	(-)	221	(-)
Darunter: Jugendhilfe/ Hilfen zur Erziehung	84	(+)	78	(+)	120	(+)	105	(+)

Quellen: jeweils Haushaltsansatz 2007, eigene Berechnungen.

Dies brachte zusätzliche Kosten durch nicht besetzte Kindergartenplätze mit sich, die dennoch laufende Kosten für Personal und Räumlichkeiten verursachen. Neben den Trägerstrukturen und dem „institutional lag" spielen für die ostdeutschen Ausgaben im Bereich der Kindertagesbetreuung insbesondere die niedrigeren Einnahmen aus Elternbeiträgen für Kindertagesbetreuung und der wesentlich besser ausgebaute Bereich der Ganztagesbetreuung eine Rolle. In den ostdeutschen Kommunen werden die Elternbeiträge einerseits aus politischen Gründen niedrig gehalten, auf der anderen Seite fallen die Einnahmen angesichts der sozioökonomischen Lage auf Grund der Staffelung der Beiträge nach Einkommen niedriger aus. Die höheren Ausgaben im Bereich der Hilfen zur Erziehung dürften insbesondere auf den höheren Problemdruck zurückzuführen sein. Die deutlichen Unterschiede sind auch vor dem Hintergrund niedrigerer Grundstückspreise und niedrigerer Miet- und Gehaltsstrukturen bemerkenswert.

6.2.2 Politische Konstellationen

Die politischen Konstellationen unterscheiden sich zwischen den Städten erheblich. In zwei Fällen finden wir Kohabitationen. In W1 steht eine Mehrheit von CDU/FDP im Rat einem SPD-Bürgermeister gegenüber, eine Konstellation, die hier seit der „Urwahl" des direkt gewählten Bürgermeisters in den 1990ern besteht. In O2 stehen sich ein CDU-Bürgermeister und ein von der PDS/Linke dominierter Rat gegenüber, in der es eine „große Koalition" erfordert um die deutliche PDS/Linke-Mehrheit zu überstimmen. Dies führt häufig zu Entscheidungsblockaden. So konnte sich der Rat nach der Kommunalwahl 2008 beispielsweise über ein dreiviertel Jahr auf keinen Vorsitz des Jugendhilfeausschusses einigen, was der Jugendamtsverwaltung große Autonomie verlieh. Dies war umso problematischer, da sich das Amt inmitten einer Umstrukturierung befand (s.u.). In W2 und O1 finden sich dagegen stabile gleichläufige Mehrheiten zwischen Rat und Bürgermeister. In beiden Räten verfügt die CDU über deutliche Mehrheiten, wobei in O1 die CDU seit 2004 auf die Zusammenarbeit mit anderen Fraktionen angewiesen ist. Hier existiert seit der letzten Kommunalwahl eine faktische große Koalition mit der SPD, die zusammen über eine deutliche Mehrheit verfügt. Von den Akteuren werden die politischen Konstellationen in O1 und W2 als stabil und kohärent beschrieben. In W1 komme es in einzelnen Sachfragen zu Konflikten und der Parteienwettbewerb sei deutlicher ausgeprägt. In O2 sind die Parteikonflikte stark ausgeprägt und führten zu häufigen Blockadesituationen, was das politische Klima deutlich beeinträchtigt.

Diese politischen Konstellationen haben Einfluss auf das Verhältnis zwischen Politik und (Fach-)verwaltung. Schlüsselfiguren zwischen Verwaltungsspitze und Fachverwaltung sind die jeweils zuständigen Dezernenten[84] als kommunale Wahlbeamte. Wichtig für die Fragestellung dieser Arbeit ist vor allem deren Position zur Verwaltungsspitze einerseits, seine Verankerung im fachlichen Milieu andererseits. Der zuständige Dezernent in W1 (Bildung, Jugend und

---

[84] Die Terminologie ist hier leider in den Fallkommunen unterschiedlich, was leicht zur Verwirrung führen kann. Ich verwende im Weiteren als Funktionsbezeichnungen „Dezernat" und „Dezernent" für die jeweiligen Geschäftsbereiche und die ihnen vorstehenden kommunalen Wahlbeamten, auch wenn die Bezeichnung in den Gemeindeordnungen (NRW: Beigeordnete) und die Vor-Ort-Bezeichnungen davon abweichen. In W1 existieren fünf „Geschäftsbereiche", denen jeweils ein „Dezernent" vorsteht. In W2 existieren zwei „Fachbereiche" mit je einem „Bürgermeister". In O1 existieren drei „Dezernate" unter Leitung von „Senatoren". In O2 „Geschäftsbereiche" unter Leitung von „Bürgermeistern".

Soziales) als Leiter eines von fünf „Geschäftsbereichen" hat vor seinem derzeitigen Posten das Büro für Ratsangelegeheiten und des Bürgermeisters geleitet; stammt also aus der allgemeinen Verwaltung und gilt als Vertrauter des Bürgermeisters. Die Führungsspanne ist relativ gering (5 überschaubare „Fachbereiche" im Geschäftsbereich). In W2 wurde im Rahmen der NSM-Modernisierung die Zahl der Dezernate („Fachbereiche") radikal auf zwei reduziert. Der „Fachdienst Kinder und Jugend" als Jugendamt ist dabei dem Geschäftsbereich des direkt gewählten Bürgermeisters zugeordnet. Der Verwaltungsaufbau zeichnet sich durch große Führungsspannen aus, die den Ämtern nicht unerhebliche Autonomie verleihen. Dies wird durch die zahlreichen nichtadministrativen Aufgaben des direkt gewählten Bürgermeisters noch verstärkt, der für den Jugendhilfebereich zuständig ist. In O1 existieren insgesamt drei „Dezernate". Das für den Jugendhilfebereich zuständige Dezernat III umfasst insgesamt acht heterogene Ämter, die Führungsspanne ist dementsprechend relativhoch. Der zuständige Dezernent („Senator") gehört dem kleinen „Koalitionspartner" SPD an und ist Jurist – also „fachfremd". Das Verhältnis zum Hauptverwaltungsbeamten wird als „vertrauensvoll" eingeschätzt. Der Durchgriff in die einzelnen Ämter sei doch trotz relativ hoher Führungsspanne recht hoch und „hocheffektiv" (O1 JA1). O2 verfügt über vier Dezernate. Das für die Jugendhilfe zuständige Dezernat umfasst die Aufgabenbereiche Soziales, Gesundheit, Schulen, Sport, Jugend und Kultur und weist im Vergleich mit den drei anderen Städten eine mittlere Führungsspanne auf (4 Ämter). Die Dezernentin („Bürgermeisterin") gehört der kleinen Koalitionspartnerin SPD an. Es herrscht offensichtlich eine deutliche Distanz zum Hauptverwaltungsbeamten, was die konfliktreiche Interaktionsstruktur in O2 unterstreicht. Ein Ratsmitglied spricht auch von einem „Kleinkrieg" (O2JHA1) in der Verwaltungsspitze. Konflikte brechen regelmäßig an Finanzfragen bei, bei denen sich die Dezernatsebene Einsparvorgaben zu entziehen versucht. Durch die besonderen Mehrheitsverhältnisse im Jugendhilfeausschuss (Vorsitz: Linke/PDS) kann in O2 von einer fachlichen Mehrheit gegen die Verwaltungsspitze gesprochen werden, wobei die zuständige Dezernentin der fachlichen „Opposition" zugerechnet werden kann. Diese Konstellation unterscheidet O2 deutlich von den anderen betrachteten Städten. Fasst man die administrative Steuerung in den vier Untersuchungsstätten zusammen, lassen sich zwei Städte mit relativ hoher fachlicher Autonomie identifizieren: In W2 rührt diese aus sehr großen Führungsspannen und „blindem Vertrauen" (W1JHA2) der Verwaltungsspitze. In O2 dagegen entsteht die Autonomie aus der äußerst konfliktreichen kommunalpolitischen Konstellation, die der Situation der Kohabitation einerseits, der fachlichen Orientierung der Dezernatsebene andererseits entspringt. In W1 und O1 gelingt es hingegen der Verwaltungsführung recht gut, steuernd in die Fachebene einzugreifen. Dies beruht erstens auf einer recht konfliktarmen politischen Konstellation, zweitens einer klaren Orientierung der Dezernenten auf die Ziele der allgemeinen Verwaltung, d.h. sie gehören klar dem Kreis der „zentralen Steuerungspolitiker" an. Drittens existiert in beiden Städten ein recht effektives zentrales Controlling, ohne dass die dezentrale Ressourcenverantwortung zu weit ausgebaut wurde (vgl. Abschnitt 6.3).

Tabelle 27: Typen administrativer Steuerung

	W1	W2	O1	O2
Führungsspanne	Mittel	Sehr hoch	Hoch	Mittel
Fachliche Verankerung Dezernent	Allgemeine Verwaltung	Allgemeine Verwaltung (BM)	Allgemeine Verwaltung	Fachverwaltung
Autonomie Jugendamt	Eher niedrig	Hoch	Niedrig	Hoch

6.2.3 Trägerstrukturen

Auch hinsichtlich der Trägerstrukturen im Bereich der Kinder- und Jugendhilfe lassen sich deutliche Unterscheide ausmachen. Die Fallauswahl stützte sich insbesondere auf die Trägerstrukturen im Jugendhilfebereich. Bei der näheren Betrachtung der Fälle zeichneten sich erhebliche Unterschiede zwischen Jugendhilfebereich und dem Bereich der Kindertagesbetreuung ab, die zunächst überraschend sein mögen, jedoch bei genauerer Betrachtung der Konstellationen vor Ort erschlossen werden können. Im Bereich der Kindertagesstätten (Stand Februar 2009) unterscheidet sich die Trägerschaft in den beiden westdeutschen Städten insbesondere hinsichtlich des Anteils der eigenen städtischen Einrichtungen, die in W1 (bei der Auswahl als eher pluralistisch eingestuft) immerhin 45% ausmachen. Kirchliche Träger stellen ein Drittel. Des Weiteren gibt es immerhin einen Anteil von rund 15%, der nicht verbandlich organisierten Nonprofit-Organisationen entstammt und auch im Bereich der Kindertagesbetreuung das eher pluralistische Profil von W1 unterstreicht. W2 weist demgegenüber ein deutliches Oligopol der kirchlichen Träger auf, die drei Viertel der Kindertagesstätten betreiben. Neben den städtischen Kindertagesstätten ist der übrige Dritte Sektor fast nicht präsent. Auch hier bestätigt sich die Einstufung der äußerst stabilen, korporatistisch geprägten Trägerstrukturen. Die Unterschiede zum Jugendhilfebereich zeigen sich jedoch bei den ostdeutschen Kommunen. Die beiden ostdeutschen Städte unterscheiden sich untereinander zunächst wiederum hinsichtlich des Anteils der städtischen Kindertagesstätten. Eine Besonderheit stellt die vollständige Entkommunalisierung der Kindertagesbetreuung in O2 dar. Im Jahr 2002 wurden die meisten städtischen Kindertagesstätten an freie Träger übertragen. Das Gros der Einrichtungen wird heute von freien Trägern getragen, die in der Regel in Vereinsform organisiert und meist Mitglied des DPWV sind. O2 hat 2006 die letzten städtischen Kindertagesstätten an freie Träger übertragen und damit keine eigenen Einrichtungen mehr. O1 weist heute noch einen hohen Anteil städtischer Kindertagesstätten auf. Wie auch für andere ostdeutsche Transformationsfälle belegt wurde (vgl. 2.1.5) spiegeln sich hier unterschiedliche Strategien im Umgang mit der Nachwendesituation wider. Olk (1996) zeigte für die Nachwendezeit auf, dass ostdeutsche Kommunen zwei wesentliche Strategien hinsichtlich der Wahrnehmung sozialer Aufgaben verfolgten. Die eine war eine Strategie der kommunalen Eigenerstellung – häufig initiiert von ostdeutschen, aus den Kommunen stammenden Sozialdezernenten. Die andere war auf starke Aufgabenübertragung an die freie Wohlfahrtspflege ausgerichtet und wurde in den Fällen Olks durch aus Westdeutschland stammende, mit dem System der freien Wohlfahrtspflege vertraute, Dezernenten initiiert. Interessant an Olks Diagnose ist seine Fokussierung auf Sozialdezernenten als Schlüsselfiguren in der Strategiewahl, ein Befund, der im Folgenden auch bei den etwas anders gelagerten Prozessen der Kontraktualisierung bedeutend ist.

Tabelle 28: Trägerschaft Kindertagesstätten

	W1	W2	O1	O2
Einrichtungen				
Öffentlicher Träger	21 (45,7%)	2 (12,5%)	15 (55,5%)	-
Kirchl. Träger	16 (34,7%)	12 (75,0%)	4 (14,8%)	5 (12,5%)
Wohlfahrtsverbände ohne DPWV	2 (4,3%)	2 (12,5%)	4 (14,8%)	19 (47,5%)
DPWV und Sonstiger Dritter Sektor	7 (15,2%)	-	2 (7,4%)	15 (37,5%)
Private	-	-	2 (7,4%)	1 (2,5%)
Gesamt	46	16	27	40

Quellen: Jeweils Auskünfte der Jugendämter April 2008; zusätzlich: Haushaltspläne für 2007.

In den betrachteten Fällen zeigen sich also in dem für den Jugendhilfebereich als relativ stabil eingestuften O2 die pluralsten und „buntesten" Strukturen im Bereich der Kindertagesbetreuung. Demgegenüber hat das im Jugendhilfebereich plurale O1 einen breiten Bereich öffentlich getragener Kindertagesbetreuung. In beiden ostdeutschen Städten bleibt der Anteil konfessioneller Träger marginal. Mit Ausnahme von O1 spielt der privatgewerbliche Sektor in keiner der Städte eine Rolle.

Die Analyse der Trägerstrukturen „vor Ort" im Jugendhilfebereich wird durch die Tatsache erschwert, dass im Bereich der stationären Hilfen zur Erziehung einige der herangezogenen Einrichtungen außerhalb des städtischen Territoriums liegen und so durch die Betrachtung anhand von Einrichtungszahlen nur unzureichend erfasst werden. Da Erziehungshilfen zumindest dem Anspruch nach auf den Einzelfall zugeschnitten sind (§27 Abs.2 SGB VIII), kommen hier häufig Einrichtungen von außerhalb zum Zuge – zumal wenn es aus fachlicher Sicht als sinnvoll erachtet wird, die Jugendlichen auf Distanz zur Herkunftsfamilie zu bringen oder aus bisherigen Milieus herauszulösen. Die Heranziehung anderer Einrichtungen geschieht in der Regel in den Hilfeplangesprächen. Hier sollen zunächst nur die Einrichtungen vor Ort skizziert werden.

Tabelle 29: Trägerschaft stationäre Jugendhilfe

	W1	W2	O1	O2
		Einrichtungen		
Öffentlicher Träger		1*		-
Kirchl. Träger				-
Wohlfahrtsverbände ohne DPWV	5 DW	2 DW	2 DW	1 DRK (11%)
DPWV und Sonstiger Dritter Sektor				7 (77%)
Private			2	1 (11%)
Gesamt				9

Quellen: Jeweils Auskünfte der Jugendämter April 2008; *Träger ist der Landschaftsverband als höherer Kommunalverband.

Die Trägerstrukturen in den westdeutschen Städten zeichnen sich durch äußerst geringe Pluralität aus. In W1 zeigt sich für die stationären Erziehungshilfen ein Monopol von im Diakonischen Werk organisierten Trägern, die in einem überörtlichen Trägerverbund organisiert sind. Ein ähnliches Bild ergibt sich in W2, wo neben zwei diakonischen Einrichtungen noch eine Einrichtung des überörtlichen öffentlichen Trägers der Jugendhilfe vertreten ist. In beiden westdeutschen Fällen werden bei Bedarf Träger außerhalb des Stadtgebietes herangezogen. In W1 geschieht dies häufig, da nach Aussage des Jugendamtes „nicht genügend belegbare Plätze beim Träger [D] vorhanden sind und es uns wichtig ist, auch Einblick in andere Einrichtungen zu erhalten. [...] Hinzu kommt dann auch das Wahlrecht der Jugendlichen." (W1JA2). In W2 ist dies offenkundig seltener der Fall. „Eigentlich genügen die Einrichtungen vor Ort. Neben uns belegt diese auch der Kreis." (W2JA1). In beiden Fällen wurde in den Interviews nach eventuellen Problemen eines konfessionellen Monopols gefragt, was in beiden Fällen zurückgewiesen wurde. „Wir berücksichtigen das schon. Wenn in den Gesprächen klar wird, das passt so nicht, suchen wir neutrale Einrichtungen und haben da auch Angebote. Oft passiert das nicht" (W1JA1). In den beiden ostdeutschen

Fallkommunen unterscheiden sich die Trägerstrukturen deutlich von den westdeutschen. In O1 finden sich 2 diakonische und 2 privatgewerbliche Träger. Bei Letzteren handelt es sich zum einen um eine kleine relativ spezialisierte Einrichtung, die von einer Person geleitet wird, die sich selbstständig gemacht hatte. Das zweite Unternehmen trägt eher den Charakter eines „kleine(n) Sozialkonzern(s); die sind auch in anderen Feldern rege. Haben auch noch einen Pflegedienst und ähnliches" (O1JA1). Dadurch entstehe für den diakonischen Träger ein gewisser Marktdruck: „Die beobachten das genau. Da kommt dann immer das Qualitätsargument. Aber da müssen wir bei allen genauer hinsehen" (O1JA1). In O2 spielen konfessionelle Einrichtungen hingegen keine Rolle. Hier existieren ein großer verbandlicher Träger sowie kleinere Einrichtungen, die als Vereine im Paritätischen organisiert sind.

> „Die Einrichtungen wurden nach der Wende gezielt gefördert und aufgebaut. Es gab da in der Politik großes Misstrauen gegenüber Westträgern. Da hat man sich gesagt: Versuchen wir selbst was aufzubauen. Die Keimzellen waren dann alte Einrichtungen aus der Vorwendezeit. Da war dann auch genügend Personal da. Das hat sich dann so entwickelt und die letzten Jahre kam da auch eigentlich nichts Neues mehr dazu." *(O2JA2)*.

Auch bei anderen Jugendhilfeeinrichtungen lassen sich größere Unterschiede feststellen (vgl. Tab. 30). In W1 zeigt sich auch in anderen Aufgabenbereichen der Jugendhilfe eine herausgehobene Rolle des Diakonischen Werkes, die von anderen Einrichtungen wohlfahrtsverbandlicher Träger flankiert wird. Ähnlich finden sich in W2 zu gleichen Teilen Einrichtungen der Caritas und der Diakonie. In den ostdeutschen Städten sind die wohlfahrtsverbandlichen Träger auch in den anderen Aufgabenfeldern deutlich weniger präsent. In O1 wird wiederum die Bedeutung privatgewerblicher Anbieter deutlich, insbesondere in Sozialpädagogischen Familienhilfe. In O2 zeigt sich wie im Bereich der stationären Hilfen die Dominanz von im DPWV organisierten Einrichtungen in der Trägerschaft von Vereinen, die großenteils mit den Anbietern stationärer Hilfen identisch sind. Diese konkurrieren (im Gegensatz zu O1) nicht untereinander, sondern decken unterschiedliche Sozialräume ab.

In O2 fand sich der für die neuen Bundesländer typische „Wildwuchs" freier Träger. Dabei übernahmen diese bisweilen die „Angebotsfunktion", das heißt nicht der öffentliche Träger und die von ihm verantwortete Jugendhilfeplanung planten, schafften oder regten die Gründung von bedarfsorientierten Angeboten an, sondern freie Träger schaffen Angebote und suchen sich anschließend beim öffentlichen Träger Fälle. In diesem Prozess war es für den öffentlichen Träger äußerst schwierig eigene Qualitätsstandards zu etablieren, zumal diesbezüglich keine eigenen verschriftlichten Vorstellungen bestanden.

Tabelle 30: Trägerschaft anderer Jugendhilfeleistungen

Einrichtungen	W1	W2	O1	O2
Ambulante HzE; SPFH	1 DW 2 AWO	1 DW 1 CV	1 DW 1 CV 1 DRK 4 Privatg..	1 CV 3 (e.V.; DPWV)
Jugendzentren etc.	1 Kath. 2 Städt.	1 Jugendverband	1 Jugendverband 2 e.V. 1 AWO	4 Kommunal 8 (e.V.)
Erziehungsberatung	1 DW	1 Caritas	1 DW 1 CV	3 DPWV
Andere Beratungsstellen	1 DW	4 Kommunal (Sozialräuml.) 1 Caritas 1 (DPWV)	1 DW 1 CV 3 Kommunal 3 e.V. DPWV	3 e.V.
Jugendberufshilfe	1 AWO	e.V. (DPWV)	1 e.V. (DPWV) 1 DW.	
Sonstiges	Kinderschutzzentrum (AWO)	Kinderhaus/Familienzentrum (Kommunal)		Kinder- und Jugendnotdienst CV

Quellen: Jeweils Auskünfte der Jugendämter April 2008.

Versucht man nach diesem kursorischen Durchlauf die gegenwärtigen Trägerprofile zusammenzufassen (vgl. Tab. 31), lassen sich recht unterschiedliche Verfasstheiten identifizieren. Dabei werden die drei Dimensionen der Pluralität, der Zentralität und des Grades an Wettbewerb unterschieden. Hinsichtlich der *Pluralität* zeigt sich beiden westdeutschen Städten eine recht geringe Pluralität vor Ort. Sie unterscheiden sich dennoch in der *Zentralität*, die einzelne Anbieter einnehmen und dem Wettbewerbsdruck, der so auf die lokalen Wohlfahrtsarrangements ausgeübt wird. Während in W2 die wenigen Anbieter vor Ort (konfessionelle Träger) in beinahe allen Feldern zentrale Anbieter sind und wenig Wettbewerbsdruck herrscht, kommen zu den auf den ersten Blick wenig pluralen Wettbewerbsstrukturen im Jugendhilfesektor in W1 Wettbewerber von außen, die die Zentralität der diakonischen Einrichtungen vor Ort aufweichen. Im Bereich der Kindertageseinrichtungen herrschen hier vor Ort deutlich pluralere Strukturen. In beiden ostdeutschen Städten liegen dagegen wesentlich pluralere Verhältnisse vor. Gänzlich unterschiedlich ist jedoch die Genese dieser Strukturen. Während in O2 der „Wildwuchs" freier Träger gefördert und stabilisiert wurde und sich so sozialräumlich konstituierte „Closed Shops" entwickelten, die zwar wenig Zentralität aufweisen, aber auch keinen Wettbewerbscharakter tragen, entwickelte sich in O1 ein plurales, wenig zentralisiertes und deutlich kompetetiveres Arrangement.

Tabelle 31: Trägerstrukturen im Vergleich (in Klammern Entwicklungstendenzen)

	W1	W2	O1	O2
Pluralität	Mittel (+)	Gering (-)	Hoch (+)	Mittel (-)
Wettbewerb	Mittel (Druck von Außen) (+)	Gering (-)	Hoch (+)	Niedrig (-)
Zentralität	Mittel (-)	Hoch (+)	Niedrig (-)	Niedrig (+)

6.3 Modernisierungsprofile

Alle Fallkommunen weisen – wie es das Auswahlkriterium nahelegt – einen recht hohen Implementationsstand von Instrumenten des Neuen Steuerungsmodells auf und gehören zum oberen Quartil der „Modernisierer" (vgl. Abb. 29).

Abbildung 29: Modernisierungsstand: Fallkommunen im Vergleich

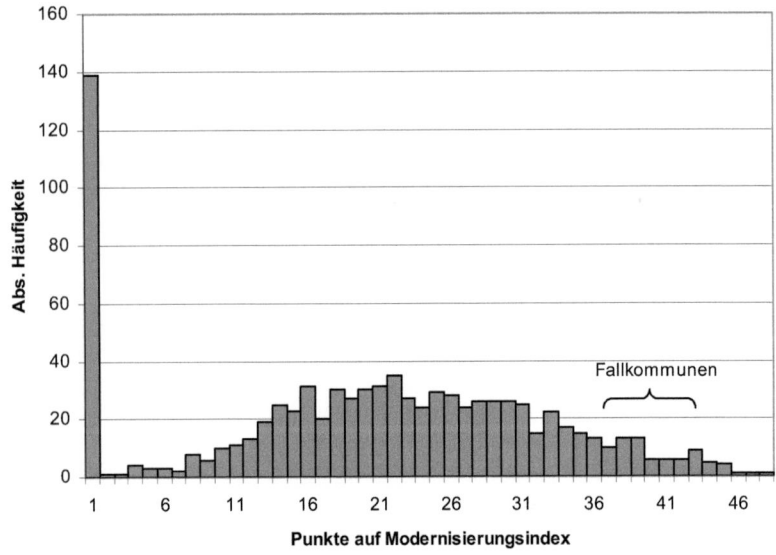

Quelle: Datensatz 10 Jahre NSM; zum Modernisierungsindex vgl. Bogumil et al. 2007: 332.

Modernisierungsprofile 211

6.3.1 NSM-Modernisierung

W1[85] hat einen recht weitgehenden NSM-Modernisierungsprozess hinter sich, der sich durch flächendeckende dezentrale Fach- und Ressourcenverantwortung auszeichnet, die mit einer entsprechenden Budgetierung in Teilbereichen gekoppelt ist. Besonderen Wert wird auf ein politisches Kontraktmanagement gelegt, das versucht, die Produkte mit tatsächlichen Zielvorgaben an die Verwaltung zu füllen. „Gelebt" wird dieser Anspruch jedoch nur in Teilbereichen. *„Ja, wir haben eine Reihe strategischer Entwicklungsziele festgeschrieben bekommen vom Rat und Jugendhilfeausschuss. Manche von denen sind aber eigentlich banal. Nach dem Motto: das läuft schon gut, das setzen wir so fort."* (W1JA1) Ein Beispiel stellt die strategische Zielvorgabe zur „Trägerpluralität" im Bereich der Kindertagesbetreuung dar. Hier wurde der Status quo bis 2012 einfach fortgeschrieben.[86] Auch im Bereich Personalwesen wurden eine Reihe von Maßnahmen realisiert. Demgegenüber blieb die Bürgerorientierung lange Zeit Brachland. So wurde beispielsweise erst im Jahr 2009 das zentrale Bürgerbüro eröffnet.

Die Stadt W2 war wie andere Mittelstädte in NRW unter den Vorreitern der NSM-Modernisierung und benennt schon das Jahr 1993 als Ausgangsjahr ihres Modernisierungsprozesses. Dieser umfasste eine radikale Reduzierung der Dezernate und den deutlichen Abbau von Hierarchieebenen. Es gibt eine weit reichende Dezentralisierung der Ressourcenverantwortung auf die Ebene der „Fachdienste". Die hier erfolgte Budgetierung wird aber weiter inputseitig betrieben und ein tatsächliches Controlling findet bis heute nicht statt. Produkte wurden für den Jugendhilfebereich definiert, bleiben jedoch ohne operationalisierte Ziele und Kennzahlen. So wird im Produktplan beispielsweise als Ziel im Bereich der Jugendarbeit „Kinder und Jugendliche sind fähig ihr Selbstbestimmungsrecht auszuüben und bereit gesellschaftliche Mitverantwortung zu übernehmen" genannt, ohne diese Pauschalaussage weiter zu konkretisieren, geschweige denn, die Zieldimensionen messbar und „kontraktfähig" zu machen. Im Berichtswesen aufbereitete Kennzahlen beschränken sich auf Besucherzahlen, Öffnungszeiten und ähnliche schwer mit „Ergebnissen" und „Wirkungen" verknüpfbare Angaben (z.B. „Ausleihen Hüpfburg"). Ansonsten waren breite Bemühungen im Bereich der Bürger- und Kundenorientierung zu verzeichnen. Auch hier wurde der Modernisierungsprozess vom Bürgermeister angestoßen.

---

[85] Die Angaben in den folgenden Abschnitten folgen im Wesentlichen den Angaben in den Fragebögen aus dem Projekt „10 Jahre NSM" sowie Dokumentenanalysen und wurden in den persönlichen Interviews nur teilweise behandelt. Die detaillierten Modernisierungsprofile finden sich im Anhang A2.
[86] Dieser umfasst 50,4% der Gesamtplätze in städtischen Einrichtungen; 16,9 der Evangelischen und 21,5 der Katholischen Kirche sowie 11,2 % in Einrichtungen, die dem DPWV angeschlossen sind (Vgl. W1 2008: Teilplan Budgetbereich 51: 12).

O1 zeigt unter den vier Städten das am wenigsten ausgeprägte NSM-Modernisierungsprofil. Sowohl was organisatorische Veränderungen (Hierarchieabbau, Teamstrukturen) als auch klassische NSM-Instrumente (Budgetierung, Produktwesen) angeht, agiert O1 erheblich vorsichtiger. Es wird ebenso auf politisches Kontraktmanagement verzichtet wie auf avanciertere Elemente des Personalmanagements. Bemerkenswert ist jedoch eine wesentlich fortgeschrittenere Entwicklung hinsichtlich des Aufbaus betriebswirtschaftlicher Instrumente (insb. KLR und Berichtswesen) als in den Vergleichsstädten: *„Wir haben hier betriebswirtschaftlich einiges gemacht. Das lief aber nicht unter NSM. Das geht alles in Richtung Kostenrechnung und Haushaltskonsolidierung. [...] Dezentrale Ressourcenverantwortung wird diskutiert; wir haben hier aber auch keine Budgetierung in dem Sinne wie im Neuen Steuerungsmodell vorgesehen."* (O1SD1). Insgesamt wird die Verwaltung als klassisch hierarchisch geführt umschrieben, die betriebswirtschaftliche Reform folgt eher einem zentralistischen als einem an Dezentralität orientierten Modell.

Die zweite ostdeutsche Fallkommune O2 hat im Bereich Organisation und Ressourcenbewirtschaftung einen sehr weitgehenden Reformprozess hinter sich. Es wurde fast flächendeckend dezentralisiert und Hierarchieebenen abgebaut und auch hinsichtlich der Ressourcenbewirtschaftung ging die Orientierung am NSM sehr weit. Dezentrale Ressourcenverantwortung, Budgetierung und produktbasiertes Haushalts- und Berichtswesen wurden weitgehend realisiert. Während diese Binnenreformen sehr weit gehen, blieben Politikreform (Kontraktmanagement) und auch die Außen- und Bürgerorientierung deutlich zurück. Die Politik wurde ins NSM gar nicht einbezogen. Zwar wurde ein Bürgeramt eingerichtet, aber ansonsten blieb Bürgerorientierung ein weitgehend unbearbeitetes Feld. Hinsichtlich der Aufbauorganisation kam es 2001 zu einem Zusammenschluss des früheren Jugendamtes mit dem Sozialamt zu einem „Amt für Jugend und Soziales". Die erhofften Synergieeffekte seien jedoch bisher eher ausgeblieben (O2JA1), zumal im Aufgabenbereich des früheren Sozialamtes durch die Hartzreformen große Veränderungen zu bewältigen waren. Die formale Zuständigkeit des getrennten JHA für die Jugendhilfeangelegenheiten blieb gewährleistet.

6.3.2 Fachliche Modernisierung

Hinsichtlich der fachlichen Entwicklung standen in allen Fallkommunen sozialraumorientierte Ansätze in unterschiedlichen Facetten im Mittelpunkt. Damit folgten sie einem allgemeinen Trend bei den Sozialen Diensten, bei dem zwischen bloßer Reformrhetorik und substantiellen Veränderungen insbesondere hinsichtlich der Steuerung nicht immer deutlich unterschieden werden kann (Hinte 2003; Kessl et al. 2005).

Fachliche Ansätze in W1 waren erstens eine Orientierung an Sozialräumen, die als administrative Neugliederung (Abkehr vom Buchstabenprinzip) begriffen wurde und in den allgemeinen Modernisierungsprozess mit der Bildung eines Fachbereichs im Jahr 1999 verbunden war. Es wurden drei Regionalteams des ASD gebildet. Kern war zweitens eine sozialraumorientierte Jugendhilfeplanung mit Einrichtung von Sozialraumgremien unter Beteiligung der Wohnbevölkerung. Ziel war außerdem die sozialraumbezogene Weiterentwicklung von Jugendhilfeeinrichtungen zu „Familienzentren". Im Jahr 2008 verfügen zwei Drittel der Sozialräume über ein eigenes Familienzentrum (vgl. W1 2008). Eine zweite wichtige Entwicklung war die Einführung von Casemanagement im Bereich der Erziehungshilfen mit ganzheitlicher Wahrnehmung einzelner Fälle. Schnittstellenprobleme und überlappende Zuständigkeiten sollten so vermieden werden.

Auch in W2 wurden – trotz des eigentlich überschaubaren Stadtgebiets – Sozialräume definiert und die Erziehungsberatung gemäß diesen Sozialraumstrukturen dezentralisiert. In diesem Bereich wurde auch eine sozialraumorientierte Budgetierung verfolgt, die sich aber nur den Bereich der Erziehungsberatung, nicht auf die anderen Hilfen zur Erziehung bezieht. Eine Ausdehnung auf andere Bereiche der HzE, wie sie in O2 verfolgt wurde, ist nicht beabsichtigt. Eine Schlüsselrolle nimmt hier der dezentrale ASD („Bezirkssozialdienste") ein. Es wurde versucht, diesen enger mit der zentralen wirtschaftlichen Jugendhilfe zu verzahnen und Strukturen für eine geregelte Fallbearbeitung zwischen beiden zu schaffen („strukturierte Teambearbeitung"). Über Zielvereinbarungen wurde angestrebt, alle Beteiligten auf dieses geregelte Verfahren zur Fallbearbeitung zu verpflichten.

Demgegenüber hat O1 hinsichtlich fachlicher Weiterentwicklung die wenigsten Schritte unternommen. Eine gewisse sozialräumliche Verankerung wurde durch die Einrichtung dezentralisierter Außenstellen des Sozialpädagogischen Dienstes, des örtlichen Äquivalents des ASDs, vorgenommen. Aber insgesamt fanden fachliche Konzepte wenig Rückhalt.

Am weitestgehenden war die Einführung der Sozialraumbudgetierung in O4, die sich zunächst nur auf einen der drei Sozialräume, einen stark benachteiligten Stadtteil, bezog. Dieser Versuch wurde eine Zeitlang als vorbildliches Modellprojekt gehandelt und fand bundesweite Beachtung. Die jugendhilfespezifische Modernisierung wurde 2001 eingeleitet. Im Rahmen des Leitbildprozesses wurden u.a. die Ziele entwickelt, Fremdunterbringungen grundsätzlich zu vermeiden und die Verweildauer bei stationärer Unterbringung zu verkürzen. Dies geschah einerseits mit der Absicht, fachlich adäquat mit Problemsituationen umzugehen, andererseits durch Verhinderung der teuren stationären Hilfen die Kosten zu reduzieren. Dabei gingen die Verantwortlichen zunächst davon aus, dass kein Widerspruch zwischen Fachlichkeit und einer Orientierung an ambulanten Hilfen besteht. *"Das wurde häufig erst später klar, dass ambulant nicht in jedem Fall besser ist [...]. Häufig tat man den Jugendlichen keinen Gefallen damit und ich bin mir nicht sicher, ob man in Einzelfälle nicht Schlimmeres hätte verhindern können"* (O2JA1). Wesentliches Element war eine Dezentralisierung der Jugendamtsstrukturen nach sozialräumlichen Kriterien und eine sozialraumbezogene Budgetierung. Der sozialräumliche Aufbau flexibler Hilfen wurde durch Begleitforschung moderiert und in einem Stadtteil in einer Pilotphase seit Mitte der 1990er Jahre aufgebaut. Zentrale Instrument waren „Jugendhilfestationen" mit einem integrierten Ansatz, das heißt einem niedrigschwelligen und breiten Angebot von Hilfen zur Erziehung „aus einer Hand". Diese Jugendhilfestationen wurden in freier Trägerschaft eingerichtet. Die Trägerorganisationen sind dem Spektrum der nichtverbandlich organisierten Dritten Sektor zuzuordnen und sind als eingetragene Vereine organisiert. Ergänzt wurden diese durch die Dezentralisierung des ASD sowie der Jugendgerichtshilfe in drei Stadtteilen. Flankiert wurde dieser sozialraumorientierte Umbau durch die Schaffung von Sozialraumgremien: Einer Sozialraumkonferenz sowie einem Sozialraumteam, das sich aus ASD, wirtschaftlicher Jugendhilfe und den Vertretern der freien Trägern zusammensetzte.

Fasst man die Modernisierungsprofile zusammen (vgl. Tab. 32), zeigt sich in W1 eine recht weitgehende NSM-Modernisierung mit der Besonderheit eines praktiziertem politischen Kontraktmanagements und einer auf mittlerem Niveau betriebenen fachlichen Modernisierung. Die Verknüpfung zwischen beiden Modernisierungssträngen bleibt eher gering. Die NSM-Modernisierung war zwar Auslöser auch der organisatorischen Veränderungen und die Benennung strategischer Ziele für den Jugendhilfebereich befördert auch eine fachliche Weiterentwicklung, dennoch bleibt eine systematische Verknüpfung aus. W2 verknüpft beide Modernisierungsstränge auf stärkere Weise, indem über eine Budgetierung mit (inputseitigem) Berichtswesen die sozialraumorientierte Strategie unterstützt wird. Im Modernisierungsprozess war die Fachebene wesentlich stärker involviert als in W1. *"Wir waren ja einer der Pilotbereiche und ich selbst habe damals zahlreiche Veranstaltungen zum NSM besucht"* (W2JA1). Wiederum deutlicher sind die Unterschiede zwischen den beiden ostdeutschen Städten. In O1 war die Modernisierung wesentlich durch den Prozess der Haushaltskonsolidierung getrieben und beschränkte sich weitgehend auf eine betriebswirtschaftliche Strategie, die auch auf das Jugendamt heruntergebrochen wurde. Fachliche Ansätze blieben demgegenüber unterentwickelt. O1 kann daher in der Terminologie von Bußmann et al. (2003) am eindeutigsten einer betriebswirtschaftlichen Strategie zugeordnet werden. O2 schließlich ist neben W2 der deutlichste Fall einer „Verknüpfungsstrategie", die sich durch eine stark am KGSt-Bericht 12/1998 orientierte Form der Sozialraumbudgetierung auszeichnet.

Tabelle 32: Modernisierungsprofile im Vergleich

	W1	W2	O1	O2
NSM-Modernisierung	Weitgehend	Weitgehend	Auf betriebswirtschaftliche Strategien beschränkt	Mittel
Fachliche Modernisierung	Mittel (SRO, Casemanagement)	Stark (SRO, Prozessgestaltung)	Gering	Stark (SRO)
Verknüpfung	Mittel	Hoch	Niedrig	Stark (SR-Budgetierung)

6.4 Implementation von Leistungsvereinbarungen und Kontrakten

In diesem zentralen Abschnitt soll die Rolle von Leistungsvereinbarungen und Kontraktmanagement detaillierter betrachtet werden, als dies in dem kursorischen Abschnitt zu den Modernisierungsprofilen möglich war. Terminologisch werden in diesem Abschnitt Leistungsvereinbarungen als die rechtlich normierten Leistungsvereinbarungen nach §§78a-g verstanden, unter Kontraktmanagement andere freiwillige Formen von Ziel- und Leistungsvereinbarungen. Ein besonderes Augenmerk soll auf folgende Punkte gelegt werden: Zunächst sollen Aufgabenfelder und die Ausgestaltung von Kontrakten und Leistungsvereinbarungen in den Fallkommunen betrachtet werden. Im Detail geht es dabei um formale Ausgestaltung, die Rolle von Kosten- und Qualitätsindikatoren und schließlich die Art und Weise der Rückkopplung der Ergebnisse von Leistungsprozessen an die Steuerung. Die Frage nach Anreizen und Sanktionsmechanismen leitet über zur zweiten Frage der Rolle von Konkurrenz und Wettbewerb. Führen die implementierten Kontrakte zu einer wettbewerbsorientierten Neuausrichtung der lokalen Wohlfahrtsarrangements oder stabilisieren sie die bewährten geronnenen Strukturen?

6.4.1 Anwendungsfelder und Ausgestaltung

In allen betrachteten Kommunen spielen Leistungsvereinbarungen mittlerweile eine bedeutende Rolle und werden im Bereich der HzE fast flächendeckend eingesetzt. In anderen Aufgabenbereichen zeigen sich deutliche Unterschiede zwischen den Städten – auch induziert durch unterschiedliche Regelungen in der Landesgesetzgebung im Bereich der Kindertagesbetreuung. Am geringsten ist die Verbreitung von Leistungsvereinbarungen in der Förderung freier Träger im Bereich von freiwilligen Aufgaben wie freier Jugendarbeit und Jugendzentren. Hier wird vor allem in W1 mit Kontrakten und Zielvereinbarungen gearbeitet, die die freien Träger auf gemeinsam formulierte Ziele verpflichten. Sie basieren meist auf Budgets und sind teilweise als Leistungs-, teilweise als Budgetvereinbarungen bezeichnet werden.

In W1 findet im Bereich der Kindertagesstätten weiterhin eine Zuschussfinanzierung der Einrichtungen in freier Trägerschaft statt; der größte Teil umfasst dabei gesetzliche Betriebskostenzuschüsse (ca. 7,5 Mio. Euro). Leistungsvereinbarungen wurden hier nur in Einzelfällen geschlossen. In diesen ging es um zusätzliche Finanzierung einiger konfessioneller Kindergärten nach Rückzug des kirchlichen Trägers aus der Teilfinanzierung. Wie bereits erwähnt ist die Finanzierung über Kontrakte im Bereich der freien Jugendarbeit fast flächendeckend umgesetzt. Beispielhaft sei eine Leistungsvereinbarung zwischen Jugendamt und einem Bürger- und Jugendhaus angeführt. Diese Vereinbarung formuliert Schwerpunktziele und ist auf einen Zeitraum von fünf Jahren ausgelegt. Der Zuschuss erfolgt als flexibles Budget. Aber auch hier bleibt die Steuerung inputseitig und auf wenige Mindestzielvorgaben beschränkt wie „mind. 4–5 Vortragsabende jährlich" oder „ca. 4 Großevents jährlich" (Leistungsvereinbarung Bürger- und Jugendhaus 2005: 1). Weitergehender sind die Zielvereinbarungen im Bereich der Hilfen zur Erziehung. Hier wird u.a. mit sog. „Wirkungsorientierten Vereinbarungen" gearbeitet. Damit geht W1 weit über die Rahmenvereinbarungen auf Landesebene hinaus. Diese formulieren Wirkungsziele[87] (Beispiel: „Das familiäre System ist erziehungsfähig"), wofür Indikatoren entwickelt (Beispiel: „Anteil der Schülerinnen und Schüler, die ergänzend keine Angebote der erzieherischen Hilfen benötigen") und schließlich mit Zielerreichungsgraden verknüpft werden (Beispiel: Mehr als 90% der Schülerinnen und Schüler benötigen keine ergänzenden Angebote erzieherischer Hilfen"). Zusätzlich zu den Wirkungszielen werden Qualitätsentwicklungsmaßnahmen vereinbart. In den analysierten „Wirkungsorientierten Vereinbarungen" basiert diese Qualitätsentwicklung auf einem Berichtswesen, das in halbjährlichen Gesprächen zwischen öffentlichem

---

[87] Hier wird als Beispiel eine „Wirkungsorientierte Vereinbarung" offener Ganztagsangebote in Kooperation mit einer Förderschule zitiert.

Implementation von Leistungsvereinbarungen und Kontrakten 217

und freiem Träger rückgekoppelt wird. Diese Zielereichungsgespräche sind explizit von finanziellen Aspekten abgekoppelt; auch finden keine anderen Anreiz- bzw. Sanktionssysteme Anwendung. Als Steuerungsmodi bleiben hier letztlich nur Überzeugung und die Androhung der Nichtverlängerung der Leistungsvereinbarung nach Ende der Laufzeit. Auch diese Vereinbarungen beziehen sich auf Zeiträume von durchschnittlich drei Jahren, in Einzelfällen jedoch auch deutlich länger (bis zu 6 Jahre).

Im Vergleich der vier Fallkommunen zeichnet sich das Zielvereinbarungssystem in W1 durch den größten Verbreitungsgrad und den weitestgehenden Formulierungsgrad und Steuerungsanspruch aus. Die Verträge sind langfristig (drei bis sechs Jahre) orientiert, was von allen Beteiligten mit verbesserter Planungssicherheit begründet wird. Fast durchgängig findet eine Rückkopplung an die Produktkataloge der Binnensteuerung statt und es wird versucht, den „Strategieplan" (W1 2007a) des Jugendamtes auf die Leistungsvereinbarungen mit freien Trägern herunterzubrechen. Die dahinter stehende Steuerungsphilosophie kann als lernbasiert gekennzeichnet werden. Das heißt, die Träger werden in den Vereinbarungen nicht primär unter Leistungsdruck gesetzt und auf explizite Anreiz- bzw. Sanktionssysteme wird verzichtet. Ziel ist vielmehr eine einvernehmliche Entwicklung von Qualität und Zielerreichung. Die eingesetzten Instrumente können dabei als durchaus reflektiert bezeichnet werden. Gleichzeitig entsteht jedoch ein relativ hoher Controllingaufwand – nicht in erster Linie durch das Berichtswesen, sondern die unterjährigen Zielereichungsgespräche, die für die Führungskräfte des Jugendamtes erheblichen Zeitaufwand bedeuten (W1JA2).

Während das Zielvereinbarungssystem in W1 als relativ fortgeschritten bezeichnet werden kann, ist das Kontraktmanagement in W2 *„nie richtig ausgefüllt"* (W2JA1) worden. Leistungsvereinbarungen werden nur im rechtlich regulierten Bereich der Hilfen zur Erziehung nach §§78a-g geschlossen. Die Leistungsvereinbarungen beschränken sich durchgehend auf die Formulierung von allgemeinen Zielen und einer kurzen Beschreibung von Leistungen und Pflegesätzen. Die Formulierung von Zielindikatoren, Kennzahlen und Qualitätsstandards unterbleibt mit Ausnahme von Mindeststellenschlüsseln. Dementsprechend entfallen Berichtspflichten jenseits von Nachweisen über Mittelverwendung. Eine Rückkopplung an das interne Produktsystem findet nicht systematisch, sondern nur bei „zufälliger" Übereinstimmung statt. Die Bedeutung eines Controllings der Zielvereinbarungen wird hier eher gering eingeschätzt: *„Wir kennen unsere Einrichtungen hier ganz gut. Da helfen mir irgendwelche Kennzahlen eigentlich nicht weiter. Probleme klärt man im Gespräch."* (W2JA1). Die Einführung kann hier als lediglich formal bzw. legitimatorisch gekennzeichnet werden. Auf Seiten eines freien Trägers heißt es dazu: *„Wir haben darauf gedrun-*

gen, Leistungsvereinbarungen auszufüllen, wie wir das von anderen Belegern kennen. Das hat schon seine Vorteile wenn man nachweisen kann, man hat etwas geleistet hat. Aber eigentlich sehe ich von Seiten des Jugendamtes da kein Interesse." (W2FT1). Von Jugendamtsseite werden die Vorteile von Leistungsvereinbarungen insbesondere darin gesehen, dass eine Abkehr von der Zuwendungspraxis für beide Seiten Nutzen bringe (W2JA1). Steuerungsvorteile sehe man eher nicht. *"Wir haben einfach die neuen Form genutzt, aber ohne große Erwartungen"* (W2JA2).

O1 beschreitet ähnlich wie W1 einen recht konsequenten Weg des Abschlusses von Leistungsvereinbarungen. Die Besonderheit des Mecklenburg-Vorpommernschen Kindertagesförderungsgesetzes (§16 KiföG M-V) führt dazu, dass auch im Bereich der Kindertagesbetreuung Leistungs-, Qualitätsentwicklungs- und Entgeltvereinbarungen nach dem Vorbild der §§ 78 a-g SGB VIII eingeführt wurden. Hinzu kommen bereits seit 1998 Leistungsvereinbarungen in der freien Jugendarbeit, die auch einer stadtöffentlichen Ausschreibungspflicht unterliegen. Dies ist mit einem personell gut ausgestatteten Fachbereichscontrolling verbunden, das in regelmäßigen Abständen ergebnisorientierte Berichte erarbeitet. Ein großer Vorteil ist nach Aussage der Akteure, dass das Fachbereichscontrolling nicht nur für den Bereich der Kinder- und Jugendhilfe zuständig ist, sondern auch für den Bereich der Sozialhilfe, wo Leistungs- Entgelt und Qualitätssicherungsvereinbarungen nach § 75 SGB XII schon eine längere Tradition haben. So konnten die Erfahrungen aus diesem Bereich auf die Kinder- und Jugendhilfe übertragen werden. Wesentliche Elemente der Leistungsvereinbarungen, die von den Trägern vorzulegen sind, sind Beschreibungen der zu vereinbarenden Leistungskategorie, ein Nachweis der Finanz-, Personal- und Sachkompetenz, sowie Regelungen zu regelmäßiger Berichterstattung. Weniger ausgeprägt ist die Entwicklung von Zielsystemen und Indikatoren hinsichtlich der Qualität: *"Wir arbeiten hier in erster Linie kostenzentriert. Qualitätsaspekte spielen bei der Vergabe durchaus eine Rolle. Wir verlassen uns dabei aber auf unsere Kenntnis der Einrichtungen und reagieren auf Beschwerden, die da kommen. Aber wenn da nichts kommt, dann, ja eigentlich verlassen wir uns darauf dass das läuft."* (O1JA2). O1 kann als einziger Fall einer Annäherung an eine Ökonomisierung in unserem Fallset bezeichnet werden. Die Leistungsvereinbarungen in O1 sind wesentlich kostenzentrierter als in den Vergleichsstädten. Dies geht bis hin zu Sparvorgaben im Bereich des Personals. O1 ist weiterhin die einzige Stadt, die eine explizite Ausschreibungspolitik verfolgt. Auch wenn dies keine Ausschreibungen im Sinne der Vergabeordnung sind, sondern stadtöffentlich unter den örtlichen Trägern stattfinden, haben sie deutliche Wirkungen hinsichtlich der Kostenentwicklung. Drittens schließlich sind die Laufzeiten der Leistungsvereinbarungen durch Ratsbeschluss auf drei Jahre beschränkt (vgl. O1 1998). Diese relativ kurze Laufzeit wird dennoch als eine Quelle der Planungssicherheit betrachtet: *„Auf Grund der positiven Erfahrungen im Bereich des SGB VIII in der Jugend- und Sozialarbeit haben die freien Träger mit dieser Regelung für den vorgeschlagenen Zeitabschnitt eine finanzielle Planungssicherheit und eine höhere Kontinuität kann erreicht werden."* (O1 2008).

In O2 finden sich Kontrakte und Leistungsvereinbarungen vornehmlich im Bereich der Hilfen zur Erziehung. Hier stellt die Sozialraumbudgetierung im Rahmen der Sozialraumorientierung eine Besonderheit in der Ausgestaltung der Leistungsvereinbarungen dar, die weit über die Ausgestaltung in den anderen Städten hinausgeht. Sie sieht eine weitgehende Übertragung der Budgethoheit an freie Träger vor. An die Träger werden Anforderungen insbesondere hinsichtlich des eingesetzten Personals formuliert (Qualifikationsstandards, Weiterqualifizierung, Festanstellungen). Entscheidend ist, dass den Trägerverbänden und dem Trägerverein die „Schwerpunktverantwortung für *alle* notwendigen Hilfen im Stadtteil" (O2 2001; Hervorhebung SG) eingeräumt wurden und somit ein faktisches Monopol für stationäre (AWO) und ambulante (Trägerverein) Hilfen geschaffen wurde. Ausnahmen dieser Regelung sind möglich beim Bedarf spezieller Hilfeformen, die im Stadtteil nicht vorgehalten werden, oder bei eigenem Wunsch des Klienten. Als Teil des Hilfeplanverfahrens über den Einsatz von Hilfen soll das wöchentlich tagende Sozialraumteam (unter Beteiligung der Träger) fallbezogene Entscheidungen vorbereiten, nicht mehr das Jugendamt bzw. der ASD allein. Dieses Stadtteilteam entscheidet laut Satzung „grundsätzlich im Konsens" (O2 2001). Formal sind die Entscheidung über Hilfen weiter getrennt im so genannten „Kontraktgespräch" zwischen Klient und Jugendamtsvertreter zu fällen. De facto werden nach einhelliger Aussage die Entscheidungen des Sozialraumteams in aller Regel übernommen (O2FT2). Legt man das klassische Leistungsdreieck zugrunde, entscheidet also der Auftragnehmer über die Vergabe des Auftrags an sich selbst mit und verfügt in diesen Fällen zudem über einen erheblichen Wissensvorsprung. Im Gegensatz zu den Entscheidungen im JHA ist hier die Seite der Politik komplett ausgeschlossen. Es wird also ein Vergabegremium eingerichtet, das allein aus Verwaltungsvertretern und den Monopolanbietern im Sozialraum besteht.

Neben dieser fallspezifischen Arbeit sollen (ganz im Sinne des KGSt-Berichts 12/1998) fallunspezifische Maßnahmen durchgeführt werden. Hierzu wurde eine sozialraumorientierte Budgetierung eingeführt. Die Bildung eines Sozialraumbudgets auf der Grundlage von Sozialraumindikatoren, wie z.B. der Anzahl der Arbeitslosen und Sozialhilfeempfänger, war auf Grund mangelnder Daten nicht möglich. Das Sozialraumbudget wurde aus diesem Grund auf Basis der „Ist-Ausgaben" der Hilfen zur Erziehung und angrenzender Hilfen der vergangenen Jahre festgesetzt. Die Planfortschreibung der folgenden Jahre erfolgte weiter auf Basis von Ist Zahlen und angemeldeten Sonderbedarfen. Managementbedingte Einsparungen können zu einem Viertel in fallunspezifische Arbeit gesteckt oder als Rücklagen verwendet werden. Der angestrebte Übergang zu einer Budgetermittlung über Sozialraumindikatoren konnte aus verschiedensten Gründen nicht realisiert werden. *„Ich glaube inzwischen nicht mehr daran, dass wir das realisieren können. Die Zuordnung von Summen zu Problemindikatoren funktioniert einfach nicht. Das ist alles zu komplex. Und falls es funktionieren würde hätten wir das politisch nicht durchsetzen können. Herr X* [Jugendhilfeplaner, SG] *träumt da immer noch von, aber der Rest möchte das weiter so machen wie bisher."* (O2JA2).

Mit den freien Trägern wurden Leistungs- und Qualitätsentwicklungsvereinbarungen geschlossen. Die Leistungsvereinbarungen sind dabei rein inputbasiert und beschreiben die einzelnen Hilfen und die organisatorischen, personellen und räumlichen Voraussetzungen sowie Vereinbarungen zu Supervision und Fortbildung. Auch die Qualitätsentwicklungsvereinbarungen enthalten nur abstrakte fachliche Ziele und fachliche Standards. An einer indikator- und kennzahlenbasierten Ausarbeitung wird seit längerem gearbeitet – allerdings mit mäßigem Engagement. *„Die freien Träger haben da nur ein mäßiges Interesse daran und wir im Jugendamt – wir kennen die Einrichtungen ja. Das ist alles überschaubar. Im Prinzip geht es da eher drum nach außen zu zeigen: ja wir schauen auf die Qualität. Tatsächlich sieht das dann so aus, dass wenn in den Stadtteilen Klagen kommen –wir suchen dann das Gespräch. Mit ausgefeiltem Qualitätsmanagement hat das dann aber nichts zu tun."* (O2JA2)

Die Rolle von Wettbewerb und Konkurrenz stellt sich in den untersuchten Städten ebenfalls recht unterschiedlich dar. In W1 ist die Wettbewerbsorientierung bestenfalls als virtuell zu bezeichnen. Die Drohung von mehr Wettbewerb droht als Damoklesschwert über der lokalen Verhandlungsarena, wie ein Jugendamtsvertreter erläutert: *„Ja Wettbewerb. Wir versuchen schon die freien Träger ein bisschen in Richtung mehr Effizienz zu bringen. Das läuft aber eher über die Drohung von Wettbewerb als dass wir uns tatsächlich nach Alternativen umschauen. Das wirkt in Konflikten ganz gut. Wir müssen aber ein bisschen aufpassen, dass wir nicht in die Lage kommen, das tatsächlich durchziehen zu müssen. [...] Sicher schauen wir uns um, was es im Umkreis an Einrichtungen gibt und ich telefoniere ab und zu mit Kollegen, die die Einrichtung belegen. Aber da geht es eher um Einzelfälle, in denen wir eine spezialisierte Einrichtung suchen."* (W1JA2). Wie geschildert sind die praktizierten Leistungsvereinbarungen eher lern- als wettbewerbsorientiert ausgestaltet: *„Unser Ziel ist ja nicht Kostenersparnis um jeden Preis. Wir wollen die Anbieter vor Ort dazu zu bringen, gute Leistungen mit einem vernünftigen Budget zu erbringen."* (W1JA2). In Verbindung mit den zumindest in Ansätzen vorhandenen Mechanismen der Qualitätssicherung (Qualitätsziele, -indikatoren und Zielerreichungsgespräche) kann der Weg in W1 als qualitätsorientierte, mit leichtem Wettbewerbsdruck verbundene Form der Steuerung gekennzeichnet werden.

W2 kann als weitgehend wettbewerbsfreier Raum charakterisiert werden: *„Wettbewerb sehe ich eigentlich bei uns nicht und halte das auch nicht für sinnvoll. Sicher handeln wir unter Kostendruck und versuchen das auch an die Träger zu vermitteln. So, das und das geht in Zukunft nicht mehr. Aber ich gehe nicht hin und sage: Wenn ihr nicht mitmacht suche ich mir jemand anderen. Das wäre auch nicht glaubwürdig und würde vieles in Frage stellen, was wir hier lange aufgebaut haben. Die Träger sehen unsere finanziellen Probleme ja auch und wir kommen trotz allen Auseinandersetzungen meist auf einen gemeinsamen Nenner"* (W2JA1).

Auf Seiten der freien Träger (Diakonische Einrichtung) sieht man den Kostendruck eindeutig kritischer. *„Das ist schon manchmal schwierig nachzuvollziehen, wenn es in der nächsten Runde heißt: Die und die Leistung muss jetzt auch billiger gehen. Wenn wir dann sagen, das geht aber nur, wenn wir mehr über Aushilfen machen, heißt es: anderswo geht das doch auch. Ich weiß ja, dass das in anderen Jugendämtern ähnlich ist, und dass da viel an der Stellschraube qualifiziertes Personal gedreht wird. Auf der anderen Seite: So viel Auswahl gibt es hier nicht, als dass die ganz auf uns verzichten können."* (W2FT1). Insgesamt wird der Kostendruck zwar an die Träger weitergegeben, jedoch ohne dass tatsächlich Wettbewerb angestrebt wird. Die Einsparstrategie hat vielmehr den Charakter einer hierarchisch durchgesetzten Haushaltskonsolidierung (vgl. Holtkamp 2008b).

Wie bereits in der Ausgestaltung der Leistungsverträge angelegt, kommt O1 einem markt- bzw. wettbewerbsgesteuerten Wohlfahrtsarrangement am nächsten. Neben der Ausgestaltung der Leistungsverträge (klare Kostenvorgaben, kurze Laufzeiten) kommt insbesondere dem Einsatz von Ausschreibungen eine zentrale Rolle zu. Schon seit 1998 legt ein Ratsbeschluss fest: „Neue Angebote werden in der AG freie Träger Jugendarbeit/Jugendsozialarbeit und im Stadtblatt ausgeschrieben" (O1 1998). Dabei finden sich auf dem Anbietermarkt als einzige der vier Fallkommunen privatgewerbliche Anbieter in einem nicht nur marginalen Ausmaß (vgl. Abschnitt 6.2.3). Dieser Wettbewerb wird von Seiten des Jugendamtes begrüßt: *„Ich sehe den Wettbewerb – auch durch die Privaten – sehr positiv. Da geht es ja nicht nur um Geld – jedenfalls nicht ausschließlich - sondern auch um Qualität und was ich noch wichtiger finde um passgenaue Angebote [...] Das mit der Qualität ist ja eher schwierig. Es wird darauf geachtet, dass gewisse Standards erfüllt sind. Also wie viel Platz da ist, ob genügend ausgebildetes Personal da ist. Wir sind mit echtem Qualitätsmanagement nicht so weit."* (O1JA1). Die wohlfahrtsverbandlichen Träger (Diakonie) sehen diese Entwicklung hingegen wiederum kritisch. *„Das ist härter hier als in anderen Gegenden. Wir sind ja ein Trägerverbund mit einigen Standorten mit unterschiedlichen belegenden Jugendämtern – insofern habe ich einen gewissen Vergleich. Und das ist hier deutlich anders. Sowohl was den Kostendruck angeht als auch die Konkurrenz von Dritten. Und das muss einmal gesagt werden. Das ist von der Qualität her schon schlechter. Die haben ihr qualifiziertes Personal auf ein Minimum reduziert und zahlen auch nicht wie wir nach Tarif. Man hat manchmal den Eindruck, das ist dem Jugendamt als Beleger aber nicht wichtig"* (O1FT2).

In O2 ist im Bereich der Jugendhilfe hingegen der Wettbewerb trotz schlechterer wirtschaftlicher Situation weitgehend ausgeschaltet: *„Wir sind hier heilfroh, dass wir uns unsere Träger so aufgebaut, ja zum Teil richtiggehend aufgepäppelt haben, dass wir sagen können wir haben jetzt eine Struktur, wo wir uns auch auf die Qualität verlassen können. Wir wollen da eigentlich keine Neuen mehr drin haben. Das kommt bei uns immer von oben, wenn die Kosten mal wieder aus dem Ruder laufen. Bis jetzt können wir ja immer sagen: Das sind die Angebote die wir haben, zeigt uns erstmal, wer es denn besser macht. Aber der Druck wächst schon."* (O2JA2). Überraschenden Einzug erhält Wettbewerb allerdings durch ein Einfallstor, das zunächst gänzlich unabhängig von Leistungsvereinbarungen und Kontrakten ist. Im Bereich der Kindertagesbetreuung führt der demographische Wandel vor allem in den beiden ostdeutschen Kommunen zu einem gewissen Druck auf die Einrichtungen, bei rückläufigen Kinderzahlen um zu betreuende Kinder zu konkurrieren. *„Hier merkt man schon, dass die bemüht sind offensiver nach außen zu zeigen, was sie bieten. Dass sie anders sind als die anderen"* (O1JA3). Dieser Wettbewerbsdruck ist in O2 deutlich ausgeprägter als in O1. In O1 reagiert man auf rückläufige Zahlen mit dem Abbau eigener Angebote. *„Das ist in [O1] ja durchaus unser Ziel, das öffentliche Engagement etwas zu reduzieren."* (O1JA3). In O2 ist diese Option durch die vollständige Entkommunalisierung verstellt. *„Hier müssen wir schon über die Schließung oder besser Nichtförderung einzelner Einrichtungen nachdenken. Aber das wird eher nach der Jugendhilfeplanung gehen. Also dem Bedarf vor Ort. Das ist schon problematisch; eine bessere Einrichtung in einem Stadtteil ohne Bedarf ist nicht einfach dorthin zu verpflanzen, wo Bedarf ist, aber eine aus unserer Sicht eher schlechte Einrichtung arbeitet."* (O2JA2).

Die Situation in den westdeutschen Städten stellt sich hinsichtlich der Kindertagesbetreuung anders dar. Durch den Ausbau der Ganztagsbetreuung konnte der geringe Rückgang der Kinderzahlen fast vollständig aufgefangen werden. Probleme der Auslastung der Einrichtungen gibt es dort nicht. Im Bereich der Jugendhilfe stellt sich das demographische Problem, wie oben gezeigt, nicht in dem Maße. Hier kann weder im Osten noch im Westen von demographieinduziertem Wettbewerb gesprochen werden.

Zusammenfassend befinden sich alle vier Kommunen noch in einem Findungsprozess im Umgang mit Leistungsvereinbarungen und Kontrakten. Der Weg in W1 zeichnet sich durch einen Steuerungsansatz aus, der sich mit einem vorsichtigen Pluralisierungsanspruch und einer fachlich getriebenen Qualitätspolitik – bei allen operativen Umsetzungsschwierigkeiten – verbindet. Eine primär kostengetriebene Ökonomisierung bleibt jedoch aus. Legt man die idealtypischen Reaktionsweisen zu Grunde, ist W1 ein Fall vorsichtiger Pluralisierung und einer offensiven Qualitätspolitik, die eher normativ-fachlich als ökonomisch induziert ist. In W2 dienen Leistungsvereinbarungen in erster Linie der Legitimation nach außen und gegenüber der Verwaltungsführung, die durch die weitgehende Dezentralisierung und große Führungsspannen große Informationslücken hat. Eine gelebte Kontraktkultur ist weder nach ökonomischen noch fachlichen Gesichtspunkten festzustellen. W2 kann also einem Typus der rein legitimatorischen Anpassung zugeordnet werden. Zwar haben hier fachliche Konzepte einen hohen Stellenwert. Diese werden jedoch abgekoppelt von Kontraktualisierungsprozessen implementiert. O1 stellt den Fall einer Annäherung an eine Ökonomisierung und Vermarktlichung dar. Zwar bleibt auch hier der „Markt" lokal beschränkt, jedoch deutet die Ausgestaltung deutlich auf eine kostenindizierte, auf Haushaltskonsolidierung gerichtete Praxis des Kontraktmanagements hin.

Tabelle 33: Anwendungsfelder und Ausgestaltung von Kontrakten und Leistungsvereinbarungen

	W1	W2	O1	O2
Anwendungsfelder	-Erziehungshilfen -Kindertagesbetreuung (Einzelfälle) -Jugendarbeit	- Erziehungshilfen	- Erziehungshilfen -Kindertagesbetreuung -Jugendarbeit	- Erziehungshilfen
Laufzeiten	3-6 Jahre	3-6 Jahre	Max. 3 Jahre	3-6 Jahre
Anreizgestaltung	gering	gering	mittel	gering
Controlling	mittel (Ergebnisorientiert)	gering	stark (Kosten-Leistungsorientiert)	gering
Qualitätssicherung	mittel	gering	gering	gering
Wettbewerb	mittel	gering	rel. hoch	gering
Implementationstyp	Pluralisierung (mittel) Offensive Qualitätspolitik	Legitimatorische Anpassung	Ökonomisierung	Gegenimplementation

O2 nutzt hingegen das Instrument der Leistungsvereinbarung und des Kontraktmanagements in durchaus kontraintentionaler Art und Weise. Die Ausgestaltung der Vereinbarungen auf Sozialraumebene legt eine Marktschliessung und die bewusste Privilegierung einzelner Träger nahe, in der entwickelten Typologie kann man O2 als Gegenimplementation charakterisieren.

Auffällig ist hierbei, dass die an kontraintentionalen bzw. subversiven Implementationsweisen orientierten Städte sich auf das gesetzlich vorstrukturierte Feld der Erziehungshilfen beschränken, während in den beiden Fällen gemäßigter Pluralisierung und Ökonomisierung versucht wird, die Kontraktlogik auch auf andere Bereiche auszudehnen. Allen vier Fallstudienstädten gemeinsam ist im Übrigen eine nur geringe Qualitätsorientierung. Hier geben alle Städte an, erst an Konzepten zu arbeiten, bzw. diese nur mit geringer Priorität zu verfolgen. In allen vier Städten ist offensichtlich, dass in aller Regel explizites Qualitätsmanagement und –entwicklung durch Vertrauen und die persönliche Kenntnis der Einrichtungen bzw. der Personen ersetzt wird. Dies mag ein Effekt der mittleren Stadtgröße sein. Allerdings wird auch aus großstädtischem Kontext von ähnlichen Erfahrungen berichtet und auch die Versuche von Kontraktmanagement in Großstädten wie Berlin deuten darauf hin, dass Qualitätssicherung auch dort noch am Anfang steht und eher durch die Substitution durch Vertrauen und Ortskenntnis erfolgt. Steuerungsversuche verbleiben seit Jahren auf der konzeptuellen Phase oder laufen im „Testbetrieb" (persönliche Informationen von Verantwortlichen des LIGA-Vertrages, zu einer etwas optimistischeren Bilanz vgl. Backhaus-Maul/Groß 2008). Ebenfalls gering ausgeprägt ist die Entwicklung von Anreizsystemen, seien sie über Bonus-Malus-Regelungen oder durch andere Mechanismen (z.B. privilegierten Zugang zu Spenden, Veranstaltungen oder Bußgeldtöpfen) geregelt. In allen vier Städten wird die Bedeutung betont, die die Planungssicherheit für beide Seiten bei der Aushandlung von Leistungsvereinbarungen spielt. Insofern sind in den beiden besonders durch demographische Schrumpfungsprozesse betroffenen ostdeutschen Städten unterschiedliche Strategien im Bereich der Kindertagesbetreuung zu beobachten: Während in O1 das „Schrumpfungspotential" im Bereich der Einrichtungen des öffentlichen Trägers gesehen wird, steht im „entkommunalisierten" O2 der öffentliche Träger vor dem Rückbau im Bereich der Einrichtungen der freien Träger. Dies führt dazu, dass in O2 von Seiten des öffentlichen Trägers auch kein explizites Interesse besteht, im Bereich der Kindertagesbetreuung durch Leistungsvereinbarungen Planungssicherheit zu schaffen – deren Kehrseite ja immer eine Reduzierung von Flexibilität ist.

6.4.2 Implementations- und Aushandlungsprozess

Die zentrale Frage der Fallstudien ist, wie diese unterschiedlichen Implementationsweisen erklärt werden können. Offensichtlich ist, dass strukturelle Randbedingungen wie die Hauhaltslage oder die Zugehörigkeit zu den alten oder neuen Bundesländern offensichtlich zu kurz greifen. Die Stadtgröße wurde in vorliegendem Fallstudiendesign weitgehend konstant gehalten und gezielt Varianz hinsichtlich der Pluralisierungs- und Ökonomisierungstendenzen erzeugt. Um den Einfluss korporatistischer Arrangements zu kontrollieren, wurde zusätzlich der Ost-West-Faktor variiert. Entscheidend für die Ausgestaltung der Implementationsweise sind folglich die Akteurskonstellationen, Handlungsorientierungen und Interaktionsweisen vor Ort. Diese sollen in diesem Abschnitt rekonstruiert werden. Im theoretischen Abschnitt wurden einige Schlüsselvariablen identifiziert, die durch die quantitative Analyse – soweit Daten vorlagen – bestätigt werden konnten. Diese leiten die Rekonstruktion der Implementationsprozesse ein. Besonderes Augenmerk wird dabei auf folgende Punkte gelegt:

- Im *Verhältnis zwischen zentraler Steuerungs- und dezentraler Fachebene* soll danach gefragt werden, welche Steuerungsansprüche die Verwaltungsführung und die kommunale Politik verfolgten. Inwiefern wird die Fachebene in etwaige Meinungsführerkoalitionen eingebunden? Außerdem wird hier analysiert, inwiefern die Verwaltungsführung in der Lage ist, offenkundige Informationsasymmetrien zu überwinden und auf die tatsächlichen Prozesse auf der dezentralen Fachebene einzuwirken. In diesem Kontext wird auch der Einfluss der NSM-Modernisierung auf diese Steuerungsfähigkeit relevant.
- Zum zweiten soll die *Organisationsfähigkeit von Fachinteressen* auf dezentraler Ebene thematisiert werden. Inwiefern konstituieren sich fachpolitische Modernisierungskoalitionen (Advocacy-Coalitions), die dem Steuerungsanspruch der zentralen Steuerungsebene eigene modernisierungspolitische Impulse entgegenhalten können?
- Drittens soll das *Verhältnis der Fachebene zur freien Trägerlandschaft* thematisiert werden. Inwiefern herrscht hier das Verständnis eines Auftraggeber-Auftragnehmerverhältnisses oder vielmehr ein Verhältnis „partnerschaftlicher Zusammenarbeit" (§4 SGB VIII)? Inwiefern sind die freien Träger in fachliche Advocacy-Coalitions eingebunden und können im Konfliktfall auch gegen die Verwaltungsspitze mobilisiert werden – sowohl in der Öffentlichkeit, als auch im Jugendhilfeausschuss als maßgeblichem Entscheidungsgremium?

In W1 wurde, wie geschildert, eine recht weitgehende Modernisierung nach dem NSM durch eine breite Koalition unter Federführung des damaligen Bürgermeisters in Gang gesetzt und diese ist zum Untersuchungszeitpunkt hinsichtlich der formalen Ausgestaltung – insbesondere hinsichtlich des politischen Kontraktmanagements und einer an Ergebnis- und Zielvorgaben orientierten Steuerung – vergleichsweise fortgeschritten. Der Implementationsprozess wird als partizipativ beschrieben und erfolgte unter frühzeitiger Einbindung der Fachebene. Die Zielsetzung der Verwaltungsspitze war dabei einerseits an Effizienz- andererseits an Effektivitätskriterien orientiert. Wie erwähnt standen Kundenorientierung und andere Ziele erst an nachgeordneter Stelle. Zwar war der Haushaltdruck in W1 im nordrheinwestfälischen Vergleich milde, dennoch war eine Kostenorientierung auf Seiten der Verwaltungsspitze maßgeblich für die Ausgestaltung der Modernisierungsmaßnahmen. Zentrale Instrumente waren eine (inputseitige) Budgetierung und der Aufbau eines ausgeprägten internen – durch Controlling unterstützten Kontraktmanagements. Die Fachebene war in diese Prozesse im Sinne eines Gegenstromverfahrens eingebunden, allerdings behielt die Verwaltungsspitze dabei die Letztentscheidung vor, was zu Konflikten insbesondere über die Budgetbemessung führte. *„In Fragen des Budgets kamen im Ende die Entscheidungen von oben"* (W1JA1). Größere Autonomie konnte sich die fachliche Ebene hingegen hinsichtlich der Ziel- und Ergebnisdefinition erarbeiten. *„Über den strategischen Zielplan wurde hier in der Verwaltung und auch im Jugendhilfeausschuss intensiv diskutiert [...]. Letztendlich wurde da mit dem Budget als Rahmen gefragt. Was geht damit und was nicht."* (W1JA1). Eine Schlüsselrolle wird dem Dezernenten zugebilligt, der als „Generalist" (s.o.) vermittelnd auftrat. *„Er hat durchaus Druck gemacht mit den Budgets auszukommen. Wir waren andererseits in der Lage klar zu machen, was wir hier machen ist wichtig und letztlich haben wir die Kompetenz"* (W1JA1). Letztendlich lässt sich die Konstellation zwischen Verwaltungsführung und Fachebene als von gegenseitigem Respekt geprägt charakterisieren – was allerdings latente Interessenkonflikte nicht verdeckt. Die Fachebene in W1 ist gekennzeichnet durch eine intensive Einbindung in fachliche Arbeitszusammenhänge (AGJ u.a.) und eine hohe fachliche Integration. Diese zeigt sich auch durch die Beteiligung an externen Programmen und die eigenständige Einholung von externem Sachverstand. Diese starken fachlichen Modernisierungsimpulse konnten sich in den meisten fachlichen Fragen durchsetzen, solange sie sich innerhalb des Budgetrahmens bewegten. Von Seiten der Verwaltungsführung kam neben den finanziellen Konsolidierungsbestrebungen auch die Anforderung, die Kontraktlogik auch nach außen auf die freien Träger zu übertragen. Dies wurde von Seiten des Jugendamtes durchaus begrüßt. *„Das lag durchaus in unserem Interesse, Klarheit über Leistungen, Kosten und Standards herzustellen – was uns wichtig war,*

war nur das fachliche Aspekte Berücksichtigung finden. Aber da gab es auch keinen Dissens mit Herrn X [Dezernent]" (W1JA2). Auch der Jugendhilfeausschuss und die im JHA vertretenen Verbandsvertreter trugen diese sich entwickelnde Kontraktpolitik mit. Eine Vertreterin der Diakonie sieht auch für die freien Träger durchaus Vorteile: *„Unsere Arbeit wird ständig in Frage gestellt, insofern ist es schön, wenn verschriftlicht ist, was wir leisten und was wir dafür bekommen. Bisher wurde aus den Zuwendungsbescheiden ersichtlich, welche Summen an uns gehen. Die Gegenleistung war aber nicht transparent."* (W1FT2). Die Erfahrungen mit der schlussendlichen Aushandlung der Kontrakte und Leistungsvereinbarungen schwankten zwischen einer kooperativen Orientierung und dem bereits oben geschilderten „sanften Druck" auf die freien Träger in Kostenfragen, aber auch hinsichtlich von anderen Zielvorgaben. In Kostenfragen wurde von den großen freien Trägern auch versucht, den JHA als Entscheidungsgremium stärker einzubinden als dies der Regelfall ist. *„Im Normalfall werden die Verhandlungen zwischen Jugendamt und freiem Träger geführt. Der Jugendhilfeausschuss nimmt das in der Regel zur Kenntnis und thematisiert das nicht weiter. Wir hatten jetzt zwei oder dreimal die Situation, dass die Kosten im Ausschuss thematisiert wurden. Das kommt von den freien Trägern. Wir entscheiden hier ja traditionell im Konsens. Da kommt es dann schnell zur Solidarisierung."* (W1JA2). Dadurch gestaltet sich das Verhältnis sowohl zwischen Jugendamtsverwaltung und dem Jugendhilfeausschuss wie Jugendamtsverwaltung und den freien Trägern etwas distanzierter als in der Vergangenheit. Gleichzeitig führt der Druck im Jugendhilfeausschuss, der ja auch eine Form von Öffentlichkeit herstellt, dazu, dass auch von Verwaltungsführungsseite Kompromissbereitschaft besteht. Die bisher praktizierte Form der Kontraktualisierung kann so als Kompromiss eines durchaus vorhandenen Kostendrucks mit einem starken Impuls der fachlichen Ebene bezeichnet werden. Der Weg einer fast flächendeckenden Abdeckung über Leistungsvereinbarungen ist dabei nicht mehr umstritten. Der Konsolidierungsdruck kann sich fiskalisch nur bedingt durchsetzen, schafft es aber, den Legitimationszwang auf die Fachebene hinsichtlich des Nachweises von Leistungen und teilweise auch Leistungsqualität durchzusetzen. Hinsichtlich der Hypothesen zur Genese eines Wohlfahrtsarrangements des Typus „fachlich orientierte Qualitätspolitik" (Hypothese 9) kann W1 klar diesem Typus zugeordnet werden und weist die erwarteten Entscheidungskonstellationen auf. Dabei dominiert momentan deutlich die Betonung auf der Fachlichkeit. Wettbewerb hängt momentan noch als (allerdings durchaus ernst genommenes) Damoklesschwert über den Akteuren, was einerseits durch einen gegenwärtig nur abgeschwächten Problemdruck und die präventive Anpassung der Akteursstrategien auf Seiten der freien Träger erklärt werden kann.

Auch in W2 kann der allgemeine Modernisierungsprozess als von oben initiiert, aber kooperativ eingestuft werden. Der Implementationsprozess fokussierte sich auf eine Reform der administrativen Steuerung und war dezentral angelegt. Die Geschäftsbereiche hatten hohe Autonomie und der Dezentralisierungsgrad hinsichtlich der Fach- und Ressourcenverantwortung war hoch. Gleichzeitig wurde durch die Reform der Aufbauorganisation die Führungsspanne deutlich erhöht. Die Ausgestaltung des Berichtswesens und Controllings ist als deutlich unterentwickelt zu charakterisieren. Der Prozess begann mit der Dezentralisierung der Fach- und Ressourcenverantwortung. Über eine Rückkopplung der dezentralisierten Einheiten wurde erst in einem zweiten Schritt nachgedacht. *„Da war und ist immer noch ein gewisses Urvertrauen in der Verwaltungsführung. Irgendwann war da auch der Zeitpunkt, wo Herr X [BM] gesagt hat: das läuft. Wir haben uns dann selbst im Fachdienst intensiv mit dem Neuen Steuerungsmodell beschäftigt. Ich war selbst auf vielen Tagungen. Ich war sehr fasziniert und wir haben versucht, das für uns zu nutzen. Also gefragt, wie können wir uns als Fachdienst besser aufstellen"* (W2JA1). Die Binnenmodernisierung kann so als durch einen starken fachlichen Impuls und eine Führung „an der langen Leine" gekennzeichnet werden. Dies führte in Folge zu einer hohen fachlichen Autonomie, die über sozialräumliche Ansätze und neue Vernetzungs- und Koordinationsformen versuchte, den Modernisierungsimpuls fachlich zu wenden. Der Konsolidierungsdruck war in W2 deutlich geringer ausgeprägt. Das hatte zum einen den Grund einer relativ guten Haushaltslage, zum zweiten eine politische Prioritätensetzung: *„Jugend und Familie haben hier in W2 einen hohen Stellenwert in der Kommunalpolitik. Gespart wird eher in anderen Bereichen"* (W2JA1). Der eigene fachliche Organisationsgrad im Fachdienst kann als hoch eingestuft werden und es gibt starke Vernetzungen in Fachgremien und auch zu sozialpädagogischen Fachbereichen an Universitäten. Der Fachdienst ist allerdings im Dezernat isoliert, da andere benachbarte Aufgabenfelder (Soziales, Schule) dem anderen Dezernat zugeordnet sind. *„Das ist auf der einen Seite problematisch, auf der anderen hat das hier eine gewisse Tradition. Ich weiß nicht, ob wir davon profitieren würden, wenn alle Sozialen geballt auftreten würden. So vermeiden wir manche Verteilungsdebatten unter den einzelnen Fachdiensten."* (W2JA1). Die freien Träger wurden insbesondere im Bereich der sozialpädagogischen Familienhilfe, aber auch in anderen Bereichen einerseits in die sozialräumlichen Arrangements eingebunden, andererseits wurde die Finanzierung im Bereich der Erziehungshilfen früh auf Leistungsvereinbarungen umgestellt. Wie im Abschnitt zum Implementationsstand geschildert, geschah dies ohne tatsächlichen Steuerungsanspruch, sondern einerseits auf Initiative der freien Träger, andererseits durch eine Orientierung *„am allgemeinen Trend und den gesetzlichen Vorgaben"* (W1JA2). Die Initiative ging dabei von einer Einrichtung des Landschaftsverbandes aus; da dieser gleichzeitig als Landesjugendamt fungiert, bestand hier ein Interesse an einer frühzeitigen Beschäftigung mit Leistungsvereinbarungen. Dieser Prozess war zwischen Jugendamt und freien Trägern wenig konfliktgeladen. Die Verhandlungen spielten sich im etablierten Kreis der Anbieter ab, der wie gesehen aus den zwei wesentlichen konfessionellen Verbänden besteht, zu denen traditionell enge Kooperationsbeziehungen bestehen. Die Verwaltungsführung beobachtete die neuen Leistungsvereinbarungen mit Wohlwollen, *„gleichwohl aus der Distanz"* (W1JA2). Der Durchsetzungsgrad der „zentralen Steuerungspolitiker" kann in W2 als relativ schwach eingestuft werden. Dies kann in diesem Fall einerseits durch hohe Führungsspannen und auch geringe Steuerungsambitionen, andererseits durch geringeren Haushaltsdruck erklärt werden. Auf der anderen Seite war der fachliche Modernisierungsimpuls stark ausgeprägt und die Interaktionsbeziehungen zu den freien Trägern bewegten sich in traditionellen korporatistischen Mustern. Dies führte im Falle von W2 allerdings nicht zu einer „Gegenimplementation", die sich bewusst der Aneignung der neuen Instrumente zur Verfolgung eigener Ziele bedienen würde, sondern zu einer weitgehend formalen Einführung von Leistungsvereinbarungen in den gesetzlich regulierten Bereichen. Ansonsten fand fachliche Modernisierung ohne Rückgriff auf die neuen Steuerungsinstrumente mit zahlreichen fachlichen Initiativen statt. Versucht man W2 in die in den Hypothesen entwickelten Annahmen einzuordnen, widerspricht W2 so in einem Punkt der in Hypothese 10 formulierten Annahmen zur Genese der legitimatorischen Anpassung insofern, als eine durchaus artikulationsfähige Modernisierungskoalition vorhanden war. Diese verfolgte aber offensichtlich keine konsequente Gegenimplementation, obwohl durchaus Ansätze dazu vorhanden waren (Sozialraumbudgetierung), sondern verhandelte fachliche Ansätze parallel und unabhängig vom Kontraktualisierungsdiskurs. Nach Auskunft der Beteiligten wurde dazu auch keine Notwendigkeit gesehen, da weder der Druck von Seiten der Verwaltungsführung groß war, noch ein Bedürfnis von Seiten der freien Träger bestand, Kontrakte zur Statussicherung und Marktabschottung zu nutzen.

In O1 wurde der deutliche Haushaltskonsolidierungskurs von der Verwaltungsspitze initiiert und durch die Dezernenten bis auf die Fachebene direktiv durchgesetzt. Dabei waren die Entscheidungsspielräume der Fachebene recht gering. *„Der Druck war von Anfang an da zu Einsparungen zu kommen und das Dezernat machte von Anfang an klar, dass das auch die Trägerseite betreffen sollte"* (O1JA1). Die Fachebene in O1 wird von den meisten Beteiligten als führungsschwach und wenig durchsetzungsfähig beschrieben. Der nicht fachlich vorbelastete Dezernent mit der Verwaltungsspitze im Rücken ist hier der deutlich stärkere Akteur. Die Schwäche der fachlichen Ebene spiegelt sich auch horizontal in schwach ausgeprägter Kooperation zwischen Jugendamt und freien

Trägern wider. Anders als in W1 waren weder die fachliche Ebene noch die freien Träger in größerem Maße vernetzt und konnten gemeinsame fachliche Gegenimpulse entwickeln. Die freien Träger wurden nach der Wende nicht wie in O2 aus lokalen Initiativen heraus bewusst von der Jugendamtsverwaltung aufgebaut, so dass sich nicht das für O2 charakteristische klientelistische Verhältnis zwischen öffentlichen und freien Trägern entwickeln konnte. Im Bereich der Hilfen zur Erziehung wurden die Angebote durch diakonische Trägerverbünde „von außen" aufgebaut, ohne dass enge Verbindungen zur Jugendamtsverwaltung bestanden hätten. Bei den Kindertagesstätten dominierte, wie gesehen, lange Zeit die kommunale Eigenleistung. Die dazutretenden Kindertagesstätten wurden dann auf Eigeninitiative aus Kirchengemeinden und Verbänden heraus gegründet. Auch hier war keine Initiative vom Jugendamt ausgegangen. Eine dritte Wurzel der Schwäche der fachlichen Ebene liegt in den Mehrheitsverhältnissen im Jugendhilfeausschuss begründet. Hier kann durch die deutliche strukturelle Mehrheit der Mehrheitsparteien, die auch die Verwaltungsspitze stellen, kein ausreichender fachlicher Gegendruck mobilisiert werden. Der Anteil freier Träger genügt nicht aus, hier ein ausreichendes Vetopotential aufzubauen. Insofern spielten sich die Aushandlungen der Leistungsvereinbarungen immer im Schatten eines starken Drucks der Verwaltungsspitze ab. Exemplarisch lässt sich die dominante Interaktionskonstellation im Fall der neu verhandelten Leistungsvereinbarungen im Bereich der Kindertagessstätten aufzeigen. Im Fall der Kindertagesstätten (§16 KiföG) wurde hierzu eine Entgeltkommission eingerichtet, die in Arbeitsgruppen unter Beteiligung der freien Träger und des Jugendhilfeausschusses zusammentrat. Ebenso wurde der Elternrat beteiligt. Von allen Seiten wird eine gewisse Unerfahrenheit mit den neuen einrichtungsbezogenen Entgeltvereinbarungen geschildert, die zu einem recht einvernehmlichen Abschluss gebracht wurden – allerdings ohne ernsthaft die Kostenvorgaben diskutieren zu können und fachliche Impulse einbringen zu können. Insgesamt wird dieser Prozess zwar als einvernehmlich und partnerschaftlich beschrieben (O1JA3; O1FT2). Entgegen den Erfahrungen in anderen Städten im Bundesland (vgl. z.B. Sozialministerium 2006: 19) war daher die Anrufung der Schiedsstelle durch Trägereinrichtungen die Ausnahme – was aber auch an mangelndem Selbstbewusstsein gelegen haben mag (O1FT2). Allerdings gab es bereits auf Vereinbarungsebene Probleme, zu klaren Leistungsbeschreibungen von Seiten der freien Träger zu gelangen, die eine klare Zuordnung von Kosten und Leistungen oder fachlichen Kriterien ermöglichen würden. Schon hier war keine vorangegangene Koordination fachlicher Impulse zu registrieren und anders als in anderen Fällen wurde hier von Jugendamtsseite keine Unterstützung im Vorfeld geleistet. Von Seiten der freien Träger wird insbesondere über die strikten Finanzvorgaben von Seiten des öffentlichen Trägers geklagt, die Verhandlungs-

Implementation von Leistungsvereinbarungen und Kontrakten   231

spielräume (Mehrleistungen etc.) kaum zuließen und einen deutlichen Druck auf die Einrichtungen zu möglichst niedrigen Leistungsentgelten ausübten. Die Akteurkonstellationen in O1 entsprechen weitgehend den für den Ökonomisierungsfall angenommen Grundsätzen.

Ganz anders sahen die Akteurskonstellationen in O2 aus. Der allgemeine Modernisierungsimpuls der Verwaltungsspitze wurde hier mit einem starken fachlichen Modernisierungsimpuls der fachlichen Ebene konterkariert. Dieser starke fachliche Impuls kam gemeinsam durch die Jugendamtsleitung und das Sozialdezernat. In der Anfangsphase war auch eine breite Unterstützung der zuständigen Dezernentin wichtig, die ausdrücklich einen Puffer gegen Steuerungsambitionen der Verwaltungsspitze darstellte und die starken fachlichen Ambitionen der Jugendamtsleitung und der fachlichen Netzwerke unterstützte. Der sozialraumorientierte Ansatz in den Erziehungshilfen wurde außerdem durch Modellprogramme von Bundesebene gefördert und begleitet. Durch die dabei entstehende externe fachliche Vernetzung und die bundesweite Präsentation des Modellprojektes konnte neben den internen Befürwortern eine breitere fachliche Befürworterkoalition gegen die Verwaltungsspitze mobilisiert werden. *„Das war sehr hilfreich; wir konnten unser Projekt zumindest anfangs immer gut verkaufen. Wenn dann von oben gesagt wurde „Behaltet die Kosten im Auge" hatte man schnell Hilfe"* (O1JA1). Durch die sehr unklaren und konfliktreichen Mehrheitsverhältnisse spielten die Verbandsvertreter im Jugendhilfeausschuss die Rolle des Zünglings an der Waage und waren so faktisch Vetospieler, gegen die keine Entscheidungen durchgesetzt werden konnten. Die Landschaft der freien Träger in O1 wurde nach der Wende früh bewusst aufgebaut und gefördert, so dass hier eine enge Vernetzung mit dem Jugendamt entstand. Diese Vernetzung entspricht nicht den aus dem Westen bekannten engen neokorporatistischen Netzwerken mit den großen Verbänden, sondern einer eher personenzentrierten klientelistischen Form der Vernetzung, die durchaus auch auf Vorwendenetzwerke zurückgriff. Diese klientelistische Struktur verzichtet bewusst auf Wettbewerb. Bei der Schaffung von Sozialräumen speziell des Pilotstadtteils X wurde explizit darauf geachtet, dass innerhalb des Stadtteils keine Trägerkonkurrenz herrschte, was auch in offiziellen Stellungnahmen freiweg eingeräumt wurde: „[X.] wurde aus folgenden Gründen als Modellregion ausgewählt: [...] Ebenfalls herrscht in [X.] mit je einem Träger für stationäre und ambulante Hilfen eine überschaubare und wenig konkurrierende Trägerlandschaft. Zwischen den Mitarbeiter/innen der freien und des öffentlichen Trägers bestehen relativ harmonische Beziehungen und ein positives Kooperationsklima" (O2 2003: 43). Die direktiven Ambitionen der Verwaltungsspitze konnten so über ein Jahrzehnt zurückgewiesen werden. Diese deutlich professionsorientierte Implementation kann als recht eindeutiger Fall von Gegenimplementation charakterisiert werden, der weitgehend der in Hypothese 11 angenommenen Konstellation entspricht. Allerdings weichen die Beziehungsmuster zwischen öffentlichen und freien Trägern deutlich von neokorporatistischer Vernetzung mit wenigen Großverbänden ab und tragen eher klientelistische Züge. Hier wird insbesondere der Vergleich mit W2 interessant, wo sich ähnliche Entscheidungskonstellationen in einem neokorporatistisch geprägten Umfeld zeigen und lediglich zu legitimatorischer Anpassung führen. Die Verbandsdomänen in W2 sind allerdings gerade durch die neokorporatistische Tradition relativ gesichert und entzogen die Fachakteure, wie gesehen, einem konkreten Handlungsdruck. Demgegenüber machte die recht prekäre Situation der Vereine und Initiativen in O2 eine weitergehende „Neuinterpretation" der Regeln zu einem aus Sicht der Akteure probaten Mittel, Bestandssicherungsinteressen und fachliche Ambitionen vereinbar zu machen.

Tabelle 34: Implementationsprozess

	W1	W2	O1	O2
Initiierung	Verwaltungsführung	Verwaltungsführung	Verwaltungsführung	Verwaltungsführung
Implementationsstil	kooperativ	kooperativ-delegierend	direktiv	direktiv
Rolle Dezernent	vermittelnd	Gewährend (Führungsspanne)	direktiv	Fachlich solidarisch
Rolle Haushaltskonsolidierung	stark	mittel	dominierend	stark
Fachliche Modernisierugsimpulse	stark	stark	schwach	stark
Interaktionsorientierung Verwaltungsführung-Fachebene	verhandelnd-problemlösend	Verhandelnd-konsensorientiert	Verhandelnd-direktiv	konfliktorisch
Einbindung freier Träger	korporatistisch z.T. kritische Distanzierung	korporatistisch-partnerschaftlich	distanziert	partnerschaftlich- klientelistisch
Interaktionsorientierung freie Träger- Jugendamt	verhandelnd-problemlösend	verhandelnd-konsensorientiert	distanziert	partnerschaftlich
Durchsetzungsgrad zentraler Steuerungsimpuls	mittel – stark	schwach	stark	schwach
Durchsetzungsgrad Fachinteressen	stark	stark	schwach	stark

Die Implementierung der geschilderten Sozialraumbudgetierung ermöglichte so eine Art inszenierten Neokorporatismus auf kleinem Raum, der übersichtliche Akteurskonstellationen jedoch nicht auf gesamtstädtischer, sondern eben auf sozialräumlicher Ebene quasi im Nachhinein schuf. Diese Konstellationen führte zu expansiven Tendenzen in den Jugendhilfeausgaben (bei zurückgehender Jugendbevölkerung), so dass mehrfach das Budget des gesamten Amtes überschritten wurde.

Kontrolldefizite werden auch für den Bereich der Kindertagesbetreuung konstatiert. So kritisiert das Gemeindeprüfungsamt dass es „erhebliche Defizite bei der Kontrolle und Prüfung der Einrichtungen freier Träger bezüglich der Beantragung öffentlicher Zuschüsse gab. So gibt es beispielsweise keine wirkliche Kontrolle, ob Elternbeiträge umfassend und vollständig erhoben werden oder ob das von den freien Trägern abgerechnete Personal tatsächlich in der vorgebenen Tarif- und Vergütungsstruktur beschäftigt wird. Das KPA empfiehlt den Städten, die Träger zukünftig intensiver zu kontrollieren" (GPA 2007).

6.5 Zusammenfassung

Die vier Fallstudien zeigten vier recht unterschiedliche Formen des Umgangs mit neuen Steuerungsformen und Kontraktmanagement auf. W1 verfolgt eine qualitätsorientierte Professionspolitik, die weitgehend dem vom BMSFJ unterstützten Leitbild eines „fachlich orientierten Qualitätswettbewerbs" entspricht. Eine relativ gleichgewichtige und gleichberechtigte Rolle von fachlicher Ebene und zentraler Verwaltungsführung führten hier zu für beide Seiten tragfähigen Kompromissen, die zwar von ihrem Implementationsgrad her teilweise noch in den Kinderschuhen stecken, aber ein Potential für eine weitergehende Entwicklung auf dem eingeschlagenen Weg erkennen lassen. W2 verfolgt demgegenüber eine rein legitimatorische Anpassung an von außen herangetragene Steuerungsansprüche. Da die Verwaltungsspitze keine objektiven Möglichkeiten hat, das Kontraktwesen auf der Fachebene zu durchschauen und kontrollierend einzugreifen, findet hier eine inkrementale Anpassung statt, die aber keine Steuerungs- oder Konsolidierungsabsichten verfolgt. O1 stellt einen Fall recht weitgehender Ökonomisierung dar, wie er nur in sehr seltenen Fällen anzutreffen ist. Voraussetzung dafür war eine durchsetzungsfähige Verwaltungsführung, die unter starkem Haushaltsdruck arbeitet, eine schwache fachliche Ebene und eine nicht nach neokorporatistischen Mustern aufgestellte Trägerlandschaft vor Ort. O2 stellt das Gegenbeispiel einer schwachen, durch die politische Konstellation kaum handlungsfähigen Verwaltungsführung dar, die sich gegen eine stark fachlich integrierte Fachverwaltung kaum durchsetzen kann. Diese nutzt die entstehenden

Spielräume, um an den Interessen der Fachverwaltung an leistungsfähigen Trägern und den Bestandsinteressen der freien Träger orientierte Konzepte zu implementieren. Dies stellt einen exemplarischen Fall von Gegenimplementation dar.

Abbildung 30: Implementationsweisen

	Effektive Durchsetzung des zentralen Steuerungsimpulses	
	−	+
Durchsetzung fachpolitischer Modernisierungskoalition −	(Status quo)	Ökonomisierung O1
+	Legitimatorische Anpassung W2 Gegenimplementation O2	Pluralisierung/ Qualitätswettbewerb W1

Die in *Hypothese 4* genannten Voraussetzungen einer effektiven Durchsetzung der zentralen Steuerungsimpulse lassen sich in allen vier Städten beobachten. Allerdings kommen dabei unterschiedliche Mechanismen zum tragen, die eine Verallgemeinerung erschweren. Die effektive Durchsetzung des zentralen Steuerungsimpulses in O1 und W1 entspricht weitgehend den in Hypothese 4 genannten Faktoren. In beiden Städten herrschen klare politische Mehrheiten, allerdings ist in W1 durch die Kohabitation größere Kompromissbereitschaft von Nöten. In beiden Städten finden sich durchsetzungsstarke Dezernenten mit einem Hintergrund in der allgemeinen Verwaltung. Diese guten Voraussetzungen für zentrale Steuerungskapazität werden allerdings in O1 durch relativ hohe Führungsspannen abgeschwächt, die in W1 mittel ausgeprägt sind. Die Schwäche neokorporatistischer Muster in O1 stärkt wiederum die Durchsetzungskraft der Verwaltungsspitze, was O1 zu der am deutlichsten hierarchisch geführten Verwaltung macht; in W1 herrschen deutlich mehr Verhandlungszwänge. Die Ursachen für die relative Führungsschwäche der zentralen Steuerungspolitiker in W2 und O2 resultieren dagegen aus gänzlich unterschiedlichen Quellen. Während in W2 die hohen Führungsspannen für die hohe Fachautonomie verantwortlich sind, resultiert die Schwäche in O2 aus der politischen Konstellation, die eine politische Führung weitgehend blockiert.

Die in *Hypothese 5* formulierten Vorraussetzungen für die Herausbildung einer fachpolitischen Modernisierungskoalition müssen differenzierter betrachtet

Zusammenfassung 235

werden. Sowohl W1, W2 wie O2 verfügen über einflussreiche Modernisierungsakteure auf der Fachebene. Dabei wird deutlich, dass die als Negativfolie zu Hypothese 4 formulierten Faktoren nicht allein ursächlich sein können. In allen drei Fällen sind die Jugendamtsleitungen sehr gut in Fachkreise vernetzt und auch in überregionalen Zusammenhängen der Jugendhilfe aktiv. Alle drei Städte verfügen über recht hohe Anteile an sozialpädagogisch o.ä. qualifiziertem Personal. Gerade für die Ausgestaltung der einzelnen fachlichen Wege, die ja in allen drei Städten durchaus unterschiedlich sind, scheinen an Personen gebundene individuelle Charakteristika erklärungsträchtiger zu sein als strukturelle Faktoren. Eine solche „starke" Jugendamtsleitung mit eigenem fachlichem Anspruch scheint in O1 zu fehlen, so dass hier der Konsolidierungs- und Ökonomisierungsimpuls kaum fachlich gewendet werden konnte. Allein aus der strukturellen Position des Jugendamtes heraus lässt sich dessen Schwäche nicht erklären. Auch der Einfluss neokorporatistischer Muster auf die fachliche Ebene muss angesichts der Konstellation in O2 relativiert werden. O1 entspricht dem für Ostdeutschland zu erwartenden schwach ausgeprägten und fragmentierten Dritten Sektor. O2 hat hingegen eine Trägerlandschaft aus eigenem Impuls heraus aufgepflegt, die nichtkorporatistischen Charakter hat, aber eng mit der Fachverwaltung zusammenarbeitet. In diesem Fall gibt es gegenseitige Abhängigkeitsbeziehungen, die eher klientelistischen Charakter haben, was auch durch zahlreichen „Ausgründungen" freigesetzter Verwaltungsmitarbeiter in der Nachwendezeit ausgelöst wurde.

Die in *Hypothese 6* formulierten Annahmen zur Vermittlung konkurrierender Modernisierungansprüche können am deutlichsten in W1 betrachtet werden, der einzigen Kommune, in der eine positive Vermittlung gelungen ist und in der nicht eine Abkopplung von den zentralen Steuerungszielen (W2 und O2) oder ein weitgehendes Ausblenden der fachlichen Ebene (O1) zu beobachten ist. Entscheidende Voraussetzungen sind einerseits relativ konkordante Entscheidungsmuster, die durch die Konstellation einer Kohabitationssituation und einer faktischen Großen Koalition im Rat begünstigt werden. Dies unterscheidet O1 von den anderen Städten, wo entweder eindeutig und gleichlaufende Mehrheiten (W2 und O1) oder eine sehr konfliktreiche und kompetitive politische Situation vorzufinden sind. Zweitens ist die Fachebene, wie bereits geschildert, gut aufgestellt und vernetzt. Nicht zuletzt eröffnet die relativ günstige Haushaltslage Gestaltungsspielräume, die Positivsummenspiele ermöglichen. Dies ist in den beiden ostdeutschen Städten nicht gegeben.

7 Schluss

Die Arbeit ging von zwei zentralen Fragestellungen aus. Zunächst wurde gefragt, welchen Einfluss Modernisierungsbestrebungen der Kommunen und Ökonomisierungsimpulse auf die Trägerstrukturen im Feld der lokalen sozialen Dienstleistungen haben. Zum Zweiten sollten Auswirkungen auf die konkreten Interaktionsstrukturen zwischen freien und öffentlichen Trägern in den Blick genommen werden. Nach Durchsicht der einschlägigen Forschung und der Theoriediskussion wurden elf zentrale Hypothesen zum Wandel lokaler Wohlfahrtsarrangements formuliert. In diesem abschließenden Kapitel werden nun zunächst die wesentlichen Ergebnisse zusammengefasst und ein Rückschluss auf wesentliche Ausgangshypothesen gezogen. Als Ergebnis soll die Frage der Wandlungsfähigkeit lokaler Wohlfahrtsarrangements in ein kohärentes Interpretationsschema eingeordnet werden (7.1). Als Abschluss soll ein Ausblick gegeben werden, in dem diskutiert wird, was die Ergebnisse dieser Arbeit für Rückschlüsse auf die Reformfähigkeit der lokalen Sozialpolitik, die Möglichkeiten und Grenzen der Steuerung über Kontrakte und die Muster der Verbändebeteiligung in einem weiteren Kontext zulassen (7.2).

7.1 Zentrale Befunde

Während in anderen Feldern sozialer Dienstleistungsproduktion Pluralisierungstendenzen vorzufinden sind sowie eine zunehmende Vermarktlichung festzustellen ist (Paradebeispiel ist die ambulante Pflege) und auch in anderen bisher eher neokorporatistisch strukturierten Politikfeldern von „Postkorporatismus" bzw. neuem Pluralismus die Rede ist (vgl. Trampusch 2006; von Winter 2004), scheinen auf kommunaler Ebene geronnene Strukturen zwischen Verwaltung und Verbändelandschaft auf den ersten Blick eine erstaunliche Persistenz aufzuweisen. Die westedeutschen Wohlfahrtsarrangements zeigen gemessen an den Trägerstrukturen eine erstaunliche Kontinuität. In den ostdeutschen Kommunen ist eine Angleichung der Trägerstrukturen an westdeutsche Verhältnisse zu beobachten. Unterschiede zwischen west- und ostdeutschen Kommunen zeigen sich allerdings in der Zusammensetzung der freien Träger. Konfessionelle Träger spielen in den neuen Ländern weiter eine nachrangige Rolle, dafür sind immer noch bürgerschaftliche Initiativen und verbandsunabhängige Vereine präsenter als im Westen. Wie in der Fallstudienstadt O2 gezeigt werden konnte, entstanden in der Nachwendezeit enge, z.T. klientelistische Verbindungen zwischen Fachverwaltungen, die eine starke gegenseitige Abhängigkeit erzeugten. Ohne neokorporatistischen Zuschnitts zu sein, weisen diese Strukturen mittlerweile hohe Stabilität auf. Dieses Potential hat sich aber zwischenzeitlich erschöpft, so dass bei der Übertragung weiterer Leistungen inzwischen mehrheitlich die etablierten Wohlfahrtsverbände zum Zuge kommen. Eine Pluralisierung der Trägerstrukturen im Sinne einer vermehrten Übertragung von Aufgaben an verbandsunabhängige Träger aus dem privatgewerblichen oder bürgerschaftlichen Bereich ist lediglich in 14 % der Kommunen zu beobachten, teilweise auch dort nur in geringem Maße. Wesentliches Feld der Heranziehung neuer Anbieter bildet das hoch spezialisierte Segment der Kleinsteinrichtungen der stationären Jugendhilfe, ein Phänomen, dem eher ein fachlicher Paradigmenwechsel als Ökonomisierungsimpulse zu Grunde liegt. Stellt man dieses Ergebnis in den Zusammenhang mit der eingangs skizzierten Diskussion zwischen Vertretern einer Wandlungs- und denen einer Beharrungshypothese, bestätigen diese Ergebnisse für das Feld der Kinder- und Jugendhilfe eindeutig die Beharrungsthese.

Versucht man dieses Ergebnis zu erklären, stolpert man zunächst über ein „Puzzle": Diese Beharrung etablierter Trägerstrukturen ist zu beobachten, obwohl in zahlreichen Kommunen Maßnahmen der Binnenmodernisierung sowie Leistungsverträge implementiert wurden, die eine stärkere Pluralisierung der Trägerstrukturen erwarten ließen. Zur Erklärung dieses scheinbaren Widerspruchs wurde mit Rückgriff auf Ergebnisse der Implementationsforschung die These formuliert, dass diese Modernisierungsdiskurse zwar von außen an die Fachebene herangetragen werden und auf einer formalen Ebene zu einer intensiven Beschäftigung mit Konzepten des Kontraktmanagements und der an Qualitäts- und Wirkungszielen orientierten Instrumente führen. Diese Formalstruktur führt aber in der Mehrzahl der Fälle nicht zu einer Umstellung ihrer „Aktivitätsstruktur" (Meyer/Rowan 1991). Die tatsächliche Implementation der Instrumente variiert erheblich. Zur Erklärung dieser Unterschiede wurde insbesondere das Verhältnis zwischen Fach- und zentraler Steuerungsebene verantwortlich gemacht (Hypothesen 1 bis 3).

Die empirischen Ergebnisse zeigen das Phänomen einer „halbierten Kontraktualisierung". Die Binnenmodernisierung der Jugendämter ist bis heute auf halbem Weg stehen geblieben. Zwar hat eine Großzahl der Kommunen den Modernisierungsimpuls des Neuen Steuerungsmodells aufgegriffen. Die Implementation beschränkt sich jedoch auf Teilbereiche und Nischen. Besonders im für diese Arbeit relevanten Bereich der kontraktuellen Steuerungsinstrumente bleibt der Implementationsstand insbesondere des politischen Kontraktmanagements sehr eingeschränkt. Gemessen an der geringen Umsetzung des politischen Kontraktmanagements überrascht die häufige Anwendung eines Kontraktmanagements mit freien Trägern in rund einem Drittel der befragten Kommunen. Die multivariate Analyse zeigt, dass gerade fachliche „Treiber" ein solch freiwilliges Kontraktmanagement begünstigen und der Zugriff der „zentralen Steuerungspolitiker" hier äußerst reduziert ist. Daher ist anzunehmen, dass in der Implementation von Kontraktmanagement fachliche Motive die Effizienz- und Ökonomisierungsimpulse dominieren. Dies wird auch deutlich in der Koppelung des Kontraktmanagements mit einer sozialraumorientierten Budgetierung in 18 % der Fälle. Wie in Abschnitt 2.4.3 gezeigt wurde, führt Sozialraumbudgetierung eher zu einer Schließung des lokalen Wohlfahrtsmarktes und zur Schaffung von „closed shops". Gleichzeitig wird die Steuerung der fachlichen Ebene weiter von der Politik – sprich dem Jugendhilfeausschuss – abgekoppelt, da wesentliche Entscheidungen in politikferne Arbeitsgremien verlagert werden.

Leistungsvereinbarungen als zweite durch Bundesgesetzgebung initiierte Form des Kontraktmanagements haben sich inzwischen ebenfalls weit in den Jugendämtern durchgesetzt. Am weitesten verbreitet sind diese naturgemäß im rechtlich regulierten Bereich der Hilfen zur Erziehung. Auch hier zeigt sich, dass die wesentlichen Auslöser der Einführung von Leistungsvereinbarungen von der Fachebene, nicht aus der Politik oder der Verwaltungsspitze kommen. Bemerkenswert ist hierbei, dass, ähnlich dem Kontraktmanagement, bei der Vergabe Kosten- und Qualitätsaspekte häufig eine nachrangige Rolle spielen. Auch hier zeigt sich also eine halbierte Kontraktualisierung als gängige Implementationsweise. Kommunalpolitisch lässt sich eine Verlagerung der Entscheidungskompetenz vom Jugendhilfeausschuss auf die Verwaltung beobachten. Hinsichtlich des Trägerwandels konnte auch hier gezeigt werden, dass bis auf wenige Ausnahmen primär eine zusätzliche Verschiebung auf die etablierten Träger der freien Wohlfahrtspflege erfolgte.

Diese quantitativen Befunde führten zur Anschlussfrage, was für konkrete Implementationsweisen sich hinter diesem zunächst kontraintuitiven Zwischenergebnis verbergen. Dazu wurden vier wesentliche Implementationsweisen unterschieden und in den Fallstudien wesentliche Faktoren zur Erklärung der unterschiedlichen eingeschlagenen Pfade herausgearbeitet. Unter die Kategorie *Ökonomisierung und Pluralisierung* werden Fälle gefasst, in denen deutliche Pluralisierungstendenzen auf Seiten der Träger vorzufinden sind und in denen die Leistungsbeziehungen konsequent auf Leistungsvereinbarungen beruhen, in denen Leistungs-, Kosten- und Qualitätsfragen vereinbart werden. In der ausschreibungsbasierten Vergabe der Leistungen geben Kosten- und Qualitätskriterien den Ausschlag. Unter *fachlich orientiertem Qualitätswettbewerb* werden Fälle gefasst, in denen Pluralisierungstendenzen auf Seiten der Träger vorzufinden sind und die Leistungsbeziehungen konsequent auf Leistungsvereinbarungen beruhen, in denen Leistungs-, Kosten- und Qualitätsziele vereinbart werden. Ausschlaggebend sind aber nicht Kosten-, sondern Qualitätsfragen. Im Zentrum steht ein qualitätsorientiertes Controlling. *Legitimatorische Anpassung* beschreibt dagegen Fälle, in denen zwar die Formalstruktur von Leistungsvereinbarungen und Kontrakten implementiert wird, diese aber nicht mit einer Kontraktkultur gefüllt werden, d.h. es wird weitgehend auf definierte Leistungs- und Qualitätsziele verzichtet. Als *Gegenimplementation von unten* wurden schließlich Fälle kategorisiert, in denen Leistungsvereinbarungen und Kontrakte in subversiver Manier implementiert werden, um Ziele zu erreichen, die außerhalb des eigentlichen Zielkatalogs der Instrumente liegen.

Über die quantitative Verteilung dieser Implementationsstrategien kann an dieser Stelle leider keine verlässliche Auskunft gegeben werden, da wesentliche Informationen in den erhobenen Daten nicht enthalten sind. Die Kategorien der Ökonomisierung und des Qualitätswettbewerbs dürften allerdings zusammen den oben genannten Anteil von 18% der Fälle nicht übersteigen, sondern eher niedriger liegen. Jugendämter, die weitgehend im Status quo verharren, bilden ca. 30% der Fälle, die mit keinem der Instrumente arbeiten. Bei den verbleibenden rund 50 % handelt es sich offensichtlich um Fälle legitimatorischer Anpassung oder der Gegenimplementation, die sich leider aus den Daten nicht trennscharf isolieren lassen.

Zieht man für eine zusammenfassende Interpretation auch die Ergebnisse anderer Forschungen heran, ergibt sich das folgende Bild für die Mehrheit der deutschen Kommunen: Wie in Abschnitt 5.1 gezeigt wurde, bleibt der Wandel in Trägerstrukturen trotz Aufgabenverschiebungen marginal und standardisierte Qualitätssicherung bleibt weitgehend aus und wird weiterhin durch pauschalisiertes Vertrauen und den Gerüchtemarkt vor Ort ersetzt. Diese altvordere Art der Qualitätssicherung bleibt gerade aus Sicht der Kommunalpolitiker häufig abstrakten Kennzahlensystemen überlegen. Die lokalen Akteure wenden, wie gesehen, sogar eine erhebliche Kreativität auf, um eine Stabilisierung der geronnenen Verhältnisse durch Aneignung des durch Pluralisierungsintentionen geschaffenen Werkzeugkastens oder eine rein legitimatorische Anpassung an Erwartungshaltungen anderer Steuerungsebenen zu erreichen. Wirkliche Wandlungstendenzen scheinen sich nur durch externen Druck und eher hierarchische Implementationsstrukturen durchsetzen zu lassen. Die etablierten Arrangements scheinen sich aus der Sicht der Akteure vor Ort bewährt zu haben. Die Positions- und Zugangsregeln bleiben weitgehend in Kraft. Weiterhin findet sich eine starke Verflechtung der Verbände mit der Sozialadministration und den örtlichen Parteien. Als eine wesentliche Schlüsselposition erwies sich der Sozialdezernent.

Die weit verbreitete „subversive Aneignung" der Kontraktualisierung deutet jedoch darauf hin, dass die lokalen Fachbruderschaften durchaus Problembewusstsein und eigenständige Präferenzbildung zeigen. Die Akteure verhalten sich durchaus kalkulierend und nicht nach einer reinen Angemessenheitslogik. Einerseits können zur Begründung Bestandsinteressen angeführt werden. Es stellt sich heraus, dass Planungssicherheit gerade für kleinere Anbieter einen entscheidenden Faktor darstellt. Dieses Kalkül wird insbesondere in den für alle Seiten noch immer unsicheren ostdeutschen Wohlfahrtsarrangements relevant, wo durch den demographischen Wandel gerade erst etablierte Leistungsstrukturen neu in Frage gestellt werden. Andererseits scheinen sich in vielen Fällen die schlichten Eigeninteressen der Verbände durchzusetzen und sich durch Kontraktmanagement Elemente einer weiteren Schließung des Wohlfahrtsmarktes herauszuschälen.

Leistungsvereinbarungen und Kontrakte werden von den Akteuren bewusst gewählt, da sie einen rechtlichen Rahmen bieten, in dem die Akteure ihre geteilten Ziele besser verwirklichen können als im alten System der Zuwendungsfinanzierung (*Gegenimplementation*). Hinsichtlich der Implementation der Instrumente Kontraktmanagement, Leistungsvereinbarungen und sozialraumorientiertes Kontraktmanagement lassen sich zwei Schlüsse ziehen: Offensichtlich passen die Instrumente in ihrer selektiven Anwendung auf bestehende Akteurkonstellationen bzw. „rules in use", bzw. eröffnen neue Möglichkeiten für deren Sicherstellung. Hier ist insbesondere die Möglichkeit mehrjähriger Leistungsvereinbarungen zu nennen, die den Trägereinrichtungen größere Planungssicherheit einräumt, da die in der Zuwendungsfinanzierung notwendige jährliche Genehmigung des Haushalts durch den Rat entfällt und gerade in unsicherer Haushaltslage Planungssicherheit schafft. Dies ist insbesondere in der noch jungen Trägerlandschaft Ostdeutschlands ein verbreiteter Grund für den Abschluss von Leistungsvereinbarungen (vgl. auch Zimmer 2007 zur Situation in Jena) und dürfte den auf den ersten Blick überraschenden Implementationsstand in Ostdeutschland zu weiten Teilen erklären. Noch weiter gehen radikale Formen des Kontraktmanagements wie die von der KGSt propagierten Sozialraumbudgets (vgl. KGSt 1998), die in der Praxis eine faktische Monopolstellung von einzelnen Trägern oder Trägerverbünden mit eigener Budgetverantwortung in budgetierten Sozialräumen bedeuten. Diese umstrittenen Formen von Kontraktmanagement sind zwar durch mehrere Verwaltungsgerichturteile als rechtswidrig eingestuft (die zentrale Begründung war immer Behinderung von Wettbewerb bzw. der Berufsausübungsfreiheit privater Anbieter), werden aber in zahlreichen Kommunen weiter praktiziert. Andererseits kann man eine rein legitimatorische Implementation beobachten, unter der alte Routinen weiterlaufen (*Legitimatorische Anpassung*). Hierauf deuten etwa Merchels Ergebnisse zu Qualitätsentwicklungsvereinbarungen nach §§ 98 a-g hin, in denen er zeigt, dass rund 80 % der analysierten Vereinbarungen nicht oder unzureichend ausformuliert sind und somit kaum zu einer tatsächlichen Qualitätssteuerung beitragen können. Die Vereinbarungen scheinen daher eine reine Legitimationsfunktion zu besitzen (Merchel 2006).

Zur Frage welche Implementationsweise sich durchsetzt, lassen sich drei wesentliche Schlüsselvariablen herausarbeiten:

Erste Schlüsselvariable ist der *Druck der „zentralen Steuerungspolitiker"* (Banner 1984) auf die sozialpolitischen „Fachbruderschaften" (ebd.), durch die Reform der Leistungsfinanzierung zur Haushaltskonsolidierung beizutragen.

Zweite Schlüsselvariable ist die *effektive Durchsetzung dieser Steuerungsambition* der Verwaltungsspitze. Diese ist durch mehrere intervenierende Faktoren beeinflusst: Verfestigte neokorporatistische Strukturen, wie sie insbesondere in den alten Bundesländern vorzufinden sind, behindern die effektive Durchsetzung. Eine Schlüsselposition stellt offensichtlich die Besetzung des Sozialdezernenten als Bindeglied zwischen Steuerungs- und Fachpolitikern dar: Agiert dieser unabhängig von den Verbandsinteressen und kann dennoch fachliche Vorgänge in den ihm untergeordneten Einheiten überblicken, steigt die Durchsetzungsfähigkeit der Verwaltungsspitze (vgl. auch ein nicht benannter Kreis in Dahme et al. 2005). Beispiele finden sich hier vor allem in Fallkommune O2. In zahlreichen Kommunen ist die Sozialdezernentenposition jedoch mit Vertretern aus dem Verbändeumfeld besetzt (quantitative Angaben liegen meines Wissens nicht vor). Zweitens sinkt die Durchsetzungsfähigkeit mit der Dezentralisierung von Verantwortungsstrukturen, wie es im NSM Programm war (vgl. Holtkamp 2007 am Beispiel kommunaler Haushaltspolitik). Das NSM kann so (nur scheinbar paradoxerweise) zum Pluralisierungs- bzw. Ökonomisierungshindernis werden. Schließlich sind auch parteipolitische Konstellationen zu nennen, die ein Durchgreifen zentraler Steuerungspolitiker auf die Fachebene beeinflussen. In beiden Fällen „vorsichtiger Pluralisierung" haben wir es in den Fallstudien mit klaren politischen Mehrheiten und z.T. einer Gleichläufigkeit der Parteizugehörigkeit von (Ober-)Bürgermeistern zu tun. In beiden Kommunen wurde nur vorsichtig dezentralisiert, jedoch mit betriebswirtschaftlichen Steuerungsinstrumenten eher zentralistischen Zuschnitts gearbeitet. Die entsprechenden Dezernenten gehören keinen fachlichen Netzwerken an und können eher als Statthalter der Verwaltungsspitze verstanden werden.

In den Fallkommunen mit subversiven Reaktionen bzw. rein legitimatorischer Anpassung finden wir Kohabitationskonstellationen vor oder eine Aufbauorganisation, die eine wirksame Kontrolle der Fachebene erschwert. Im Falle der größten „fachlichen Freiräume" finden wir sehr konfliktreiche Konstellationen im Rat, wo sich PDS/Linke und CDU gegenüberstehen. In solchen Konstellationen wird offensichtlich die Kontrolle der Fachverwaltung durch Politik und Verwaltungsspitze deutlich erschwert. Im anderen Fall ist die Führungsspanne auf Grund einer radikalen Reduzierung der Dezernate zu groß um wirksam in die Fachebene durchzugreifen. In beiden Fällen besteht eine recht weitgehende Dezentralisierung der Ressourcenverantwortung, die jedoch in beiden Fällen nur unzureichend durch ein entsprechendes Controlling und Anreizmechanismen rückgekoppelt wird.

Dritte Schlüsselvariable ist die Existenz *fachpolitischer Modernisierungskoalitionen*, die fachliche Diskussionen im Umfeld sozialer Arbeit aufgreifen und offensiv in die Modernisierungsdebatte auf lokaler Ebene einbringen und versuchen, die Herausforderungen Neuer Steuerung und Ökonomisierungsdruck fachpolitisch zu wenden (vgl. ausführlicher Grohs 2007: 249-255). Prominentestes Beispiel im Kontext dieses Beitrags ist die schon angeführte Sozialraumbudgetierung. Die Existenz einer solchen Modernisierungskoalition wird mit der Einbindung in neokorporatistische Netzwerke wahrscheinlicher, da viele Fachdiskurse in Arenen stattfinden, die durch die Spitzenverbände vorstrukturiert werden (Arbeitsgemeinschaft für Jugendhilfe; Deutscher Verein für öffentliche und private Fürsorge etc.). Wiederum kann die professionelle Herkunft des Sozialdezernenten förderlich sein und schließlich bietet ein allgemeiner Modernisierungsdiskurs (z.B. NSM) auch Gelegenheitsfenster fachpolitischer Modernisierung (vgl. Bogumil et al. 2007: 80-82). Solche Modernisierungskoalitionen können ihr Potential am weitesten entfalten, wenn sie sich möglichst dem Zugriff von Verwaltungsspitze und Kommunalpolitik entziehen können: „Die effektive Organisation eines Bündnisses zwischen Vertreter/innen einer fachlichen Sichtweise ist am ehesten möglich über eine Organisation, die bezogen auf diese Fragestellungen nicht in die klassische kommunalpolitische Gemengelage unterschiedlichster Strömungen eingebunden ist" (Hinte et al. 1999: 141). Diese Bedingungen waren unter den Fallstädten insbesondere in O2 – befördert durch die unübersichtliche Gemengelage und starke fachpolitische Spieler auf Seiten des öffentlichen Trägers – zu finden. Mit Abstrichen gilt dies auch für W2.

Das stark vereinfachende Pfadmodell in Abb. 7 kann nach den Erkenntnissen aus den Fallstudien weitgehend aufrecht erhalten werden. Es geht davon aus, dass sich eine *Pluralisierungs- und Ökonomisierungsstrategie* nur durch Druck von der Verwaltungsspitze und die Durchsetzungsfähigkeit des Sozialdezernenten gegen die konterkarierenden Interessen der Fachverwaltung und der Verbandsvertreter erfolgen kann. Eine bloße *legitimatorische* Anwendung der Instrumente erfolgt in der Regel, wenn von außen Druck auf die Fachverwaltungen ausgeübt wird, von Seiten der Verwaltungsspitze aber keine Kompetenz vorliegt, das fachpolitisch vorstrukturierte Feld der Kinder- und Jugendhilfe zu durchblicken. Häufig geht es in der Kontraktgestaltung um die fachliche Definition von

Bedarfslagen und die fachlich adäquate Definition von Kennziffern u.ä., die den Professionellen in den Fachämtern erhebliche Wissensvorsprünge gewähren. Eine dritte mögliche Reaktionsweise auf externen Druck ohne tatsächliche Durchsetzungsmacht ist die genannte *Gegenimplementation* der Instrumente. Ich gehe davon aus, dass eine solche Strategie wesentlich von der „Kreativität" und Kompetenz der Fachverwaltung abhängt. Diese steigt mit der Einbindung in fachpolitische Modernisierungskoalitionen. Eine solche Gegenimplementationsstrategie ist auch unabhängig vom Druck der Verwaltungsspitze denkbar; gerade unter Planbarkeitsgesichtspunkten ist sie in Ostdeutschland häufiger vorzufinden und wird hier gerade unter fachpolitischen Gesichtspunkten verfolgt. Der Residualfall der Beibehaltung des Status Quo, so meine These (die ich in meinen Fallstudien nicht belegen kann, da der Fall nicht miteinbezogen ist), findet sich in Fällen, wo wenig externer Druck existiert und auch unter fachpolitischen Gesichtspunkten kein Änderungsbedarf durchsetzbar (oder notwendig) erscheint.

7.2 Ausblick

Wenn man die im konzeptionellen Teil eingeführte Diskussion um Pfadabhängigkeit heranzieht, stellen sich abschließend zwei Fragen: Sind die beobachteten vier distinkten Entwicklungspfade tatsächlich pfadabhängig, das heißt durch Entscheidungen der Vergangenheit systematisch vorgeprägt? Und was bedeutet dies für die Möglichkeit intentionaler Institutionengestaltung im Sinne von Institutionenpolitik: Sind in Zukunft weiter divergente Pfade in den Kommunen zu erwarten oder kann externer Handlungsdruck oder eine Änderung der politischen Konstellation einen Pfadbruch hin zu größerer Konvergenz erzeugen?

Betrachtet man die in den Fallstudien identifizierten Schlüsselvariablen, ergeben sich unterschiedliche Grade der Wandelbarkeit, die auch auf unterschiedlichen Mechanismen beruhen (vgl. Tab. 35). Dabei erweisen sich die auf Macht basierenden Schlüsselvariablen der politischen Mehrheitsverhältnisse, der Führungsspannen und der Besetzung der Dezernentenposten von einem mittleren Grad an Wandelbarkeit. Letztendlich sind diese vom Mechanismus der Wiederwahl abhängig und insofern von Veränderungen nicht gefeit, wie Erfahrungen aus mehreren Bundesländern zeigen (vgl. Gehne 2008 für NRW). Eindeutig trifft diese Abhängigkeit von der Wiederwahl auf die Mehrheitsverhältnisse und den Dezernenten als Wahlbeamten zu. Indirekt gilt auch für die Führungsspannen, dass sie weitgehend von den politischen Konstellationen abhängen. Hierarchien sind stets eine Frage der Machtteilung und werden häufig nach Wechseln an der Verwaltungsspitze neu thematisiert, wie in Fallstudien zum Hierarchieabbau gezeigt werden konnte (vgl. Bogumil et al. 2007). Relativ leicht wandelbar ist die Position der Jugendamtsleitung, auf deren besondere Rolle als Impulsgeber schon mehrfach hingewiesen wurde.

Tabelle 35: Wandlungsresistenz von Wohlfahrtsarrangements

Schlüsselvariable	Verstärkungsmechanismen	Wahrscheinlichkeit Wandels
Politischen Mehrheitsverhältnisse	Macht	Mittel (Wahl)
Führungsspannen	Macht	Mittel – Hoch
Schlüsselrolle Sozialdezernent	Macht	Mittel – Hoch
neokorporatistischen Strukturen	Increasing Returns Komplementarität Macht Legitimität Funktionalität	Schwer
Fachpolitische Einbindung Jugendamtsleitung	Funktionalität	Hoch
Stärke der Professionellen im Jugendamt	Funktionalität Konformität	Mittel – Schwer (Arbeitsrecht)

Als relativ schwer wandelbar sind jedoch die neokorporatistischen Strukturen einzustufen. Hier wirken mehrere Mechanismen der Selbstverstärkung, welche die einmal etablierten Strukturen stabilisieren. Hier sind einmal die Increasing returns zu nennen, die durch Investitionen in Infrastruktur entstehen, aber auch in Vertrauensbeziehungen angelegt sind, die, wie gesehen, fast überall noch ein Qualitätsmanagement substituieren. Durch die Verwobenheit in den Entscheidungsstrukturen wie dem Jugendhilfeausschuss und Gremien der Hilfeplanung kommt es auch machtpolitisch zu einer Stabilisierung der Verhältnisse. In vielen Fällen haben sich die Arrangements als durchaus funktional erwiesen. Auf der fachlichen Ebene ist in der Regel kein Interesse der Akteure an einer Änderung der Akteurkonstellationen vorhanden (W2; O2). Außer der Aufnahme besonders innovativer Akteure besteht unter funktionalen Aspekten kein Anreiz dazu. Vielmehr sprechen eine Anzahl von Argumenten dagegen, das Akteursspektrum zu erweitern: Mit dem Kreis der Teilnehmer nehmen die Transaktionskosten von Verhandlungen zu und die Interaktionsorientierungen der Akteure werden unberechenbarer. Die Akteure haben ein Interesse an langfristigen Kooperationsbeziehungen (auch dafür sprechen Transaktionskosten (Anbahnungs-, Vertrags- und Kontrollkosten)). Grundlagenkonflikte werden daher nicht thematisiert und inkrementale, an das gegebene Akteurmuster angepasste Entscheidungen werden bevorzugt. Bei aufgeteilten Sozialmärkten nach einzelnen Hilfearten (Caritas macht Erziehungsberatung, Diakonie sozialpädagogische Familienhilfe) führt dies zu negativer Koordination mit den bekannten Problemen sich verfestigender Segmentierung.

Die in der Korporatismusdebatte thematisierte Verpflichtungsfähigkeit der Interessen nimmt mit zunehmender Exitoption ab (vgl. Hirschman 1974). Daher ist insgesamt anzunehmen, dass aus der Steuerungsperspektive heraus für beide Seiten wenige Anreize bestehen, etwas an bestehenden Konstellationen zu ändern. „Für die Einrichtung wäre der Bruch mit dem Hauptbeleger inopportun, dieser wiederum ist auf eine effiziente und Erfolg versprechende Infrastruktur der Leistungserbringung angewiesen" (Messmer 2007: 117). Die Verhandlungsmacht nimmt mit der Größe und „Unersetzbarkeit" in der lokalen Trägerlandschaft naturgemäß zu. Hinzu kommt ein fachliches Kompetenz- und Informationsmonopol bei den Trägern: „Der Finanzmächtigkeit der Kostenträger steht somit die Definitionsmächtigkeit der Einrichtung gegenüber" (Messmer 2007: 123). „Formal sind aufgrund der gesetzlichen Neuregelungen die Leistungsträger zur Kontrolle und Steuerung privilegiert, jedoch nicht immer zur Ausübung dieses Vorteils imstande. Auch diesbezüglich verfügen die Einrichtungen über eine Definitionsmächtigkeit." (Messmer 2007: 124). Die Legacies der Wohlfahrtsarrangements sind gerade auf lokaler Ebene von kommunalpolitischer Bedeutung: Es existieren in den Kommunen bereits freie Träger mit entsprechender materieller Infrastruktur, Beschäftigten und etablierten Klientelbeziehungen sowie etablierten Verbindungen zur Sozialadministration und lokalen Politik. Eine Einstellung dieser Beziehungen nach Marktlogik (exit) führte hier sowohl auf der Ebene der Beschäftigten, z.T. der Klienten (z.B. Eltern von Kindern in Tageseinrichtungen um die Ecke) als auch des Trägerverbands zu Widerständen und Protesten (voice), die sich im kommunalpolitischen System niederschlagen könnten. Die Stärke des Protestpotentials nimmt mit der allgemeinen Anerkanntheit der sozialen Aufgabe und dem Inklusionsgrad des Klientels zu. So dürfte das Mobilisierungspotential bei Kindertagesbetreuung sehr hoch, bei marginalisiertem Klientel dagegen niedrig sein und z.T. ins Gegenteil umschlagen, wie sich bei Debatten um Drogenberatungsstellen und Obdachlosenunterkünfte zeigt, wo vielmehr im nachbarschaftlichen Umfeld häufig Unterstützungspotential für potentielle Schließungen zu beobachten ist.

In der Gesamtschau ergibt sich also zur Frage der Pfadabhängigkeit, dass manche Pfade stabiler sind als andere. Wo bereits etablierte Strukturen des Neokorporatismus vorzufinden sind, werden diese Strukturen in einem positiven Kreislauf verstärkt. Hier sind Pfadbrüche nur nach großen politischen Wechseln zu erwarten. Anders sieht es in den Fällen mit schwachen korporatistischen Mustern aus. Hier haben wir bei den zwei ostdeutschen Fallkommunen zwei gänzlich verschiedene Wege gesehen, die jedoch beide erhebliche Potentiale zum Pfadbruch aufweisen. In O1 bleibt die Möglichkeit der kommunalen Eigenerstellung eine ernstzunehmende Option, die angesichts der hierarchisch orientierten Steuerungsphilosophie bei „Versagen" des Marktes wahrscheinlich erscheint. Gänzlich unsicher ist die Zukunft des Klientelismus wie er ihn in O2 sowie in anderen ostdeutschen Städten zu beobachten ist. Anders als die „versachlichten" Beziehungen des Neokorporatismus sind diese hochgradig personenabhängig und laufen so Gefahr, bei Personalwechseln auf einer der beiden Seiten ihr Ende zu finden. So kann zumindest abschließend die These formuliert werden, dass „Institutionenpolitik" für ambitionierte Akteure in den ostdeutschen Kommunen wesentlich erleichtert ist.

Die Beantwortung der Frage, welche Auswirkungen die in diesem Beitrag vorgestellten Reaktionsweisen auf Verwaltungsmodernisierung und Ökonomisierungsimpulse auf die tatsächliche Leistungserbringung vor Ort haben, musste in dieser Arbeit außen vor bleiben und würde durch komplexe Wirkungsketten auch ein schwieriges Unterfangen. Zu vermuten ist, dass der wahrscheinlich positivste Effekt der Pluralisierungsstrategien in einer größeren Wahlfreiheit der Klienten zu sehen wäre (sofern diese bereit und in der Lage wären, von dieser Gebrauch zu machen). Potentiellen Effizienzgewinnen durch Wettbewerb stehen höhere Transaktionskosten gegenüber, die durch entfallende Eigenbeteiligung z.B. der kirchlichen Träger im Falle von Leistungsvereinbarungen noch erhöht werden. Generell muss aber von Grenzen der Marktfähigkeit sozialer Dienstleistungen ausgegangen werden. Im Bereich sozialer Dienste ist gegenüber den Klienten fachliche Stabilität gefordert. Viele Interaktionsbeziehungen zwischen sozialen Einrichtungen bzw. ihrem Personal und den Klienten sind langfristiger Natur und eine stabilisierte Vertrauensbeziehung ist Voraussetzung für den Erfolg vieler Maßnahmen. Daher wird eine reine Marktorientierung zu Disfunktionalitäten führen, die ein reines Marktszenario unwahrscheinlich machen.

Lokale Sozialpolitik wird sich auch zukünftig mit diesen Fragen der Ausgestaltung der Leistungsbeziehungen und dem Verhältnis von öffentlichen und freien Trägern befassen. Für die praktische Ausgestaltung lokaler Sozialpolitik sollen abschließend noch zwei Themen diskutiert werden, die sich aus den vorgestellten Analysen ergeben: das der Rolle der Kommunen in der Leistungserstellung und schließlich der Zukunft der Steuerung über Kontrakte und Zielvereinbarungen.

Zukünftig wird – diese Prognose sei dem Autor erlaubt – ein altes Thema wieder eine verstärkte Rolle spielen müssen: nämlich das der kommunalen Eigenerbringung sozialer Dienstleistungen. Neben den Problemen, die die Steuerung der freien Träger verursacht, sprechen aus Sicht des Autors eine Reihe von sachlichen Gründen für eine Stärkung der kommunalen Eigentätigkeit, was natürlich dem Subsidiaritätsprinzip widerspricht. Unter fachlichen Gesichtspunkten ist zu diskutieren, ob eine Pluralisierung und damit auch Spezialisierung der Leistungen mit dem gegenläufigen Trend zu integrierten Hilfen und Casemanagement vereinbar ist. Zu weitgehende Pluralisierung und Entkommunalisierung können in einem Erfahrungsverlust der Verantwortlichen auf kommunaler Ebene münden, wie es in O2 zu befürchten ist. Gerade durch zunehmenden Aushandlungsbedarf werden sich Informationsasymmetrien durch den beobachtbaren Rückzug öffentlicher Träger eher noch verschärfen. Der mit einem Rückzug aus der Eigenerstellung verbundene Erfahrungsverlust sollte dabei nicht unterschätzt werden. Angesichts der Defizite abstrakter Steuerungsinstrumente sollten basale sozialpädagogische Kompetenzen nicht allein freien Trägern überlassen werden. Dieses Plädoyer für eine weiterhin aktive Rolle der Kommunen erhält neue Relevanz durch die wachsende Bedeutung von Integrationspolitik in den Kommunen. Angesichts zunehmender Anteile von Menschen mit Migrationshintergrund und nicht-christlicher Sozialisation wird es unter integrationspolitischen Gesichtspunkten bedeutsam, gerade im Kinder- und Jugendalter Stätten der Begegnung zwischen unterschiedlichen Bevölkerungsteilen vorzuhalten. Bei einer Beibehaltung eines hohen Anteils konfessioneller Kinder- und Jugendeinrichtungen, wie dies insbesondere in Westdeutschland der Fall ist, besteht die faktische Gefahr der Segregation nach christlich orientierter und kommunaler Kindertagesbetreuung. Die wenigen kommunalen Einrichtungen werden so zum Sammelbecken der Übriggebliebenen, während die konfessionelle Orientierung für Eltern zum Signal einer „besseren" Kinderbetreuung wird. Um diese Segregationsprozesse zu vermeiden, wäre es sinnvoll, den Kommunen wieder mehr Eigentätigkeit zuzubilligen, da letztendlich nur sie eine säkulare Ausrichtung der Kinderbetreuung garantieren können.

Aus einer politischen Steuerungsperspektive schließlich ist die Frage zu diskutieren, ob die Steuerung über etablierte Vertrauensbeziehungen in vielen Kommunen nicht der effektivere Weg ist, als über das selten funktionierende Kontraktmanagement. Die Bilanz zielorientierter Steuerung ist – auch im internationalen Vergleich – ernüchternd. Wie hier geschildert, wird in den untersuchten Kommunen mit Ausnahme von W1 nur formal über Qualitäts- und Wirkungsziele gesteuert. Wie Merchel (2006) gezeigt hat, bleibt eine tatsächliche Steuerung über Ziele in über 80 % der von ihm untersuchten Vereinbarungen aus. Als wesentliche Problemfelder des Steuerns über Ziele haben sich in unterschiedlichen Kontexten immer wieder die gleichen Sachverhalte herauskristallisiert (vgl. zum Folgenden Jann/Jantz 2008; Hood 2006; Kuhlmann et al. 2004): Probleme der Zielbildung und Messprobleme, Probleme der Rückkopplung der Ergebnisse, nichtintendierte Effekte, hohe Transaktionskosten und große Unzufriedenheit der beteiligten Mitarbeiter. Viele wichtige Wirkungsziele sind entweder schwer messbar („Wirkungen präventiver Maßnahmen") oder schwer einer einzelnen Leistung zuzurechnen („Reduzierung der Jugendkriminalität"). Dies führt häufig zu einer Konzentration auf leicht messbare Zielgrößen ohne Steuerungsrelevanz („Ausleihen Hüpfburg" in W2). Zudem gibt es im Zielbildungsprozess häufig Probleme der Prioritätensetzung, was häufig zu einer übermäßigen Anzahl konkurrierender Ziele führt. Hinsichtlich der Rückkopplung der Ergebnisse fehlen in der Regel Anreizsysteme, so dass lediglich Überzeugungsversuche als Steuerungsmittel verbleiben (vgl. die Praxis in W1). Mangels vergleichbarer Einheiten bleibt Wettbewerb aus. Das Berichtswesen ist häufig unübersichtlich und ohne Steuerungsrelevanz und wird von politischen Entscheidungsträgen ignoriert (vgl. Bogumil et al. 2007). Besonders aus dem angelsächsischen Raum (vgl. Hood 2006) werden zahlreiche nichtintendierte Effekte der Steuerung über Ziele berichtet, die von Zielverschiebungen (Maximierung von einzelnen Kennzahlen), über Sperrklinkeneffekte (Leistungszurückhaltung, um eine Erhöhung der Soll-Werte zu vermeiden) über ein Rosinenpicken bei der Fallbearbeitung bis hin zur mutwilligen Manipulation von Kennzahlen reichen. Angesichts der berichteten Defizite und der mit Aushandlung und Implementation verbundenen Kosten sowie notwendigen Mitarbeiterbindung erscheint die vielerorts vorzufindende Praxis eines „Management by Rumour" durchaus rational.

Dieser Ausblick spricht auch zukünftig für eine weitgehende Persistenz der neokorporatistischen Muster auf lokaler Ebene – zumindest im westdeutschen Kontext. Statt einer weiteren Pluralisierung kann viel eher von einer zukünftig stärkeren Rolle der Kommunen ausgegangen werden, auch ist von einer grundlegenden Umsteuerung auf ziel- und wirkungsbasierte Kontrakte nicht auszugehen. Für weitere sozial- und verwaltungswissenschaftliche Analysen wird es von großem Interesse sein, diese Persistenz etablierter Muster mit anderen Verwaltungs- und Politikfeldern zu vergleichen, wo es deutliche Anzeichen für ein Aufbrechen ursprünglich neokorporatistischer Politikmuster einerseits, eine neue Welle von Versuchen kontraktbasierter und zielorientierter Steuerung andererseits gibt. Die bereits zitierten Analysen zum Postkorporatismus (vgl. Trampusch 2006; von Winter 2004; Heinze 2009) scheinen sich auf Teilbereiche zu beziehen, die sich insbesondere im Bereich der funktionalen Selbstverwaltung (Pflege) befinden. Die Entwicklungen unterscheiden sich erheblich zwischen administrativen Ebenen und Politikfeldern. Daher wäre eine differenzierte Mehrebenenanalyse des Wandels korporativer/pluraler Muster im Wohlfahrtskorporatismus wünschenswert, die unterschiedliche administrative Ebenen (Bund, Länder, Kommunen) und unterschiedliche sozialpolitische Politikfelder (Arbeit, Alterssicherung, Pflege, Gesundheit, Kinder- und Jugendhilfe etc.) vergleichend analysiert. Damit würde die von Benz schon lange geforderte Beachtung der Binnendifferenzierung des Staates in der Korporatismusforschung (vgl. Benz 1994:

213) vorangetrieben. Gleiches gilt für einen Vergleich mit den neuen Steuerungsversuchen über Kontrakte, die sich im Hochschulwesen (vgl. Bogumil/Heinze 2009 und Bogumil/Grohs 2009 für einen ersten Ansatz eines Vergleichs zwischen Kommunen und Hochschulen) oder im Bereich der Bundesagentur für Arbeit finden.

Literaturverzeichnis

Achinger, Hermann (1958): Sozialpolitik als Gesellschaftspolitik. Reinbek: Rowohlt.
Arbeitsgemeinschaft für Erziehungshilfe (AFET) (Hg.) (2001): Bestandsaufnahme und Erfahrungen mit den neuen Regelungen nach §§ 78a ff KJHG in der Kinder- und Jugendhilfe. Hannover: AFET.
Alber, Jens (1995): A Framework for the Comparative Study of Social Services. In: Journal of European Social Policy, 5, 131-149.
Alemann, Ulrich von (1987): Organisierte Interessen in der Bundesrepublik. Opladen: Leske und Budrich.
Alemann, Ulrich von/Heinze, Rolf G. (Hg.) (1979): Verbände und Staat. Vom Pluralismus zum Korporatismus. Opladen: Westdeutscher Verlag.
Angerhausen, Susanne (2003): Radikaler Organisationswandel. Wie die "Volkssolidarität" die deutsche Vereinigung überlebte. Opladen: Leske und Budrich.
Angerhausen, Susanne/Backhaus-Maul, Holger/Offe, Claus/Olk, Thomas/Schiebel, Martina (1998): Überholen ohne Einzuholen. Freie Wohlfahrtspflege in Ostdeutschland. Opladen: Westdeutscher Verlag.
Angerhausen, Susanne/Backhaus-Maul, Holger/Schiebel, Martina (1995): Zwischen neuen Herausforderungen und nachwirkenden Traditionen. Aufgaben und Leistungsverständnis von Wohlfahrtsverbänden in den neuen Bundesländern. In: Rauschenbach, Thomas/Sachße, Christoph/Olk, Thomas (Hg.): Von der Wertgemeinschaft zum Dienstleistungsunternehmen. Jugend- und Wohlfahrtsverbände im Umbruch. Frankfurt/Main: Suhrkamp, 377-404.
Anheier, Helmut K./Priller, Eckhard (1991): The Nonprofit-Sector in East Germany. Before and after Unification. In: Voluntas, 2, 78-94.
Anheier, Helmut K./Priller, Eckhard/Seibel, Wolfgang/Zimmer, Annette (Hg.) (1997): Der Dritte Sektor in Deutschland. Organisationen zwischen Staat und Markt im gesellschaftlichen Wandel. Berlin: Edition Sigma.
Anttonen, Anneli/Jorma, Sipilä (1996): European Social Care Services: Is it possible to identify Models? In: Journal of European Social Policy 6, 87-100.
Aust, Andreas (1993): Wohlfahrtsverbände - Hindernisse eines sozialpolitischen Strukturwandels? In: Zeitschrift für Sozialreform, 38, 570-590.
Arbeiterwohlfahrt (AWO) (2006): Grundsätze und Eckpunkte zur Verbandsentwicklung der AWO. Berlin: AWO.
Axelrod, Robert (1984): The Evolution of Cooperation. New York: Basic Books.
Bäcker, Gerhard/Heinze, Rolf G./Naegele, Gerhard (1995): Die sozialen Dienste vor neuen Herausforderungen. Münster: LIT.

Literaturverzeichnis 251

Backhaus-Maul, Holger (1998): Kommunale Sozialpolitik. Sozialstaatliche Garantien und die Angelegenheiten der örtlichen Gemeinschaft. In: Wollmann, Hellmut/Roth, Roland (Hg.): Kommunalpolitik. Politisches Handeln in den Gemeinden. 2. Auflage. Opladen: Leske und Budrich, 689-703.

Backhaus-Maul, Holger/Groß, Thomas (2008): Treuhandverträge in der Freien Wohlfahrtspflege des Landes Berlin. Halle: Martin-Luther-Universität.

Backhaus-Maul, Holger/Olk, Thomas (1994): Von Subsidiarität zu "outcontracting": Zum Wandel der Beziehungen von Staat und Wohlfahrtsverbänden in der Sozialpolitik. In: Streeck, Wolfgang (Hg.): Staat und Verbände. PVS Sonderheft 25. Opladen: Westdeutscher Verlag, 100-135.

Backhaus-Maul, Holger/Olk, Thomas (1995): Institutionentransfer im föderalen Bundesstaat. Kooperation zwischen öffentlicher und freier Wohlfahrtspflege in den neuen Bundesländern. In: Staatswissenschaften und Staatspraxis, 6, 261-289.

Backhaus-Maul, Holger/Olk, Thomas (1996): Vom Korporatismus zum Pluralismus? Aktuelle Tendenzen in den Staat-Verbände-Beziehungen am Beispiel des Sozialsektors. In: Clausen, Lars (Hg.): Gesellschaften im Umbruch. Verhandlungen des 27. Kongresses der Deutschen Gesellschaft für Soziologie. Frankfurt: Campus, 580-594.

Backhaus-Maul, Holger/Olk, Thomas (1998): Verhandeln und Kooperieren versus autoritative Politik - Regieren im Beziehungsgeflecht zwischen Staat und Drittem Sektor in der Sozialpolitik. In: Hilpert, Ulrich/Holtmann, Everhard (Hg.): Regieren und intergouvernementale Beziehungen. Opladen: Leske und Budrich, 127-146.

Badura, Bernhard/Gross, Peter (1976): Sozialpolitische Perspektiven. Eine Einführung in Grundlagen und Probleme sozialer Dienstleistungen. München: Piper.

Bahle, Thomas (2007): Wege zum Dienstleistungsstaat. Deutschland, Frankreich und Großbritannien im Vergleich. Wiesbaden: VS.

Banner, Gerhard (1972): Politische Willensbildung und Führung in Großstädten der Oberstadtdirektor-Verfassung. In: Grauhan, Rolf-Richard (Hg.): Großstadt-Politik. Texte zur Analyse und Kritik lokaler Demokratie. Gütersloh: Bertelsmann, 162-180.

Banner, Gerhard (1982): Zur politisch-administrativen Steuerung in der Kommune. In: Archiv für Kommunalwissenschaften, 21, 26-47.

Banner, Gerhard (1984): Kommunale Steuerung zwischen Gemeindeordnung und Parteipolitik. In: Die Öffentliche Verwaltung, 37, 364-372.

Banner, Gerhard (1991): Von der Behörde zum Dienstleistungsunternehmen - Ein neues Steuerungsmodell für die Kommunen. In: VOP, 13, 3-7.

Banner, Gerhard (2006): Strategische Führung und Modernisierung des Unternehmens Kommune. In: Jann, Werner/Röber, Manfred/Wollmann, Hellmut (Hg.): Public Management - Grundlagen, Wirkungen, Kritik. Festschrift für Christoph Reichard. Berlin: Edition Sigma, 253-270.

Barnett, Paulin/Newberry, Susan (2002): Reshaping Community Mental Health Services in a Restructured State. In: Public Management Review, 4, 187-208.

Bauer, Rudolph (1978): Wohlfahrtsverbände in der Bundesrepublik. Materialien und Analysen zu Organisation, Programmatik und Praxis. Weinheim/Basel: Beltz.

Baur, Roland (1980): Sozialarbeit im Betrieb. Eine sozialpädagogische und arbeitswissenschaftliche Untersuchung der Werkfürsorge und ihrer Klienten. Beltz: Weinheim.

Behrens, Fritz/Heinze, Rolf G./Hilbert, Josef/Stöbe, Sybille/Walsken, Ernst M. (Hg.) (1995): Den Staat neu denken. Reformperspektiven für die Landesverwaltungen. Berlin: Edition Sigma.

Beinecke, Richard/Goodman, Maury/Lockhart, Amy (1997): The Impact of Managed Care on Massachusetts Mental Health and Substance Abuse Providers. In: Administration in Social Work, 21, 41-53.

Bellstedt, Iris (1999): Leistungsvereinbarungen als kommunaler Prozeß. In: Blätter der Wohlfahrtspflege, 18-20.

Benz, Arthur (1994): Kooperative Verwaltung. Funktionen, Voraussetzungen und Folgen. Baden-Baden: Nomos.

Benz, Arthur (2004): Institutionentheorie und Institutionenpolitik. In: Benz, Arthur/Siedentopf, Heinrich/Sommermann, Karl-Peter (Hg.): Institutionenwandel in Regierung und Verwaltung. Festschrift für Klaus König zum 70. Geburtstag. Berlin: Duncker & Humblot, 19-32.

Benz, Arthur (Hg.) (2004): Governance - Regieren in komplexen Regelsystemen. Eine Einführung. Wiesbaden: VS.

Benz, Arthur (2004):Governance - Modebegriff oder nützliches sozialwissenschaftliches Konzept? In: Benz, Arthur (Hg.): Governance - Regieren in komplexen Regelsystemen. Eine Einführung. Wiesbaden: VS, 11-28.

Benz, Arthur (2006): Eigendynamik von Governance in der Verwaltung. In: Jörg, Bogumil/Jann, Werner/Nullmeier, Frank (Hg.): Politik und Verwaltung. PVS Sonderheft 37. Wiesbaden: VS, 29-49.

Bertelsmann-Stiftung (2006): Wegweiser Demographischer Wandel 2020. Analysen und Handlungskonzepte für Städte und Gemeinden. Gütersloh: Verlag Bertelsmann Stiftung.

Beyer, Jürgen (2006): Pfadabhängigkeit. Über institutionelle Kontinuität, anfällige Stabilität und fundamentalen Wandel. Frankfurt am Main: Campus.

Bieker, Rudolf (2006): Kommunale Sozialverwaltung. Grundriss für das Studium der angewandten Sozialwissenschaften. München, Wien: Oldenbourg.

Blatter, Joachim K./Janning, Frank/Wagemann, Claudius (2007): Qualitative Politikanalyse. Eine Einführung in Forschungsansätze und Methoden. Wiesbaden: VS.

Blomquist, William (1999):The Policy Process and Large-N Comparative Studies. In: Sabatier, Paul A. (Hg.): Theories of the Policy Process. Bolder: Westview Press, 201-230.

Bode, Ingo (2004): Disorganisierter Wohlfahrtskapitalismus. Die Reorganisation des Sozialsektors in Deutschland, Frankreich und Großbritannien. Wiesbaden: VS.

Bode, Ingo (2005): Einbettung und Kontingenz. Wohlfahrtsmärkte und ihre Effekte im Spiegel der neuen Wirtschaftssoziologie. In: Zeitschrift für Soziologie, 34, 250-269.

Boeßenecker, Karl-Heinz (2005): Spitzenverbände der Freien Wohlfahrtspflege. Eine Einführung in Organisationsstrukturen und Handlungsfelder der deutschen Wohlfahrtsverbände. Neuausgabe 2005. München: Juventa.

Boeßenecker, Karl-Heinz/Trube, Achim/Wohlfahrt, Norbert (Hg.) (2000): Privatisierung im Sozialsektor. Rahmenbedingungen, Verlaufsformen und Probleme der Ausgliederung sozialer Dienste. Münster: Votum.

Boeßenecker, Karl-Heinz/Trube, Achim/Wohlfahrt, Norbert (Hg.) (2001): Verwaltungsreform von unten? Lokaler Sozialstaat im Umbruch aus verschiedenen Perspektiven. Münster: Votum.

Bogumil, Jörg (2001): Modernisierung lokaler Politik. Kommunale Entscheidungsprozesse im Spannungsfeld zwischen Parteienwettbewerb, Verhandlungszwängen und Ökonomisierung. Baden-Baden: Nomos.

Bogumil, Jörg (2002): Die Umgestaltung des Verhältnisses zwischen Rat und Verwaltung - das Grundproblem der Verwaltungsmodernisierung. In: Verwaltungsarchiv, 93, 129-148.

Bogumil, Jörg (2004): Ökonomisierung der Verwaltung. Konzepte; Praxis, Auswirkungen und Probleme einer effizienzorientierten Verwaltungsmodernisierung, in: Politische Vierteljahreszeitschrift. Sonderheft 34, 209-231.

Bogumil, Jörg/Grohs, Stephan/Kuhlmann, Sabine (2006):Ergebnisse und Wirkungen kommunaler Verwaltungsmodernisierung in Deutschland – Eine Evaluation nach zehn Jahren Praxiserfahrung. In: Bogumil, Jörg/Jann, Werner/Nullmeier, Frank (Hg.): Politik und Verwaltung. PVS Sonderheft 37. Wiesbaden: VS, 151-184.

Bogumil, Jörg/Grohs, Stephan/Ohm, Anna K. /Kuhlmann, Sabine (2007): Zehn Jahre Neues Steuerungsmodell. Eine Bilanz kommunaler Verwaltungsmodernisierung. Berlin: Edition Sigma.

Bogumil, Jörg/Grohs, Stephan/Reiter, Renate (2008): Möglichkeiten und Grenzen nationaler Stadtpolitik – eine politikwissenschaftliche Perspektive. In: Raumforschung und Raumordnung, 66, 118-139.

Bogumil, Jörg/Grohs, Stephan (2009): Von Äpfeln, Birnen und Neuer Steuerung: Gemeinsamkeiten und Unterschiede von Reformprojekten in Hochschulen und Kommunalverwaltungen, in: Bogumil, Jörg/ Heinze, Rolf G. (Hg.): Neue Steuerung von Hochschulen. Eine Zwischenbilanz. Berlin: Edition Sigma, 139-149.

Bogumil, Jörg/Heinze Rolf G. (Hg.) (2009): Neue Steuerung von Hochschulen. Eine Zwischenbilanz. Berlin: Edition Sigma.

Bogumil, Jörg/Holtkamp, Lars (2001): Kommunale Verwaltungsmodernisierung und bürgerschaftliches Engagement. In: Heinze, Rolf G./Olk, Thomas (Hg.): Bürgerengagement in Deutschland. Bestandsaufnahmen und Perspektiven. Opladen: Leske und Budrich, 549-567.

Bogumil, Jörg/Holtkamp, Lars (2006): Kommunalpolitik und Kommunalverwaltung. Eine policyorientierte Einführung. Wiesbaden: VS.

Bogumil, Jörg/Holtkamp, Lars/Schwarz, Gudrun (2003): Das Reformmodell Bürgerkommune. Leistungen - Grenzen - Perspektiven. Berlin: Edition Sigma.

Bogumil, Jörg/Jann, Werner (2008): Verwaltung und Verwaltungswissenschaft in Deutschland. Einführung in die Verwaltungswissenschaft. 2. Auflage. Wiesbaden: VS.

Bogumil, Jörg/Kißler, Leo (1998): Verwaltungsmodernisierung als Machtspiel. Zu den heimlichen Logiken kommunaler Modernisierungsprozesse, in: Budäus, Dietrich./Conrad, Peter/Schreyögg, Georg (Hrsg.): Managementforschung, Heft 8. New Public Management, Berlin/New York, 123-149.

Bogumil, Jörg/Kuhlmann, Sabine (2004): Zehn Jahre kommunale Verwaltungsmodernisierung. Ansätze einer Wirkungsanalyse. In: Jann, Werner/Jörg, Bogumil/Bouckaert,

Geert/Budäus, Dietrich/Holtkamp, Lars/Kißler, Leo/Kuhlmann, Sabine/Mezger, Erika/Reichard, Christoph/Wollmann, Hellmut (Hg.): Status-Report Verwaltungsreform. Eine Zwischenbilanz nach zehn Jahren. Berlin: Edition Sigma, 51-63.

Bogumil, Jörg/Kuhlmann, Sabine (2006): Wirkungen lokaler Verwaltungsreformen. Möglichkeiten und Probleme der Performanzevaluation. In: Jann, Werner/Röber, Manfred/Wollmann, Hellmut (Hg.): Public Management - Grundlagen, Wirkungen, Kritik. Festschrift für Christoph Reichard zum 65. Geburtstag. Berlin: Edition Sigma, 349-370.

Bogumil, Jörg/Schmid, Josef (2001): Politik in Organisationen. Organisationstheoretische Ansätze und praxisbezogene Anwendungsbeispiele. Opladen: Leske und Budrich.

Böhnisch, Lothar/Gängler, Hans/Rauschenbach, Thomas (1991): Handbuch Jugendverbände. München, Weinheim: Juventa.

Böhret, Carl (1983): Verwaltungspolitik als Reaktion auf gesellschaftliche Bindungen und politische Freiräume der Verwaltung. In: Böhret, Carl/Siedentopf, Heinrich (Hg.): Verwaltung und Verwaltungspolitik. Berlin: Duncker und Humblot, 27-45.

Böllert, Karin (2003): Fachlich regulierter Qualitätswettbewerb. In: Sozialpädagogisches Institut im SOS-Kinderdorf e.V. (SPI) (Hg.): Qualitätsentwicklung und Qualitätswettbewerb. München: SPI, 36-56.

Bönker, Frank/Wollmann, Hellmut (1996): Incrementalism and reform waves: the case of social service reform in the Federal Republic of Germany. In: Journal of European Public Policy, 3, 441-460.

Bönker, Frank/Wollmann, Hellmut (2000): The Rise and Fall of a Social Service Regime: Marketisation of German Social Services in Historical Perspective. In: Wollmann, Hellmut/Schröter, Eckhard (Hg.): Comparing Public Sector Reform in Britain and Germany. Aldershot: Ashgate, 327-350.

Bönker, Frank/Wollmann, Hellmut (2006): Public Sector Reforms and Local Governments in Germany: The Case of Local Social Policy. In: Hoffmann-Martinot, Vincent/Wollmann, Hellmut (Hg.): State and Local Government Reforms in France and Germany. Divergence and Convergence. Wiesbaden: VS, 189-206.

Brady, Henry E./Collier, David (Hg.) (2004): Rethinking Social Inquiry. Diverse Tools, Shared Standards. Lanham: Rowman & Littlefield.

Braun, Joachim/Opielka, Michael (1992): Selbsthilfeförderung durch Selbsthilfekontaktstellen. Stuttgart u.a.

Brauns, Hans-Jochen (1994): Die Wohlfahrtsverbände müssen ihre Orientierung am Staat aufgeben. Finanzierungsformen prägen Organisationsstrukturen - Was sich ändern muß. In: Blätter der Wohlfahrtspflege, 161-163.

Brown, Trevor L./Potoski, Matthew (2003): Managing Contract Performance: A Transaction Cost Approach. In: Journal of Policy Analysis and Management, 22, 275-297.

Brunsson, Nils (1989): The organization of hypocrisy: talk, decisions and actions in organizations. Wiley: Chichester.

Brunsson, Nils/Olsen, Johan P. (1993): The reforming organization. Routledge: London.

Bundesamt für Bauwesen und Raumordnung (BBR) (2004): Stadtentwicklung in Deutschland. Aktuelle Informationen aus der Laufenden Raumbeobachtung des BBR. BBR: Bonn.

Literaturverzeichnis

Bundesarbeitsgemeinschaft der freien Wohlfahrtspflege (BAGFW) (2006): Gesamtstatistik 2004. Berlin: BAGFW.

Bundesarbeitsgemeinschaft der überörtlichen Sozialhilfeträger (BAGüS) (2006): Mitgliederverzeichnis. Stand 7.08.2006.

Bundesministerium für Familie, Senioren, Frauen und Jugend (BMFSFJ) (2002): Elfter Kinder- und Jugendbericht. Bericht über Lebenssituation junger Menschen und die Leistungen der Kinder- und Jugendhilfe in Deutschland. Berlin: BMFSFJ.

Bundesministerium für Jugend, Familie, Frauen und Gesundheit (BMJFFG), (1990): Achter Jugendbericht – Bericht über Bestrebungen und Leistungen der Jugendhilfe. Bundestagsdrucksache 11/6576 vom 6.3.1990.

Bundesministerium für Jugend, Familie und Gesundheit (BMJFG) (1972): Dritter Jugendbericht. Bonn.

Bundesverband privater Träger der freien Kinder-, Jugend- uns Sozialhilfe (VPK) (2007): Wettbewerbsverzerrungen in der Kinder- und Jugendhilfe. Berlin: VPK.

Burgi, Martin (2006): Kommunalrecht. Beck: München.

Burgi, Martin (2007): Künftige Aufgaben der Kommunen im sozialen Bundesstaat. In: Deutsches Verwaltungsblatt, 70-78.

Bußmann, Ulrike/Esch, Karin/Stöbe-Blossey, Sybille (2003): Neue Steuerungsmodelle - Frischer Wind im Jugendhilfeausschuss? Die Weiterentwicklung der neuen Steuerungsmodelle: Tendenzen und Potenziale am Beispiel der Jugendhilfe. Opladen: Leske und Budrich.

Castles, Francis G. /Mitchell, Deborah (1993): Worlds of Welfare and Families of Nations. In: Castles, Francis G. (Hg.): Families of Nations. Patterns of Public Policy in Western Democracies. Aldershot: Dartmouth, 93-128.

Conze, Werner (1960): Der Verein als Lebensform des 19. Jahrhunderts. In: Innere Mission, 8/9, 226-234.

Czada, Roland (1991): Interest Groups, Self-Interest, and the Institutionalization of Political Action. In: Czada, Roland/Windhoff-Héritier, Adrienne (Hg.): Political Choice. Institutions, Rules and the Limits of Rationality. New York/ Boulder: Campus, 257-299.

Czada, Roland (1994): Konjunkturen des Korporatismus. In: Streeck, Wolfgang (Hg.): Staat und Verbände. Sonderband der Politischen Vierteljahresschrift. Opladen: Westdeutscher Verlag.

Czada, Roland (2000): Dimensionen der Verhandlungsdemokratie. Konkordanz, Korporatismus, Politikverflechtung. Hagen: Fernuni Hagen.

Czada, Roland/Schimank, Uwe (2000): Institutionendynamiken und politische Institutionengestaltung: Die zwei Gesichter sozialer Ordnungsbildung. In: Werle, Raymund/Schimank, Uwe (Hg.): Gesellschaftliche Komplexität und kollektive Handlungsfähigkeit. Frankfurt/Main: Campus, 23-43.

Dahme, Hans-Jürgen/Hegner, Friedhart (1982): Wie autonom ist der autonome Sektor? Zum Verhältnis von Staat und freigemeinnütziger Wohlfahrtspflege in der Umstrukturierung ambulanter Pflegedienste. In: Zeitschrift für Soziologie, 11, 28-48.

Dahme, Hans-Jürgen/Kühnlein, Gertrud/Wohlfahrt, Norbert/Burmester, Monika (2005): Zwischen Wettbewerb und Subsidiarität. Wohlfahrtsverbände unterwegs in die Sozialwirtschaft. Berlin: Edition Sigma.

Dahme, Hans-Jürgen/Wohlfahrt, Norbert (Hg.) (2000a): Netzwerkökonomie im Wohlfahrtsstaat. Wettbewerb und Kooperation im Sozial- und Gesundheitssektor. Berlin: Edition Sigma.

Dahme, Hans-Jürgen/Wohlfahrt, Norbert (2000b): Einleitung: Zur politischen Inszenierung von Wettbewerb und Vernetzung im Sozial- und Gesundheitssektor - auf dem Weg zu einem neuen Ordnungsmix. In: Dahme, Hans-Jürgen/Wohlfahrt, Norbert (Hg.): Netzwerkökonomie im Wohlfahrtsstaat. Wettbewerb und Kooperation im Sozial- und Gesundheitssektor. Berlin: Edition Sigma, 9-27.

Derlien, Hans Ulrich/Gürtler, Chistoph/Holler, Wolfgang/Schreiner, Hermann Josef (1976): Kommunalverfassung und kommunales Entscheidungssystem. Eine vergleichende Untersuchung in vier Gemeinden. Meisenheim: Hain.

Dettling, Warnfried (2001): Die Stadt und ihre Bürger. Neue Wege der kommunalen Sozialpolitik. Grundlagen, Beispiele, Perspektiven. Gütersloh: Verlag Bertelsmann Stiftung.

Deutscher Caritasverband (DCV) (1997): Leitbild des Deutschen Caritasverbandes. In: Caritas, 7/1997, 344-354.

Deutscher Caritasverband (DCV) (2005): Zentralstatistik. Stand 1. Januar 2005. Freiburg: DCV.

Deutsches Institut für Urbanistik (Difu), 2005: Modernisierung in deutschen Kommunalverwaltungen – Eine Bestandsaufnahme. Berlin.

DiMaggio, Paul J./Powell, Walter W. (1991): The Iron Cage Revisited: Institutional Isomorphism and Collective Rationality in Organizational Fields. In: Powell, Walter W./DiMaggio, Paul J. (Hg.): The New Institutionalism in Organizational Analysis. Chicago: University of Chicago Press, 63-82.

Döhler, Marian (2007): Hierarchie. In: Benz, Arthur/Lütz, Susanne/Schimank, Uwe/Simonis, Georg (Hg.): Handbuch Governance. Theoretische Grundlagen und empirische Anwendungsfelder. Wiesbaden: VS, 46-53.

Dowding, Keith (1995): Model or Metaphor? A Critical Review of the Policy Network Approach. In: Political Studies, 43, 136-158.

Duberly, Joanne/Johnson, Phil (1999): Contracting in Local Authorities. An exploration of factors impacting upon the development of contracting relationships. In: Public Management, 1, 532-554.

Eberlein, Burkard/Grande, Edgar (2003): Entscheidungsfindung und Konfliktlösung. In: Schubert, Klaus/ Bandelow, Nils C. (Hg.): Lehrbuch der Politikfeldanalyse. München: Oldenbourg, 175-201.

Ebertz, Michael N./Schmid, Josef (1987): Zum Stand der Wohlfahrtsverbände-Forschung. In: Caritas, 88, 289-313.

Eckstein, H. (1975): Case Study and Theory in Political Science. In: Greenstein, Fred I./Polsby, N.W. (Hg.): Handbook of Political Science, Vol. 7. Reading: Addison-Wesley, 79-138.

Esping-Andersen, Gøsta (1990): The Three Worlds of Welfare Capitalism. Cambridge: Polity Press.

Esping-Andersen, Gøsta (1999): The Social Foundations of Postindustrial Economies. Oxford: Oxford University Press.

Evers, Adalbert (1990): Im intermediären Bereich. Soziale Träger und Projekte zwischen Haushalt, Staat und Markt. In: Journal für Sozialforschung, 39, 189-210.

Evers, Adalbert/Olk, Thomas (1996a): Wohlfahrtspluralismus - Analytische und normativ-politische Dimensionen eines Leitbegriffs. In: Evers, Adalbert/Olk, Thomas (Hg.): Wohlfahrtsplualismus. Vom Wohlfahrtsstaat zur Wohlfahrtsgesellschaft. Opladen: Westdeutscher Verlag, 9-60.

Evers, Adalbert/Olk, Thomas (Hg.) (1996b): Wohlfahrtspluralismus. Vom Wohlfahrtsstaat zur Wohlfahrtsgesellschaft. Opladen: Westdeutscher Verlag.

Evers, Adalbert/Rauch, Ulrich/Stitz, Uta (2002): Von öffentlichen Einrichtungen zu sozialen Unternehmen. Hybride Organisationsformen im Bereich sozialer Dienstleistungen. Berlin: Edition Sigma.

Finis Siegler, Beate (1997): Ökonomik sozialer Arbeit. Freiburg: Lambertus.

Flierl, Hans (1992): Freie und öffentliche Wohlfahrtspflege. Aufbau, Finanzierung, Geschichte, Verbände. 2. überarb. Auflage. München.

Flösser, Gaby (1996):Von der Neuorganisation der sozialen Dienste der 70er Jahre zum Kontraktmanagement in 90er Jahren - Lehren aus vergangenen Verwaltungsreformen. In: Merchel, Joachim/Schrapper, Christian (Hg.): Neue Steuerung. Tendenzen der Organisationsentwicklung in der Sozialverwaltung. Münster: Votum, 18-32.

Flösser, Gaby/Otto, Hans-Uwe (Hg.) (1996): Neue Steuerungsmodelle für die Jugendhilfe. Neuwied: Luchterhand.

Freier, Dietmar (1997): Von der Zuwendung zum Leistungsvertrag - Zur kosten- und qualitätsorientierten Finanzierung sozialer Dienstleistungen. In: Maelicke, Bernd (Hg.): Qualität und Kosten sozialer Dienstleistungen. Nomos: Baden-Baden, 83-99.

Friedrichs, Dirk (1998): Der Jugendhilfeausschuss - ein hessischer Überblick. Frankfurt: IFIS.

Frischmuth, Birgit u.a. (2001): Budgetierung in der Stadtverwaltung. DIfU-Arbeitshilfe. Berlin: Deutsches Institut für Urbanistik.

Gängler, Hans (1995): Staatsauftrag und Jugendreich: Die Entwicklung der Jugendverbände vom Kaiserreich zur Weimarer Republik. In: Rauschenbach, Thomas/Sachße, Christoph/Olk, Thomas (Hg.): Von der Wertgemeinschaft zum Dienstleistungsunternehmen. Jugend- und Wohlfahrtsverbände im Umbruch. Frankfurt/Main: Suhrkamp, 175-200.

Gehne, David (2008): Bürgermeisterwahlen in Nordrhein-Westfalen. Wiesbaden: VS.

Gehrmann, Gerd/ Müller, Klaus D. (2006): Management in sozialen Organisationen. Handbuch für die Praxis sozialer Arbeit. 4. Auflage. Regensburg: Walhalla.

Gensicke, Thomas (2006): Hauptbericht. In: Gensicke, Thomas/Picot, Sybille/Geiss, Sabine (Hg.): Freiwilliges Engagement in Deutschland 1999-2004. Wiesbaden: VS, 13-176.

George, Alexander L. /Bennett, Andrew (2005): Case Studies and Theory Development in the Social Sciences. Cambridge, London: MIT Press.

Gerring, John (2007): Case Study Research. Principles and Practices. Cambridge: Cambridge University Press.

Gitschmann, Peter/Bullmann, Udo (1998): Kommunale Altenpolitik. In: Wollmann, Hellmut/Roth, Roland (Hg.): Kommunalpolitik. Politisches Handeln in den Gemeinden. 2. Auflage. Opladen: Leske und Budrich, 732-747.

Glaser, Barney/Strauss, Anselm (1967): Grounded Theory. Strategies for Qualitative Research. New York: Aldine.

Goll, Erich (1991): Die freie Wohlfahrtspflege als eigener Wirtschaftsfaktor. Theorie und Empirie ihrer Verbände und Einrichtungen. Baden-Baden: Nomos.

Gottlieb, Heinz-Dieter/Kaufhold, Susanne/Thomsen, Monika (2003): Rahmenverträge nach §78f Achtes Buch Sozialgesetzbuch (SGB VIII / Kinder- und Jugendhilfe). Eine Untersuchung im Auftrag des Bundesministeriums für Familie, Senioren, Frauen und Jugend, Abschlussbericht. In: Verein für Kommunalwissenschaften (Hg.): Die Vereinbarungen nach §§78 a ff. SGB VIII (Achtes Buch Sozialgesetzbuch - Kinder- und Jugendhilfe). Bestandsaufnahme und Analyse der Leistungs- Entgelt- und Qualitätsentwicklungsvereinbarungen sowie der Rahmenverträge. Berlin: Eigenverlag.

Granovetter, Mark (1985): Economic Action and Social Structure: The Problem of Embeddedness. In: American Journal of Sociology, 91, 481-510.

Grauhan, Rolf-Richard (1969): Modelle politischer Verwaltungsführung. In: Politische Vierteljahresschrift 9, 269-284.

Greese, Dieter (1997): Jugendämter vor dem Aus? - Geschichtslos in die Beliebigkeit der Postmoderne. In: Forum Erziehungshilfen, 2, 82-85.

Grohs, Stephan (2007): Reform der Jugendhilfe zwischen Neuer Steuerung und Professionalisierung. Eine Bilanz nach 15 Jahren Modernisierungsdiskurs. In: Zeitschrift für Sozialreform, 53, 247-274.

Gross, Peter/Badura, Bernhard (1976): Sozialpolitik und soziale Dienste: Entwurf einer Theorie personenbezogener Dienstleistungen. In: Ferber, Christian/Kaufmann, Franz-Xaver (Hg.): Soziologie und Sozialpolitik, 361-385.

Grömig, Erko (2001): Reform der Verwaltungen vor allem wegen Finanzkrise und überholter Strukturen, in: Der Städtetag 3/2001, S. 11-18.

Grunow, Dieter (1991): Sozialverwaltung als Typus kommunaler Verwaltung. In: Heinelt, Hubert/Wollmann, Hellmut (Hg.): Brennpunkt Stadt. Stadtpolitik und lokale Politikforschung in den 80er und 90er Jahren. Basel: Birkhäuser, 128-148.

Grunwald, Klaus (2001): Neugestaltung der freien Wohlfahrtspflege. Management organisationalen Wandels und die Ziele der Sozialen Arbeit. München: Juventa.

Halfar, Bernd (1999): Finanzierungsarten und Finanzierungsformen in der Sozialen Arbeit. In: Halfar, Bernd (Hg.): Finanzierung sozialer Dienste und Einrichtungen. Baden-Baden: Nomos, 43-64.

Hall, Peter A./Soskice, David (Hg.) (2001): Varieties of Capitalism. The Institutional Foundations of Comparative Advantage. Oxford: Oxford University Press.

Hall, Peter A./Taylor, Rosemary (1996): Political Science and The Three New Institutionalisms. In: Political Studies, 44, 952-973.

Hansmann, Henry (1980): The Role of Nonprofit Enterprise. In: Yale Law Journal, 89, 835-898.

Hansmann, Henry (1987): Economic Theories of Nonprofit Organization. In: Powell, Walter W. (Hg.): The Nonprofit Sector. A Research Handbook. New Haven: Yale UP, 27-42.

Hartwich, Hans-Hermann (1970): Sozialstaatspostulat und gesellschaftlicher status quo. Köln/Opladen: Westdeutscher Verlag.

Hasenclever, Christa (1978): Jugendhilfe und Jugendgesetzgebung seit 1900. Göttingen: Vandenhoeck & Ruprecht.

Hasenfeld, Yesehekel (1992): The Nature of Human Service Organization. In: Hasenfeld, Yesehekel (Hg.): Human Services as Complex Organizations. Newbury Park: Sage, 3-23.

Hauser, Richard (1994): Funktionen von freien Wohlfahrtsverbänden. In: Caritas, 95, 112-117.

Heclo, Hugh (1978): Issue-Networks and the Executive Establishment. In: King, Anthony (Hg.): The New American Political System. Washington: AEI, 87-124.

Heiner, Maja (1996): Ziel- und kriterienbezogenes Qualitätsmanagement in der sozialen Arbeit. Vom Katalogisieren der Aktivitäten zur Reflexion von Qualitätskriterien. In: Joachim Merchel; Christian Schrapper (Hg.): „Neue Steuerung". Tendenzen der Organisationsentwicklung in der Sozialverwaltung. Münster: Votum, 210-230.

Heinz, Rainer (2000): Kommunales Management. Überlegungen zu einem KGSt-Ansatz. Stuttgart: Schäffer-Poeschel.

Heinze, Rolf G. (1981): Verbändepolitik und "Neokorporatismus": Zur politischen Soziologie organisierter Interessen. Opladen: Westdeutscher Verlag.

Heinze, Rolf G. (Hg.) (1986): Neue Subsidiarität. Leitidee für eine zukünftige Sozialpolitik? Opladen: Westdeutscher Verlag.

Heinze, Rolf G. (2000): Inszenierter Korporatismus im sozialen Sektor. Politische Steuerung durch Vernetzung. In: Dahme, Hans-Jürgen/Wohlfahrt, Norbert (Hg.): Netzwerkökonomie im Wohlfahrtsstaat. Wettbewerb und Kooperation im Sozial- und Gesundheitssektor. Berlin: Ed. Sigma, 31-46.

Heinze, Rolf G. (2009): Rückkehr des Staates? Politische Handlungsmöglichkeiten in unsicheren Zeiten. Wiesbaden: VS.

Heinze, Rolf G./Olk, Thomas (1981a): Die Wohlfahrtsverbände im System sozialer Dienstleistungsproduktion. Zur Entstehung und Struktur der bundesrepublikanischen Verbändewohlfahrt. In: Kölner Zeitschrift für Soziologie und Sozialpsychologie, 33, 94-114.

Heinze, Rolf G./Olk, Thomas (1981b): Die Bürokratisierung der Nächstenliebe. Am Beispiel von Geschichte und Entwicklung der "Inneren Mission". In: Sachße, Christoph/Tennstedt, Florian (Hg.): Jahrbuch für Sozialarbeit 4. Reinbek: Rowohlt, 233-271.

Heinze, Rolf G./Schmid, Josef (1994): Mesokorporatistische Strategien im Vergleich: Industrieller Strukturwandel und die Kontingenz politischer Steuerung in drei Bundesländern. In: Streeck, Wolfgang (Hg.): Staat und Verbände. PVS-Sonderheft 25. Opladen: Westdeutscher Verlag, 65-99.

Heinze, Rolf G./Schmid, Josef/Strünck, Christoph (1997): Zur politischen Ökonomie der sozialen Dienstleistungsproduktion. Der Wandel der Wohlfahrtsverbände und die Konjunkturen der Theoriebildung. In: Kölner Zeitschrift für Soziologie und Sozialpsychologie, 242-271.

Heinze, Rolf G./Schmid, Josef/Strünck, Christoph (1999): Vom Wohlfahrtsstaat zum Wettbewerbsstaat. Opladen: Leske und Budrich.

Heinze, Rolf G./Strünck, Christoph (1996): Kontraktmanagement im Windschatten des "Wohlfahrtsmix"? Neue kommunale Steuerungsmodelle für das System der Wohlfahrtsverbände. In: Evers, Adalbert/Olk, Thomas (Hg.): Wohlfahrtspluralismus. Vom Wohlfahrtsstaat zur Wohlfahrtsgesellschaft. Opladen: Westdeutscher Verlag, 295-322.

Heinze, Rolf G./Strünck, Christoph (1999): Das soziale Ehrenamt in der Krise - Wege aus dem Dilemma. In: Theorie und Praxis Sozialer Arbeit, 163-168.

Heinze, Rolf G./Strünck, Christoph (2000): Social Service Delivery by Private and Voluntary Organisations in Germany. In: Wollmann, Hellmut/Schröter, Eckhard (Hg.): Comparing Public Sector Reforms in Britain and Germany. Aldershot: Alsgate, 284-303.

Hinte, Wolfgang/Litges, Gerhard/Groppe, Johannes (2003): Sozialräumliche Finanzierungsmodelle. Qualifizierte Jugendhilfe auch in Zeiten knapper Kassen. Berlin: Edition Sigma.

Hinte, Wolfgang/Litges, Gerd/Springer, Werner (1999): Soziale Dienste: Vom Fall zum Feld. Soziale Räume statt Verwaltungsbezirke. Berlin: Edition Sigma.

Hirschman, Albert O. (1974): Abwanderung und Widerspruch. Reaktionen auf Leistungsabfall bei Unternehmen, Organisationen und Staaten. Tübingen: Mohr.

Hockerts, Hans-Günther (1980): Sozialpolitishce Entscheidungen im nachkriegsdeutschland. Stuttgart: Klett-Cotta.

Hollingsworth, Joseph R./Boyer, Robert (1997):Coordination of Economic Actors and Social Systems of Production. In: Hollingsworth, Joseph R./Boyer, Robert (Hg.): Contemporary Capitalism. The Embeddedness of Institutions. Cambridge: Cambridge University Press, 1-47.

Holtkamp, Lars (2000): Kommunale Haushaltspolitik in NRW. Haushaltslage, Konsolidierungspotenziale, Sparstrategien. Opladen: Leske und Budrich.

Holtkamp, Lars (2006): Partizipative Verwaltung - hohe Erwartungen, ernüchternde Ergebnisse. In: Jörg, Bogumil/Jann, Werner/Nullmeier, Frank (Hg.): Politik und Verwaltung. PVS Sonderheft 37. Wiesbaden: VS, 185-207.

Holtkamp, Lars (2007): Perspektiven der Haushaltskonsolidierung und das Neue Steuerungsmodell. In: Bogumil, Jörg/Holtkamp, Lars/Kißler, Leo/Kuhlmann, Sabine/Reichard, Christoph/Schneider, Karsten/Wollmann, Hellmut: Perspektiven kommunaler Verwaltungsmodernisierung. Praxiskonsequenzen aus dem Neuen Steuerungsmodell. Berlin: Edition Sigma, 45-54.

Holtkamp, Lars (2008a): Kommunale Konkordanz- und Konkurrenzdemokratie. Parteien und Bürgermeister in der repräsentativen Demokratie. Wiesbaden: VS.

Holtkamp, Lars (2008b): Lob der Hierarchie? Erfolgsbedingungen effizienzorientierter Verwaltungsreformen. In: Verwaltungsarchiv, 259-277.

Holtkamp, Lars (2008c): Das Scheitern des Neuen Steuerungsmodell. In: der moderne staat, 1, 423-446.

Hood, Christopher (2006): Gaming in the Targetworld: The target approach to managing British public services. In: Public Administration Review 66 (4), 515-521.

Hopf, Christel (2003): Qualitative Interviews - ein Überblick. In: Flick, Uwe/von Kardorff, Ernst/Steinke, Ines (Hg.): Qualitative Forschung. Ein Handbuch. 2. Auflage. Rowohlt: Reinbek, 349-359.

Immergut, Ellen M. (1998): The Theoretical Core of the New Institutionalism. In: Politics & Society, 26, 5-34.

Jaedicke, Wolfgang/Ruhland, Kurt/Wachendorfer, Ute/Wollmann, Hellmut/Wonneberg, Holger (1991): Lokale Politik im Wohlfahrtsstaat. Zur Sozialpolitik der Gemeinden und ihrer Verbände in der Beschäftigungskrise. Opladen: Westdeutscher Verlag.

Janis, Irving L. (1972): Victims of Groupthink. A Psychological Study of Foreign Policy Decisions and Fiascos. Boston: Mifflin.

Jann, Werner (2001): Verwaltungsreform als Verwaltungspolitik: Verwaltungsmodernisierung und Policy-Forschung. In: Schröter, Eckhard (Hg.): Empirische Policy- und Verwaltungsforschung. Lokale, nationale und internationale Perspektiven. Opladen: Leske und Budrich, 321-344.

Jann, Werner (2002): Der Wandel verwaltungspolitischer Leitbilder: Vom Management zu Governance? In: König, Klaus (Hg.): Deutsche Verwaltung an der Wende zum 21. Jahrhundert. Baden-Baden: Nomos, 279-304.

Jann, Werner (2005): Neues Steuerungsmodell. In: Blanke, Bernhard/Bandemer, Stephan/Nullmeier, Frank/Wewer, Göttrik (Hg.): Handbuch zur Verwaltungsreform. 3. Auflage. Wiesbaden: VS, 74-84.

Jann, Werner (2008): Regieren als Governance-Problem: Bedeutung und Möglichkeit institutioneller Steuerung. In: Jann, Werner/König, Klaus (Hg.): Regieren im 21. Jahrhundert. Tübingen: Mohr, 1-28.

Jann, Werner/Bogumil, Jörg/Bouckaert, Geert/Budäus, Dietrich/Holtkamp, Lars/Kißler, Leo/Kuhlmann, Sabine/Mezger, Erika/Reichard, Christoph/Wollmann, Hellmut (2004): Status-Report Verwaltungsreform. Eine Zwischenbilanz nach zehn Jahren. Berlin: Edition Sigma.

Jann, Werner/Jantz, Bastian (2008): A Better Performance of Performance Measurement? In: KPMG (Hg.): Holy Grail or Achievable Quest? International Perspectives on Public Sector Performance Measurement. KPMG, 11-25.

Jann, Werner/Schmid, Günther (2004): Eins zu eins? Eine Zwischenbilanz der Hartz-Reformen am Arbeitsmarkt. Berlin: Edition Sigma.

Jann, Werner/Wegrich, Kai (2003): Phasenmodelle und Politikprozesse: Der Policy Cycle. In: Schubert, Klaus/Bandelow, Nils C. (Hg.): Lehrbuch der Politikfeldanalyse. München: Oldenbourg, 71-104.

Jann, Werner/Wegrich, Kai (2004):Governance und Verwaltungspolitik. In: Benz, Arthur (Hg.): Governance - Regieren in komplexen Regelsystemen. Eine Einführung. Wiesbaden: VS, 193-214.

Johnson, Norman/Jenkinson, Sandra/Kendall, Ian/Bradshaw, Yvonne/Blackmore, Martin (1998): Regulating for Quality in the Voluntary Sector. In: Journal of Social Policy, 27, 307-328.

Jordan, Erwin/Sengling, Dieter (1992): Jugendhilfe. Einführung in Geschichte und Handlungsfelder, Organisationsformen und gesellschaftliche Problemlagen. Weinheim/München: Juventa.

Jordan, Grant/Schubert, Klaus (1992): A preliminary ordering of policy network labels. In: European Journal of Political Research, 21, 7- 27.

Karrenberg, Hanns/Münstermann, Engelbert (2006): Trotz Gewerbesteuerwachstum Kassenkredite auf Rekordniveau. Gemeindefinanzbericht 2006 im Detail. In: der städtetag, 59, 14-99.

Kaufmann, Franz-Xaver (Hg.) (1979): Bürgernahe Sozialpolitik. Planung, Organisation und Vermittlung sozialer Leistungen auf lokaler Ebene. Frankfurt a.M./New York: Campus.

Kaufmann, Franz-Xaver (1982): Elemente einer soziologischen Theorie sozialpolitischer Intervention. In: Kaufmann, Franz-Xaver (Hg.): Staatliche Sozialpolitik und Familie. München,Wien, 49-86.

Kaufmann, Franz-Xaver (1994): Staat und Wohlfahrtsproduktion. In: Derlien, Hans-Ulrich/Gerhardt, Uta/Scharpf, Fritz W. (Hg.): Systemrationalität und Partialinteresse. Festschrift für Renate Mayntz. Baden-Baden: Nomos, 357-380.

Kaufmann, Franz-Xaver (1997): Herausforderungen des Sozialstaats. Frankfurt am Main: Suhrkamp.

Kaufmann, Franz-Xaver (2002): Steuerungsprobleme im Wohlfahrtsstaat. In: Kaufmann, Franz-Xaver (Hg.): Sozialpolitik und Sozialstaat: Soziologische Analysen. Opladen: Leske und Budrich, 163-196.

Kaufmann, Franz-Xaver (2003): Varianten des Wohlfahrtsstaats. Der deutsche Sozialstaat im internationalen Vergleich. Frankfurt am Main: Suhrkamp.

Kersbergen, Kees van (1995): Social Capitalism. A Study of Christian Democracy and the Welfare State. London/New York: Routledge.

Kessl, Fabian/Reutlinger, Christian/Maurer, Susanne/Frey, Oliver (2005): Handbuch Sozialraum. Wiesbaden: VS.

Kettler, Ulrich/von Ferber, Christian (1997): Selbsthilfeförderung: Ein wirkungsvoller Beitrag zur Reform des Sozial- und Gesundheitswesens. In: Sozialer Fortschritt, 226-231.

King, Gary/Keohane, Robert O./Verba, Sidney (1994): Designing Social Inquiry. Scientific Inference in Qualitative Research. Princeton: Princeton University Express.

Kiser, L.L./Ostrom, Elinor (1982): The three worlds of action: a meta-theoretical synthesis of institutional approaches. In: Ostrom, Elionor (Hg.): Strategies of Political Inquiry. Beverly Hills: Sage, 179-222.

Kißler, Leo/Graf, Mealanie/Wiechmann, Elke (2000): Nachhaltige Partizipation. Beschäftigtenbeteiligung als Beitrag für mehr Chancengleichheit. (Modernisierung des öffentlichen Sektors, Sonderband 14). Berlin: Edition Sigma.

Kleinfeld, Ralf (1996): Kommunalpolitik. Eine problemorientierte Einführung. Opladen: Leske und Budrich.

Klenk, Tanja (2008): Modernisierung der funktionalen Selbstverwaltung: Universitäten, Krankenkassen und andere öffentliche Körperschaften. Frankfurt: Campus.

Klug, Wolfgang (1999): Wohlfahrtsverbände zwischen Beharrung, Aufbruch und Neuorientierung. In: Archiv für Kommunalwissenschaften, 71-88.

Kommunale Gemeinschaftsstelle (KGSt) (1993a): Das neue Steuerungsmodell. Begründung, Konturen, Umsetzung. Bericht 5/1993. Köln: KGSt.

Kommunale Gemeinschaftsstelle (KGSt) (KGSt) (1993b): Organisation der Jugendhilfe: Ziele, Aufgaben und Tätigkeiten des Jugendamtes. Informationsbericht über die Aufgaben und Organisation der Jugendämter nach dem KJHG. KGSt-Bericht 3/1993. Köln: KGSt.

Kommunale Gemeinschaftsstelle (KGSt) (1993c): Budgetierung: Ein neues Verfahren der Steuerung kommunaler Haushalte. Bericht 6/1993. Köln: KGSt.

Kommunale Gemeinschaftsstelle (KGSt) (1994): Outputorientierte Steuerung der Jugendhilfe. Bericht 9/1994. Köln: KGSt.
Kommunale Gemeinschaftsstelle (KGSt) (1995a): Aufbauorganisation in der Jugendhilfe. Bericht 3/1995. Köln: KGSt.
Kommunale Gemeinschaftsstelle (KGSt) (1995b): Das Neue Steuerungsmodell - Erste Zwischenbilanz. Bericht 10/1995. Köln: KGSt.
Kommunale Gemeinschaftsstelle (KGSt) (1996): Integrierte Fach- und Ressourcenplanung in der Jugendhilfe. Bericht 3/1996. Köln: KGSt.
Kommunale Gemeinschaftsstelle (KGSt) (1998): Kontraktmanagement zwischen öffentlichen und freien Trägern der Jugendhilfe. Bericht 12/1998. Köln: KGSt.
Kommunale Gemeinschaftsstelle (KGSt): Strategisches Management IV: Fachbereichsstrategien am Beispiel der Jugendhilfe. Bericht 11/2000. Köln: KGSt.
Kommunales Prüfungsamt Brandenburg (2005): Zusammenfassender Bericht über die überörtliche Prüfung im Bereich der Jugendhilfe in den kreisfreien Städten des Landes Brandenburg. Potsdam: Ministerium des Innern Brandenburg.
Kommunales Prüfungsamt Brandenburg (2007): Zusammenfassender Bericht über die überörtliche Prüfung im Bereich der Kindertagesbetreuung in den kreisfreien Städten des Landes Brandenburg. Potsdam: Ministerium des Innern Brandenburg.
Kooiman, Jan (2002): Governance. A Social-Political Perspective. In: Grote, Jürgen, R. /Gbiki, Bernard (Hg.): Participatory Governance. Political and Societal Implications. Opladen: Leske und Budrich, 71-96.
Kramer, Ralph M. (1990): Nonprofit Social Service Agencies and the Welfare State: Some Research Considerations. In: Anheier, Helmut K./Seibel, Wolfgang (Hg.): The Third Sector. Comparative Studies of Nonprofit Organizations. Berlin/New York: De Gruyter, 255-268.
Kreft, Dieter (1987): Öffentliche Träger, Wohlfahrts- und Jugendverbände, selbstorganisierte (alternative) Projekte und Initiativen - Zur Entwicklung ihres Verhältnisses. In: Boll, Fritz/Olk, Thomas (Hg.): Selbsthilfe und Wohlfahrtsverbände. Freiburg: Lambertus, 56-68.
Kuhlmann, Sabine (2008): Politik- und Verwaltungsreform in Kontinentaleuropa. Subnationaler Institutionenwandel im deutsch-französischen Vergleich. Baden-Baden: Nomos.
Kuhlmann, Sabine/Bogumil, Jörg/Grohs, Stephan (2008): Evaluating Administrative Modernization in German Local Governments: Success or Failure of the "New Steering Model"? In: Public Administration Review, 68, 851-863.
Kuhlmann, Sabine/Bogumil, Jörg/Wollmann, Hellmut (2004): Leistungsmessung und Leistungsvergleich in Politik und Verwaltung, Wiesbaden: VS.
Kühn, Dietrich (1994): Jugendamt - Sozialamt - Gesundheitsamt. Entwicklungslinien der Sozialverwaltung in Deutschland. Neuwied: Luchterhand.
Kuhnle, Stein (Hg.) (2000): The Survival of the European Welfare State. London: Routledge.
Kulbach, Roderich/Wohlfahrt, Norbert (1996): Modernisierung der öffentlichen Verwaltung? Konsequenzen für die freie Wohlfahrtspflege. Freiburg: Lambertus.

Kunz, Volker/Zapf-Schramm, Thomas (1989): Ergebnisse der Haushaltsentscheidungsprozesse in den kreisfreien Städten der Bundesrepublik. In: Schimanke, Dieter (Hg.): Stadtdirektor oder Bürgermeister. Basel: Birkhäuser, 161-189.
Lamnek, Siegfried (2005): Qualitative Sozialforschung. 4. Aufl. Weinheim: Beltz.
Lehmbruch, Gerhard (1993): Institutionentransfer. Zur politischen Logik der Verwaltungsintegration in Deutschland. In: Seibel, Wolfgang/Benz, Arthur/Mäding, Heinrich (Hg.): Verwaltungsreform und Verwaltungspolitik im Prozess der deutschen Einigung. Baden-Baden: Nomos, 41-66.
Lehmbruch, Gerhard (1996): Der Beitrag der Korporatismusforschung zur Entwicklung der Steuerungstheorie. In: Politische Vierteljahresschrift 36, 735-751.
Leibfried, Stephan/Obinger, Herbert (2003): The State of the Welfare State. German Social Policy between Macroeconomic retrenchment and Microeconomic Recalibration. In: West European Politics, 26, 199-218.
Liebig, Reinhard (2001): Strukturveränderungen des Jugendamts. Kriterien für eine "gute" Organisation der öffentlichen Jugendhilfe. Weinheim/München: Juventa.
Liebig, Reinhard (2005): Wohlfahrtsverbände im Ökonomisierungsdilemma. Freiburg: Lambertus.
Lindblom, C.E. (1959). The Science of Muddling Through. In: Public Administration Review, 19, 79-88.
Lütz, Susanne (2006): Zwischen Pfadabhängigkeit und Wandel - "Governance" und die Analyse kapitalistischer Institutionenentwicklung. Hagen: Fernuni Hagen.
Luhmann, Niklas (1989): Politische Steuerung: Ein Diskussionsbeitrag. In: Politische Vierteljahresschrift 30, 4–9.
Maaß, Christian (2002): Die Modernisierung kleiner Kommunalverwaltungen – grundsätzliche Überlegungen. In: Budäus, D./Schauer, R./Reichard, Ch. (Hg.): Public and Nonprofit Management: Neuere Entwicklungen und aktuelle Problemfelder. Linz, Hamburg: Trauner, 127-150.
Mahoney, James (2000): Path dependence in historical sociology. In: Theory and Society, 29, 507-548.
Mamier, Jasmin/Seckinger, Mike/Pluto, Liane/van Santen, Eric/Zink, Gerd (2002): Organisatorische Einbettung von Jugendhilfeaufgaben in der Kommunalverwaltung. In: Sachverständigenkommission Elfter Kinder- und Jugendbericht (Hg.): Materialien zum elften Kinder- und Jugendbericht, Band 1. München: DJI, 265-318.
Manderscheid, Hejo (2006): Modernisierungsstrategien und Organisationsentwicklung innerhalb der verbandlichen Caritas. In: Manderscheid, Hejo/Hake, Joachim (Hg.): Wie viel Caritas braucht die Kirche - wie viel Kirche braucht die Caritas? Stuttgart: Kohlhammer, 45-79.
Manow, Philip/Döhler, Marian (1997): Strukturbildung von Politikfeldern. Das Beispiel bundesdeutscher Gesundheitspolitik seit den fünfziger Jahren. Frankfurt am Main: Campus.
March, James G./Olsen, Johan P. (1984): The New Institutionalism: Organizational Factors in Political Life. In: American Political Science Review, 78, 734-749.
March, James G./Olsen, Johan P. (1989): Rediscovering Institutions. The Organizational Basis of Politics. New York.

Matthes, Joachim (1964): Gesellschaftspolitische Konzeptionen im Sozialhilferecht. Stuttgart: Enke.

Mayntz, Renate (1980): Die Entwicklung des analytischen Paradigmas der Implementationsforschung. In: Mayntz, Renate (Hg.): Implementation politischer Programme. Empirische Forschungsberichte. Königstein: Athenäum, 1-19.

Mayntz, Renate (1981): Kommunale Handlungsspielräume und kommunale Praxis. In: Mayntz, Renate (Hg.): Kommunale Wirtschaftsförderung. Stuttgart u.a.: Kohlhammer/Deutscher Gemeindeverlag, 154-179.

Mayntz, Renate (1993):Policy-Netzwerke und die Logik von Verhandlungssystemen. In: Héritier, Adrienne (Hg.): Policy-Analyse. Kritik und Neuorientierung. PVS Sonderheft 24. Opladen: Westdeutscher Verlag, 39-56.

Mayntz, Renate (1996): Politische Steuerung. Aufstieg, Niedergang und Transformation einer Theorie. In: Beyme, Klaus von/Offe, Claus (Hg.): Politische Theorien in der Ära der Transformation. PVS Sonderheft 27. Opladen: Westdeutscher Verlag, 148-168.

Mayntz, Renate (1997): Soziologie der öffentlichen Verwaltung. Heidelberg: C.F.Müller.

Mayntz, Renate (2004): Governance im modernen Staat. In: Benz, Arthur (Hg.): Governance - Regieren in komplexen Regelsystemen. Wiesbaden: VS, 66-76.

Mayntz, Renate (2006): Governance Theory als fortentwickelte Steuerungstheorie? In: Schuppert, Gunnar Folke (Hg.): Governance-Forschung. Vergewisserung über Stand und Entwicklungslinien. 2. Auflage. Baden-Baden: Nomos, 11-20.

Mayntz, Renate/Scharpf, Fritz W. (1995): Der Ansatz des akteurzentrierten Institutionalismus. In: Mayntz, Renate/Scharpf, Fritz W. (Hg.): Gesellschaftliche Selbstregelung und Politische Steuerung. Frankfurt: Campus, 39-72.

Mehls, Sigurd/Salas-Gómez, Pedro (1999): Von der Zuwendung zum Leistungsvertrag. In: Blätter der Wohlfahrtspflege, 1+2/1999, 5-11.

Merchel, Joachim (1989): Der Deutsche Paritätische Wohlfahrtsverband. Seine Funktion im korporatistisch gefügten System sozialer Arbeit. Weinheim: Deutscher Studien Verlag.

Merchel, Joachim (1990): Veränderungen in der kommunalen Jugendhilfepolitik? Auswirkungen des Kinder- und Jugendhilfegesetzes auf das Zusammenwirken verschiedener Träger der Jugendhilfe. In: Nachrichtendienst des Deutschen Vereins für öffentliche und private Fürsorge, Heft 11: 377-380.

Merchel, Joachim (1996a): Neue Steuerung in der Jugendhilfe: handlungsfeldspezifische Differenzierungen im Kontext pluraler Trägerstrukturen, Teil 1. In: Nachrichtendienst des Deutschen Vereins für öffentliche und private Fürsorge, 213-220.

Merchel, Joachim (1996b): Neue Steuerung in der Jugendhilfe: handlungsfeldspezifische Differenzierungen im Kontext pluraler Trägerstrukturen, Teil 2. In: Nachrichtendienst des Deutschen Vereins für öffentliche und private Fürsorge, 248-257.

Merchel, Joachim (1996c): Wohlfahrtsverbände auf dem Weg zum Versorgungsbetrieb? Auswirkungen der Modernisierung öffentlicher Verwaltung auf Funktionen und Kooperationsformen der Wohlfahrtsverbände. In: Merchel, Joachim/Schrapper, Christian (Hg.): Neue Steuerung. Tendenzen der Organisationsentwicklung in der Sozialverwaltung. Münster: Votum, 296-311.

Merchel, Joachim (1999a): Wohin steuert die Jugendhilfe? Innovationsfähigkeit der Jugendhilfe zwischen neuen Steuerungsmodellen und Debatten um Jugendamtsstrukturen. In: Jugendhilfe 37 (3): 138-149.

Merchel, Joachim (Hg.) (1999b): Qualität in der Jugendhilfe. Kriterien und Bewertungsmöglichkeiten. 2. Auflage. Münster: Votum.

Merchel, Joachim (2000a): Kooperation und Vernetzung in der Jugendhilfe. Programm und Realität. In: Dahme, Hans-Jürgen/Wohlfahrt, Norbert (Hg.): Netzwerkökonomie im Wohlfahrtsstaat. Wettbewerb und Kooperation im Sozial- und Gesundheitssektor. Berlin: Edition Sigma, 91-118.

Merchel, Joachim (2000b): Das Jugendamt als "allmählich verschwindende Institution"? Zur Debatte um grundlegende Organisationsstrukturen in der Jugendhilfe. In: Thole, Werner/Galuske, Michael/Struck, Werner (Hg.): Zukunft des Jugendamtes. Neuwied: Luchterhand, 36-58.

Merchel, Joachim (2002): Der "fachlich regulierte Qualitätswettbewerb"? In: SozialExtra, 6, 19-25.

Merchel, Joachim (2003): Trägerstrukturen in der sozialen Arbeit. Eine Einführung. Weinheim und München: Juventa.

Merchel, Joachim (2006): Sozialmanagement. 2. Auflage. Weinheim und München: Juventa.

Merchel, Joachim/Reismann, Hendrik (2004): Der Jugendhilfeausschuss. Eine Untersuchung über seine fachliche und jugendhilfepolitische Bedeutung am Beispiel NRW. Weinheim und München: Juventa.

Merchel, Joachim/Schrapper, Christian (Hg.): Neue Steuerung. Tendenzen der Organisationsentwicklung in der Sozialverwaltung. Münster: Votum.

Messmer, Heinz (2007): Jugendhilfe zwischen Qualität und Kosteneffizienz. Wiesbaden: VS Verlag.

Meuser, Michael/Nagel, Ulrike (1991): ExpertInneninterviews - vielfach erprobt, wenig bedacht. Ein Beitrag zur qualitativen Methodendiskussion. In: Garz, Detlef/Kraimer, Klaus (Hg.): Qualitativ-empirische Sozialforschung. Konzepte, Methoden, Analysen. Opladen: Westdeutscher Verlag, 441-471.

Meyer, Dirk (2003): Wettbewerbliche Diskriminierung privat-gewerblicher Pflegeheimbetreiber. In: Sozialer Fortschritt, 261-265.

Meyer, Dirk (2008): Die Kinder- und Jugendhilfe im Spannungsverhältnis zwischen Korporatismus und Markt. In: Sozialer Fortschritt, 208-217.

Meyer, John W./Rowan, Brian (1991): Institutionalized Organizations: Formal Structure as Myth and Ceremony. In: DiMaggio, Paul J./Powell, Walter W. (Hg.): The New Institutionalism in Organizational Analysis. Chicago: Chicago University Press, 41-62.

Milward, H. Brinton/Provan, Keith G. (2000): Governing the Hollow State. In: Journal of Public Administration Research and Theory, 10, 359-379.

Möhring-Hesse, Matthias (2008): Verbetriebswirtschaftlichung und Verstaatlichung. Die Entwicklung der Sozialen Dienste und der Freien Wohlfahrtspflege. In: Zeitschrift für Sozialreform, 54, 141-160.

Monopolkommission (1998): Marktöffnung umfassend verwirklichen. Zwölftes Hauptgutachten. Baden-Baden: Nomos.

Müller-Schöll, Albrecht/ Priebke, Manfred (1983): Sozialmanagement. Zur Förderung systematischen Entscheidens, Planens, Organisierens, Führens und Kontrollierens in Gruppen. Frankfurt/Main.

Münchmeier, Richard (1995): Die Vergesellschaftung von Wertgemeinschaften: Zum Wandel der Jugendverbände in der Nachkriegs-Bundesrepublik. In: Rauschenbach, Thomas/Sachße, Christoph/Olk, Thomas (Hg.): Von der Wertgemeinschaft zum Dienstleistungsunternehmen. Jugend- und Wohlfahrtsverbände im Umbruch. Frankfurt am Main: Suhrkamp, 201-227.

Münder, Johannes (1996): Einführung in das Kinder- und Jugendhilferecht. Münster: Votum.

Münder, Johannes (1998): Von der Subsidiarität über den Korporatismus zum Markt? In: Neue Praxis, 3-12.

Münder, Johannes/Ottenberg, Peter (1999): Der Jugendhilfeausschuss. Münster: Votum.

Münder, Johannes/Tammen, Britta (2003): Eine Studie im Auftrag des Bundesministeriums für Familien, Senioren, Frauen und Jugend. In: Verein für Kommunalwissenschaften (Hg.): Die Vereinbarungen nach §§ 78a ff. SGB VIII. Bestandsaufnahme und Analyse der Leistungs-, Entgelt- und Qualitätsentwicklungsvereinbarungen sowie der Rahmenverträge. Berlin: VfK, 11-81.

Münder, Johannes/ Baltz, Jochem/ Kreft, Dieter/ Lakies, Thomas/ Meysen, Thomas/ Proksch, Roland/ Schäfer, Klaus/ Schindler, Gila/ Struck, Norbert/ Tammen, Britta/ Trenczek, Thomas (2006): Frankfurter Kommentar zum SGB VIII: Kinder und Jugendhilfe. 5., vollständig überarbeitete Auflag. Weinheim, München: Juventa.

Muno, W. (2003): Fallstudien und vergleichende Methode, in: Pickel, S./Pickel, G./Lauth, H.-J./Jahn, D. (Hrsg.): Vergleichende politikwissenschaftliche Methoden, Wiesbaden: Westdeutscher Verlag, 19-36.

Nährlich, Stefan (1998): Innerbetriebliche Reformen in Nonprofit-Organisationen. Das Deutsche Rote Kreuz im Modernisierungsprozess. Wiesbaden: DUV.

Nährlich, Stefan/Zimmer, Annette (1997): Am Markt bestehen oder untergehen? Strategie und Struktur von Deutschem Roten Kreuz und Diakonie im Vergleich. In: Alemann, Ulrich von/Weßels, Bernhard (Hg.): Verbände in vergleichender Perspektive. Beiträge zu einem vernachlässigten Feld. Berlin: Edition Sigma, 253-279.

Naschold, Frieder/Jörg, Bogumil (2000): Modernisierung des Staates. New Public Management in deutscher und vergleichender Perspektive. 2. Auflage. Opladen: Leske und Budrich.

Naßmacher, Hiltrud (1989): Kommunale Entscheidungsstrukturen. In: Schimanke, Dieter (Hg.): Stadtdirektor oder Bürgermeister. Beiträge zu einer aktuellen Kontroverse. Basel u.a.: Birkhäuser, 62-84.

Niskanen, William A. (1971): Bureaucracy and Representative Government. Chicago: Aldline.

North, Douglas C. (1990): Institutions, Institutional Change and Economic Performance. Cambridge: Cambridge University Press.

Nullmeier, Frank (2002): Auf dem Weg zu Wohlfahrtsmärkten? In: Süß, Werner (Hg.): Deutschland in den neunziger Jahren. Politik und Gesellschaft zwischen Wiedervereinigung und Globalisierung. Opladen: Leske und Budrich, 267-281.

Nullmeier, Frank/Rüb, Friedbert W. (1993): Die Transformation der Sozialpolitik. Vom Sozialstaat zum Sicherungsstaat. Frankfurt am Main: Campus.

Offe, Claus (1981): Korporatismus als System nichtstaatlicher Makrosteuerung. Notizen über seine Voraussetzungen und demokratischen Gehalte. In: Geschichte und Gesellschaft, 10, 234-256.

Olk, Thomas (1986): Abschied vom Experten. Sozialarbeit auf dem Weg zu einer alternativen Professionalität. Weinheim, München: Juventa.

Olk, Thomas (1996): Wohlfahrtsverbände im Transformationsprozess Ostdeutschlands. In: Kollmorgen, Raj/Reißig, Rolf/Weiß, Johannes (Hg.): Sozialer Wandel und Akteure in Ostdeutschland. Empirische Befunde und theoretische Ansätze, Bd. 8. Opladen: Leske und Budrich.

Olk, Thomas/Otto, Hans-Uwe (Hg.) (1989): Soziale Dienste im Wandel. Lokale Sozialpolitik und Selbsthilfe. Neuwied: Luchterhand.

Olk, Thomas/Otto, Hans-Uwe/Backhaus-Maul, Holger (2003): Soziale Arbeit als Dienstleistung - Zur analytischen und empirischen Leistungsfähigkeit eines theoretischen Konzepts. In: Olk, Thomas/Otto, Hans-Uwe (Hg.): Soziale Arbeit als Dienstleistung. Grundlegungen, Entwürfe und Modelle. Neuwied: Luchterhand, IX-LXXI.

Ostrom, Elinor (1986): An agenda for the study of institutions. In: Public Choice, 48, 3-25.

Ostrom, Elinor (2007): Institutional Rational Choice. An Assessment of the Institutional Analysis and Development Framework. In: Sabatier, Paul A. (Hg.): Theories of the Policy Process. Second Edition. Boulder: Westview Press, 21-64.

Ottnad, Adrian/Wahl, Stefanie/Miegel, Meinhard (2000): Zwischen Markt und Mildtätigkeit. Die Bedeutung der freien Wohlfahrtspflege für die Gesellschaft. München: Olzog.

Otto, Hans-Uwe/Peters, Hilmar (Hg.) (2002): Jugendhilfe trotz Verwaltungsmodernisierung? Fachlichkeit durch professionelle Steuerung. Münster: Votum.

Ouchi, William G. (1980): Markets, Bureaucracies and Clans. In: Administrative Science Quarterly, 25, 129-141.

Pabst, Stefan (1996): Sozialanwälte. Wohlfahrtsverbände zwischen Interessen und Ideen. Augsburg: Maro.

Pabst, Stefan (1998): Interessenvermittlung im Wandel. Wohlfahrtsverbände und Staat im Postkorporatismus. In: Arbeitskreis Non-Profit-Organisationen (Hg.): Nonprofit-Organisationen im Wandel. Ende der Besonderheiten oder Besonderheiten ohne Ende? Frankfurt/M., 177-197.

Pabst, Stefan (2000):Rahmenbedingungen und Trends in der Bundesrepublik Deutschland: Die Veränderung gesetzlicher Grundlagen für die Erbringung sozialer Dienstleistungen. In: Boeßenecker, Karl-Heinz/Trube, Achim/Wohlfahrt, Norbert (Hg.): Privatisierung im Sozialsektor. Rahmenbedingungen, Verlaufsformen und Probleme der Ausgliederung sozialer Dienste. Münster: Votum, 64-79.

Peters, B. Guy (2005): Institutional Theory in Political Science. "The New Institutionalism". 2nd Edition. London/ New York: Continuum.

Pierson, Paul (2000): Increasing Returns, Path Dependence, and the Study of Politics. In: American Political Science Review, 94, 251-267.

Pitschas, Rainer (1976): Professionalisierung des Sozialstabs, Reform der Sozaiadministration und Studium der Sozialarbeit. In: Nachrichtendienst des Deutschen Vereins, 56, 236-248.

Pitschas, Rainer (1979): Neubau der Sozialverwaltung. Die Verbindung des Sozialen mit der Verwaltung als Aufgabe von Rechtswissenschaft, Organisationssoziologie und Verwaltungslehre. In: Die Verwaltung, 12, 409-432.

Pitschas, Rainer (1981): Die Reform der Sozialverwaltung als Problem des geplanten Verwaltungswandels. In: Archiv für Wissenschaft und Praxis der sozialen Arbeit, 240-261.

Pluto, Liane (2005): Verwaltungsmodernisierung bei Jugendämtern - Impulse, Entwicklungen, Bewertungen. Empirische Befunde einer Vollerhebung. In: Archiv für Wissenschaft und Praxis der Sozialen Arbeit, 36, 20-36.

Pluto, Liane/Gragert, Nicola/van Santen, Eric/Seckinger, Mike (2007): Kinder- und Jugendhilfe im Wandel. Eine empirische Strukturanalyse. München: DJI.

Powell, Jackie (1999): Contract Management and Community Care: A Negotiated Process. In: British Journal of Social Work, 29, 861-875.

Powell, Walter W. (Hg.) (1987): The Nonprofit Sector. A Research Handbook. Yale UP: New Haven.

Powell, Walter W. (1990): Neither Market nor Hierarchy: Network Forms of Organization. In: Staw, Barry M./Cumings, L.L. (Hg.): Research in Orgaizational Behaviour. Greenwich: JAI Press, 295-336.

Power, Michael (1999): The Audit Society. Rituals of Verification. Oxford: Oxford University Press.

Prölß, Reiner (2002): Der Bericht verdient es, umfassend in der Fachöffentlichkeit und im politischen Raum diskutiert zu werden. In: SozialExtra, 6, 9-18.

Przeworski, Adam/Teune, Henry (1970): The Logic of Comparative Social Inquiry. New York: Wiley.

Rauschenbach, Thomas/Schilling, Matthias (1995): Die Dienstleistenden; Wachstum, Wandel und wirtschaftliche Bedeutung des Personals in Wohlfahrts- und Jugendverbänden. In: Rauschenbach, Thomas/Sachße, Christoph/Olk, Thomas (Hg.): Von der Wertgemeinschaft zum Dienstleistungsunternehmen. Jugend- und Wohlfahrtsverbände im Umbruch. Frankfurt/Main: Suhrkamp, 321-355.

Rauschenbach, Thomas/Sachße, Christoph/Olk, Thomas (Hg.) (1995): Von der Wertgemeinschaft zum Dienstleistungsunternehmen. Jugend- und Wohlfahrtsverbände im Umbruch. Frankfurt/Main: Suhrkamp.

Rauschenbach, Thomas/Schilling, Matthias (1997): Die Kinder- und Jugendhilfe und ihre Statistik. Band 1: Einführung und Grundlagen. Neuwied: Luchterhand.

Reichard, Christoph (1988): Der Dritte Sektor - Entstehung, Funktion und Problematik von "Nonprofit"-Organisationen aus verwaltungswissenschaftlicher Sicht. In: Die Öffentliche Verwaltung, 41, 363-370.

Reichard, Christoph (1994): Umdenken im Rathaus. Neue Steuerungsmodelle in der deutschen Kommunalverwaltung. Berlin: Edition Sigma.

Reichard, Christoph (1998): Der Produktansatz im "Neuen Steuerungsmodell". Von der Euphorie zur Ernüchterung. In: Grunow, Dieter/Wollmann, Hellmut (Hg.): Lokale

Verwaltungsreform in Aktion. Fortschritte und Fallstricke. Basel u.a.: Birkhäuser, 85-102.
Reichard, Christoph (2007): Die Stadt als Konzern: "Corporatization" als Fortführung des NSM? In: Bogumil, Jörg/Holtkamp, Lars/Kißler, Leo/Kuhlmann, Sabine/Reichard, Christoph/Schneider, Karsten/Wollmann, Hellmut (Hg.): Perspektiven kommunaler Verwaltungsmodernisierung. Praxiskonsequenzen aus dem Neuen Steuerungsmodell. Berlin: Edition Sigma, 55-64.
Rhodes, R.A.W. (1997): Understanding Governance. Policy Networks, Governance, Reflexivity and Accountability. Buckingham: Open University Press.
Romzek, Barbara/Johnston, Jocelyn (2002): Effective Contract Implementation and Management: A Preliminary Model. In: Journal of Public Administration Research and Theory, 12, 423-453.
Ronge, Volker (1993):Die Verflechtung von Staat und Drittem Sektor auf kommunaler Ebene. In: Voigt, Rüdiger (Hg.): Abschied vom Staat - Rückkehr zum Staat? Baden-Baden: Nomos, 333-350.
Roth, Günter (1997): Auflösung oder Konsolidierung korporatistischer Strukturen durch die Pflegeversicherung? In: Zeitschrift für Sozialreform, 418-446.
Rothgang, Heinz (1994):Die Einführung der Pflegeversicherung - Ist das Sozialversicherungsprinzip zu Ende? In: Riedmüller, Barbara/Olk, Thomas (Hg.): Grenzen des Sozialversicherungsstaates. Leviathan Sonderheft 14. Opladen: Westdeutscher Verlag.
Rothgang, Heinz/Wessel, Anna Caroline (2008): Sozialpolitik in den Bundesländern. In: Hildebrandt, Achim/Wolf, Frieder (Hg.): Die Politik der Bundesländer. Staatstätigkeit im Vergleich. Wiesbaden: VS, 137-173.
Rüb, Friedbert W. (2003): Vom Wohlfahrtsstaat zum "manageriellen Staat"? Zum Wandel des Verhältnisses von Markt und Staat in der deutschen Sozialpolitik. In: Czada, Roland/Zintl, Reinhard (Hg.): Politik und Markt. Sonderheft 34/2003 der Politischen Vierteljahresschrift. Wiesbaden: VS, 256-299.
Rüb, Friedbert W. (2007): Vom Wohlfahrtsstaat zu Wohlfahrtsmärkten. Zur sozialpolitischen Entwicklung in der Bundesrepublik. In: Berliner Debatte Initial, 18, 45-57.
Ruflin, Regula Franziska (2006): Wohlfahrtsstaatliches Kontraktmanagement. Die Verhandlung und Umsetzung von Leistungsverträgen als Herausforderung für Nonprofit-Organisationen. Bern: Haupt.
Sabatier, Paul A. (1993): Advocacy-Koalitonen, Policy-Wandel und Policy-Lernen: Eine Alternative zur Phasenheuristik. In: Héritier, Adrienne (Hg.): Policy-Analyse. Kritik und Neuorientierung. PVS Sonderheft 24. Opladen: Westdeutscher Verlag, 116-148.
Sabatier, Paul A. (1999): The Need for Better Theories. In: Sabatier, Paul A. (Hg.): Theories of the Policy Process. Boulder: Westview Press.
Sachße, Christoph (1994): Mütterlichkeit als Beruf: Sozialarbeit, Sozialreform und Frauenbewegung 1871-1929. 2., überarbeitete Auflage. Opladen: Westdeutscher Verlag.
Sachße, Christoph/Tennstedt, Florian (1988): Geschichte der Armenfürsorge in Deutschland, Band 2: Fürsorge und Wohlfahrtspflege 1871-1929. Stuttgart: Kohlhammer.
Sachße, Christoph/Tennstedt, Florian (1998): Geschichte der Armenfürsorge in Deutschland. Band 1: Vom Spätmittelalter bis zum 1. Weltkrieg. 2. Auflage. Stuttgart: Kohlhammer.

Sack, Detlef (2006): Liberalisierung und Privatisierungen in den Kommunen – Steuerungsanforderungen und Folgen für Entscheidungsprozesse. In: Deutsche Zeitschrift für Kommunalwissenschaften 45, II, 25-38.

Salamon, Lester M. (1987): Of Market Failure, Voluntary Failure and Third-Party-Government: Towards a Theory of Government-Nonprofit Relations in the Modern Welfare State. In: Journal of Voluntary Action Research, 1, 29-49.

Salamon, Lester M./Anheier, Helmut K. (1997): Der Nonprofit-Sektor: Ein theoretischer Versuch. In: Anheier, Helmut K./Priller, Eckhard/Seibel, Wolfgang/Zimmer, Annette (Hg.): Der Dritte Sektor in Deutschland. Organisationen zwischen Staat und Markt im gesellschaftlichen Wandel. Berlin: Edition Sigma, 211-246.

Santen, Eric, van/ Seckinger, Mike/Mamier, Jasmin/Pluto, Liane / Zink, Gabriela (2003): Kinder- und Jugendhilfe in Bewegung - Aktion oder Reaktion? München: DJI.

Scharpf, Fritz W. (1989): Politische Steuerung und politische Institutionen. In: Politische Vierteljahresschrift 30, 10-21.

Scharpf, Fritz W. (1992): Koordination durch Verhandlungssysteme: Analytische Konzepte und institutionelle Lösungen. In: Benz, Arthur/Scharpf, Fritz W./Zintl, Reinhard (Hg.): Horizontale Politikverflechtung. Zur Theorie von Verhandlungssystemen. Frankfurt: Campus, 51-96.

Scharpf, Fritz W. (2000): Interaktionsformen. Akteurzentrierter Institutionalismus in der Politikforschung. Opladen: Leske und Budrich.

Schilling, Matthias (2000): Die Kinder- und Jugendhilfe und die KGSt. Eine wechselseitige Anregung mit zeitweisen Irritationen. In: Recht der Jugend und des Bildungswesens 48 (2): 143-157.

Schmid, Heike/Wiesner, Reinhard (2006): Die Kinder- und Jugendhilfe und die Föderalismusreform. Teil I. In: Zeitschrift für Kindschaftsrecht und Jugendhilfe, 392-396.

Schmid, Heike/Wiesner, Reinhard (2006): Die Kinder- und Jugendhilfe und die Föderalismusreform. Teil II. In: Zeitschrift für Kindschaftsrecht und Jugendhilfe, 449-454.

Schmid, Josef (1996): Wohlfahrtsverbände in modernen Wohlfahrtsstaaten. Soziale Dienste in historisch-vergleichender Perspektive. Opladen: Leske und Budrich.

Schmid, Josef (2002): Wohlfahrtsstaaten im Vergleich. 2. Auflage. Opladen: Leske + Budrich.

Schmid, Josef/Mansour, Julia I. (2007): Wohlfahrtsverbände. Interesse und Dienstleistung. In: Winter, Thomas von/Willems, Ulrich (Hg.): Interessenverbände in Deutschland. Wiesbaden: VS.

Schmidt, Cornelia (2008): Kinder- und Jugendhilfe in deutschen Städten - eine empirische Analyse des Policy-Outputs und seiner Bestimmungsfaktoren. Manuskript.

Schmidt, Manfred G. (1995): Policy-Analyse. In: Mohr, Arno (Hg.): Grundzüge der Politikwissenschaft. München: Oldenbourg, 567-605.

Schmidt, Wilhelm (2006): Zukunft Gestalten - Strukturwandel in der Arbeiterwohlfahrt. Bonn: Friedrich Ebert Stiftung.

Schmidt, Matthias (1996): „Modernisierung der Profession - ohne professionelle Modernisierung? Zum Verhältnis von Professionalisierung und Verwaltungsreform in der Jugendhilfe", in: Gaby Flösser; Hans-Uwe Otto (Hg.): Neue Steuerungsmodelle für die Jugendhilfe. Neuwied: Luchterhand, 33-54.

Schmidt, Wilhelm/Pott, Ludwig (2008):Verbandsentwicklung in der Arbeiterwohlfahrt zwischen bürgerschaftlichem Engagement und Markt. In: Bürsch, Michael (Hg.): Mut zur Verantwortung - Mut zur Einmischung. Bürgerschaftliches Engagement in Deutschland. Bonn: Dietz, 202-212.

Schmidt-Grunert, Marianne (1996): Die BWL-isierung als Hoffnungsträger sozialer Arbeit? In: Sozialmagazin 21 (4): 30-43.

Schmitter, Philippe C. (1974): Still the Century of Corporatism? In: Review of Politics, 36, 85-131.

Schmitter, Philippe C. (1979): Interessenvermittlung und Regierbarkeit. In: Alemann, Ulrich von/Heinze, Rolf G. (Hg.): Verbände und Staat. Vom Pluralismus zum Korporatismus. Opladen: Westdeutscher Verlag, 92-114.

Schmitz, Michael (2003): Vertragliche Regelungen über soziale Dienstleistungen. In: Verwaltungsrundschau, 17-20.

Schneider, Volker/Janning, Frank (2006): Politikfeldanalyse. Akteure, Diskurse und Netzwerke in der öffentlichen Politik. Wiesbaden: VS.

Schnell, Rainer/Hill, Paul B./Esser, Elke (1999): Methoden der Empirischen Sozialforschung. 6. Auflage. München: Oldenbourg.

Schnurr, Johannes (2006): Sozialraumbudgets. Verlust öffentlicher Gewährleistungsverantwortung durch sozialraumorientierte Finanzierungskonzepte? In: Hensen, Gregor (Hg.): Markt und Wettbewerb in der Jugendhilfe. Ökonomisierung im Kontext von Zukunftsorientierung und fachlicher Notwendigkeit. Weinheim: Juventa, 127-136.

Schölkopf, Martin (1999): Altenpflegepolitik - an der Peripherie des Sozialstaats? Die Expansion der Pflegedienste zwischen Verbändewohlfahrt, Ministerialbürokratie und Parteien. In: Politische Vierteljahresschrift, 40, 246-278.

Schröer, Hubertus (1994): Jugendamt im Wandel. Von der Eingriffsverwaltung zum modernen Dienstleistungsunternehmen. In: Neue Praxis 24 (3): 263-274.

Schulz, Hartmut (1995): Jugendhilfepolitische Steuerungselemente im Kinder- und Jugendhilfegesetz. In: Arbeitsgemeinschaft für Jugendhilfe (Hg.): Das Jugendamt als Dienstleistungsunternehmen. Steuerungsmechanismen in der Jugendhilfe. Bonn: Eigenverlag, 76-85.

Schuppert, Gunnar Folke (2001): Der moderne Staat als Gewährleistungsstaat. In: Schröter, Eckhard (Hg.): Empirische Policy- und Verwaltungsforschung. Lokale, nationale und internationale Perspektiven. Opladen: Leske+Budrich, 399-414.

Scott, W. Richard (1995): Institutions and Organizations. London: Sage.

Seckinger, Mike/Weigel, Nicole/Pluto, Liane (2000): "Regionalisierte Jugendämter" - Jugendämter kreisangehöriger Gemeinden. In: Zeitschrift für Jugendrecht, 87, 99-105.

Seckinger, Mike/Weigel, Nicole/van Santen, Eric (1998): Situation und Perspektiven der Jugendhilfe - eine empirische Zwischenbilanz. München: DJI.

Seibel, Wolfgang (1990):Verbindungsmuster zwischen Öffentlichem und Dritten Sektor im Ländervergleich. In: Ellwein, Thomas/Hesse, Joachim Jens/Mayntz, Renate/Scharpf, Fritz W. (Hg.): Jahrbuch zur Staats- und Verwaltungswissenschaft, Band 4. Baden-Baden: Nomos.

Seibel, Wolfgang (1992): Funktionaler Dilettantismus. Erfolgreich scheiternde Organisationen zwischen Markt und Staat. Baden-Baden: Nomos.

Seibel, Wolfgang (1997a): Verwaltungsreformen. In: König, Klaus/Siedentopf, Heinrich (Hg.): Öffentliche Verwaltung in Deutschland. Baden-Baden: Nomos, 87-106.

Seibel, Wolfgang (1997b): Erfolgreich scheiternder Institutionentransfer: Eine politische Analyse des Dritten Sektors in den neuen Bundesländern. In: Anheier, Helmut K./Priller, Eckhard/Seibel, Wolfgang/Zimmer, Annette (Hg.): Der Dritte Sektor in Deutschland. Organisationen zwischen Staat und Markt im gesellschaftlichen Wandel. Berlin: Ed. Sigma, 127-149.

Simon, Klaus (1988): Repräsentative Demokratie in großen Städten. Melle.

Simon, Herbert (1997): Administrative Behaviour. A Study of Decision-Making Processes in Administrative Organizations. Fourth Edition. New York: Free Press.

Smith, Steven Rathgeb/Smyth, Judith (1996): Contracting for Services in a Decentralized System. In: Journal of Public Administration Research and Theory, 6, 277-296.

SPI (Hg.) (2001): Sozialraumorientierung auf dem Prüfstand. München: SPI.

Statistisches Bundesamt (2007): Fachserie 14 Reihe 6 Personal des öffentlichen Dienstes 2006. Wiesbaden: Statistisches Bundesamt.

Steffani, Winfried (1980): Pluralistische Demokratie. Studien zur Theorie und Praxis. Opladen: Westdeutscher Verlag.

Steinmann, Horst/ Schreyögg, Georg (2005): Management. 6. vollst. überarbeitete Auflage. Wiesbaden: Gabler.

Stoker, Gerry (1998): Governance as theory: five propositions. In: International Journal of Social Sciences, 50, 17–28.

Streeck, Wolfgang (1987): Vielfalt und Interdependenz. Überlegungen zur Rolle von intermediären Organisationen in sich ändernden Umwelten. In: Kölner Zeitschrift für Soziologie und Sozialpsychologie, 39, 452-470.

Streeck, Wolfgang (1994): Staat und Verbände: Neue Fragen. Neue Antworten? In: Streeck, Wolfgang (Hg.): Staat und Verbände. PVS Sonderheft 25. Opladen: Westdeutscher Verlag, 7-34.

Streeck, Wolfgang/Schmitter, Philippe C. (1985): Gemeinschaft, Markt und Staat - und die Verbände? Der mögliche Beitrag von Interessenregierungen zur sozialen Ordnung. In: Journal für Sozialforschung, 25, 133-158.

Strünck, Christoph (1996a): Leuchttürme oder Irrlichter? Privatisierung und Deregulierung strahlen auf die kommunale Sozialpolitik ab. In: Widersprüche, 49-58.

Strünck, Christoph (1996b): Von Mythen, Macht und paradoxen Effekten. Betriebswirtschaftliche Reformen in der freien Wohlfahrtspflege. In: Zeitschrift für Sozialreform, 42, 715-725.

Struzyna, Karl-Heinz (2007):Wirkungsorientierte Jugendhilfe - Hintergründe, Intentionen und Ziele des Bundesmodellprogramms. In: ISA (Hg.): Wirkungsorientierte Jugendhilfe. Band 1. Beiträge zur Wirkungsorientierung von erzieherischen Hilfen. Münster: ISA, 5-13.

Taylor-Gooby, Peter (1999): Markets and Motives. Trust and Egoism in Welfare Markets. In: Journal of Social policy 28(1), 97-114.

Taylor-Gooby, Peter (2004): New Risks and Social Change. In: Taylor-Gooby, Peter (Hg.): New Risks, New Welfare. The Transformation of the European Welfare State. Oxford: Oxford University Press.

Tennstedt, Florian (1981): Sozialgeschichte der Sozialpolitik in Deutschland. Göttingen: Vandenhoeck & Ruprecht.

Tennstedt, Florian (1992): Die Spitzenverbände der Freien Wohlfahrtspflege im dualen Wohlfahrtsstaat. Ein historischer Rückblick auf die Entwicklung in Deutschland. In: Soziale Arbeit, 10/11, 342-356.

Thelen, Kathleen (1999): Historical Institutionalism in Comparative Politics. In: Annual Review of Political Science, 2, 369-404.

Thiersch, Hans (1995): Alltagshandeln und Sozialpädagogik. In: Neue Praxis 25 (3): 215-234.

Thompson, James D. (1967): Organizations in Action. New York: Mac Graw Hill.

Thränhardt, Dietrich (1981): Kommunaler Korporatismus. Deutsche Traditionen und moderne Tendenzen. In: Thränhard, Dietrich/Uppendahl, Herbert (Hg.): Alternativen lokaler Demokratie. Königstein (Ts): Hain.

Thränhardt, Dietrich (1984): Im Dickicht der Verbände. Korporatistische Politikformulierung und verbandsgerechte Verwaltung der Arbeitsemigranten in der Bundesrepublik. In: Bauer, Rudolph/Dießenbacher, Helmut (Hg.): Organisierte Nächstenliebe. Wohlfahrtsverbände und Selbsthilfe in der Krise des Sozialstaats. Opladen: Westdeutscher Verlag, 45-66.

Tippelt, Horst (2000): Privatisierung Sozialer Dienste - Chance für die öffentliche Hand und die Souveränität der Bürger. In: Boessenecker, Karl-Heinz/Trube, Achim/Wohlfahrt, Norbert (Hg.): Privatisierung im Sozialsektor. Rahmenbedingungen, Verlaufsformen und Probleme der Ausgliederung sozialer Dienste. Münster: Votum, 216-227.

Trampusch, Christine (2006): Postkorporatismus in der Sozialpolitik - Folgen für Gewerkschaften. In: WSI-Mitteilungen, 59, 347-352.

Trampusch, Christine (2008):Status quo vadis? Die Pluralisierung und Liberalisierung der "Social-Politik": Eine Herausforderung für die politikwissenschaftliche und soziologische Sozialpolitikforschung. In: Evers, Adalbert/Heinze, Rolf G. (Hg.): Sozialpolitik. Ökonomisierung und Entgrenzung. Wiesbaden: VS, 157-185.

Treutner, Erhard (1995): Kooperatives Handeln in der kommunalen Sozialpolitik und Sozialverwaltung. In: Voigt, Rüdiger (Hg.): Der kooperative Staat. Krisenbewältigung durch Verhandlung? Baden-Baden: Nomos, 273-292.

van Santen, Eric (1998): "Output" und "outcome" der Implementierung Neuer Steuerung. In: Neue Praxis, 36-49.

van Slyke, David M. (2003): The Mythology of Privatization in Contracting for Social Services. In: Public Administration Review, 63, 296-315.

Verein für Kommunalwissenschaften (Hg.) (2003): Erste Erfahrungen mit der Umsetzung der Regelungen nach §§ 78 a bis g SGB VIII und die wirkungsorientierte Gestaltung von Qualitätsentwicklungs-, Leistungs- und Entgeltvereinbarungen. Berlin: Eigenverlag.

Verein für Kommunalwissenschaften (Hg.) (2003): Die Vereinbarungen nach §§ 78 a ff. SGB VII - Bestandsaufnahme und Analyse der Leistungs-, Entgelt- und Qualitätsentwicklungsvereinbarungen sowie der Rahmenverträge. Berlin: Eigenverlag.

Verein für Kommunalwissenschaften (Hg.) (2004): Zusammenhänge und Wirkungen: Umsetzungsstand und Perspektiven der Regelungen nach §§ 78 a bis g SGB VIII. Berlin: Eigenverlag.

Vetter, Angelika/Holtkamp, Lars (2008): Lokale Handlungsspielräume und Möglichkeiten der Haushaltskonsolidierung in Deutschland. In: Heinelt, Hubert/Vetter, Angelika (Hg.): Lokale Politikforschung heute. Wiesbaden: VS, 19-50.

Voigt, Rüdiger (1992): Kommunalpolitik zwischen exekutiver Führerschaft und Legislatorischer Programmsteuerung. In: Aus Politik und Zeitgeschichte, 3-12.

Voigt, Rüdiger (Hg.) (1995): Der kooperative Staat. Krisenbewältigung durch Verhandlung? Baden-Baden: Nomos.

Wagener, Frido (1969): Neubau der Verwaltung. Berlin: Duncker und Humblott.

Wagener, Frido (1979): Der öffentliche Dienst im Staat der Gegenwart. In: Veröffentlichungen der Vereinigung der deutschen Staatsrechtslehrer, 37, 215-266.

Weber, Max (1972): Wirtschaft und Gesellschaft. Studienausgabe. Tübingen: Mohr.

Wiesenthal, Helmut (1993): Akteurkompetenz im Organisationsdilemma. Grundprobleme strategisch ambitionierter Mitgliederverbände und zwei Techniken ihrer Überwindung. In: Berliner Journal für Soziologie, 3, 3-18.

Wiesenthal, Helmut (2000): Markt, Organisation und Gemeinschaft als "zweitbeste" Verfahren sozialer Koordination. In: Werle, Raymund/Schimank, Uwe (Hg.): Gesellschaftliche Komplexität und kollektive Handlungsfähigkeit. Frankfurt/New York: Campus, 44-73.

Wiesenthal, Helmut (2006): Gesellschaftssteuerung und gesellschaftliche Selbststeuerung. Wiesbaden: VS.

Wiesner, Reinhard (1997): Die Stellung des Jugendamtes nach dem Kinder- und Jugendhilfegesetz. In: Forum Erziehungshilfen, 3, 73-77.

Wiesner, Reinhard (2000): Das Jugendamt im Spannungsfeld zwischen Politik und Fachlichkeit. In: Evangelische Jugend, 6-13.

Wiesner, Reinhard (2003): Intentionen des Gesetzgebers bei der Einführung der §§ 78a ff. SGB VIII und Fragen der Umsetzung in der Praxis der Jugendhilfe. In: e.V., Verein für Kommunalwissenschaften (Hg.): Erste Erfahrungen bei der Umsetzung der Regelungen nach §§ 78 a bis g SGB VIII und wirkungsorientierte Gestaltung von Qualitätsentwicklungs-, Leistungs- und Entgeltvereinbarungen. Berlin: VfK, 114-121.

Willems, Ulrich/Winter, Thomas von (Hg.) (1999): Politische Repräsentation schwacher Interessen. Opladen: Leske und Budrich.

Williamson, Oliver E. (1975): Markets and Hierarchies: Analysis and Antitrust Implications. A Study in the Economics of Internal Organization. New York: The Free Press.

Wilts, Jürgen (1997): Jugendamt Wuppertal - über die Wupper? In: Forum Erziehungshilfen, 2, 78-81.

Windhoff-Héritier, Adrienne (1986): Kommunale Sozialpolitik in der Finanzkrise: Abwehr- und Ausgleichsstrategien. In: Heinze, Rolf G. (Hg.): Neue Subsidiarität: Leitidee für eine zukünftige Sozialpolitik. Opladen: Westdeutscher Verlag, 225-248.

Windhoff-Héritier, Adrienne (1987): Policy-Analyse. Eine Einführung. Frankfurt/ New York: Campus.

Windhoff-Héritier, Adrienne (1989): Kommunale Sozialpolitik. In: Gabriel, Oscar W. (Hg.): Kommunale Demokratie zwischen Politik und Verwaltung. München: Minerva, 261-275.
Winkler-Haupt, Uwe (1988): Gemeindeordnung und Politikfolgen. Eine vergleichende Untersuchung in vier Mittelstädten. München: Minerva.
Winter, Thomas von (2004): Vom Korporatismus zum Lobbyismus. Zum Paradigmenwechsel in der Interessenvermittlungsforschung. In: Zeitschrift für Parlamentsfragen, 761- 776.
Wohlfahrt, Norbert (1997): Mehr Wettbewerb - Folgen für freie Träger und ihre sozialen Dienste. In: Theorie und Praxis der der sozialen Arbeit, 8/97, 5-13.
Wollmann, Hellmut (1979): Implementationsforschung - eine Chance für kritische Verwaltungsforschung. In: Wollmann, Hellmut (Hg.): Politik im Dickicht der Bürokratie. Beiträge zur Implementationsforschung. Opladen: Westdeutscher Verlag, 9-48.
Wollmann, Hellmut (1983): Implementation durch Gegenimplementation von unten. In: Mayntz, Renate (Hg.): Implementation politischer Programme II. Opladen: Westdeutscher Verlag, 168-196.
Wollmann, Hellmut (1991): Entwicklungslinien lokaler Politikforschung. In: Heinelt, Hubert/Wollmann, Hellmut (Hg.): Brennpunkt Stadt. Stadtpolitik in den 80er und 90er Jahren (Basel u.a.: Birkhäuser, 15-30.
Wollmann, Hellmut (1999): Modernisierung der Kommunalverwaltung in den neuen Bundesländern. In: LKV Beilage, 7-13.
Wollmann, Hellmut/Roth, Roland (Hg.) (1998): Kommunalpolitik: Politisches Handeln in den Gemeinden. 2. Auflage. Opladen: Leske und Budrich.
Yin, Robert K. (2003): Case Study Research. 3rd Edition. Thousand Oaks u.a. :Sage.
Zimmer, Annette (1997): Public-Private Partnerships: Staat und Dritter Sektor in Deutschland. In: 1997, Anheier et al. (Hg.): Der Dritte Sektor in Deutschland. Organisationen zwischen Staat und Markt im gesellschaftlichen Wandel. Berlin: Edition Sigma, 75-98.
Zimmer, Annette (2007): Vereine - Zivilgesellschaft konkret. 2. Auflage. Wiesbaden: VS.
Zimmer, Annette/Priller, Eckhard (2004): Gemeinnützige Organisationen im gesellschaftlichen Wandel. Ergebnisse der Dritte-Sektor-Forschung. Wiesbaden: VS.

Abbildungsverzeichnis

Abbildung 1:	Überblick über diese Aufgabenfelder kommunaler Sozialverwaltung 38
Abbildung 2:	Struktur kommunaler Ausgaben 2006 39
Abbildung 3:	Zusammensetzung der finanziellen Aufwendungen für kommunale Sozialleistungen 2007 40
Abbildung 4:	Kommunales Personal im Aufgabenbereich Soziale Sicherung 41
Abbildung 5:	‚Kartographie' lokaler Wohlfahrtsproduktion 109
Abbildung 6:	Wohlfahrtsverbände als intermediäre Akteure 116
Abbildung 7:	Pfadmodell zum Wandel lokaler Wohlfahrtsarrangements 140
Abbildung 8:	Entwicklung der Einrichtungszahlen Jugendhilfe 144
Abbildung 9:	Entwicklung der Einrichtungszahlen Kindertagesbetreuung 145
Abbildung 10:	Gesamtausgaben der Jugendhilfe (in Euro) 146
Abbildung 11:	Wandel der Trägerstrukturen Kindertagesbetreuung 147
Abbildung 12:	Wandel der Trägerstrukturen Jugendhilfe ohne Kindertagesbetreuung 148
Abbildung 13:	Vergleich zwischen Bedeutungsindikatoren Jugendhilfe 149
Abbildung 14:	Trägerschaft nach Leistungsbereichen West 2006 151
Abbildung 15:	Trägerschaft nach Leistungsarten 2006 Ost 151
Abbildung 16:	Vermehrte Übertragung von Aufgaben auf Dritte in deutschen Jugendämtern (2005) 152
Abbildung 17:	Rechtsform der Träger für den Bereich der Hilfen zur Erziehung 2006 154
Abbildung 18:	Rechtsform der Träger für den Bereich der Kindertagesbetreuung 2007 155
Abbildung 19:	Trägerstrukturen in anderen Feldern der Wohlfahrtsproduktion 2007 157
Abbildung 20:	Hauptziele der Modernisierung 159

Abbildung 21:	Wirkung der Umgestaltung der Organisationsstruktur im Jugendamt	163
Abbildung 22:	Wirkungen dezentraler Ressourcenverantwortung im Jugendamt	165
Abbildung 23:	Zusammenhang sektoraler mit NSM-Modernisierung (Jugend)	175
Abbildung 24:	Vermehrte Übertragung von Aufgaben auf Dritte nach Kontraktmanagement	187
Abbildung 25:	Ersetzung von Zuwendungen an Freie Träger durch Leistungsvereinbarungen oder -verträge	188
Abbildung 26:	Einsatz von Kosten- und Qualitätsvergleichen beim Abschluss von Leistungsvereinbarungen	192
Abbildung 27:	Aufgabenübertragung nach Implementation von Leistungsverträgen	193
Abbildung 28:	Fallauswahl Fallstudien	199
Abbildung 29:	Modernisierungsstand: Fallkommunen im Vergleich	210
Abbildung 30:	Implementationsweisen	234

Tabellenverzeichnis

Tabelle 1:	Anteile einzelner Trägergruppen in Kinder- und Jugendhilfeausschüssen (nach Erhebungen des DJI)	46
Tabelle 2:	Übersicht über die Wohlfahrtsverbände	56
Tabelle 3:	Mögliche Komplementaritäten zwischen NSM und fachlicher Modernisierung	83
Tabelle 4:	Ebenenspezifische Ausprägungen des Wohlfahrtskorporatismus	118
Tabelle 5:	Das institutionelle Set lokaler Wohlfahrtsarrangements	126
Tabelle 6:	"Belief Systems" von Steuerungs- und Fachebene	132
Tabelle 7:	Mechanismen der Pfadabhängigkeit nach Beyer	134
Tabelle 8:	Maßnahmen der Verwaltungsmodernisierung in deutschen Jugendämtern	159
Tabelle 9:	Institutionelle Veränderungen nach dem NSM	161
Tabelle 10:	Auswirkungen exogener Variablen auf den Modernisierungsstand von Jugendämtern	169
Tabelle 11:	Einfluss endogener Variablen auf den Umsetzungsstand	170
Tabelle 12:	Regressionsanalyse zum Umsetzungsstand der Städte und Gemeinden	171
Tabelle 13:	Regressionsanalyse zum Umsetzungsstand der Kreise	172
Tabelle 14:	Implementation fachlicher Ansätze	174
Tabelle 15:	Regressionsanalyse zum Umsetzungsstand jugendhilfebezogener Maßnahmen in Städten und Gemeinden	176
Tabelle 16:	Modernisierungsstrategien in Jugendämtern	178
Tabelle 17:	Erklärungsfaktoren für „Verknüpfungsstrategien"	180
Tabelle 18:	Exogene Einflussfaktoren auf die Umsetzung von Kontraktmanagement mit freien Trägern	183
Tabelle 19:	Endogene Einflussfaktoren auf die Umsetzung von Kontraktmanagement	184
Tabelle 20:	Multivariate Analyse der Umsetzung von Kontraktmanagement	185
Tabelle 21:	Finanzierungsformen nach Aufgabenfeldern	189

Tabelle 22:	Exogene Einflussfaktoren auf die Umsetzung von Leistungsvereinbarungen	189
Tabelle 23:	Endogene Einflussfaktoren auf die Umsetzung von Leistungsvereinbarungen	190
Tabelle 24:	Multivariate Analyse zur Umsetzung von Leistungsvereinbarungen (Mindestens einige Fälle)	191
Tabelle 25:	Fallstudienstädte im Vergleich	201
Tabelle 26:	Ausgaben für Kinder- und Jugendhilfe im Vergleich	202
Tabelle 27:	Typen administrativer Steuerung	205
Tabelle 28:	Trägerschaft Kindertagesstätten	206
Tabelle 29:	Trägerschaft stationäre Jugendhilfe	207
Tabelle 30:	Trägerschaft anderer Jugendhilfeleistungen	209
Tabelle 31:	Trägerstrukturen im Vergleich	210
Tabelle 32:	Modernisierungsprofile im Vergleich	215
Tabelle 33:	Anwendungsfelder und Ausgestaltung von Kontrakten und Leistungsvereinbarungen	223
Tabelle 34:	Implementationsprozess	232
Tabelle 35:	Wandlungsresistenz von Wohlfahrtsarrangements	244

MIX
Papier aus verantwortungsvollen Quellen
Paper from responsible sources
FSC® C105338

If you have any concerns about our products,
you can contact us on
ProductSafety@springernature.com

In case Publisher is established outside the EU,
the EU authorized representative is:
Springer Nature Customer Service Center GmbH
Europaplatz 3, 69115 Heidelberg, Germany

Printed by Libri Plureos GmbH
in Hamburg, Germany